卓越教育

TOWARD EXCELLENCE
卓越教育 主编

走向卓越

中小学教师专业发展理论读本

（第四卷）

济南出版社

图书在版编目（CIP）数据

走向卓越：中小学教师专业发展理论读本（全6卷）/
卓越教育主编. — 济南：济南出版社，2016.7
ISBN 978-7-5488-2232-5

Ⅰ．①走… Ⅱ．①卓… Ⅲ．①中小学－师资培养－
研究 Ⅳ．① G635.12

中国版本图书馆 CIP 数据核字（2016）第 179282 号

出版发行	济南出版社	
地　　址	济南市二环南路 1 号（250002）	
印　　刷	山东省东营市新华印刷厂	
版　　次	2016 年 7 月第 1 版	
印　　次	2016 年 8 月第 1 次印刷	
开　　本	710 mm × 1 000 mm　1/16	
总 印 张	174.75	
总 字 数	3 050 千	
印　　数	1—10000 套	
总 定 价	598.00 元（全6卷）	

目　录

专题十　教育社会学概论

专题十一　教育经济学概论

专题十二　教育法学概论

专题十

教育社会学概论

第一章 教育社会学简述

第一节 什么是教育社会学

教育社会学的概念是教育社会学学科中最为重要的核心概念，因为每个教育社会学的概念都必然包含着作者对于教育社会学的研究对象、学科性质和研究视角的基本观点。在某种意义上，给教育社会学下定义的过程就是表明作者对教育社会学学科基本要素的认识、观点和看法的过程。因此，给教育社会学下一个恰当的定义，既相当重要，也相当困难。

一、教育社会学的两种定义方式

从我们所掌握的研究文献来看，教育社会学学者们给教育社会学下定义主要从以下两个角度进行：一种是从研究方法论的角度界定教育社会学，另一种是从研究对象的角度界定教育社会学。

（一）从研究方法论角度的定义

教育社会学的第一个定义是由美国社会学家苏则罗（H. Suzallo）提出来的。他认为，教育社会学是对教育进行科学研究的特殊方法之一，"它主要通过详细观察和分析来构建自己的原理和理论"。这个定义关注学科的研究方法论问题，强调教育社会学自身理论建构的重要性。

美国学者彼得威尔和弗里德金认为，教育社会学最核心的概念"在于分析教育行动——它们的形式和内容，它们在更大社会结构中的表现，以及它们对个人和集体的影响"。尽管这一定义较为折中，在定义中包含了对教育社会学研究领域的界定，但从整体上看，它还是更多地强调了学科的研究方法论方面。

（二）从研究对象角度的定义

从研究对象的角度来界定教育社会学，最为典型的是法国社会学家、教育社会学的创始人爱弥尔·迪尔凯姆提出的并影响至今的社会化研究说。迪尔凯姆认为，"教育是年长的一代对做好准备的一代所施加的影响"，"是年轻一代系统地社会化的过程"。尽管迪尔凯姆没有给教育社会学下过一个明确的定义，但是从他在《教育与社会学》《道德教育》《教育思想的演进》等著作中所进行的经典的教育社会学研究中可以看出，在他那里，教育社会学就是研究个体社会化的学科。这一定义从教育功能的角度界定了教育社会学的研究对象。

英国社会学家米切尔（G. D. A. Mitchell）认为，教育社会学通常研究教育与社会制度之间的功能关系。也就是说，教育社会学是研究教育活动之社会过程及其与其他社会过程影响关系的学说体系。这一定义从过程角度界定了教育社会学的研究对象。

我国学者鲁洁认为，教育社会学是研究作为一种特殊社会现象的教育的学科。吴康宁认为，教育社会学是"主要运用社会学的原理和方法对教育现象（或教育问题）的社会学层面进行'事实'研究的一门科学"。这一定义从学科特点的角度界定了教育社会学的研究对象是"有社会学意味的教育现象与社会问题"，或者"教育现象或教育问题的社会学层面"。

二、教育社会学的概念界定

上述两种定义方式的不同，显示出在教育社会学界对教育社会学研究对象和视角的不同看法。但是就教育社会学而言，其交叉学科的性质，使得只关注对象或只关注研究方法论的角度要么过于具体，要么过于抽象。太抽象和太具体的定义角度，都不能很好地表达教育社会学的特殊性。例如，从研究方法定义，难以清楚地把握教育社会学的研究内容；从研究对象定义，又难以将教育社会学与其他教育学科区分开来。

"教育社会学研究教育的特点，是以一种系统论的方法，把社会看作一个动态的整体，把教育看作社会整体存在与发展不可缺少的构成部分。即在整个社会的运转过程中，认识教育活动的社会特性及其意义，探讨教育的社会组织、社会过程、社会作用、教育中的人际关系、教育与其他社会环境各层次、各侧面的相互影响关系等问题。鉴于此，我们可以将教育社会学定义为：'研究教育活动之社会过程及其与其他社会过程相互影响关系的学说体系。'"换句话说，教育社会学是研究社会结构中的教育制度与教育过程中的社会行动的学说体系。

显而易见，这一教育社会学的定义方式主要采用了系统论的方法。系统论的教育社会学由三个相互联系的基本观点构成：（1）社会是一个大系统；（2）教育是社会的一个子系统；（3）教育自身是一个社会系统。系统论的教育社会学把社会看作一个动态的整体，具体研究和探讨教育活动的社会属性，即"社会结构中的教育制度与教育过程中的社会行动"问题。

第二节　教育社会学的学科性质与研究对象

一、教育社会学学科性质之争

有关教育社会学学科性质的问题，目前，学术界的看法可谓众说纷纭，莫衷一是。其中，具有代表性的观点主要有以下几种。

第一种观点认为，教育社会学是社会学的分支学科，准确地说是社会学的应用学科。这种观点是从研究视角和方法的角度来界定教育社会学学科性质的。持这一观点的学者认为，单凭研究对象是不能确定一个知识体系的特点的，任何一个知识体系之所以与其他知识体系不同，是在于它把握研究对象的方法、手段、角度和利用的原理与其他学科不同。该观点认为，教育社会学运用的是社会学的理论和研究方法，从社会学的角度来研究教育的。因此，教育社会学所得出的理论观点从本质上看应属于社会学理论体系。

第二种观点认为，教育社会学是社会学的理论分支学科。这种观点认为，其主要目的是将教育体系进行社会学的分析，即把教育体系作为社会学的一个重要研究领域，通过研究发展新的理论观念，有利于社会学理论更趋完备。该观点主要见诸新兴教育社会学学者之间。

第三种观点认为，教育社会学是教育科学的一个分支。这种观点从研究对象的角度来界定教育社会学的学科性质。该观点认为，教育社会学的研究对象属于教育领域，并且，教育科学作为理论体系包含若干学科，如教育哲学、教育法学等，因此，教育社会学具有与这些学科同等的性质，理应涵盖在教育科学体系之下。

第四种观点认为，教育社会学是介于教育学和社会学之间的边缘学科。就其研究对象是教育活动和教育现象而言，教育社会学属于教育学的研究领域；而就其研究的理论、方法和视角主要是社会学而言，教育社会学又属于社会学的研究领域。因此，在这种观点看来，"把教育社会学作为教育学的一个分支学科，或作为社会学的一个分支学科都是允许的，不能用一个来否定另一个"。"教育学者看它（教育社会学）是教育学，但社会学者一样也可以看它是社会学。"

第五种观点认为，教育社会学是教育学与社会学的中介学科。该观点认为，教育社会学并非教育学与社会学的边缘学科或交叉学科，原因在于这两门学科之间存在着包含与被包含或指导与被指导的关系。因此，尽管教育社会学产生于教育学和社会学之后，但它并不是这两个学科的边缘学科。教育社会学是社会学用于教育领域，而不是教育学的产物。

总结上述诸观点，我们可以将学界对于教育社会学学科性质的认识大体分为三类。一是将教育社会学归属于社会学门下，认为教育社会学是社会学的一个分支。所不同的是，有的学者认为教育社会学是社会学的一个应用学科（上述第一种观点），而有的学者则认为教育社会学是社会学的一个理论分支学科（包括上述第二种观点和第五种观点）。二是将教育社会学归属于教育学门下，认为教育社会学是教育学的一个分支学科。第三种观点则更加强调教育社会学学科的边缘性质。

二、教育社会学学科性质界定

我们认为，教育社会学是社会学的分支学科，但不仅仅是社会学的应用学科。教育社会学理应具有理论创新的勇气和担当。

首先，教育社会学在创设之初就与社会学结下了不解之缘。其创立者迪尔凯姆首先将教育活动视为一种"社会实在"，并系统地运用社会学的视角来研究教育现象。

其次，从教育社会学的学科发展历史来看，将教育社会学归属于社会学门下更有利于教育社会学学科的发展。翻开教育社会学的学科发展史，我们发现当其归属教育学时，它的发展就相对缓慢，而当其归属社会学时，就会有较快的发展。

第二章　教育社会学的历史和发展

第一节　国外教育社会学的产生与发展

有史以来，几乎所有的思想家都非常关心年轻人的教育问题，都会把教育问题作为他们社会理论的一个重要组成部分。在古希腊三贤——苏格拉底、柏拉图和亚里士多德那里，教育问题就是他们最为重要的研究对象。尽管苏格拉底没有任何著述留世，但他一生都致力于社会教育事业，试图通过他的努力改变雅典人的政治理想和政治制度，并最终为此丧命。柏拉图作为西方世界的圣人，著有《理想国》《法律篇》。亚里士多德著有《政治学》《尼各马可伦理学》等教育名著。但是，真正有意识地运用社会学的视角研究教育现象，还是在 20 世纪初期教育社会学产生之后。

一、迪尔凯姆与教育社会学的创建

教育社会学产生于 20 世纪初期的法国，它的创始人爱弥尔·迪尔凯姆（1858～1917）被誉为"教育社会学之父"。迪尔凯姆对于教育社会学学科产生和发展的主要贡献表现为以下几个方面。

（一）创设教育社会学学科

在法国著名社会学家、社会学之父奥古斯特·孔德逝世的第二年，即 1858 年 4 月 15 日，迪尔凯姆诞生于法国洛林省的埃皮纳勒。他幼年丧父，在经过两次考试失败后，终于在 1879 年底考入法国哲学家和思想家的摇篮——巴黎高等师范学校。毕业后在中学教授哲学，后赴德国多所大学留学，曾受教于实验心理学创始人冯特。1887 年，迪尔凯姆获得法国波尔多大学文学院"社会学与教育学"授课资格。1902 年，他被任命为巴黎大学教育学讲座代理教授。1906年，他被一致推举为巴黎大学教育学讲座教授。1913 年，他的社会学讲座荣获"巴黎大学社会学讲座"称号，后在索邦获得教育科学教席并将其改名为"教育学与社会学"。1917 年 11 月 15 日，迪尔凯姆在巴黎病逝，终年 59 岁。迪尔凯姆在教育学和教育社会学方面的代表作主要有：《教育与社会学》(1922)、《道德教育》(1925)、《教育思想的演进》(1935) 等。

正像《教育思想的演进》(法文 1938 年版) 的序言作者哈布瓦赫 (Rice Halbwachs) 所言，社会学并未被允许大张旗鼓地进入巴黎大学的课堂，而是经由教育理论这扇小门悄悄地进去的。为社会学打开巴黎大学之门的正是迪尔凯姆。迪尔凯姆从 1902 年开始在巴黎大学教授"道德教育"和"文艺复兴时期的教育学"，并首次针对"道德教育"课程发表演讲，后以《教育与社会学》为名结集出版。从 1904 年开始，他又讲授了"法国中等教育史"课程，这门课的讲稿后以《教育思想的演进》为名出版。一般认为，1913 年迪尔凯姆获任"教育学与社会学"教授之时，教育社会学才得以产生。

(二) 形成教育社会学的独特研究视角

与绝大多数社会学家不同，迪尔凯姆一生都在讲授教育学，同时也在讲授社会学。从 1887 年至 1902 年，他在波尔多大学教授教育学 15 年，每周都开设一个小时的教育学讲座。从 1902 年到巴黎大学任教直至去世，他的教学工作中至少有三分之一到三分之二的时间用于教育学工作。对迪尔凯姆而言，"教育问题是一个社会学家首先要考虑的问题"。但是，他探讨教育问题的视角与此前所有人的不同在于，他把教育当成一个社会事实 (social fact) 来看待。在他看来，这种视角 (也就是教育社会学的独特视角) 是揭示教育现象最适合的方法。

1917 年，迪尔凯姆替代比松 (1841～1932) 荣获索邦大学教育学教席，并改名为"社会学与教育学"。在任职讲演中，他进一步明确地阐述了教育社会学的研究视角。他说："的确，在我看来，一切教育学思考的首要前提就是，教育在起源上和功能上都显然是一种社会事物，与其他学科相比，教育学更紧密地依赖于社会学。"

迪尔凯姆说教育是一种"社会事实"到底有什么含义呢？他是说，教育像其他的"物"或"事物"一样都是"客观实在""既存现实"或"既定事实"，它的发生和发展深受历史条件和社会需要的客观制约。教育并不是一块可以任意涂写的"白板"，而是一种无法随意创建、毁坏或更改的既存现实。对于教育，我们要做的首先是理解它"是什么"，而不是它"应该是什么"。而要理解教育"是什么"，就必须对它的历史进行考察，要考察它的起源，观察它曾经是由什么组成的，曾经满足过什么样的需求。只有认真客观地考察过教育的"曾是"，才能真正地理解当下教育的"所是"。

除了强调对教育现象的历史探究之外，迪尔凯姆还特别强调对教育功能的研究。他认为，特定的教育一经形成，"就会发生作用，人们完全可以考察它们是怎样发挥作用的，也就是说，它们究竟产生了什么样的结果，什么样的条件能够使这些结果有所不同"。至此，迪尔凯姆便完整地确立了教育社会学的独特研究视角，即通过对教育现象的过去和现在进行描述，寻求教育现象的起因并确定其功能。

（三）提供教育社会学的研究范例

迪尔凯姆对于教育社会学的贡献不仅体现在从理论上探讨教育社会学的研究视角，还体现为他在《教育与社会学》《教育思想的演进》《道德教育》等著作中熟练地运用比较法、历史分析法等方法，为教育社会学的研究提供了经典范例。

迪尔凯姆一直关注法国中学教育的兴起和发展问题。1904 年至 1905 年，巴黎大学委托他为"大中学校教师资格考试"的应试者开设一门教育理论方面的专业培训课程。迪尔凯姆便开设了"法国中等教育史"课程。《教育思想的演进》就是由这门课程的讲稿整理而成的。《教育思想的演进》为了明晰中等教育的产生和发展历程，考察了法国长达十几个世纪的教育制度和观念史，几乎涵盖了从早期教会教育到 19 世纪整个法国教育的演进过程。在这部教育社会学专著中，迪尔凯姆给我们展示了一个经典的教育社会学研究范例。

二、国外教育社会学的发展历程

教育社会学起源于社会学发展的早期，现在已经成为社会学的一个重要分支学科。但是，教育社会学在许多社会学奠基人那里处于边缘的地位。在早期的社会学家中，只有迪尔凯姆将其三分之一到三分之二的时间用于教学和教育研究，并有教育社会学的专著出版。其他经典社会学家，包括卡尔·马克思和马克斯·韦伯在内，尽管他们的思想对于当代教育社会学各学派思想的发展产生了巨大的影响，但他们都没有直接论述教育问题的著作。

教育社会学在社会学科和教育理论与研究的起源时期也属于边缘学科。造成这一局面的原因主要有两个：一是早期的社会学家认为研究学校和教育问题没有意义，因此，教育社会学在社会学中的学科地位较低；二是教育家认为社会学家对于教育的研究太过宏观和空洞，忽视了教学和学习的日常运作过程，因而对于教育社会学也不够重视。

但是，经过 20 世纪 60 年代一系列的理论突破和方法论创新，教育社会学逐渐充满活力，日益兴盛起来。教育社会学的重要性日益显现，并逐渐进入一般社会学的主流行列。到 20 世纪 80 年代中期，教育社会学已经成为社会学中最热门、最高产的研究领域之一。现在，仅英语世界就有三本教育社会学专业杂志：创刊于 1927 年的美国《教育社会学》杂志、创刊于 1980 年的《英国教育社会学》杂志和创刊于 1991 年的《国际教育社会学研究》杂志。20 世纪 90 年代初期，教育社会学研究委员会已经成为国际社会学协会 34 个研究团体中最大、最活跃的团体之一。

由此可见，国外教育社会学在 20 世纪 60 年代以来取得了突飞猛进的发展，已经逐渐从边缘变成主流。

（一）美国教育社会学及其发展现状

纵观 20 世纪美国教育社会学的学科发展历程，我们发现，美国教育社会学在经历了学科创建阶段后，很快进入了教育功能论一枝独秀的垄断时期。之后，受冲突主义以及互动主义理论流派兴起的影响，美国教育社会学出现了学派纷争的新时期，目前正呈现出一种新的理论融合趋势。

1. 教育社会学学科的制度创建时期

20 世纪初到"二战"结束，是美国教育社会学学科制度化建设的时期，也是"教育的社会学"（Educational Sociology）时期。

美国教育社会学学科制度化建设主要有以下几个标志性事件：（1）1907 年，苏则罗在哥伦比亚大学开设"教育社会学讲座"。这是世界上第一个以"教育社会学"命名的讲座。（2）1916 年，斯奈登（D. Snedden）在哥伦比亚大学创建了教育社会学系。（3）1917 年，史密斯（W. R. Smith）出版了世界上第一部以"教育社会学"命名的教科书《教育社会学概论》。（4）1923 年，斯奈登、史密斯和佩恩（E. G. Payne）等人发起成立了"全美教育社会学研究会"。（5）1927 年，全美教育社会学研究会的机关刊物《教育的社会学》创刊。至此，美国教育社会学学科的制度创建基本完成。

这一时期，美国教育社会学的研究呈现出明显的规范性和描述性的特征。教育社会学的教学是在社会学系之外进行的，设置教育社会学课程的主要目的是培训师资，以提高教师的教学实践能力。教育社会学研究主要是应用社会学理论去解决教育实践中的各种问题，教育社会学基本没有自身的理论建构。在研究方法方面，正如巴兰坦所言，"1950 年以前，教育研究很少用客观的测量标准和测量方法，而更多的是采用叙事的和价值判断的方法来说明和支持提出的观点"。因此，整体上看，这一时期的教育社会学无论在社会学还是教育学中的地位都不高，也没有取得什么有突出价值的研究成果。

2. 教育功能论的垄断时期

"二战"结束到 20 世纪中期，美国教育社会学研究进入功能论垄断时期。这一时期的标志性事件主要有两个：一是大量社会学学者开始关注并参与教育研究，提高了教育社会学的研究水平；二是全美教育社会学研究会于 1963 年改换门庭，归属在了美国社会学门下，其机关刊物也由《教育的社会学》更名为《教育社会学》。

这一时期，美国教育社会学逐渐摆脱了上一个时期的规范性和描述性的基本特征，开始转向强调价值中立和科学分析的研究范式。与此同时，在美国出现了世界上第一个教育社会学的理论流派——教育功能论。整个 20 世纪 50 年代到 60 年代，教育功能论都一直垄断着教育社会学的研究。这一时期，教育功能论的代表性研究主要有帕森斯的班级社会学研究、科尔曼关于教育机会均等的研究等。

3. 学派纷争时期

20 世纪 60 年代末至 70 年代，教育功能论的垄断地位受到了教育冲突论和教育互动论的强力冲击，逐渐丧失理论的支配地位。从此，美国教育社会学进入了学派纷争的时期。在这一阶段，教育冲突论和教育互动论成了教育社会学理论的主流。

与教育功能论从积极的社会功能的视角来考察教育现象不同，教育冲突论更加强调从社会冲突的视角来考察教育现象。教育冲突论的代表人物和研究成果主要有：柯林斯的学历社会理论、鲍尔斯和金蒂斯的直接再生产理论、伊里奇的非学校化社会理论等。

受 20 世纪 70 年代初英国兴起的"新"教育社会学的影响，美国教育社会学也出现了关注微观教育领域的互动论研究。针对教育功能论和教育冲突论等宏观方法忽视个体相互作用的问题，教育互动论者们把他们的思想建立在符号互动论、人类学方法论和现象学的基础上。教育互动论的代表人物和研究成果主要有：戈夫曼的戏剧性互动理论、加芬克尔的常人方法理论等。

与此同时，这一时期的美国教育社会学研究也出现了另外一种高度量化的研究取向：使用因果分析模式考察决定教育成就的多元变量，以及教育成就对职业生涯的影响。受美国影响，从 20 世纪 70 年代到 90 年代，因果关系分析模式成为许多国家教育社会学研究的重要取向。

4. 理论融合时期

20 世纪 80 年代以后，美国教育社会学开始进入理论的修正与融合时期。这一时期美国教育社会学的发展有以下几个特点：一是出现了宏观研究与微观研究的融合，比如教育冲突论与教育互动论的融合就较为明显；二是量化研究与质性研究的并存和融合；三是各理论流派开始进行自我修正，以便使自己的理论观点更具说服力。

这一时期，美国教育社会学研究中出现了一种通过教育过程解放和改变社

会的理论倾向，这就是所谓的"批评理论"。比较有代表性的批评理论作家和
成果主要有：吉鲁的抵制理论、阿普尔的知识社会学理论等。此外，迈耶关于
教育的制度学研究也有一定的影响。

（二）英国教育社会学及其发展现状

大体上可以以 20 世纪 70 年代初期英国"新"教育社会学的兴起为界，将
英国教育社会学的发展划分为两个大的阶段：关注教育改革的阶段与"新"教
育社会学研究的阶段。

1. 关注教育改革阶段

20 世纪 70 年代以前，英国教育社会学研究在世界教育社会学舞台上影响
不大，世界教育社会学的研究成果和领导力量主要集中在美国。这一阶段，英
国教育社会学在不同时期的研究主题也不尽相同，从 20 世纪初到 1944 年教育
法案颁布时期，英国的教育社会学的研究主题是运用社会调查方法揭露教育机
会的不平等以促进教育制度的改革。此后，教育机会均等、教育与经济的关系
和教育的社会功能则成为英国教育社会学研究的主线。

与美国同时期不同，通过哈尔西和道格拉斯等人的努力，英国教育社会学
研究在教育改革中发挥了核心作用。在英国，教育研究更加引发社会学的兴趣
和关注，教育问题在英国社会学家所有关注的问题中列第二位。

2. "新"教育社会学研究阶段

1970 年，英国社会学协会大会的召开标志着"新"教育社会学的产生。在
这次大会上提交的教育社会学论文反映出一个新的潮流，即更加关注微观教育
问题的研究。1971 年，麦克·扬（M. F. D. Young）主编的论文集《知识与控制：
教育社会学新探》首次在英国出版，随即便被英国开放大学选为教育社会学的
第一门课程，并成为"新"教育社会学的基础教材。这部文集收录了包括麦克
·扬、巴兹尔·伯恩斯坦（B. Bernstein）、尼尔·凯迪（N. Keddie）、皮埃尔·布
迪厄等著名教育社会学家的论文。这样，英国在 20 世纪 70 年代便形成了以伯
恩斯坦和扬为领袖的"新"教育社会学流派，它对英国和世界教育社会学的发
展都产生了重大影响。

"新"教育社会学主要"新"在它的研究方法和研究领域上。首先，在研究

方法上，它把符号互动论、人类学方法和现象学方法与马克思主义冲突论和知识社会学相结合，运用质性研究方法探究微观教育问题。其次，在研究对象方面，它把长期被宏观教育社会学所忽视的微观教育领域作为研究对象，主要关注课堂互动、课堂语言和课程与教育知识问题。

当然，这一时期，宏观的教育社会学研究并没有完全销声匿迹，主要的研究成果有：特纳的社会流动与学校教育制度的关系研究、霍珀的教育制度分类的类型学研究等。

20世纪80年代后期，"新"教育社会学开始衰落。英国教育社会学也像美国一样进入理论的修正和融合时期。为了克服宏观与微观、结构与能动性的二元对立问题，英国著名社会学家安东尼·吉登斯（A. Giddens）提出了著名的结构理论。

（三）法国教育社会学及其发展现状

法国为社会学和教育社会学的发展做出了重要贡献，两个学科最初都是在法国产生的。法国学者奥古斯特·孔德（A. Comte，1798~1857）创立了"社会学"这一术语，并首次在大学中讲授社会学课程。因此，孔德被誉为"社会学之父"。教育社会学也产生于法国，"教育社会学之父"是法国著名的教育社会学家迪尔凯姆。

与英美国家不同，法国属于典型的欧陆国家，在学术制度方面，它奉行教授主导的学术体制。布迪厄是法兰西学院唯一的社会学教授，他的学术旨趣和造诣直接影响和控制着法国教育社会学的发展方向，并在一定程度上决定着法国教育社会学的研究成果。与迪尔凯姆不同，布迪厄更多地将目光转向高等教育中的教育机会不均等，其主要教育著作如《再生产：一种教育系统理论的要点》《继承人：大学生与文化》《国家精英：名牌大学与群体精神》等，这些著作主要是就法国高等教育领域中的文化再生产现象进行了调查和研究。

在法国还有两位人物对教育社会学产生了重要影响：一位是阿尔杜塞，另一位是米歇尔·福柯（M. Foucault）。阿尔杜塞是法国马克思主义哲学家。在他看来，个体是结构的产物，而结构是意识形态的结合，结构通过意识形态而形成了个体。阿尔杜塞的新马克思主义的观点，尤其是关于意识形态方面的论述，对于教育社会学的发展尤其是对法国教育社会学的发展具有很强的影响力。福柯是法国著名的后现代主义思想家。在他看来，个体是被规范化的，是被"规训集团"中的那些人文科学的人士们用考试、测量和分类技术建构出来的。正是人文科学将个体"规训"为驯服的、有用的和实践的存在。福柯对人文科学的批判，在一定程度上将教育社会学引向教育活动中的"权力／话语分析"。此外，有关性别教育的相关问题研究也受到福柯的影响。

（四）日本教育社会学及其发展现状

日本的教育社会学是在第二次世界大战后形成的，在半个世纪以来的发展过程中，引进了各种研究范式。日本教育社会学的发展过程大致可以分为以下五个阶段。

1. 重新建设和确立时期

日本教育社会学的启蒙可以上推到20世纪初，而它的真正形成时期却是"二战"之后。从"二战"结束到20世纪50年代，日本教育社会学处于重新建设和确立的时期。这一时期日本教育社会学在学科制度建设方面取得了重大进展，主要表现有：1949年大学开始开设教育社会学课程，1950年成立全国教育社会学学会，1951年出版全国性的专业杂志《教育社会学研究》。

这一时期，日本教育社会学的引进和建立是按照美国占领军的指示进行的，美国当时正处于"教育的社会学"时期，这与战后处于"混乱时期"的日本解决社会实际问题的需求相吻合。因此，这一时期日本的教育社会学主要是社会学理论在教育上的简单应用，如开展对社区的教育环境和青少年的生活状况现状的调查，并积极承担起为教育实践和教育政策提供基础资料的任务等。

2. 发展和扩大时期

20世纪60年代，日本经济进入高速增长期，学校教育也得到了极大的发展。为了适应经济发展和教育环境的变化，日本教育社会学运用人力资源开发论或教育投资论中的各种概念，并从技术功能主义的角度对经济、产业与学校教育的关系进行了考察，运用比较系统对教育的形态和制度进行了探讨。

这一时期的教育社会学，注重全社会和社会经济，主要考察分析教育系统和社会化的机制，并且试图确立作为政策科学或纯粹科学的教育社会学。这也是日本教育社会学的发展时期，教育社会学具有了研究和专论的性质。

3. 扭曲显著化时期

20世纪70年代，伴随着经济的高速增长，日本经济社会和教育都出现了一些新的问题，诸如环境污染、学历至上主义、校园暴力等日益成为严重的社会问题。此时的日本教育社会学进入了第三个阶段，即实证主义研究阶段。

在这一时期，日本的教育社会学主要以实证主义方法论为指导，更多地开展考察教育环境、社会环境的各个要素的教育功能的研究。许多研究都是在设定了有关教育的各类社会问题的假说基础上，运用数据统计来进行验证的实证性研究。从这一时期起，日本的教育社会学开始进入了深入研究阶段并形成了自己的特色。

4. 调整和怀疑时期

20世纪80年代，日本教育社会学研究中出现了后结构主义研究的倾向。日本教育社会学一方面继续在各个领域进行实证研究；另一方面，受20世纪70年代欧美兴盛的后现代思想潮流和教育社会学新潮流的影响，出现了"现代的社会重组计划"的教育后结构和转换范式的研究倾向。

这一时期，受麦克·扬的知识社会学、舒茨的现象社会学、加芬凯尔的民族学方法论以及戈夫曼的戏剧论的影响，日本教育社会学的主要研究主题有：教师、教室的社会学研究，学校文化研究，阶层文化研究，脱轨和不正当行为研究以及教育的社会史研究等。此外，这一时期，以冲突理论、再生产论视角进行的研究增加。

这一时期，日本教育社会学有了较大发展，仅就教育社会学的专业人员数量来看，到20世纪80年代后期，日本全国教育社会学学会就有会员近1 000名。

5. 转换和摸索时期

20世纪90年代，日本教育社会学进入新实证主义时期。这一时期的日本教育社会学研究出现了三个明显的倾向：一是以"第三次教育改革"的改革动向为背景，以新的视角和框架开展对教育的公共性的讨论，并对教育制度、资格制度及学力、去向选择进行研究；二是在国际化、多元文化的发展和对社会性别问题高度关心的背景下，社会性别研究、少数民族研究、多元文化教育研究变得引人注目；三是在研究方法方面，不仅有用调查表和统计方法的实证研究，也有大量用民族学方法论的研究。

从总体来看，日本教育社会学起步较晚，但紧跟世界教育社会学发展的潮流，并在学习和借鉴的基础上有所发展和创新。日本教育社会学的发展经验对于我国教育社会学的发展具有一定的借鉴价值。

第二节　中国教育社会学的产生和发展

从陶孟和1922年出版的第一本教育社会学著作《社会与教育》算起，中国的教育社会学已经有近百年的历史。其间，大致经历了三个发展阶段：1922年至1949年的创建时期，1949年至1978年的停滞时期，1979年至今的恢复重建和发展时期。

一、教育社会学的创建时期

从20世纪20年代开始到1949年新中国成立，我国教育社会学从无到有，逐步创建。在这一时期，我国教育社会学者通过翻译，将美、英、法等国的教育社会学经典著作介绍到国内，广泛在大学甚至部分中学开设教育社会学课程，在借鉴和吸收国外教育社会学研究成果的基础上积极尝试创建我国的教育社会学体系。

（一）陶孟和与教育社会学的创建

中国教育社会学创建于20世纪20年代，其主要标志是1922年著名社会学家、教育社会学家陶孟和的《社会与教育》一书出版。作为中国教育社会学的创建者，陶孟和与迪尔凯姆有着几乎同样的学科背景：迪尔凯姆是社会学和教育学教授，而陶孟和也有着社会学和教育学的双学科背景，陶孟和是在日本学习的教育学，在英国学习的社会学。

1920年，陶孟和开始在北京大学讲授教育社会学课程。课程内容以自己的讲义为主，同时参考沃尔特·鲁宾逊·史密斯1917年出版的《教育社会学导论》和弗里德里克·雷德曼·克洛1920年出版的《社会学原理的教育应用》等著作。1922年，陶孟和在商务印书馆出版《社会与教育》一书，标志着中国教育社会学的诞生。《社会与教育》一书出版后，广受学界好评，到1925年，3年之间被印刷3版，之后又陆续再版。

在陶孟和看来，教育社会学的学科使命就是要改良教育，并通过改革教育最终达到改良社会的目的。为了实现教育社会学的学科功能，他认为教育社会学的研究内容应以教育与社会之间的关系以及教育、社会和人三者之间的关系为经典选题。"社会学与教育之关系，就是应用社会学的知识，改良教育。"陶孟和认为，社会与教育关系密切，相互影响。从根本上说，社会决定和制约着教育，但教育可以反作用于社会，可以改良社会，"教育具有改良社会指导社会的能力"。教育对于社会的改良是通过人实现的。因此，他特别重视培养人的社会责任感。在他看来，"受过教育的人，应该觉悟到与社会的关系以及他改良社会的责任"。这样一来，他就在社会、教育和人的发展这三者之间建立起内在的逻辑关联。《社会与教育》一书就是围绕着社会、教育与人三者的关系架构基本框架而写就。整体上看，这部中国教育社会学的奠基之作具有较高的学术造诣，书中提出的许多观点和命题对于今天仍具有较高的启发和借鉴价值。

（二）创建时期的学科建设概况

这一时期，我国教育社会学在学科建设方面取得了一些重要的进展，具体而言，主要表现在以下几个方面。

1. 开设教育社会学课程

进入大学讲堂，在大学开设课程，是一个学科制度建设的重要方面，也是一个学科得到学界认可的重要标志。到1949年以前，我国不仅在综合性大学（如北京大学、厦门大学），甚至在部分中学（如江苏省立上海中学师范科）也开设了教育社会学课程。

2. 译介西方教育社会学著作

为了了解并借鉴西方教育社会学的研究成果，这一时期大量的国外教育社会学著作被翻译和介绍到国内。1925 年，陈天启将美国著名教育社会学家史密斯的《教育社会学导论》下半部分译为《应用教育社会学》。此后，日本教育社会学家田制佐重的《教育社会学》，美国教育社会学家芬赖（R. I. Finney）的《教育社会哲学》、彼得斯（C. Peters）的《教育社会学原论》（上、下册），法国著名社会学家、教育社会学的创始人迪尔凯姆的《道德教育论》，英国著名社会学家曼海姆（K. Mannhelm）的《知识社会学》等重要的教育社会学著作相继被翻译出版。

3. 尝试创建中国的教育社会学

20 世纪二三十年代，在借鉴和吸收国外教育社会学研究成果的基础上，我国先后出版了 20 多部教育社会学著作，其中许多著作都有较高的水准，不少著作都进行了教育社会学中国化的探索，为中国教育社会学的创建奠定了坚实的基础。这一时期我国有代表性的教育社会学著作有：陶孟和的《社会与教育》（1922）、雷通群的《教育社会学》（1931）、沈冠群和吴同福的《教育社会学通论》（1932）、卢绍稷的《教育社会学》（1933）、陈翊林的《教育社会学概论》（1933）、钱歌川的《社会化的新教育》（1934）、苏芗雨的《教育社会学》（1934）、陈科美的《教育社会学》（1947）等。

二、教育社会学的停滞时期

在 1949 年之前，尽管从学科制度的角度看，我国的教育社会学还难以成为一门独立的学科，但也取得了较大的发展。应该说，创建时期教育社会学的研究成果已经为学科的制度化建设和研究的进一步发展奠定了较好的基础。但是，新中国成立后，教育社会学不仅没有得到进一步的发展，反而彻底丧失了学科的生存权，从 1949 年至 1979 年的 30 年间，中国大陆的教育社会学进入停滞阶段。

在中国大陆，教育社会学的命运始终与社会学的命运紧密相连。受"左"的思想以及苏联批判社会学影响，在 1952 年开始的高等院校院系调整中，社会学系和社会学的课程、教学和科研被取消，教育社会学也同时被取消。

教育社会学发展停滞的这 30 年，对于中国教育社会学影响极大：一方面，它使得我国教育社会学研究和建设的延续性和连贯性中断，不利于知识的积累、理论的发展和人才的培养；另一方面，也使得我们长期游离于国际教育社会学研究的场域之外，与西方国家在教育社会学研究方面的差距越来越大。究其原因，除了有外部政治因素之外，更重要的是还有两种不同类型的教育社会学的对立冲突以及人们对冲突的错误认识。新中国成立以前，中国教育社会学存在着以孔德、斯宾塞、迪尔凯姆为代表的占主流的教育社会学（也被称为"孔德派"）和马克思主义的教育社会学（也被称为"马克思派"）之分，即存在着功能论教育社会学与冲突论教育社会学之分。

三、教育社会学的恢复重建与发展时期

1979 年，伴随着社会学的恢复和重建，我国的教育社会学也进入了恢复重建和发展时期。同年，国内开始有学者著文介绍国外教育社会学的发展，并呼吁我国教育社会学的重建。1980 年 12 月，《教育研究》编辑部与中国社会科学院社会学研究所联合召开座谈会，邀请了部分社会学和教育学的专家和学者讨论教育社会学的恢复重建事宜。此次会议对于推进我国教育社会学研究，加快教育社会学的恢复重建步伐起到了非常重要的作用。

我国教育社会学恢复重建已有 30 多年的历史，在这段时间内，我国教育社会学在组织建设、人才培养、教学科研等方面都取得了重要的进展。

（一）课程设置与教材建设

我国教育社会学恢复与重建的第一步就是重新在高等师范院校开设教育社会学课程。1982 年 2 月，南京师范大学率先开设教育社会学课程。接着，北京师范大学、华东师范大学、东北师范大学、杭州大学、山东师范大学、福建师范大学也相继开课。目前，我国大部分师范大学及一部分师范学院都相继开设了这门课程。许多师范大学和部分综合大学招收教育社会学方向的硕士研究生，一些重点师范大学和综合大学还获准招收教育社会学方向的博士研究生。教育社会学从业人员不断增加，教学和科研队伍逐渐得到壮大。

在教材建设方面，我国教育社会学也取得了重要的发展。目前，已有一批教育社会学的教材、辞书和文选陆续出版。其中，比较有影响力的教材主要有：鲁洁主编的《教育社会学》（人民教育出版社 1990 年版）、董泽芳主编的《教育社会学》（华中师范大学出版社 1990 年版）、吴康宁著《教育社会学》（人民教育出版社 1998 年版）等。重要的教育社会学辞书有：张人杰主编的《教育大辞典·教育社会学分册》（上海教育出版社 1992 年版）等。重要的教育社会学文选有：张人杰主编的《国外教育社会学基本文选》（华东师范大学出版社 1989 年版），厉以贤、白杰瑞、李锦旭主编的《西方教育社会学文选》（五南图书出版公司 1992 年版）等。

（二）组织与制度建设

在学术组织和学科制度化建设方面，我国教育社会学也取得了重要进展。1989 年 4 月，中国大陆第一个教育社会学学术团体——"全国教育社会学专业委员会"在杭州成立，现更名为"中国教育学会教育社会学专业委员会"。同年，在天津成立了中国社会学属下的教育社会学研究会。1991 年 11 月，全国教育社会学专业委员会会刊《教育社会学简讯》作为内部学术交流材料开始不定期印发。此后，全国教育社会学专业委员会每两年举办一次学术年会，讨论教育社会学的学科建设和专题研究。如果按大学设课、成立专业学术团体和出版专业学术刊物等标准来衡量的话，我国教育社会学的学科制度重建工作可以说基本完成。说其基本完成，主要是因为到目前为止教育社会学还没有自己公开出版的专业杂志。

（三）学术研究进展

在学科制度建设不断成型的同时，我国教育社会学的学术研究也取得了重大进展。现在，每年都有数以百计的教育社会学学术论文发表。除翻译出版了一些国外教育社会学的重要研究文献外，我国学者也出版了一些有影响的教育社会学著作。相对而言，我国教育社会学界在教育的社会功能、教育与文化、教育与人口、教育与社会分层、民主与教育、大众传播与学生个体社会化等宏观教育社会学问题上进行了可贵的探索，取得了较大的进展；在班级的社会学分析、课堂教学社会学等微观领域也取得了一些重要的研究成果。

　　经过 30 多年的恢复重建，我国教育社会学已经逐渐步入学科分化发展的新阶段。1999 年，南京师范大学出版社出版了由鲁洁和吴康宁主编的《教育社会学丛书》。这套丛书第一批出版了四部学术著作：《学校生活社会学》《课程社会学》《课堂教学社会学》和《家庭教育社会学》。正如吴康宁在《教育社会学丛书》总序中所言，这套丛书的出版标志着"中国大陆的教育社会学终于从初始时的以学科概论性研究为主、分支领域性研究为辅的状况，逐步转变为后来的以学科概论性研究与分支领域性研究并重的局面；直到发展为现今的以分支领域性研究为主、学科概论性为辅的格局"。

　　但是，我们也应清醒地看到，目前我国的教育社会学还存在许多不足之处，主要问题包括：教育社会学研究的学科意识不强，研究成果未能体现出教育社会学的独特视角，科研创新理论体系建设滞后，对 20 世纪 80 年代以来西方教育社会学研究的新进展缺乏系统的研究等。

第三节　我国教育社会学的理论创新困境与突破

　　如前所述，自 20 世纪 70 年代末 80 年代初恢复重建教育社会学学科以来，我国教育社会学在课程设置、学科建设、专题研究以及对国外教育社会学研究成果的翻译介绍等方面都取得了很大成就。但是，纵观已有的教育社会学研究成果，不难发现我国的教育社会学研究尚处于"初级阶段"。其中一个重要的表现，就是目前我国的教育社会学研究普遍缺乏理论创新，现有的教育社会学研究绝大多数仍停留在对国外社会学理论甚至教育社会学理论的应用、验证，甚至翻译介绍等较浅层面上。造成我国教育社会学研究缺乏理论创新的原因是多方面的，既有专业队伍的学术素养与知识背景的主观原因，也存在研究起步较晚等方面的客观因素。我国教育社会学从 1979 年重建算起至今不过三十几年，研究起步较晚确实是影响教育社会学理论创新的一个客观原因。研究队伍知识背景缺乏、研究视野狭窄、学术素养不高则是制约教育社会学理论创新的一个重要的主观因素。目前，国内各高校从事教育社会学教学与研究的人员绝大多数都"出身于"教育学，这与我国在1979年重建教育社会学以来，主要将教育社会学归属于教育学学科门类之中有直接关系。这使得我国教育社会学的教学和研究人员主要具备教育学的学科背景，而普遍缺乏社会学、人类学、哲学、政治学等与教育社会学相关学科的专业知识和基本理论素养。毋庸置疑，这些都是造成目前教育社会学理论创新缺乏的重要原因。

一、阻碍教育社会学理论创新的认识论困境

阻碍教育社会学理论创新的认识论困境主要表现为对于教育社会学的学科性质认识不清，定位不准。具体而言，教育社会学的认识论困境表现为如下几个方面。

（一）将教育社会学归属于规范教育学学科

将教育社会学归属于规范教育学的学科范畴，是我国教育社会学界对于教育社会学学科性质的一大误识，也是在认识论基础上制约教育社会学理论创新的一大困境。为教育政策的制定与实施服务，为教师的具体教育实践提供行动指南和行为规范，是规范教育学的主要任务和重要特征。作为这一特征的一个重要表现是规范教育学特别重视对于各种原则的阐述、论证和强调，比如德育原则、教学原则、教育管理原则等。规范教育学通过对这些教育原则的阐述、论证和强调，达到规范教师教育行为的目的。

（二）将教育社会学归属于纯应用型社会学学科

将教育社会学仅仅看作是社会学理论与方法在教育实践与研究领域内的简单应用，是当前学界对于教育社会学学科性质的又一大误识。这一错误认识也在认识论层面上极大地阻碍了教育社会学的理论创新，成为我国教育社会学理论创新与学科发展的一个瓶颈。将教育社会学仅仅看作是"社会学理论与方法在教育领域的运用"，或者将教育社会学简单地看作是"运用社会学理论和方法对教育现象与教育问题进行研究的一门学科"，会在观念层面和意识层面阻碍教

育社会学研究者的理论创新。试想，如果教育社会学仅仅是运用已有的社会学理论和方法开展教育研究，那么教育社会学研究就永远也不可能在理论上有所建树，其所谓的"研究"最多也只能是应用性研究，这样的教育社会学研究也就不可能为社会学以及其他学科提供理论滋养与学术借鉴。在这样一种错误学科性质和学科意识的钳制下，教育社会学将会丧失理论创新和建树的可能性。这样的教育社会学只能名存实亡，很难具备作为一个学科存在的合法性基础。

二、教育社会学理论创新的认识论突破

既然对于教育社会学学科性质的错误认识是阻碍教育社会学理论创新和学科发展的主要障碍，那么，为了促进教育社会学的理论创新，学界急需对教育社会学的学科性质予以正确定位。只有正确把握了教育社会学的学科性质，教育社会学研究者才能真正具备理论创新的自信和担当，教育社会学才能在理论创新方面有所突破，教育社会学的学科发展才能取得更大的进步。

（一）教育社会学是社会学的分支学科

"教育社会学源于社会学发展的早期，现在已经成为社会学的一个重要分支。"19世纪末20世纪初，埃米尔·迪尔凯姆、卡尔·马克思和马克斯·韦伯等现代社会学的先驱者对教育的社会学分析为教育社会学的产生奠定了基础。但是，教育社会学在许多社会学奠基人那里处于边缘的地位，它在早期社会学学科体系中也属于边缘学科。从20世纪初期到20世纪40年代，由于早期的社会学家对于学校和教育研究意义的认识不足，没有充分认识到教育社会学研究的价值，很少专门从事教育的社会学研究，所以，当时的教育社会学在社会学学科中的地位较低。在社会学学科体系中受到冷遇的教育社会学只能被归属于教育学科，成为一门规范性教育学科。规范性的教育社会学致力于研究如何为教师的教育实践提供直接指导和帮助，更多地关注"应该怎么样"的规范性研究，旨在为一线教师的教育实践提供具体的行动指南和行为规范，这就不可避免地造成了对理论创新的忽视，致使教育社会学发展缓慢，很难有什么理论创新和突破。

借鉴国际教育社会学发展的成功经验，当前我国教育社会学界亟须进一步

明确教育社会学的学科性质，积极吸纳社会学家或具备社会学、人类学等学科背景的学者从事教育社会学研究，这对于突破制约我国教育社会学理论创新的认识论瓶颈，促进教育社会学的学科发展具有重要意义。只有这样，才能真正为我国教育社会学的理论创新与方法变革奠定认识论基础，并使教育社会学早日成为主流社会学，成为"社会学中最热门、最高产的领域之一"。

（二）教育社会学是社会学的特殊理论学科

要突破制约我国教育社会学理论创新的认识论瓶颈，仅仅将教育社会学视为社会学的一个分支还不够，还应当进一步将教育社会学视为社会学的一个重要的特色理论学科，这是推动教育社会学理论创新的又一个认识论基础。事实上，只要大体浏览一下教育社会学的学科发展史，就会发现，无论是科林斯的学历社会理论、鲍尔斯和金蒂斯的社会再生产理论，还是布迪厄的文化再生产理论以及吉鲁、阿普尔和威利斯的抵制理论等，这些原创性的理论成果没有一个来自对社会学已有理论的应用，尽管他们都首先是社会学家。相反，这些研究成果倒是为社会学提供了理论滋养，进一步充实和丰富了社会学的理论宝库。

由此可见，重新界定教育社会学的学科性质，重塑教育社会学的学科意识，是突破我国教育社会学理论创新的认识论困境的必然要求。将教育社会学由教育学门下划归到社会学门下，是对教育社会学学科性质认识的一个转变；将教育社会学看作是社会学的一个特殊理论学科，则是对教育社会学学科认识的又一个转变。前一个转变解决教育社会学姓"社"还是姓"教"的问题，这一个转变已引起学界的重视与关注，并正在逐步实现；后一个转变将为教育社会学实现理论创新奠定更为直接、更为重要的认识论基础，还有待于进一步推进。

第三章　教育社会学的理论流派

第一节　教育功能论流派

正像功能论是社会学的第一个理论流派一样，教育功能论也是教育社会学的第一个理论流派。它与教育冲突论流派一起构成了教育社会学的宏观理论体系。

一、功能论与功能论教育社会学

功能论又称功能主义，发轫于19世纪初期的有机体论，是社会学中历史最悠久的理论方法。为了使社会学获得学科的合法化地位，社会学的创始人孔德不得不从当时备受尊崇的生物科学中借用术语和概念。通过比较社会和生物有机体，孔德创立了功能论。这也是功能论成为社会学第一个理论流派的原因所在。

（一）功能论的基本观点

英国社会学家赫伯特·斯宾塞在他的《社会学原理》一书中通过系统地比较社会和有机体，使有机体类比得以充分发展。法国社会学家爱弥尔·迪尔凯姆的基本假设也是有机体论的。他认为，社会自身是一个实体和系统，它区别于并且不可还原成自己的各个组成部分。社会系统的各个组成部分是完成系统基本功能、满足社会整体需要的必要条件。社会系统包含着一些均衡点，正常的功能围绕着这些均衡点产生。当社会各个组成部分不能满足社会的功能需要时，社会便处于病态之中。

美国当代社会学家特纳认为，两位英国人类学家马林诺夫斯基和拉德克利夫的著作使得功能论作为一种表达明确的方法占据了 20 世纪的前半个世纪。他认为，是马林诺夫斯基描画出了现代社会学功能论的大致轮廓。马林诺夫斯基和拉德克利夫与迪尔凯姆永恒的分析一起推动了现代功能论的形成。当然，马克斯·韦伯对主观含义和社会结构类型或理想类型的强调以及研究"社会有机体"属性的方法也同样塑造了现代功能论。

20 世纪功能论的代表人物是美国社会学家帕森斯和默顿。帕森斯是他那个时代最重要的理论家。1931 年，帕森斯将社会学引入哈佛大学，并于 1946 年建立哈佛大学社会学系。帕森斯的雄心壮志是试图创建一个宏大的、能够解释一切社会现实功能的分析框架。从 1950 年到 20 世纪 70 年代末，帕森斯的功能理论始终是社会学理论论战的焦点。帕森斯将社会分为三个系统：文化系统、社会系统和人格系统。他所关心的主要问题是：社会系统如何生存？社会怎样解决自身的整合问题？答案是：通过将人格系统整合到社会系统中，而实现系统自身的整合。人格系统通过两种机制可以整合到社会系统：一是社会化机制，二是社会控制机制。文化模式则通过向所有行动者提供公共文化资源和共同的"情景定义"来对社会秩序和均衡的维持发生作用。

20 世纪 50 年代中期以后，帕森斯提出了分析系统必要条件的 AGIL 模型。他认为，系统的生存必须具备四个必要条件：适应（adaptation）、目标达成（goal-attainment）、整合（integration）和模式维持（latent pattern maintenance）。"适应"指的是从外部环境中获取足够的资源，并在整个系统中分配。"目标达成"指的是建立系统的目标等级，并调动系统的资源达成这些目标。"整合"指的是协调系统单位之间的相互关系。"模式维持"指的是在确保行动者显示出合适的个性的同时，处理好系统中行动者的内部紧张。

从上述分析可以看出，功能论的基本观点是：社会的每一个组成部分都对整体发生功能，并由此维持社会的整合和稳定。

（二）教育功能论及其基本主张

教育功能论或称功能论的教育社会学理论，源于斯宾塞和迪尔凯姆的功能理论。20 世纪 50 年代初，功能论的教育社会学产生于美国。20 世纪 50 年代至 60 年代前半期在欧美教育社会学界占支配地位，到 20 世纪 60 年代末和 70 年代早期，由于受到复兴的冲突论的挑战而有所衰落。教育功能论的代表人物主要有：法国的迪尔凯姆、美国的帕森斯和克拉克（B. R. Clark）、英国的特纳（J. H. Turner）和霍珀（E. Hopper）等。

认识和研究一个理论流派最为要紧的是首先要弄清楚它想说明什么现象或解决什么问题。只要把握住这条主线，就可以比较准确地把握一个理论的精髓，也可以比较准确地评判该理论的优劣得失。功能论者在运用他们的观点研究教育时，他们想要解决的主要问题是：教育可以满足哪些社会需要？教育对于维护社会的稳定起到哪些作用？也就是说，功能论的教育社会学者主要关心教育的社会功能，分析教育对整个社会的影响。功能论教育社会学常用的分析模式是列举教育在现代社会中的作用和功能。

一般而言，功能论教育社会学者们认为，教育的社会功能主要有两个：一是社会化功能，二是社会选拔功能。但值得注意的是，功能论教育社会学者并不同样看重这两个功能，比如帕森斯非常强调教育的社会化功能，而特纳和霍珀则更加强调教育的社会选拔功能。

二、教育的社会化功能

帕森斯关于教育的论述主要集中在《现代社会体系》一书以及《作为一种社会体系的班级：它在美国社会中的某些功能》一文中。尽管帕森斯在《作为一种社会体系的班级：它在美国社会中的某些功能》这个重要教育文献中提出教育具备两大基本功能：社会化和社会选拔，但是，对于帕森斯来说，教育的主要功能是社会化。换句话说，帕森斯更多地将教育视为社会整合的源泉。

（一）教育传递"共享的价值观念"

在帕森斯看来，每一个社会都有一些为所有社会成员所"共享的价值观念"，这是维护社会秩序和稳定的必要条件。美国教育的主要功能就在于传递成就和机会均等的思想，而这些思想正是构成现代美国社会共享价值观念的重要因素。

在《现代社会体系》一书中，帕森斯认为，20世纪中期，美国发生了一场重要的教育革命，极大地扩大了受教育机会的均等程度。但是，学习机会的均等必然会带来教育成就的差异，原因在于每个学生的能力、学习兴趣、动机、努力程度以及家庭的期待和教养态度等都存在较大的差异。又由于学业成绩和学历在很大程度上决定着一个人的职业和社会地位，因此，教育成就的差异又造成了社会地位的不平等，从而造成了潜在的社会分裂和冲突。那么，社会是如何化解这种潜在的紧张状态，保持社会的秩序，实现社会稳定的呢？

帕森斯在《作为一种社会体系的班级：它在美国社会中的某些功能》一文中，对这个问题进行了解答。在他看来，社会正是通过教育的社会化功能，即通过教育传递某种共享的价值观念使得这种不平等合法化，从而消除了潜在的社会分裂和冲突。具体而言，教育所传递和灌输的是这样一种观点：教育对于每个人而言都是公平的，机会对于每个人而言都是均等的，教育成就的差异主要在于学习者的个人因素，因此，由于教育成就差异而导致的社会不平等就是合理的。这样，通过教育所传递的成就和机会均等的价值观念，就成功地防止了人们在争取较高社会地位的竞争中因失败而产生的冲突和矛盾，从而发挥了重要的社会整合功能。

（二）教育是社会化的主要机构

在帕森斯看来，学校中的班级是一个社会化的机构。那么，什么是帕森斯所说的社会化呢？他所谓的社会化具体包含哪些内容呢？社会化就是个体成为社会所需要的人的过程。在《作为一种社会体系的班级：它在美国社会中的某些功能》中，帕森斯将教育的社会化功能概括为两个方面的内容：一是个体责任感的发展，二是个体能力的发展。也就是，通过教育培养个体具备社会角色扮演所必需的责任感和相应的能力。一个受过教育的人，应该是一个信守社会普遍的和共享的价值观念并具有各种技术和社会能力的人。这样，教育以它特有的方式在维持着社会的共同文化，并为社会提供适当的人力资源，从而使社会成为一个协调一致的稳定的整体。

在帕森斯看来，学校班级所具有的角色分配和社会选拔功能，从本质上看也是一种社会化的过程。他认为，所有的学生在入校时水平相差无几，也都受到了平等的待遇，教师给他们讲授同样的内容，布置同样的任务，以同样的标准和方法来对他们进行考核和评价。但是，机会的均等最终带来了学业成绩的差异，学生逐渐区分为好坏两类。而这种区分的过程也是社会化的过程，因为以学业成绩为标准的区分制度，在使学生认同新的社会地位不平等的同时，还在学生中强化了社会的共享价值观念。

三、教育的社会选拔功能

尽管许多著名的功能论教育社会学家都将教育视为社会整合的源泉，更加重视和强调教育的社会化功能，但是，也有一些学者强调教育的功能分化和社会选拔功能。在这些学者中，最著名的要数英国教育社会学家特纳和霍珀了。他们更加倾向于把教育视为一种为特定社会位置选拔特定类型的人的机制，认为社会选拔是教育的首要功能。

（一）教育选择与社会整合

特纳主要关心这样一个问题：一个国家在有着严重阶层分化的情况下是如何保持社会秩序的稳定，如何实现社会整合的？他以美英两国为例进行了关于教育选拔功能的著名个案研究。

1958 年，特纳发表了《赞助性流动、竞争性流动和学校教育》一文。在这篇文章中，特纳运用功能论的视角考察了美英两国学校教育制度的社会选拔功能。他运用"理想型"的研究方法，根据美国和英国教育制度促进社会流动的方式不同，将两国的教育制度区分为两个不同的类型：一是英国教育选拔制度带来的"赞助性流动"，二是美国教育选拔制度带来的"竞争性流动"。在赞助性流动模式中，社会地位的升迁是由现在的精英们来决定的，而在竞争性流动模式中，社会升迁体现出较为明显的公开竞争的特征，是一场所有人都知道竞赛规则的比赛，能否实现向上的社会流动主要靠个人的能力和努力。

"竞争性流动"是一种制度。在这种制度中，英才地位是一种依据某些公平原则在公平竞争中获得的奖品。竞争者可以在可运用的策略方面享有广泛的自由。由于成功的向上流动所获得的"奖品"不是由某个公认的英才赐予，所以这位英才就无权决定谁将得到、谁将得不到"奖品"。在赞助性流动中，英才的新成员由公认的或其代理人挑选，英才地位是依据某些假定的德行标准而授予，它不可能靠努力或策略来获得。向上流动就像加入一个私人俱乐部，每个候选人须经一个或多个成员的保荐。全体成员最终准予或否决其向上流动，则依据他们对候选人是否具备他们希望在同伴身上看到的那些品质而作出判断。

在特纳看来，无论是英国的赞助性流动教育制度还是美国的竞争性流动教育制度，都在致力于解决同样的问题，即如何维护社会成员对于社会制度的忠诚度。美国解决这一问题靠的是：为每个人的发展提供平等的教育条件，鼓励人人都争取获得精英的位置。美国的教育制度并不急于判定失败者，许多学生是在竞争的最后阶段被淘汰的。这样一来，失败者在将失败的责任归于自身的同时，也已经培养起对社会的忠诚度。

与美国不同，在英国，未来的精英从很小的时候就被挑选出来，被送到文法学校学习，其他学生则到现代中学学习。然后分别教育精英分子认识到自己的社会领导意识和责任，教育其他人员安心于自己在生活中的位置。通过这种教育方式，英国也较好培养起了社会的忠诚度，较好地实现了社会秩序的维持。

（二）教育制度与社会选择

厄尔·霍珀认为教育的主要功能是选择。用他的话来说，就是"教育制度的结构，尤其是工业社会的教育制度，应主要从其选择过程的结构去理解"。在《关于教育制度分类的类型学》一文中，霍珀对于特纳将教育制度划分为"竞争性制度"和"赞助性制度"的做法进行了质疑和修正。他认为特纳关于教育制度的两分法仅仅代表扩展的类型学中的两种特例。

为了更全面地考察各国教育制度在社会选拔方面的差异，霍珀提出了"四维分类法"。他认为，通过对于以下四个维度的问题的不同回答，就可以对各种不同教育制度的选择功能做出合理的区分。这四个问题是：怎样进行教育选拔？何时进行教育选拔？谁应该入选？入选的理由是什么？尽管不同的教育制度在这四个问题上的回答不尽相同，但是霍珀认为，所有的教育制度都有三个明显的功能："对于不同的能力类型和能力水平的儿童进行筛选；为通过筛选过程形成的不同类别的儿童提供适合的教学；受训人员的最后分配，不是直接去工作，就是继续接受专业训练。"通过上述三个连续的阶段，教育制度最终实现其社会选拔功能。

四、教育功能论简评

教育功能论的主要学术贡献在于它推动了对教育及其组成部分功能的社会学研究，促进了对教育与社会结构之间关系的考察。通过教育功能论的研究，人们认识到教育制度以及教育改革和发展的社会制约性，理解到教育对于其他社会制度的功能及其相互关系。

但是，正如教育冲突论所批判的那样，教育功能论也存在着一些局限和不足。比如它过分强调教育与社会之间的和谐而忽视冲突，过分强调教育体制的稳定而忽视变迁，过分强调教育的积极功能而忽视消极功能，等等。在教育冲突论看来，这些理论局限将使得教育功能论成为一种为现存社会制度和秩序辩护的理论工具，并最终帮助统治阶级实现社会生产关系和阶级关系的再生产。

功能论的教育社会学理论在 20 世纪 60 年代遭到复兴的冲突论的挑战，此后迅速走向衰落。值得注意的是，尽管宏观教育社会学理论主导的一些话语已经转向冲突论，但是，功能论仍然以各种方式在具体的教育实践中体现着自己的存在。比如，在中观层面的组织分析中、在学校管理人员的日常取向中等，功能论的观点仍然具有很大的市场。

为什么一个在理论层面已经失去主导地位的教育社会学流派，还会在教育实践层面继续存在并具有相当大的影响呢？其原因大概有以下几个方面：一是功能论和冲突论作为考察教育现象的两种社会学理论各有其一定的解释力，尽管冲突论适合更好地解释当前的一些教育现象，但它并不能完全替代功能论的解释；二是人有追求确定性和稳定性的基本需求，冲突论很难满足这样的需求，而功能论却能够更好地做到这一点；三是社会的既得利益者大多信奉功能论，由于功能论更加强调秩序、稳定和整合，符合社会的既得利益者的根本利益，他们往往会有意无意地信奉和传播这一理论。正是由于这些复杂原因的存在，功能论教育社会学理论的许多思想还将会在教育实践中不断得到体现和运用。

第二节　教育冲突论流派

冲突论教育社会学理论流派是在与功能论的论战中逐渐形成的。目前，冲突论已成为宏观教育社会学中的支配性理论流派。

一、冲突论与冲突论教育社会学

（一）冲突论的基本观点与理论传统

西方社会学理论界一直公认两位德国社会学家——卡尔·马克思（1818～1883）与马克斯·韦伯（1864～1920）为冲突论的直接理论先驱。西方学者一般推崇马克思为冲突论的鼻祖，他们把马克思主义视为冲突论的同义语。马克思的阶级斗争学说和从经济角度对社会政治关系的考察，对冲突论影响最大、最直接。

在法国社会学家雷蒙·阿隆（Raymond Aron）看来，马克思首先是一位社会学家和资本主义制度的经济学家。"马克思作为一个社会学家，这一点是毋庸置疑的。但他是一个特定形态的社会学家，即经济社会学家。"

马克思特别强调从了解经济制度的运行入手来了解现代社会，他认为经济基础决定上层建筑，一切社会的历史都是阶级斗争的历史。所有社会都包含两大对立的阶级，即统治阶级和被统治阶级，两大阶级之间的斗争构成了人类历史的基本特点。马克思与今天所谓的客观的社会学家不同，他既是一个学者，又是一个预言家和行动者。他认为对既存"实然"的解释与"应然"判断之间是有联系的。

作为冲突论的另一个先驱者马克斯·韦伯在许多方面与马克思不同，首先，他反对以经济基础作为决定社会结构的唯一条件的观点，认为宗教、教育和政治党派与经济因素具有同样的作用；其次，他的社会阶级分析比马克思更加具体和细致，包括阶级、地位群体和党派三个方面；最后，也是最重要的，就是他将分析社会的出发点建立在个人自我利益基础之上。

这样，冲突论就存在两个理论传统：一是马克思主义的传统，代表人物有米尔斯（C. W. Mills）、法兰克福学派及其他新马克思主义者；二是韦伯主义的传统，代表人物有达伦多夫、科塞和柯林斯等人。

（二）冲突论教育社会学及其基本主张

作为教育功能论的对手，教育冲突论产生于 20 世纪 60 年代末 70 年代初期。其主要特征是：基于社会冲突来审视教育现象，认为社会资源分配不平等是教育变化的动力。教育冲突论的研究主题有：国家对教育的控制，阶级、民族和种族隔离，师生冲突，学生的分组和分流，教育公平等。

尽管各种教育冲突论都认为教育变化的动力在于社会资源分配不平等，但教育冲突论并不是一个统一的理论流派，其本身具有显著的多样性。根据其理论渊源不同，可以把众多的教育冲突理论分为两大类：马克思主义取向的教育冲突论和韦伯取向的教育冲突论。前者主要从卡尔·马克思那里汲取理论滋养，而后者主要从马克斯·韦伯那里获得理论灵感。

二、马克思主义取向的教育冲突论

马克思主义取向的教育冲突论主要关心的问题是：社会是如何通过学校教育实现其不平等社会秩序的合理延续的？这一流派的学者大多从阶级或阶层分析的方法入手来回答这个问题。其代表人物主要有：葛兰西（A. Gramsci）、鲍尔斯和金蒂斯（S. Bowles & H. Gintis）、安尼恩（J. Anyon）、阿普尔（M. W. Apple）、吉鲁（H. Giroux）、威利斯（P. Willis）等。

根据对意识形态独立性程度的认识不同，以及对学校内部意识形态的统一程度的认识不同，我们可以将上述教育冲突论作家分成两大类。其中的一类作家认为，意识形态作为上层建筑最终取决于经济基础和物质条件，但是它们也具有一定程度的自主性，即相对独立性。在他们看来，学校内部的意识形态是统一的，是占社会主导地位的统治阶级的意识形态。这一类教育冲突论作家以阿尔杜塞、鲍尔斯和金蒂斯为代表。另一类作家则更加强调意识形态的独立性，认为学校内部的意识形态也并非统一，而是存在着不同意识形态的激烈冲突。这一类教育冲突论作家主要有：葛兰西、阿普尔、吉鲁和威利斯。

（一）学校教育帮助现存社会秩序的再生产

阿尔杜塞与马克思的理论非常相近，他主张经济基础决定上层建筑，但同时认为意识形态具有相对独立性。意识形态对于社会的各种具体制度都有影响作用，这种影响作用在学校中体现得尤为明显。学校教育通过传递与物质生产关系相适应的知识技能、思维方式和态度情感等，来维护资本主义现有的社会秩序和阶级体制。

美国教育社会学者鲍尔斯和金蒂斯的理论与阿尔杜塞的理论接近，他们最明确、最全面地阐述了"直接再生产理论"。在《资本主义美国的学校教育》一书中，鲍尔斯和金蒂斯全面阐述了他们的基本观点。概括而言，他们的整个理论包括三个部分：教育的功能——再生产，教育如何实现社会再生产——对应原则，推动再生产的主要力量——经济结构。

1. 教育的功能是再生产

鲍尔斯和金蒂斯认为，教育是社会的一部分，它不可能带来更大程度的平等和社会公正。在美国，教育起着延续和再生产资本主义制度的作用，是维护和加强现存社会秩序和经济秩序的若干社会机构中的一个。

在他们看来，美国经济制度是一种形式上的极权主义制度。资本主义经济对于剩余价值的追求，必然会导致劳资之间的冲突。因此，工人潜在的团结威胁着资本家的统治。为了维护自身的统治地位，维持和再生产现有的社会制度，除了直接使用暴力以外，资本家更看重教育在传递统治阶级的意识形态进而实现现有社会秩序合法化方面所具有的无可比拟的重要作用。

教育通过两种手段再生产资本主义的社会制度：一是合法化，二是社会化。所谓"合法化"手段是指教育通过传播"教育机会均等"和"专家治国、英才统治的意识形态"，为社会的阶级结构和不平等制度辩护，并使之合法化。通过特定意识形态的传递，教育使学生相信经济上的成功和社会地位的获得取决于个人的能力和学业成绩，而掩盖了个人的社会经济背景在经济成功中的关键作用，最终使得社会不平等被合法化。所谓"社会化"手段是指通过教育形成工人的"意识"，使个人的自我意识、抱负和社会阶级身份适应社会劳动分工的需要。

2. 教育的再生产功能通过对应原则实现

鲍尔斯和金蒂斯认为，教育的社会再生产功能之所以能够实现，原因在于资本主义社会生产关系与学校上层建筑作用之间的对应。工厂的结构与学校教室的结构实质上是相互对应的：二者都强调遵守纪律、遵守时间、服从权威和外部评价。

具体而言，学校教育的社会关系与工厂的社会关系的相互对应主要体现在以下四个方面：第一，学校的学生对应于工厂的工人。学生不能控制课程设置，工人也一样不能控制自己的劳动内容。第二，接受教育与从事劳动的目的相对应。接受教育是为了取得良好的学业成绩，从事工厂劳动是为了得到工资和奖赏。第三，工厂的劳动分工与劳动竞争对应于学校中的知识专门化和学生之间的不必要的竞争。第四，教育的不同层次对应于职业结构的不同层次。

鲍尔斯和金蒂斯强调，教育再生产功能主要是通过"隐性课程"的形式得以实现的。在他们看来，教育维持和再生产现有的社会秩序，并非教师和经营管理人员有意为之。这完全是由于制约着工厂中人们互动的社会关系与学校中的社会关系相互对应造成的。换句话说，教育的社会再生产功能主要是通过教育制度的形式而不是内容实现的。这一形式构成了学校的"隐性课程"。正是通过"对应"这种"隐性课程"，学校生产出维持资本主义阶级体制所必需的品质和态度。

3. 经济结构是推动教育再生产的主要动力

鲍尔斯和金蒂斯认为，经济结构是教育结构的主要决定因素，是导致再生产的主要力量。在《美国的资本主义制度与教育》一文中，他们对于这个观点进行了详细的阐述。他们认为，用"大众需求"和"技术需要"来解释美国的教育变革和发展，都是不恰当的，是没有说服力的。与此相反，他们认为，美国每一时期的教育改革，都是对工厂中的经济生活结构变化的反映。

用鲍尔斯和金蒂斯的话来说，"教育改革的主要时期是与社会不安定和政治冲突的严重时期同时或相继出现的"。"政治制度脱胎于政治和经济的冲突，这些冲突是由资本家逐渐加强对生产过程的控制和由这个过程内在固有矛盾所引起的。"因此，他们得出结论："资本积累的矛盾性和资本主义秩序的再生产是教育变革的动力。"由于经济结构是推动教育再生产的主要动力，所以在他们看来，追求社会的改善、教育的开放和机会的均等，在一定程度上反映出学校在重建阶级制度和扩大资本主义生产方式中的作用。

（二）学校是意识形态冲突的主要场所

在马克思主义取向的教育社会学家中，迈克尔·阿普尔的理论更接近葛兰西的观点。阿普尔是美国当代著名的教育社会学家，是威斯康星大学课程、教学和教育政策研究系教授，曾任美国教师协会的主席之职。他的代表作是"阿普尔三部曲"（包括《课程与意识形态》《教育与权力》及《教师与文本》）、《官方知识》、《文化政治与教育》、《教育中的文化与经济再生产》等。

在阿普尔看来，物质基础和上层建筑之间并不存在简单的对应关系，学校并非仅是简单直接地传递统治阶级的意识形态。相反，统治阶级的意识形态霸权是由学校的运作生产出来的。相对于鲍尔斯和金蒂斯，阿普尔更加强调意识形态的独立性，并认为意识形态对于阶级关系再生产的影响是间接和微妙的。同时，他也认为，学校是意识形态冲突的主要场所，这些冲突产生于经济基础与上层建筑之间的矛盾以及它们各自内部的矛盾。

换句话说，阿普尔认为学校教育对于现有社会秩序的再生产并不像鲍尔斯和金蒂斯所认为的那样直接，也不是那么一帆风顺。在他看来，教育也是各类知识与应当传授知识之间冲突的发源地，是谁的知识是"法定知识"和谁有传授知识的法定权之间冲突的发源地。因此，相对于斯宾塞提出的"什么知识最有价值"的问题，他提出了"谁的知识最有价值"的问题，注重探究教育中知识与权力之间的复杂关系。

（三）学校教育中的"抵制"现象

近年来，马克思取向的教育社会学中的"直接再生产理论"，已经被"抵制理论"所取代。"抵制理论"强调学校教育中的"抵制"现象对资本主义再生产过程起着重要的作用。主张这一观点的代表人物主要有阿普尔、吉鲁和威利斯等。抵制理论所关心的主要问题是：在学校再生产现有社会秩序时，主流意识形态是如何遭到抵制的。

1. 学校教育以学生群体的抵制意识为特征

美国当代教育社会学家亨利·吉鲁反对直接再生产理论用简单机械的观点来看待教育与经济之间的关系。在吉鲁看来，学校并非完全受制于社会经济制度。从整体上看，学校在资本主义制度中具有某种独立性。事实上，学校经常与社会的需求不一致，而且学校也经常与各个不同社会阶层的需求相冲突。比如，中上层阶级可能希望学校培养科学家，而下层阶级则可能更希望学校开设综合课程。此外，他还认为学生在学校的生活并不像直接再生产理论所主张的那样，完全受制于经济和社会制度。相反，在他看来学生在学校生活中具有一定的自主性，他们并非一味被动地接受学校所传递的文化和意识形态，而是有所选择和抵制。

由此，吉鲁对葛兰西主义进行了修正，更加强调抵制在教育再生产中的作用。他认为，直接再生产理论在贬低了教育制度独立性的同时，也贬低了教育制度中人的自主性，从而忽视了马克思关于"人民创造历史的观点"。与此不同，抵制理论则更加强调人的主观能动性，认为学校是意识形态矛盾、冲突和斗争的场所，而且它以学生集体（尤其是工人阶级子弟）的抵制意识为特征。这样，抵制理论就给附属阶级和社会群体重新带来了一定程度的能动作用和创新力量。以此为基础，吉鲁特别强调教育对具有批判精神公民的培养，希望教育能够培养出在一个民主社会中发挥领导作用的政治主体。

2. "反学校文化"使工人阶级子弟学会劳动

英国教育社会学家保罗·威利斯对抵制理论进行了人种学的实证主义研究，他的主要理论见解集中在《学会劳动》一书中。在这部著作中，威利斯介绍了他对英国中部一座小镇中学的 12 名工人阶级家庭学生的人种学个案研究。研究发现，在工人阶级子弟集中的学校里，经常存在着一种"反学校文化"。反学校文化作为工人阶级子弟抵制学校文化影响的一种现象，会对学校教育的再生产功能产生一定的影响。

威利斯发现，学生反学校文化的最根本的特征就是对学校和教师权威的普遍和根深蒂固的抵制。这种对权威的抵制态度表现为逃学、破坏学校公物、蔑视和欺负"好学生"、轻视知识和文凭、喝酒、吸烟、盗窃、打架等。威利斯认为，反学校文化与车间文化基本相似。车间文化的核心就是工人们在极力试图控制生产管理过程，要在控制他人的活动中寻求乐趣。具有反学校文化的工人阶级子弟的行为也一样，他们也试图控制课堂，按照自己的"课程表"各行其是。事实上，反学校文化不过是工人阶级文化在学校中的反映，是出身于工人阶级家庭的学生在运用工人阶级的价值观念抵制学校的主流价值观念。

威利斯对于工人阶级子弟的抵制行为的后果在看法上存在一定的矛盾。一方面，他认为学校内的反学校文化孕育着潜在的个性解放；另一方面，他又对此抱有一种消极的看法，认为这种反抗和抵制只会造成工人阶级不断遭受奴役的状况。在威利斯看来，由于学生反学校文化抵制主流文化，蔑视脑力劳动，更加相似于车间文化，所以这部分学生从学校转入工厂工作就比较容易。这样，工人阶级的子弟便在抵制过程中"学会了劳动"，最终帮助社会实现了再生产。

三、韦伯取向的教育冲突论

同马克思主义取向的教育冲突论一样，韦伯取向的教育冲突论也关注学校教育如何再生产现有的阶级体系，以及文化思想或意识形态如何介入再生产过程的问题。马克思主义教育冲突论者主要是从"对应"与"抵制"等方面来回答这一问题的。与马克思主义取向不同的是，韦伯取向的教育冲突论者主要从"地位群体"或"亚群体"就荣誉、声望和文化资本所展开的竞争中来回答这一问题。这一理论学派的代表人物主要是柯林斯和布迪厄。

（一）学历社会的文凭竞争

1979 年，美国教育社会学家兰德尔·柯林斯出版《学历社会》一书。在这本书中，柯林斯继承并发扬了韦伯的冲突理论。他认为，学校并不是资产阶级维系个体文化差异的工具或机器。柯林斯反对仅仅从阶级斗争的观点来看待学校中的各种冲突和矛盾，在他看来，阶级矛盾和意识形态冲突并不是所有学校冲突的源泉。相反，柯林斯认为，各地位群体围绕荣誉、声望所展开的竞争以及对于教育文凭的无止境的追求，是产生学校教育冲突的主要原因。

柯林斯认为，现代社会是一个学历主义的社会。教育体制鼓励人们将文凭作为荣誉和声望的"标志"，文凭和文化资本已经成为获得更高收入和权力的工作的必要条件，是地位群体成员身份的标志。因此，人们为了获得更好的工作、取得更高的收入、追求更高的社会地位，就会对教育文凭展开更加激烈的竞争。由于越来越多的人要求得到更多文凭，文凭膨胀和文凭贬值就不可避免。这样，文凭对于地位群体的身份和工作机会的价值就越来越低。

但是，文凭是一种不同于一般商品的、具有特殊属性的"商品"。对于一般商品而言，当商品贬值时人们会放弃对它的购买，但是文凭这种"商品"却与之不同：随着某个层次文凭价值的贬值，人们纷纷追求更高层次的文凭。这样一来，就进一步加剧了文凭膨胀的恶性循环，导致人们对文化资本竞争的进一步加剧。

（二）文化资本理论与社会再生产

法国著名的社会学家皮埃尔·布迪厄是继阿隆以后法国最有影响的社会学家，也是法国在国际社会理论界引用最多、研究最多的当代社会学家。布迪厄一生共发表著作30余部，文章300余篇，内容涉及人类学、社会学、教育、历史、政治、哲学、美学、文学、语言学等领域，是一位试图通过自己的研究来改造世界的哲人。

布迪厄在教育社会学领域内主要关注两个问题：一是社会结构为什么趋于再生产自身？这其中的规律是什么？二是教育是如何充当传播知识和思想的体系的？与前面所有的教育社会学家不同，布迪厄主要强调文化过程对于维持和再生产社会经济结构的重要性，因此他的再生产理论也被称为"文化再生产理论"。他的主要教育社会学代表作有：《文化资本与社会炼金术》《再生产：一种教育系统理论的要点》《继承人：大学生与文化点》《国家精英：名牌大学与群体精神》等。

布迪厄发展了马克思的资本概念。在他看来，"资本是积累的劳动，当这种劳动在私人性，即排他性的基础上被行动者或行动者小团体占有时，这种劳动就使得他们能够以具体化的方式占有社会资源"。布迪厄将资本视为"积累的劳动"，强调了资本的历史性，即资本是"积累的"。换句话说，资本的积累需要时间、金钱和情感的投入，需要一个努力的过程，而不是一蹴而就的。

与马克思主要考察经济资本不同，布迪厄将资本分为三种基本的形态：经济资本、文化资本和社会资本。他认为经济资本是最基本的资本，但他却更多地研究了社会资本和文化资本，尤其是文化资本。他所谓的"社会资本"，是指某个个人或是群体，凭借拥有一个比较稳定又在一定程度上制度化的相互交往、彼此熟识的关系网，从而积累起来的资源的总和。

布迪厄并未给出"文化资本"的确切定义，但对文化资本进行了类型学的研究。他认为，文化资本可以以三种形式存在：（1）具体的状态，以精神和身体的持久"性情"的形式；（2）客观的状态，以文化商品的形式（图片、书籍、词典、工具、机器等），这些商品是理论留下的痕迹或理论的具体显现，或是对这些理论、问题的批判，等等；（3）体制的状态，以一种客观化的形式，这一形式必须被区别对待（就像我们在教育现象中观察到的那样），因为这种形式赋予了文化资本一种完全是原始性的财产，而文化资本正是受到了这笔财产的庇护。

文化资本概念是布迪厄教育社会学理论中的一个核心概念，这一概念的提出很好地解释了教育是如何通过将统治阶级的文化合法化而实现社会再生产的。正如他自己所言，文化资本的概念，最早是在研究过程中作为一种理论假定呈现出来的，这种假定能够通过联系学术上的成功，来解释出身于不同社会阶级的孩子取得不同的学术成就的原因，即出身于不同阶级和阶级小团体的孩子在学术市场中所能获得的特殊利润，是如何对应于阶级与阶级小团体之间的文化资本的分布状况的。

在布迪厄看来，所有的教育行动客观上都是一种"符号暴力"，因为任何一种教育行动都是由一种专断权力所强加的一种"文化专断"。教育行动通过教育权威使它灌输的文化专断得以再生产，从而有助于权力关系的再生产，实现文化再生产的社会再生产功能。教育权威是一种表现为以合法的权利形式实施符号暴力的权利。

布迪厄充分认识到"隐性课程"在教育再生产过程中的重要作用。他认为，法国精英学校是以占据霸权位置为目的的，它的教学活动在一定程度上就是以造就分离的神圣人群为目的的神化行动，或者说是一种"制度化的仪式"。"从效果上看，实施教育的环境潜移默化地传授的东西比课堂上明白无误地传授的知识更重要：人们所传递的内容的主要部分不是存在于大纲、课程之类的表面材料之中，而是存在于教学行为本身的结构之中。"

布迪厄在《继承人：大学生与文化》一书中集中探讨了法国大学生与文化之间的关系。他认为，在整个大学学习期间，特别是在学业出现重大转折的时候，社会出身施加着重要影响。大学生们从家庭和父母处获得的习惯和文化资本等决定了他们在大学中感到"如鱼得水"或者"很不自在"。因此，他得出结论：在造成差异的各种因素中，社会出身无疑对大学生的影响最大。

四、教育冲突论简评

教育冲突论的兴起打破了教育功能论的一统天下，并最终在理论层面战胜和取代教育功能论，成为教育社会学占主导地位的理论流派。目前，在教育社会学的理论流派中教育冲突论已经成为理论研究者关注的中心，随着教育冲突论逐渐走向成熟和完善，它的研究领域也在不断扩展，逐渐转向对自然性别与社会性别和种族、民族不平等问题的研究。

教育冲突论对于教育社会学理论的贡献主要在于：相对于教育功能论而言，它为人们全面地认识教育现象提供了另外一个视角，即冲突视角。教育冲突论更加强调教育的阶级制约性，认为教育改革和发展的动力主要在于各阶级、阶层群体教育利益的矛盾和冲突。这在某种程度上补充了教育功能论的认识不足和理论盲点，便于人们更加全面地认识教育现象。此外，它为微观教育社会学如教育互动论提供了分析问题的理论框架。

但是，如果教育冲突论过于强调利益的冲突、价值的多元，就容易导致教育相对主义。不容否认，对于任何一个社会的教育而言，价值引导都是教育的基本功能，从这个意义上讲，教育相对主义将最终导致教育的消亡。对于这个问题，已有一些教育冲突论者进行了反省。正如麦克·扬在《知识与控制：教育社会学新探》的中文版序言中所言，"认为课程是一种社会建构，这种观点也是有危险的，在1971年我自己并没有认识到这一点"。扬这里所说的"危险"

就是指相对主义的危险。因为，如果仅仅强调任何教育和课程都是反映某些社会群体的利益的产物，那么我们就不能够为任何一种教育和课程形式的合理性进行辩护。

第三节　教育互动论流派

教育互动论主要运用互动论的理论视角来解释教育活动和教育现象，它与教育功能论和教育冲突论的主要区别在于：教育互动论是微观教育社会学理论流派，而教育功能论和教育冲突论都属于宏观教育社会学理论流派。

一、互动论与教育互动论

互动论作为一种社会学理论流派，在 20 世纪 60 年代至 70 年代兴起并流行于美国及西方社会学界。这一理论认为，社会是由互动着的个人构成的，对于诸种社会现象的解释只能从这种互动中寻找答案。互动论者经常集中研究日常生活情景中的面对面式的互动，他们非常重视这类互动在创造社会结构和社会制度方面所起的作用。

互动论贯穿着主观主义原则，强调个人的主观理解，认为社会结构是许许多多的个人理解与行动的结果，社会过程是人把主观的意义赋予客体并作为反映的过程。互动论不太关注宏观的社会结构和社会制度，是一种微观社会学理论。它主要关注人们在面对面的互动中符号理解的作用，角色扮演的特点与约定俗成的日常沟通规则。

一般认为，互动论的产生直接得益于两个领域的学者：一是美国的实用主义哲学家，二是美国芝加哥学派的学者。现代互动论主要有三个相对不同的理论分支：一是符号互动论与戏剧论，二是互动主义的结构论，三是互动主义的现象学。由互动论在教育中的运用所产生的教育互动论，也同样分为三个不同的理论分支。它们各自来源于互动论的三个理论传统，所关注的教育问题的侧重点也有所不同。符号互动论主要源自米德和莫里斯的传统，戏剧论和互动主义结构论主要受迪尔凯姆的影响，互动主义现象学则主要源自胡塞尔的理论。符号互动论更加强调自我概念和情景定义，戏剧性互动论更加关注自我的呈现、互动的策略性以及宏观背景对互动的影响，现象学则更加强调分类学以及知识的建构性。

二、教育互动论的基本主张

互动论不同理论分支对教育的解释存在一定的区别，为了更为全面地认识教育互动论的基本主张，以下分别就符号互动论、戏剧性互动论、互动主义结构论以及互动主义现象学的教育主张作简要阐述。

（一）符号互动论

符号互动论在教育中的应用以英国学者哈格里夫斯的早期著作为代表。1975 年出版的《人际关系与教育》是哈格里夫斯运用符号互动论研究微观教育问题的范例。符号互动论的教育研究所关心的主要问题是：师生的角色观念是如何形成的？师生的角色扮演与情景定义的关系如何？因此，这一理论研究的基本内容有：师生的自我概念、师生的角色观念、师生的角色扮演以及情景定义的产生和维持等。

自我概念是哈格里夫斯符号互动论的核心概念之一。哈格里夫斯接受了米德关于自我的发展观念，并挖掘出其内涵用于分析教师与学生之间的关系。他认为，在具体的教学过程和师生的交往过程中，教师和学生都会首先从自我概念出发，产生对对方的角色期待，进而对师生互动的情景进行各自的定义，并按照各自的期待和定义进行角色的扮演。但是，当师生互动开始后，尤其是当互动产生问题时，教师和学生会根据具体的互动情形对各自的情景定义和角色扮演进行适当的调整，对自我概念进行修正，以便使互动继续有效地进行下去。在这个调整的过程中，会出现教师与学生的"相互试探""讨价还价"和"重新协商"。最终，师生会形成新的角色期待和情景定义，角色扮演也会适当改变。

当然，由于教师相对于学生权力更大，更具权威性，师生之间的"重新协商"并不是在完全平等的情况下进行的，教师的自我概念、情景定义和角色扮演往往会对学生产生更大的影响。

（二）戏剧性互动论

在《宗教生活的基本形式》《道德教育》等后期著作中，迪尔凯姆都非常强调并解释仪式对于社会结构的影响。戈夫曼（E. Goffman）的代表作《日常生活中的自我呈现》则提出了一个戏剧论的微观领域的研究视角。在戈夫曼看来，社会是一个大舞台，生活就是在这个舞台上上演的一幕大戏，而我们每个人都是戏中的表演者。每个表演者都想运用戈夫曼所谓的"印象管理艺术"控制对方对于自己的印象，以便呈现出一个理想的自我，即表演者想以不同方式给观众造成某种理想化印象的倾向。

教育社会学中的戏剧性互动论便主要源自上述两个理论传统。戏剧性互动论注重分析个体间秩序性的互动和际遇，其分析的基本内容包括：自我的呈现、互动的策略、印象管理的艺术、人际交往仪式的意义以及对于互动情景的界定和区分等。

伍兹（P. Woods）将迪尔凯姆和戈夫曼的理论运用到学校和课堂中的互动研究中。在《社会学与学校：一种互动论的观点》一书中，伍兹把迪尔凯姆关于个体先接受、然后适应学校情景的观点，与默顿关于个体对社会文化目标和手段反应的分类的理论联系起来，用以探究学校情景中的师生互动过程。在伍兹看来，师生之间是一种典型的冲突型的互动模式，互动中的学生与教师有着截然不同的个人目的。师生双方在互动过程中往往会运用各种策略，经历不断的冲突、斗争和协商，以达到各自的目的。"确认、解释、推断和选择等行动的持续性维持了一种动力，在具有冲突本质的人际关系中，这种动力使人与人之间的相互作用成为最重要的因素，因为人人都试图为自己获得最大利益。因此，在学校，人们可以看到，整天都存在着一次又一次的协商。"

从这种冲突型师生关系的观点出发，伍兹对学生对于学校文化的适应模式进行了详细的类型学研究。他认为，在中学中始终存在着两种学生亚文化：亲学校文化和反学校文化。借用默顿的分类方法，伍兹根据学生是否接受学校的目标以及学校为学生提供的实现其所要求目标的手段不同，将中学生对于学校目标的适应分为八种不同模式：奉迎、屈从、仪式主义、机遇、逃避、开拓、不妥协和叛逆。

（三）互动主义结构论

受迪尔凯姆结构主义理论的影响，英国教育社会学家 B·伯恩斯坦（B. Bernstein）主要关注教育知识的组织、传递和评价过程中的差异与变化问题。在他看来，"一个社会如何选择、分类、分配、传递和评价它认为具有公共性的知识，反映了权力的分配和社会控制的原则"。在《社会阶级、语言编码与社会控制》一文中，他探讨了学校使用的语言与不同阶级所使用的语言在结构上的差异，并据此分析了学生学业成绩失败的原因。这一研究为他赢得了很高的学术地位，有学者甚至认为他"也许是教育领域最杰出的思想家"。

伯恩斯坦广泛地吸收各种理论滋养，他运用马克思主义意味的半结构主义思想，并将戈夫曼的一些理论元素添加到自己的分析之中，体现了出自迪尔凯姆的戏剧论渊源。伯恩斯坦最为教育社会学界推崇的是他关于"限制性语言编码"和"精致性语言编码"的区分。根据表达意义的普遍性、表达的清晰程度、表达受结构限制程度以及阶级归属等方面的不同，伯恩斯坦区分了两种不同的语言编码：限制性语言编码和精致性语言编码。他认为，上层阶级的语言属于精致性编码语言，而下层劳工阶级的语言则属于限制性编码语言。

精致性编码的语言倾向于表达普遍性意义，而限制性编码的语言则倾向于表达特殊性意义。精致性编码的语言很少受特定或局部的结构的限制，因而在语言表达方面具有较大的变化可能，而限制性编码的语言则较多地受局部社会和语言结构的限制，语言表达变化的可能性小。精致性编码的基础在明确表达的符号中，而限制性编码的基础在减缩的符号中。精致性编码采用理性的方式，而限制性编码采用隐喻的方式。总之，限制性编码在关于意义和表达关系方面仍然有许多不清楚的地方，而精致性编码在意义、表达方式和表达内容等方面都非常清楚。

（四）互动主义现象学

在教育领域中，互动主义现象学的基本主张是知识、真理、能力、智慧以及其他所谓的"客观现实"都是社会性建构的结果。互动主义现象学研究的主要内容就是对这种教育领域中的社会建构过程进行描述和分析。其代表人物主要有麦克·扬和凯迪等。

英国教育社会学家麦克·扬在《知识与控制：教育社会学新探》一书中，集中阐述了他关于教育中的知识和能力的社会建构性质的观点。

首先，他认为知识的增长和获得，与知识的逐渐分化是并行的。某些社会群体的知识通过正规教育机构的建立而被赋予更高的级别和更高的价值，并且由这样的教育机构将这些知识传递给社会中经过特别选拔的人。因此，高层次的价值在学术机构和学校中被神化，并且提供了一种为其他知识进行参照的标准。事实上，学校正是通过将知识人为地分为学术知识和日常知识，并将学术知识优于日常知识的知识观念强加给学生，对学生进行甄别和选拔。

其次，他把课程变化看成是知识定义的变化，这种知识定义的变化和社会分层、专门化以及知识组织的开放程度和取向是一致的。由此，他得出结论：课程中知识的组织是一种社会性建构。学生学业失败和离校年龄的提高，作为一个社会控制的问题，而不是智力发展的问题，与教师的规定具有一定的联系。

最后，他认为，学校对于能力的分类隐含着一种假设，即抽象的知识是高级的知识。学校是根据这一假设对于学生进行能力分组的：那些能够进入教师的抽象知识领域的学生被认为是优秀学生，他们将接受学术课程的学习和训练；而那些知识水平仍处于常识层次的学生被认为是失败的学生，他们将只能接受非学术性课程的学习和训练。

英国另一位教育社会学家尼尔·凯迪运用互动主义现象学的方法对一所综合性小学进行了实地考察。他试图从分析"课堂知识"出发，对能力分组教学提出质询。他期望通过这种方法，能够在学校内部和课程知识的社会组织中寻求教育失败的根源。他通过实证研究发现，人们似乎倾向于把学校所教的知识当作"专家"的知识，并与日常的知识结构对立起来。这便在教学内容中确立了一种"规范秩序"，以学业成绩为衡量标准向学校以外的人们推荐那些在学习上取得较好成绩的学生。因此，他认为"通过保证学生与知识之间的关系一致性，学校用一定的权威性的分类结构确保社会的秩序"。

在凯迪看来，教育中知识和能力的分层类属产生的根源在学校以外的社会结构的权力分配机制中。这种分类并不是基于学生的实际能力，而是基于一种建构的框架，由该框架对特定类型的知识的价值进行分类。学校中这些看似"理性"的分类和评价系统实际上只是强加给学生的一种知识形式而已。

三、教育互动论简评

教育互动论对微观领域的教育活动进行描述和探究，打开了被宏观教育社会学理论忽视的教育"黑箱"。它广泛运用人类学、人种学等相关学科的研究方法，比如深度访谈法、参与式观察法等对教育过程的人际互动进行了大量的客观描述和学理解释，为人们深入认识教育现象提供了许多鲜活的材料。

教育互动论关于个体通过自我概念、符号解释、情景定义等认识策略来积极建构教育规范和制度的观点，对于人们充分认识教育主体的自主性和创造性以及教育制度和教育活动的建构性质，具有重要的启发意义。

但是，教育互动论往往会过于看重个体的自主性和能动性，忽视教育的社会制约性，容易导致教育上的浪漫主义。因此，教育互动论常常因为忽视社会中的权力和结构以及它们对于教育中的个体互动所产生的影响而受到批评。

第四章　教育与个体社会化

第一节　社会化的含义

社会学中的"社会化"概念不同于日常生活中的"社会化"概念。日常概念的"社会化"是指将某种事物推向社会，使其获得社会的参与，从而具有广泛的社会意义。比如"高校后勤社会化"就是将高校的后勤工作推向社会，让社会参与和经营高校后勤。社会学所谓"社会化"的基本含义是指个体由生物人转变为社会人，逐步接受社会文化，适应社会生活的过程。

一、社会化的概念

社会化（socialization）是自然人成长为社会人的过程。社会通过各种教育方式，使自然人逐步学习社会知识、技能与规范，形成自觉遵守与维护社会秩序的价值观念与行为方式，取得社会人的资格，这一教化的过程就是社会化。我们可以从个体和社会两个方面理解社会化的含义。从个体角度来说，社会化是个体将社会的文化规范内化并形成独特个性的过程。从社会角度来说，社会化是通过将一个生物学意义上的自然人教化、培养成为一个有文化的社会人，从而使某一社会及其文化得以延续的重要手段。从社会与个体结合的角度来说，社会化就是将个体的自然人教化成为特定社会的一分子的过程。

二、社会化的类型

（一）政治社会化、道德社会化、法律社会化、职业社会化与性别角色社会化

根据社会化的内容不同，可以将社会化主要分为：政治社会化、道德社会化、法律社会化、职业社会化、性别角色社会化等类型。

政治社会化是个体在社会政治互动中接受社会政治文化教化，学习政治知识、掌握政治技能、内化政治规范、形成政治态度、完善政治人格的辩证过程，是社会政治体系的自我延续机制和功能运行机制。个体通过政治社会化形成某一特定社会所要求的政治信仰、态度和行为，同时，社会的政治文化得以传播、交流、继承和发展。

道德社会化是指个体经过一系列与他人和社会的互动，接受社会伦理文化的基本准则，遵循特定文化背景下的道德规范，以获得社会认可和参与资格的过程。道德社会化是人的社会化的重要内容之一。

法律社会化是个体学习掌握法律知识、形成法律意识的过程。具体说来，法律社会化就是个体把国家法律这一体现统治阶级和国家意志的、具有强制性的特殊社会规范，变成自己所理解和接受并自觉遵守的行为准则，进而内化为个人心理品质的过程。

职业社会化是指个体按社会需要选择职业、掌握从事某种职业的知识和技能，以及从事某种职业后进行知识、技能更新的再训练的过程。

性别角色社会化是指个体根据社会对不同性别的不同角色期待，把性别角色的标准内化，形成社会对不同性别的期望、规范相符的行为的过程。不同的社会、民族、文化、风俗，对男女性别有不同的期望和规范。

（二）初级社会化、次级社会化和再社会化

从个体的发展阶段上看，可将个体社会化主要分为：初级社会化、次级社会化和再社会化等类型。

初级社会化（primary socialization）也称预期社会化，是指儿童在进入成年期前，为承担正式的社会角色做准备时期的社会化。预期社会化主要在家庭、

学校和同辈群体中进行，其主要内容包括基本生活技能的学习、基本行为规范的掌握、未来社会角色的学习和扮演等。初级社会化是个体社会化的关键阶段和基础阶段。

次级社会化也称继续社会化（continuous socialization），是指个体在初级社会化的基础上进行深入社会化的过程。继续社会化的主要内容表现为成年期的个体为适应生活环境和社会文化的变化，适应新角色的要求，所做的适应性调整和学习，包括继续学习和掌握原有的社会知识以及不断学习新产生的知识。

再社会化（resocialization）是一种特殊的继续社会化，是指一些特殊人群原来的社会化失败或基本上已不适用，而重新学习社会的价值和行为规范的社会化过程。其基本特点是改变社会化对象原有的世界观、人生观、价值观及生活方式和行为习惯。再社会化主要发生在以下两种情况：一是在社会情境或社会角色发生很大变化时，个体为适应新情况而进行的再社会化。这表现为个体在生活习惯、行为准则、价值观念等方面做出重大调整或进行重新学习。二是当社会化失败或反社会化中断以后而进行的社会化过程。再社会化有两种方式：主动的再社会化，即个人主动地、自觉地适应新的社会生活、生活方式和工作方式；强制的再社会化，如对违法犯罪者判刑或实施劳动教养等。

再社会化与继续社会化的区别在于：第一，方向和内容不同。再社会化的方向和内容与原先的不一致，而继续社会化的基本方向和内容则与原先的相一致。再社会化是抛弃原先形成的社会化，形成新的社会化；继续社会化则是在原先社会化的基础上进一步发展、提高，使之更加完善。第二，方式不同。再社会化过程是一种思想和生活方式以及行为模式向另一种思想和生活方式以及行为模式的基本的、急剧的、迅速的改变，不适应感很强烈；而继续社会化的过程是逐渐的、部分的变化，往往是在不知不觉中进行的。

（三）预期社会化和发展社会化

根据社会化发生的阶段顺序，可以将个体社会化划分为预期社会化和发展社会化两种类型。

预期社会化（anticipatory socialization）的概念最早由美国社会学家默顿提出，它指的是个体为了成功地扮演所期望的社会角色而获得社会价值观、社会行为规范和知识、技能的过程。一方面，个体在现代社会需要承担多种社会角色；另一方面，现代社会中职业转换、社会流动与社会变迁现象较为普遍，因此，预期社会化就成为个体参与现代社会生活的一个越来越重要的必不可少的环节。预期社会化的主要内容包括专业技能的学习、社会价值观的习得、自我概念的形成以及适合于未来角色的各种观念的获得等。

发展社会化（developmental socialization）是继续社会化的一个特殊表现形式，是一种为适应社会生活的变化、承担新的角色而主动学习与调适的过程。发展社会化的主要内容包括知识基础的拓宽、职业技能的改进、社会角色的转换等。

（四）正向社会化与反向社会化

根据实施社会教化的方向不同，可以将社会化分为正向社会化与反向社会化两种类型。

正向社会化是指年长一代人对年轻一代人传递文化和实施教化的社会化过程。在传统的农业社会里，由于人们生活在完全封闭的、狭隘的环境里，几代人所经历的大都是重复的事件，老年人具有绝对的权威。"人们从降生之日起就对耳闻目睹的老规矩必须照遵不误，因此，人们也必须把它作为现实而加以体验，社会系统的存在端赖于此"。因此，在传统的社会里，社会化一般是一种比较纯正的正向社会化。

反向社会化是指年轻一代人向其前辈施加影响，向他们传授社会知识、价值观念和行为规范的社会化过程。反向社会化是现代工业社会，尤其是信息社会的产物。当代科学技术的高速发展使人与物、人与人的关系出现了短暂性、新奇性、多样性的特征，社会上所有的人都面临着一种大规模的新的冲击。在这种激烈的社会巨变中，青年人没有先定的思维定式，他们更倾向于未来，面对复杂的新环境，他们能够做出自由选择，因此，他们有可能在某些方面比年长一代人更容易适应变化，他们并不把长辈当作楷模，而是进行新的选择，寻找新的道路，建立新的价值观，并以他们的言行影响年长一代人。这就改变了过去社会长期积淀下来的青年人单向社会化的模式。

三、个体社会化的理论

从个人的角度来看，社会化是发展自我的过程，是发展独特个性的过程。个性的核心是自我，即个人对自己有别于物和他人的独特个人身份的自觉体验。自我概念并非与生俱来，它是社会化的产物，是在人的一生中通过与他人的相互作用而产生和发展变化的。自我是如何产生的？在个体的整个生命周期中又是如何发展变化的呢？这是社会学、心理学和教育学等学科普遍关心的一个重要问题。对上述问题的探究和解答是社会化理论的主要任务。

（一）米德的角色借用理论

符号互动论的重要代表人物、美国哲学家、社会心理学家乔治·赫伯特·米德认为，自我有一种不同于生理学有机体本身的特征，它并非与生俱来，而是在社会经验与活动的过程中产生，即是作为个体与整个过程的关系及与该过程中其他个体的关系的结果发展起来的。由此可见，和库利一样，米德也对他的"自我"概念做出社会的限定，即他是从社会整体、社会和个体的互动的视角来定义自我的。

米德将自我区分为"主我（i）"和"客我（me）"两个部分。米德关于"自我"的基本结构即主我和客我的分析，最典型地体现了个体与社会、主体与客体之间的相互作用。"'主我'是有机体对他人态度的反应；'客我'是有机体自己采取的有组织的一组他人态度。他人的态度构成了有组织的'客我'，然后有机体作为一个'主我'对之做出反应。"所谓"客我"，指的是自我关于他人对自我的形象的心理表象，或在原始水平上指自我对他人的期望的内在化。"客我"代表"自我"的被动性和社会性的一面；而"主我"则代表"自我"的主动性和生物性的一面，"主我"是动作的原则、冲动的原则、创造的原则。"主我"和"客我"共同构成一个出现在社会经验中的人，"自我"其实是个人与社会的统一体。

米德认为，社会化最重要的产物之一就是人有能力预料他人对自己的期待并据此形成相应的行为。在他看来，这种能力是通过"角色借用"（role taking）获得的。个体正是通过角色借用（即把自己想象为处于他人的角色或地位），从而发展起从他人的角度看待自我与社会的能力。起初，儿童借用的是重要他人（significant others）的角色。重要他人是指对儿童社会化发展有重大影响的人，如儿童的父母等。随着年龄的增长，到三四岁以后，儿童开始学会将概括化他人的期望内化，即将整个社会的态度和观念内化。

米德将客我在个体社会化过程中的发展分为三个阶段：模仿阶段、嬉戏阶段和群体游戏阶段。他认为，两岁以前的儿童处在模仿阶段。这一阶段的儿童只能通过与父母的手势交流来模仿父母的动作，其"客我"并未真正发展起来。从两岁开始，儿童进入嬉戏阶段。在这一阶段，儿童通过借用具体的重要他人的角色，第一次开始把自己看作是社会客体，其"客我"开始得到发展。但是，这一阶段的儿童还不能理解角色借用的意义，他们只是在玩耍生活中的社会角色。三四岁以后，群体游戏阶段开始。在这一阶段，儿童参加有组织的游戏，在其中扮演真实的角色，而且必须同时考虑到所有参加游戏者的角色和观点。他们已经发展起了一般意义上的人（即概括化他人）对他们的要求和期待的观念，开始借用概括化他人的角色。至此，他们已经将"社会"内化了，"客我"的形成过程已经完成。

（二）弗洛伊德的自我无意识理论

现代心理学的创始人之一弗洛伊德对个性的主要看法是：人类的行为动机中有许多（如果不是大多数的话）是无意识的。他认为，人的大量心理活动产生于无意识领域，这是意识和理性难以进入的区域。

弗洛伊德认为个性结构由本我（id）、自我（ego）、超我（superego）三部分组成。"本我"即原我，是指原始的自己，包含生存所需的基本欲望、冲动和生命力。"本我"是一切心理能量之源，是个性中最有力又极难接近的部分，它受快乐原则的支配，就像是一口充满混沌、激动和沸腾的大锅；"本我"是完全无意识的，它不理会社会道德、外在的行为规范，唯一的要求是获得快乐，避免痛苦。幼儿的个性几乎完全由"本我"组成，但是他们很快通过与他人的互动发现，"本我"并不总是能够得到满足，会经常受到压制。于是，"自我"开始出现。"自我"，其德文原意即是指"自己"，是自己可意识到的执行思考、感觉、判断或记忆的部分，"自我"的机能是寻求"本我"冲动得以满足而同时保护整个机体不受伤害，它受现实原则支配，为"本我"服务。"超我"，大致相当于米德的"客我"，是人格结构中代表理想的部分，它是个体在成长过程中通过内化道德规范，内化社会及文化环境的价值观念而形成，其机能主要在监督、批判及管束自我的行为，"超我"的特点是追求完美，所以它与"本我"一样是非现实的。"超我"大部分也是无意识的，要求"自我"按社会可接受的方式去满足"本我"，它受道德原则支配。

本我、自我、超我三者的交互作用，构成了一个人个性的整体和特质："本我"代表了生物性的一面，"自我"构成了心理性的一面，"超我"意味着社会性的一面。意识是外化型的心理活动，而无意识却是本能冲动的原始贮存所，一切不能满足的欲望都被推进这个领域，暗中对人的行为产生支配作用。在本能冲动中，弗洛伊德最强调的是性欲，他称之为"里比多"（libido），这是一种几乎人刚出生就有的性能量，艺术创造和欣赏、做梦都是性欲冲动象征的、变相的满足，人的一切活动的最终基因就是无意识之中的性欲。

弗洛伊德社会化理论的主要贡献表现在以下几个方面：第一，弗洛伊德强调个性是人类有机体与周围的社会力量发生相互作用的产物。在这一点上，弗洛伊德与库利、米德等人的观点相同，即认为自我主要是社会的产物。所不同的是，弗洛伊德认为，个人与社会的关系在本质上是冲突的。在他看来，为了维护社会秩序，必须对性驱力进行严格的社会控制，而这必将导致个人与社会之间的关系紧张。库利则认为，个人和社会并不像弗洛伊德所说的永远处于冲突状态，二者实际上是密不可分的。第二，弗洛伊德非常强调早期社会化经验对儿童个性发展的影响。他认为，童年早期的社会化对于后来有意识和无意识的动机和行为有着极其重要的影响，甚至认为儿童在早年社会化过程中形成的人格能够终其一生而不变化。在这一点上，库利与弗洛伊德不同。库利虽然也认为儿童期形成的自我概念确实比在今后的生活中形成的自我概念更加稳定和持久，但是他认为，每当人们进入一种新的社会环境时，自我评价过程就会继续进行，人们都会在某种程度上改变自己的人格。弗洛伊德过于强调早期社会化经验对人的决定性影响，甚至认为早期形成的自我概念不可改变，确实过于教条化，这也使他遭到了猛烈的抨击。第三，弗洛伊德较早地发现了过度社会化的危害。弗洛伊德认为，过多的社会要求会使人的个性发展遭到摧残。如果"超我"的要求过于强烈，被压抑的东西太多，就会压倒和危害"自我"。在这一点上，弗洛伊德要比库利和米德高明，他看到过度社会化的可能性和危害性，认识到过多地关心满足别人的价值观可能是有害的。

（三）艾里克森的终生社会化理论

新弗洛伊德主义者艾里克·艾里克森（Erik Erikson）作为弗洛伊德的学生，深受弗洛伊德人格理论的影响。然而，他同时也对弗洛伊德的理论进行了修正。弗洛伊德对人格发展持早期决定论的看法，认为个体童年经验决定其一生；艾里克森则将发展自我的概念扩大成了毕生社会化的理论。他认为，人格发展是终其一生的事情，而不仅仅是儿童期的任务。自我随着人一生不同时期的发展要求而不断发展变化。

艾里克森将自我的发展分为八个心理阶段，每一阶段的自我发展均将面临不同的"认同危机"（identity crisis），各阶段认同危机的化解，即代表自我发展顺利；但如果前一阶段中的认同危机得不到及时化解，则会影响后一阶段的人格发展。艾里克森的自我发展阶段如下所述：

信任对不信任（婴儿期）：出生至周岁的婴儿，由自身需求的满足与否，而产生对人信任与否的发展危机。如果婴儿受到安全抚育和爱护照顾，其需要得到充分的满足，他就会对人产生信任；相反，如果对婴儿照料不充分，或者使他感到被拒绝，婴儿就会缺乏安全感，从而产生一种基本的不信任。

自主独立对羞怯多疑（童年早期）：1岁到3岁的儿童开始尝试通过独立自主的活动去探索环境。这一阶段相当于弗洛伊德的肛门期。儿童在这一时期抑制住他们的侵犯性冲动情绪，如此时父母给予鼓励协助，化解他们由于行为受到控触所带来的心理冲突，则有助于其独立自主的人格发展；但是，当他们对于自己的侵犯性情绪失去控制时，则容易变得羞怯多疑。

主动对愧疚（童年后期）：四五岁的儿童所面临的认同危机是在主动首创与内疚退缩两者之间去发展他的人格特质。这一阶段的儿童已经能够控制自己的身体，并开始了一些新的机体运动，语言能力得到发展。如果儿童的自主性和首创性活动得到父母的鼓励和认可，他们的主动性将继续发展；如果儿童的自动、自发行为受到嘲笑或威胁，他们就可能产生一种强烈而持久的内疚感。

勤奋对自卑（学龄期）：6 岁至 11 岁处于小学教育阶段的儿童，其人格发展所面临的认同危机主要表现在对学习是勤奋努力还是遇事逃避而心生自卑之间。如果成人对儿童的学习、手工制作以及各种团体活动给予积极的鼓励、表扬和支持，就会增强儿童的勤奋感；如果父母对于儿童的学习和各种互动关心不够，处处抑制和打击儿童的积极性，对于儿童在学习和团体活动中所遭遇的失败不能及时给予安慰和鼓励，甚至还施以惩罚羞辱，则容易使他们灰心丧志、失去自我价值，养成自卑的性格。

自我认同对角色混乱（青春期）：12 岁至青年期是个体从自我追寻到自我定向的关键时期。在这个时期，青少年的"社会角色丛"发生了很大的变化，他们的角色除了儿童时期的子女、学生、朋友外，又增加了男友、女友、运动员等其他一些新的角色。新的角色与原有角色之间能否和谐地统一在一起，是这一时期青少年所面临的重要的发展危机。如果青少年能够将新的角色顺利地与原有的角色统合在一起，形成一个和谐的角色丛，他们就会产生强烈的自我认同感。相反，则容易产生角色混乱，出现自我认同危机。

亲密对孤独（青年期）：大约 20 岁至 30 岁的青年处于这一阶段。艾里克森所说的亲密，指的是一个人在无须顾及自我认同丧失的情况下去爱另一个人的能力。如果一个人与他人建立良好的友情和爱情关系，甚至成家立业，在自我发展上就会产生亲密感；如果一个人不能和他人建立亲密关系，他就会生活在一种孤独感之中，难免感到孤独无依。

代际关怀对自我沉浸（中年期）：代际关怀指的是处于中年期的人对于未来一代的成长的关心。艾里克森认为，如果中年人的关怀能够超出自己的家庭，更加关心未来一代的成长，关心下一代将要生活其中的社会状况，就会产生精力充沛感，赋予生活更多的意义。如果没有形成代际关怀，则沉溺于自我，难免颓废迟滞，感到生命缺少意义。

完美无缺对悲观绝望（老年期）：在老年期，人有更多的时间用于反思自我的发展历程与人生在世的意义。如果一个人经过深思熟虑接受了人生的意义，并对自己的一生发展感到满足时，就会有一种完美无缺的感觉。如果一个人回首往事时认为失去了许多机会，或者走了许多错路，则会感到晚景凄凉，对生活产生厌恶感，再加上对死亡的畏惧，容易陷入绝望之中。

（四）皮亚杰的理性自我理论

瑞士心理学家和哲学家皮亚杰并没有对人格发展进行整体的研究，他只是关心人格发展的一个局部，即认识的发展。皮亚杰对社会化理论的主要贡献在于他对儿童的认识发展阶段进行了具体划分，并对儿童在不同认识发展阶段的思维特征进行详细描述。在皮亚杰看来，儿童并不是按照他人要求逐步成形的适应者，而是根据他们自己对世界的认识能动地安排世界的独立行动者。他认为，模仿不是儿童的主要学习方式，儿童创造自己的行为的程度超过对他人行为的模仿。

皮亚杰以智力"操作"（operation）类型作为思维发展的标志将儿童的认知发展划分为四个阶段。这四个阶段是：

感知运动阶段：从出生大约到两岁，儿童能运用某种原初的格局来对待外部客体，能开始协调感知和动作间的活动。但其感知运动的智力还不具备操作性质，因为儿童的活动还没有内化。这一阶段的儿童完全是通过他们的感觉器官与外界环境的接触来感知和了解世界的。

前操作阶段：从两岁左右持续到 7 岁，在这个阶段，儿童学会说话，开始以符号作为中介来描述外部世界。儿童认识的发展仍有对感知运动经验的依赖性，但大部分是依赖表象的心理活动。当他在实际活动中遇到挫折需要加以校正时，他是靠直觉的调整而不是依靠操作。这时的儿童由于不能理解速度、重量、数、质量或因果等抽象的概念，所以他们还不能从事许多简单的智力活动。这一阶段的儿童还有一个特点就是高度的自我中心主义，他们几乎完全从自己的角度来看问题，不能理解他人的角色，并不能从他人的角度来看问题。

具体操作阶段：大约从 7 岁持续到 12 岁，在这个阶段，儿童能进行具体操作，也就是能在同具体事物相联系的情况下，进行逻辑操作。这时儿童的思维已具有了可逆性和守恒，守恒是这个阶段的一个主要标志。此阶段的儿童已经能够采取与重量、速度、数量或质量有关的多种行动，能够理解他人的角色并开始发展从他人的角度来想象自己的能力。

形式操作阶段：大约从 12 岁开始，到 15 岁结束，在这个阶段，他们的思维能力已超出事物的具体内容或感知的事物，思维水平已经达到逻辑思维的高级阶段，能够进行高度形式的、抽象的思维，能够进行思维的逆向性和互反性变换。用皮亚杰的话来说，其思维的特点是"有能力处理假设而不只是单纯地处理客体"，"认识超越于现实本身"，而"无须具体事物作为中介了"。

第二节　社会化的主要内容

社会化的内容非常广泛，从横的方面看，涉及个体生活的各个方面，主要包括：基本生产、生活知识和技能的掌握，学习能力的提高；社会文化的认同，社会规范的学习；社会角色的学习和扮演；生活目标和人生理想的确定；完善个性的培养等。从纵的方面看，包括贯穿个体一生的各个人生阶段的不同角色的学习与扮演。

一、个体社会化的基本内容

个体社会化的基本内容，是指每一个个体参与社会生活、从事社会活动所必需的社会化内容。最基本的社会化内容应该包括培养基本的生存技能，培养承担社会角色的能力，促进个性的形成和发展，培养正确的自我观念，传递社会文化，促进社会成员对社会共同价值观念的内化等。

（一）掌握生产、生活基本知识和技能，学会学习

掌握生活和劳动技能是社会化的最基本要求。一个人要生存，首先得解决吃穿问题。新生婴儿除了简单的本能之外一无所能，完全依赖成人的照顾。在学习吃饭、穿衣、走路的过程中，儿童逐渐积累生活经验，掌握必要的生活技能。就一般情况而言，基本生活技能主要是在家庭环境中培养起来的。

在个体的成长发育过程中，还必须掌握一定的劳动技能。早期人类社会中，

由于生产力落后，劳动技能相对简单，人们往往是在实际的劳动过程中学习和掌握劳动技能的。在现代工业社会与信息社会，生产劳动中的科学技术含量越来越高，对劳动者劳动技能的要求也越来越高，因此，正式教育和专业教育在劳动技能培养方面的作用显得越来越重要。社会通过各种类型的科学文化技术教育，使其成员掌握一定的劳动技能，以适应科学技术高度发展的社会。基本劳动技能的传授主要是由学校以及专门的职业培训机构进行的。

此外，在现代社会中，社会变迁的速度加快，知识更新周期缩短，要想适应现代社会发展和变化，个体必须不断学习，及时更新自己所掌握的有关生产和生活的知识和技能。这就要求个体在社会化过程中注重自己学习兴趣和能力的培养，要使得自己愿意学习，学会学习，提高学习的能力和效率。

（二）认同社会文化，学习社会规范

认同社会文化是个体社会化的一项基本内容，它是指个人在社会化过程中通过学习、领悟而将特定的社会文化内化于自身的过程。对于特定的社会文化的认同有利于增强社会凝聚力，促进社会团结。广义上的文化包括物质层面上的文化、精神层面上的文化和制度层面上的文化，但不管是何种层面的文化，起灵魂作用的总是蕴含其中的价值观念。正是由于价值观念在社会文化中处于核心地位，它对个人的社会行为起着引导支持和调节作用。因此，社会文化认同的关键就是将代表特定文化的最核心、最基本内容的价值观念内化。

社会规范是调整人们行为的各种条例或准则，是维持社会秩序的重要工具之一。社会规范规定了在特定情况下人们可以做什么，不可以做什么，什么是必须做的。常见的社会规范包括风俗、习惯、道德、宗教、法律等，它既可以是成文的，也可以是不成文的。有些规范是普遍性的，适用于所有社会成员，有些规范只适用于某一部分社会成员，还有一些规范只适用于处于特定情境中的人们的行为。但是，不论哪种社会规范都具有一个共同的特征，就是约束性。它可以约束个体的行为，协调人们之间的关系，以便使社会秩序井然。社会规范的社会化就是要通过各种形式的教育和其他形式的力量，使个体学习和掌握各种社会规范，并自觉地按照社会规范的要求，调整自己的行为，正确处理个人与他者、群体和社会之间的关系。

（三）学习和扮演社会角色

社会角色与社会地位相连，社会上的每一种地位都有一套被期待的、与这种社会地位相应的权利义务和行为模式。所谓角色，就是这套权利义务与行为模式体系。实际上，角色也就是社会对处于某一社会地位上的人的一种社会期待。在社会生活中，只有人们都是按照社会对自己的角色期待和要求，进行角色扮演，各司其职，社会系统才能正常有序地运转。因此，社会角色的学习和扮演就成了个体社会化的一个重要内容。

事实上，人们可以有几种不同的地位，每一种地位又可能附有几种不同的角色，这样人们便处于一种角色丛中。当角色丛的各种角色期待之间发生冲突时，就可能会造成角色紧张，给角色扮演造成麻烦。这就要求把角色冲突和矛盾的处理作为一项重要的个体社会化内容来看待。

值得注意的是，社会角色社会化绝不仅仅只是个体被动学习关于其特定文化中的社会地位的角色期待，按照这一期待亦步亦趋地扮演这些角色过程。事实上，社会化是一个人类可以施加作用的过程。就角色社会化而言，它不仅仅是个人简单地接受角色期待和要求的过程，还是一个协商和创造的过程。个体正是通过不断推进的社会互动过程逐步理解并接受社会角色的。

（四）确定生活目标和人生理想

生活目标和人生理想的确立是个体社会化的重要内容之一。生活目标与人生理想既有所区别又密切相关，生活目标是通过自己的努力可以实现的具体目标，人生理想是人们对自己未来的合理的想象或希望。无论是生活目标还是人生理想的确立都与一个人的人生观密不可分，都是关于人为什么活着和怎样活着的根本看法在现实生活中的外化和体现。通过社会化使社会成员确立起生活目标和人生理想，必须注意对其进行人生目的和意义的教育，因为一个人的人生观往往在其生活目标和人生理想的确立过程中起着至关重要的指导和引领作用。

一般说来，一个人最初确立的生活目标和人生理想，在很大程度上受到父母和教师的影响。但是随着个体年龄的增长、社会实践的广泛深入，接触更多的人和更广阔的社会，使视野开阔、见识增加，造成家庭影响减小，个体能动性增大，个体有了自己的价值观念，开始自己选择自身的生活目标，这就有可能导致最初确立的生活目标和人生理想改变，树立起新的社会目标和人生理想。

（五）培养完善的个性

对于个体而言，社会化就是个体内化社会文化和社会规范，形成自己独特个性的过程。所谓个性，是指一个人在其生活、实践活动中经常表现出来的、比较稳定的、带有一定倾向性的个体心理特征的总和，是一个人区别于其他人的独特的精神面貌和心理特征。从狭义方面来讲，个性包括个性倾向性和个性心理特征两部分。个性倾向性是指人对社会环境的态度和行为的积极特征，包括需要、动机、理想、信念和世界观等；个性心理特征是指人的多种心理特点的一种独特结合，其中包括能力、气质、性格等。从广义方面来讲，除了上述两种比较稳定的带有一贯性的结构成分外，个性还应包括心理过程（如认知、情感、意志等过程）和心理状态等。广义的个性结构实际是指人的整个心理结构，把个性和人作为同一语言理解。

个性的形成不能完全排除先天因素，但主要取决于后天的环境、条件及主观的努力。婴儿出生后并没有形成自己的个性，尚未成长为一个社会的人。随其成长，他的内部世界在不断地丰富、发展和完善，最后成长为一个能从事社会实践活动的独立个体，成长为完全的、现实的、具体的社会成员，形成了全面整体的个人和持久统一的自我，这时他便具备了自己的个性。也就是说，个性的形成和发展是在一定遗传或生理素质和一定社会条件的基础上，通过社会实践活动逐步实现的，是社会化的产物。促进个性的发展与完善是贯穿整个个体社会化过程的基本内容，社会化就是要使社会成员形成符合社会价值标准的个性，以便能够有效地参与社会生活，并在具体的社会实践中持续不断地塑造和完善自己的个性。

二、个体社会化的阶段内容

个体社会化是贯穿个体一生的社会化过程，每一个社会对于不同年龄阶段的个体所要扮演的社会角色都有不同的权利和义务要求。每一个个体要想很好地适应社会，在社会中更好地生存和发展，就必须不断地学习和适应各个不同年龄阶段所提出的各种社会问题，不断地进行着社会化和再社会化。

（一）童年期的社会化内容

童年期和青春期都是现代工业社会的发明，在前工业社会并不存在童年期和青春期的概念。在前工业社会中，生命只被划分为未成年期和成年期两个主要阶段。童年不是一个独立的生命阶段，小孩子从漫长的婴儿期通过特定的仪式一下子就进入了成年人的角色。童年期和青春期的概念被引入生命周期，是工业社会的发展导致教育延长的结果。

童年期是社会化的关键时期，个体在童年期的社会化，主要是学习语言、生活知识和培养认识能力，掌握行为规范，建立感情联系，发展道德及价值判断标准等的过程。在童年期，家庭担负着主要的社会化责任，正是在这个意义上，我们常说"家庭是孩子的第一课堂"，"父母是孩子的第一任老师"。儿童从出生时起，就在具有种族、阶级、宗教、地区等特征的家庭中获得了一种地位，所有这些特征都对儿童以后的社会化产生重要的影响。

（二）青春期的社会化内容

青春期是个体社会化历程中的关键期，也是个体发展的一个危险期。一方面，这一时期的青少年在身体上得到了急剧发展，而心理的发展很难与身体的发展相适应；另一方面，这一时期的青少年为了提高获得新的社会地位和扮演新的社会角色的能力，又有许多新的东西需要学习和适应。青春期大量的社会化内容是以预期社会化的形式出现的，青春期的社会化是一种指向未来角色的社会学习过程。也就是说，青春期社会化是为各种成人生活角色做准备的过程。

根据埃里克森的社会化理论，青春期是个体从自我追寻到自我定向的关键时期。在这一时期，如果青少年将各种新的角色与原有角色很好地统合在一起，形成一个和谐的角色丛，就会形成良好的自我认同感，否则，将会出现自我认同危机，严重影响今后的人生发展。

与童年期不同，对于青春期的大多数青少年而言，学校与同辈群体是其社会化的主要社会机构。大多数青少年的社会化更多地受学校和同辈群体的影响，而更少地受家庭的影响。

（三）成人期的社会化内容

一般而言，个体进入成年期以后，职业的预期社会化已经完成，职业生涯正式开始。这一时期，个体通常还要通过婚姻建立新的家庭。因此，许多新的社会角色需要成人去学习和适应。比如，学习和适应一名正式社会成员、一名公民的角色扮演，学习和适应一名丈夫或妻子的角色扮演，学习和适应父亲或母亲的角色扮演，学习和适应职业角色的扮演，等等。

美国心理学家布里姆（O. G. Brim）认为，成人期社会化与童年期和青年期社会化的最主要区别在于：童年期和青年期社会化偏重于确定个人的价值标准和动机，而成人期的社会化则偏重于使价值标准见诸行动。这样看来，成人期社会化主要是个体之前预期社会化的继续，是个体之前预期社会化成果在成人社会生活中的展现和应用。经过童年期和青年期的社会化过程，成人已经建立起了稳固的自我形象，具有了较强的自我控制能力，能够自觉遵守社会的规范和价值，使自己的欲望服从社会的规则。但实际上，越来越多的证据表明，成人的人格并未完全定型，成人期的社会化任务仍然不容忽视。

与童年和青年不同，成人社会化的动机比较明确，他们能够根据自己的意愿去选择角色。与儿童社会化将"角色借用"作为重要的策略不同，当角色内容发生变迁的时候，成人可以"制造角色"（role making），即重新定义或再创造现行的角色。

（四）老年期的社会化内容

老年期一般从退休开始算起，它通常意味着地位的丧失。与青年期被看作一生中最有希望的一个阶段不同，老年期被认为是希望最少的时期。然而，几百年以来，年老与社会地位的增长是联系在一起的。一般说来，在传统社会中，一个人越老，相对于他自身而言，社会地位就越高。但是，到了现代社会，社会平等的观念向老年人的领导地位提出了挑战，高地位与高权力自然属于老者的观念被社会平等观念所取代，而社会平等的观念更有利于青年人而不是老年人。在传统社会中，由于社会变迁速度慢，老年人因年龄优势而掌握了大量有效的社会生产和生活所必需的知识与技能，从而体现出更高的社会价值，占有更高的社会地位。但是，在现代社会中，由于知识更新和技术革新的速度非常快，老年人掌握的许多知识与技术很快就过时了。相反，青年人因为具有思维敏锐、接受能力强、敢于创新等特点，对于新知识的学习、新技术的掌握明显要强于老年人，老年人的传统优势进一步丧失。此外，由于家庭规模的缩小、核心家庭的增多，年迈的父母在家庭生活中也逐渐成为一个边缘的、不重要的角色，这就进一步降低了他们的社会地位。

在这一时期，社会化的主要内容表现为，个人必须学会调整自己，以求得与社会声望的降低、身体机能的下降、面临死亡以及一个人的生活失败等相适应。在上述老年社会化中，对于死亡的社会化通常受到限制或忽视。人们拒绝死亡，向濒临死亡的人掩盖他们的真实处境，并把死亡的所有蛛丝马迹都从我们的日常生活中赶走。其实，死亡是人在老年期必须面对的社会化内容之一。研究者发现，大多数人接受死亡经过了五个阶段：第一是拒绝并与他人隔绝；第二是愤怒；第三是讨价还价（与死神做交易，祈求上帝或命运之神能让他多活些日子）；第四阶段是沮丧；第五阶段是接受。有关死亡的社会化可以使人坦然面对死亡，减少因害怕死亡而带来的恐惧与焦虑。

第三节　教育在个体社会化中的作用

社会化是个体由生物人转变为社会人的过程，这一过程贯穿个体生命的整个过程。在社会化的过程中，个体受到包括教育在内的各种社会机构的影响。一般认为，在现代社会中对个体社会化影响最深的、最为重要的群体和机构主要有家庭、学校、同辈群体和大众传媒等。

一、教育与个体社会化的关系

教育与个体社会化的关系一直是教育社会学所关注的问题之一。在这个问题上，教育社会学学者们并未达成一致意见，不同学者对两者之间的关系认识不同，主要观点有以下几种。

（一）"教育等同于个体社会化"

"等同论"的代表人物是法国著名社会学家、教育社会学的奠基者埃米尔·迪尔凯姆（Emile Durkheim）。他认为，教育是年长的几代人对社会生活方面尚未成熟的几代人所施加的影响。其目的在于，使儿童的身体、智力和道德状况都得到某些激励和发展，以适应整个社会在总体上对儿童的要求，并适应儿童将来所处的特定环境的要求。由此，他得出这样的推论："教育在于使年轻一代系统地社会化。"在他那里，无论是教育还是个体社会化，其目的都在于传递社会文化，并将特定的社会文化内化于个人。因此，教育即等同于个体社会化。

"等同论"是从最广义的意义上理解教育，将教育看成是一种培养人的社会活动。它在理解教育时抓住了教育的本质——培养人、培养合格的社会公民，并认为合格社会公民的标志在于内化特定的社会文化，而社会文化的内化正是个体社会化过程所追求的目标。在这个意义上，"等同论"以社会文化的内化为中介，使教育与个体社会化等同具有一定的合理性。但是，"等同论"也存在一些理论上的不足。教育不仅具有个体社会化的功能，还具有非常重要的社会功能；教育不仅要传递社会文化，还要创造社会文化。因此，仅仅根据两者都具有社会文化内化这一功能，便将两者等同，又有失偏颇。

（二）"教育大于个体社会化"

这种观点认为，教育除了担负社会文化、维持社会生存的职能外，还有一个重要的职能，即促进社会的进步与变革；而个体社会化的主要职能在于传递社会文化，维系现存的社会秩序。个体社会化的重要功能是造就认同现有社会文化和社会秩序的人，而理想的教育不仅要使个体认同现有社会文化和社会秩序，而且要培养人的批判精神、创新意识和创新能力，使其能够积极主动地促进社会变革，推动社会的发展和进步。这样看来，教育的内涵要比个体社会化的内涵丰富，教育大于个体社会化。

教育大于个体社会化的观点认识到了"等同论"的不足，看到了教育的更为丰富的内涵，在这一点上，它弥补了"等同论"理论认识上的缺陷。但是，这种"大于论"在看到教育内涵丰富的同时，却没有发现社会化的含义也同样丰富。其实，社会化是个体和社会的互动过程，在这个过程中个体和社会相互作用：社会努力将其价值观念、行为规范传递给个体，以期望个体能够将其内化；而个体则会根据自己的情况有选择地接受、修改、变更社会的教化，以期望在获得社会性的同时使自己独特的个性得以发展。通过这种相互作用，社会形塑了个体，个体也改造着社会。由此看来，社会化不仅仅只是社会文化的内化，它也同样包含着积极的社会改造和社会创新的含义。

（三）"教育小于个体社会化"

这种观点认为，尽管教育与个体社会化的关系非常密切，但二者并非同一个概念。社会化的范畴要大于教育。学校教育是社会化的重要部分，是一种十分重要的社会化形式和机制，但不能完全等同于社会化。影响社会化的因素除了学校教育以外，还包括家庭、同辈群体、大众传播媒介等许多因素，学校教育仅仅是其中的一个影响因素。

目前，这一观点得到了国内教育社会学学者的普遍认同。该观点将教育视为影响个体社会化的重要因素之一，并将教育视为一种有目的、有计划、有组织地按照社会的要求来进行社会化的形式和机制。这里所讲的"教育"实际上指的是狭义上的教育，即我们所谓的"学校教育"。这是"小于论"与上述"等同论"和"大于论"的一个重要区别。"等同论"和"大于论"的所谓"教育"都是指的最广义上的教育，这种教育泛指一切培养人的活动，既包括有目的、有计划、有组织的教育活动，也包括目的性、计划性和组织性并不太强的教育活动；既包括学校教育，也包括家庭教育、社会教育等。

日本学者青井和夫也认为教育小于社会化。在他看来，社会化可分为无意图的和有意图的两种。有意图的社会化从社会体系的角度来看就是社会控制，从作用主体的角度来看则表现为社会性技术。这种社会性技术又有直接的和间接的之分。直接的社会性技术又可根据运用的手段不同以及意图的隐藏与否分为四种：凭借物质手段并隐藏了意图的，凭借物质手段但不隐藏意图的，凭借象征性手段并隐藏了意图的（宣传），凭借象征性手段但不隐藏意图的（包括说服和教育）。换句话说，教育仅是一种社会化形式，是一种有意图而又不隐藏意图的，凭借象征性手段进行的直接社会性技术。值得注意的是，青井和夫所讲的教育指的是"根据一定的培养意图，使人文明开化并提高价值的工作"。

教育与个体社会化之间的关系非常密切，也十分复杂。在人类社会的早期，教育与社会化是同一的。只是随着社会的发展，工作与生活的不断复杂，各种劳动和技能的专业化程度越来越高，以至于不能简单地通过一般的社会化来获得，于是开始有了专门化的教育机构——学校。学校成了现代社会中一个十分重要的社会化形式和机制。今天，我们在谈论教育与个体社会化的关系时，应该首先注意界定概念的内涵和外延。如果在最广义上使用教育的概念，并把社会化理解为个体与社会的互动过程以及包含被动接纳与主动创新的统一过程，那么，我们可以认为两者是等同的。如果我们从狭义上理解教育，即将其理解为学校教育，那么，"小于论"将更具合理性。

二、社会化的主要教育机构

所谓社会化机构，又称社会化主体，指的是那些对个体社会化影响最深的、最为重要的群体和机构。在现代社会中，家庭、学校、同辈群体和大众传媒四种社会化主体在个体一生的社会化过程中始终发挥着重要的影响作用。

（一）家庭

父母和家庭其他成员是人们接受社会化最基本的文化环境和最早的单位，是儿童时期社会化的最重要的力量，他们对于成人的行为也有重要的影响。正因为家庭对自我塑造有着核心作用，因此，社会学家库利将其称为"人类本性的培养所"。儿童正是在家庭中建立起其最亲密的感情联系、学习语言，并将文化规范和价值标准内化。社会学家科恩发现，由于不同社会阶级的父母对于孩子未来前景的期望不同，他们教给孩子的价值观念也大不相同。他指出："不管有意无意，父母都倾向于把他们自己从社会阶级的生活环境里得到的经验教训传授给子女，从而为他们的子女准备一个类似的阶级地位。"中产阶级的父母倾向于鼓励孩子按照他们自己的判断和道德标准来行事，而下层阶级的父母更多强调孩子要服从上级。社会学家研究发现，家庭对人的社会化功能具有两重性：家庭与社会文化相一致的教化，对儿童的社会化起积极的促进作用；家庭中出现的与社会主文化相背离的亚文化，对儿童的社会化会产生消极作用。

社会学和教育社会学的众多研究发现，在影响儿童社会化的家庭因素中，家庭结构、家庭关系、父母的教养方式和态度、家庭的社会地位与素质修养等都是十分重要的因素。"父母是子女的老师，子女是父母的镜子。"家庭中对儿童社会化影响最大的是父母。一般来说，父母对子女的影响主要取决于两种方式。一是强化。父母训练、鼓励孩子做大人认为合适的行为，而对破坏社会规则的行为，则给予一定的惩罚；父母不断向孩子灌输社会的道德观念，使孩子认识到什么是社会所需要的，以便决定自己的行为方式。通过这样的强化，孩子们逐渐领受到社会的规范、风俗、习惯和要求。二是模仿。父母除了自觉有目的地教育子女外，也在无意识地以自己的言行影响孩子，这种影响表现在孩子身上是通过模仿来实现的。儿童通常以父母的言行作为自己的行为模式和标准。父母的一言一行、一举一动都可能在他们的心灵深处留下印记。例如，把妈妈看作妻子和女人的象征，把父亲看作丈夫和男人的象征，逐步形成自己的基本概念。此外，父母在家庭中的相互关系和相互作用，他们的相互争吵、合作，甚至习性爱好，也对孩子有着潜移默化的影响，使他逐渐形成对人对社会的看法。除了父母的影响外，家庭中其他成员也对孩子的社会化起着某种特定的作用。

（二）学校

学校作为有目的、有计划、有组织地对学生施加教育影响的专门教育机构，是家庭以外最重要的学生社会化主体。学校作为社会正式规定的负责使青少年社会化、学习特定本领和价值标准的机构，与其他社会化主体相比具有以下特点：第一，学校作为一个教育机构，是社会化的专门职能单位，有严密的组织性、计划性、系统性，这是其他社会场所所不具有的特点；第二，学校是一个有组织的社会群体，与以血缘为纽带的家庭不同的是人际沟通不是以感情为主，而是以教育目标为主，学校通过一系列的规章制度，使用强制性的方式要求学生遵守共同的行为规范，去扮演特定的学生角色；第三，学校的人际交往是社会的预演。

学校里的社会化不仅通过它的正规课程进行，还通过学校活动中的"隐性课程"（hidden curriculum）来进行。隐性课程由各种规则构成，它是潜藏在课内外、校内外教育活动中的教育因素，通过学生的无意识使心理活动发生作用，对学生的社会化起着重要的影响。隐性课程的主要目标与学生的学习无关，但与学校所强调的品质以及社会品质有关，学校的组织方式、人际关系等社会学、文化人类学、社会心理学的因素对于学生的态度和价值观的形成，具有强有力的持续影响。在隐性课程的影响下，学生学会了守时、遵守秩序、尊重权威、遵守制度规范等社会生活所必需的各项品质。

具体而言，学校作为除家庭外最重要的社会化主体，对青少年的社会化功能主要体现在以下几个方面：第一，通过正规的学校教育，儿童被教之以社会生活所需的技能和态度；第二，进行各种社会角色的初级社会化，学习各种社会角色的角色规范与角色期望；第三，向学生直接或间接灌输社会的主流价值观念；第四，使学生学会对非个人的规则和权威的遵从。

（三）同辈群体

同辈群体（peer group）是指由一些年龄相仿、兴趣爱好大体相同、社会地位大致相当的人，为了满足情感需要而自发形成的伙伴群体。在人的不同年龄阶段，每个人都可能接触一些同龄群。人从幼儿开始一直到成人，每个阶段都要与同伴交往，在人的不同年龄阶段，同辈群体的影响作用不同。在教育社会学研究中，同辈群体通常被用来指称儿童及青少年的非正式小群体。

儿童之所以会形成同辈群体，从根本上说，是为了满足其在家庭和学校中得不到满足的各种需要。从社会学角度来看，导致学生形成、加入或向往同辈群体的主要原因是对于平等的期求。家庭与学校无法完全满足学生的平等需要。在家庭中，学生是受监护人；在学校中，学生是受教育者。这两种地位状况制度性地决定了学生与家长或教师不可能真正形成"平起平坐"的关系。这样，学校、家庭便无法满足学生的平等需要，也便无法成为促使学生完全自由地展现自己、充分发挥自己潜力的场所，学生便自然会去寻求可使自己获得真正的平等、民主与自由的另一世界。于是，学生同辈群体便应运而生。

对于儿童来说，同辈群体的社会化与他们在家庭和学校中接受的社会化是大不相同的。这种不同主要表现在：首先，同辈群体中的社会化大部分是在未经事先安排的情况下，在无意之中进行的。家庭和学校尤其是学校中的社会化主要是通过成年人精心规划，有目的、有步骤地进行的。其次，在同辈群体中，儿童与同伴之间的地位是平等的，他们之间的相互交往和各种活动是建立在这种平等的基础之上的。在家庭和学校中，儿童与家长和教师之间的关系是不平等的，儿童始终处于被教育者、被指导者、被关照者及服从者的位置。再次，在同辈群体中，儿童完全根据自己的兴趣来安排活动内容。在家庭和学校中，儿童的活动不是出于自己的爱好，而是依据家庭和教师的意志和决定。最后，在同辈群体中，儿童有自己的亚文化和价值标准。他们可相互谈论在大人们面前不能谈论的话题，有自己心目中的偶像和榜样。这些亚文化和价值标准，可能与家庭和学校所传递的那些正统的、为社会所承认和接受的、符合成年人社会需要的主流文化、价值标准和行为规范相符，或不相符。正是由于同辈群体中的亚文化，同伴交往既可以表现为良性的，也可以表现为劣性的。良性交往能促使儿童或青少年积极向上，加速实现社会化。不良交往，则会相互传播恶习，甚至结成犯罪团伙，从事违法犯罪活动。

（四）大众传播媒介

大众传播媒介简称大众传媒，是指"在传播途径上有用以复制和传播信息符号的机械和有编辑人员的报刊、电台之类的传播组织居间的传播渠道，具体分为印刷媒介，包括报纸、杂志和书籍；电子媒介，包括电影、广播和电视"。今天，人们通常把报纸、广播、电视、网络称为四大传媒。大众传媒是一个强大的社会化主体，随着网络社会的来临，大众传媒更成为一个最不可忽视的社会化力量。电视和网络是当前影响儿童社会化的最主要的大众传媒。

20世纪八九十年代，社会学家特别关注电视对儿童社会化的影响。他们将那些手拿遥控器，蜷缩在沙发上，一天到晚围着电视节目转的人称为"沙发土豆"（couch potato）。社会学家认为，电视对青少年具有如此大的吸引力，这是与其特点密切相关的。电视除了文化要求低、直观易懂之外，还具有比广播、印刷媒介更能让观众产生参与感的特点；同时它能提供具体的图像，使观众不易遗忘，因而它可能具有其他媒介所难以企及的劝诱与施教的独特效果。有学者在研究影响传播效果的因素时强调，直观性信息有助于传播的劝服性。所以，电视比广播、报纸等大众传播媒介对儿童社会化的影响更大。

电视节目给予儿童大量有关真实和想象的世界以及人类行为的信息。从某些方面来说，儿童节目能增强他们在家里和学校学到的价值观。一个同辈群体可能会收看同一个节目，然后一起讨论并表演出来，从而增强了该群体的团结和价值观。但是，孩子不是大人，很容易错误地理解他们所看到和听到的东西，比如人不能像动画片中的人物那样被别人当头一棒，推下悬崖，过一会儿又笑眯眯地回来。一些研究者还发现，电视对儿童的学习潜力有消极的影响，它缩短了儿童的注意力间隔时间，限制了他们运用语言的能力。这是因为电视显示的是快速连续播放的图像，不鼓励人们去思想。相反地，书籍必须要慢慢去阅读和思考。

随着网络的发展，在网络环境中成长起来的新一代，人们把他们称为"鼠标土豆"（mouse potato），这一代又受到网络的影响。网络技术的迅猛发展，使人类社会发生了翻天覆地的变化，同时，也给人的社会化过程带来了重大的影响，这些影响有些是积极的，有些是消极的。从积极方面来看，网络技术的应用为人们的创造活动提供了高科技的技术条件，大大开阔了人们的视野，刺激了人们的创造欲望，为新思想的产生提供了良好环境。从消极方面来看，网络提供的是一个介于"似"与"不似"的虚拟社会，这就决定了它很难形成像现实世界那样强烈的社会规范，有很多行为也难以受到法律的明确约束。对于正在成长的青少年来说，如果他们的社会化过程主要依赖网络来完成，危险是显然的：他们可能会把网络中培养出来的任性、放纵、撒谎、不负责任等习惯，也应用于物理世界中。如果他们过早地接触网络，社会规范观念将会更加淡薄。

第五章　教育与社会分层和社会流动

第一节　社会分层与教育机会均等

现实中的人类社会是一个高低分层的社会，任何一个社会群体或个人都会占据一个社会位置，处于不同的社会层级之中。不同社会层级的群体或个人的受教育机会存在较大差异。

一、社会分层的含义

社会分层（social stratification）是指依据一定的社会属性，将社会成员区分为高低有序的不同层次和等级的过程。社会分层是分析社会纵向结构的一个重要概念。社会分层体现了社会群体的结构性不平等，反映出人们获得物质性或象征性报酬的差异。

自从国家产生以来，任何社会都存在着某种形式的社会分层现象。社会学家认为，历史上最为重要的分层制度包括奴隶制（slavery system）、种姓制（caste system）、等级制（estate system）以及阶级制度（class system）。奴隶制是一种极端不平等的分层体系，其本质特征是一些人（奴隶主）占有另一些人（奴隶），后者绝无自由可言。历史上最典型的种姓制度出现在古代印度。在种姓制分层体系中，社会地位是由出身所决定的，人们一般不能改变他们的社会地位。等级制度主要出现在封建社会。

阶级制度是现代社会最突出的社会分层形式。阶级制度是一种主要以经济地位为基础的相对开放的社会分层形式。社会学家确定阶级归属的常用方法主要有三种：一是客观法，即根据社会成员的收入和财富的多寡、职业类型以及受教育程度等客观标准来区分其阶级归属；二是声望法，即根据社会成员享有的社会声望来区分其阶级归属；三是主观法，即根据社会成员对自己社会阶级定位的主观看法来区分其阶级归属。

根据社会分层体系的开放程度不同，可以将其分为开放性分层体系（open system）和封闭性分层体系（closed system）。在开放性分层体系中，社会成员从一个社会地位向另一个社会地位移动的难度较小，人们通过自己的天资、能力和努力改变自身社会地位的可能性较大。在封闭性分层体系中，人们的社会地位移动存在较大困难，社会地位更多地由社会出身决定。当然，这种划分只是韦伯"理想型"的一种运用，世界上从来都没有过完全封闭的分层体系。开放性分层体系和封闭性分层体系的主要区别在于社会地位移动的难易程度不同。

二、社会分层理论

社会分层理论主要关注并试图回答以下问题：首先，社会为什么会出现分层现象？或者说，为什么人们会在财富（wealth）、权力（power）和声望（prestige）等方面存在如此大的差异？其次，社会分层是必要和公平的吗？对于上述问题的不同回答，形成了三种不同的社会分层理论：功能论的、冲突论的以及进化论的社会分层理论。

（一）功能论视野中的社会分层

受帕森斯影响的社会学家主要采取功能论的观点解释社会分层现象。在功能论者看来，社会分层既是普遍存在和必不可少的，同时也是一种公平的社会特征。为了维持社会的正常运行，一定程度的社会分层是必要的。

功能论社会分层理论的代表人物是美国的社会学家金斯利·戴维斯（K. Davis）和威尔伯特·莫尔（W. Moore）。他们的基本观点是：社会分层不仅是不可避免的，而且也是保证社会正常运转所必需的。

戴维斯和莫尔认为，在任何一个社会中都有一些工作比另外一些工作重要。从事这些重要的工作需要从业者接受更多的教育和培训。这样，重要工作的从业者就必须比其他工作的从业者付出更多的时间、精力、金钱，做出更大的自我牺牲。因此，在戴维斯和莫尔看来，为了激励最有能力的人愿意为从事这些具有挑战性的重要工作而做出必要的牺牲，向这些最有能力的人提供更多的财富、权力和声望等是必要的和公平的，这导致了社会分层的普遍存在。也就是说，社会分层对于社会来说发挥着积极的功能，它使最有能力的人来扮演那些需要由能力超群的人扮演的社会角色。如果说社会分层在一定程度上造成了社会地位的不平均分配，在功能论者看来，这种不平均或不平等也是不可避免的，是公平的。

尽管戴维斯和莫尔关于社会分层的功能论观点因与美国关于个人成就的文化价值标准相吻合而流行于美国社会学界，但是它也遭到了一些严厉的批评。首先，它被认为脱离了社会现实。有些人的社会角色并无明显的社会价值，但却占据很高的社会地位，获得很高的报酬和收入。其次，先赋性或继承性的优势可能对社会地位的获得产生重要影响。最后，这一理论忽视了分层对于社会的反功能。一切分层都是根据人们的出身环境向人们提供不同的社会机会，因此分层不但无法向人们平等地提供扮演重要社会角色的机会，反而会妨碍人们最好地发挥自己的潜能和才智。如果社会底层的人们认识到社会分层的不公平性，还可能会导致社会冲突的发生。总之，在批评家看来，社会分层并不能保证使最有才干的人去扮演最重要的社会角色，社会分层的作用是保证多数人原地不动。反对者并不否认在某些分层社会中，确实有人通过个人的能力和努力获得了很高的社会地位，但是，他们认为即便是这些靠自己努力改变社会地位的人也会将自己的地位传给自己的子孙。

（二）冲突论视野中的社会分层

受马克思和韦伯影响的社会学家主要采取冲突论的观点解释社会分层现象。欧洲的社会学家在社会分层理论上一向赞成冲突论的观点。在冲突论者看来，社会分层并非为社会发展所必需，也不是不可避免的。相反，社会分层是上层阶级（upper class）对下层阶级（under class）剥削的结果，是造成人类不公平的主要根源。

冲突论视野中的社会分层理论认为，尽管社会分层肯定会符合那些从中受益者的需要，但是分层根本不是社会的一种功能上的必要。在冲突论者看来，社会分层实质上是某个集团为保卫和强加它的经济利益而创造和保持下来的。社会分层仅仅是有钱有势者为了保持他们的优势而设计的一种不公平的社会制度。

大多数当代冲突理论是建立在马克思的经典理论之上的。马克思认为，阶级是对生产资料有相同关系的一群人。对立阶级之间的关系是一种剥削关系。统治阶级通过其对生产资料的拥有和控制来剥削被统治阶级，并运用宗教、教育和政治等制度设置来维持他们的统治。因此，社会分层的功能在于维持现状，而不是鼓励变迁和减少不平等。

韦伯对社会分层的研究以马克思的分析为基础，但他补充和完善了马克思的理论。韦伯与马克思在社会分层理论方面的不同主要表现在以下两个方面：首先，马克思把社会分层简化为阶级区分，而韦伯则关注阶级、地位和政党对于社会分层的作用，以及它们之间的复杂的相互影响。也就是说，韦伯发展出一个更为复杂的、多维度的社会分层分析视角。其次，韦伯认为存在多种可能的社会位置，而不只是马克思提出的统治阶级和被统治阶级的两极划分模式。在韦伯的理论中，社会地位是指社会群体被赋予的荣誉或社会声望的差异。除了阶级关系和经济问题之外，政党、宗教等因素都可以独立地对社会分层产生影响。除了阶级划分之外，社会地位也可以通过财富、权力和声望等不同维度得以表现和标识。

美国社会学家埃里克·奥林·赖特（E. O. Wright）在大量吸收马克思和韦伯思想的基础上，提出了一种社会分层理论。赖特认为，在现代资本主义生产中，存在着三种控制资源的方式：对投资和货币资本的控制，对物质生产资料的控制以及对劳动力的控制。根据控制各种经济资源的不同，可以将现代资本主义社会分为三大阶级：资产阶级（capitalist class）、工人阶级（working class）和中产阶级（middle class）。资产阶级控制生产系统；工人阶级控制劳动力；中产阶级既不是资本家，又不是体力劳动者，但又具有两者的某些共同特征。赖特认为，占人口85%～90%的人处于这种矛盾性阶级地位

（contradictory class locations），根据他们与权威的关系以及所拥有的技能或专业知识不同，还可以将他们进一步细分。与权威关系更加接近以及具有市场所需求的技能的中产阶级更加接近资产阶级，其他中产阶级则更加接近工人阶级。

（三）进化论视野中的社会分层

20 世纪 60 年代以后，格尔哈特·伦斯基（G. L. Lenski）将功能论和冲突论关于社会分层理论中的某些观点结合起来，提出了社会分层的进化理论。

伦斯基认为，社会为了求得生存所需的基本资源，是按照功能论者所说的那样分配的，即为了吸引难得的人才担任重要的角色。但是，社会的剩余资源——即不是生存必需的资源——则是通过相互竞争的集团之间的冲突来分配的。

伦斯基承认，人们所欲求的东西总是供不应求的，因此为了鼓励难得的人才，有些社会分层是必然的和不可避免的，这种社会分层对于社会的生存和发展也是有积极功能的。但是，由于竞争和冲突的存在，多数社会中的分层都大大超过了实际需要达到的地步，而且一旦社会出现了分层，特权集团就会利用他们的特权极力维持既定的社会分层，阻碍社会流动的发生，这些情况的存在都使得社会分层具有了一些反功能。

由此可见，就其承认社会的生存方针造成分层，分层对于难得人才的鼓励，以及分层对于社会理想功能的发挥等方面来看，伦斯基的观点与功能论者一致。但就其对社会分层所带来的不平等以及对社会分层中特权的介入等现象的强调而言，伦斯基又具有冲突论者的某些观点。

三、两种类型的教育机会均等概念

美国学者内格尔（T. Nagel）根据允许政府对教育活动的干预程度不同，区分出两种基本的教育机会均等的概念：积极的教育机会均等概念和消极的教育机会均等概念。这里的"积极"与"消极"与日常概念不同，它们不具有价值判断的意义，而是指对待政府干预教育的态度。

积极的教育机会均等概念持有者主张政府对公民受教育机会进行干预，而消极的教育机会均等概念则反对政府对公民受教育机会进行干预。

（一）消极教育机会均等论

在对待政府与教育的关系方面，对教育机会均等进行消极解释的学者都是非干预主义者。消极教育机会均等论的主要代表人物是罗伯特·诺齐克（R. Nozick）和米尔顿·弗里德曼（M. Friedman）。

消极教育机会均等论的基本主张包括：（1）要求去除那些阻止人们接受公共教育的各种正式的（尤其是法律上的）人为障碍，包括种族、性别以及语言歧视等；（2）在处理教育中的自由与平等的张力时，更加倾向于强调自由；（3）反对国家对教育结果的干预。

在一定程度上，消极的教育机会均等概念有助于消除在受教育机会方面存在的各种公开的和制度性的歧视。但是，消极的教育机会均等概念也存在明显的不足。这一概念对影响受教育机会的各种非制度化的因素缺乏关注。事实上，即使一个国家的法律明确规定反对种族、性别以及语言歧视，受一些社会传统和习俗等各种非制度性因素的影响，这些因素同样可能阻碍教育机会均等的实现。此外，这一概念对影响受教育机会的各种非正式的因素缺乏关注。在现实社会中，文化、政治、经济资源的缺乏也会对教育机会产生实质性的影响。

（二）积极教育机会均等论

在对待政府与教育的关系方面，对教育机会均等进行积极解释的学者都是干预主义者。他们要求政府采取积极的措施来消除导致儿童在受教育机会方面持续存在的不平等的社会环境差异。积极教育机会均等论的主要代表人物是约翰·罗尔斯（J. Rawles）和罗纳德·德沃金（R. Dworkin）。

积极教育机会均等论的基本主张包括：（1）在处理自由与平等之间的张力时，更加倾向于强调平等；（2）主张国家对教育的结果进行一定程度的干预。

积极的教育机会均等概念强调政府对社会处境不利群体、个人在受教育机会均等方面进行适当干预，这在一定程度上有利于社会的稳定和发展。但是，积极的教育机会均等概念也存在一些不足之处。首先，它混淆了教育机会均等和教育结果平等的差别。其次，它难以确定评判政府教育干预的道德尺度和干预程度。难以判定在道德上允许的导致教育结果不平等的因素到底是种族、天赋，还是努力。被判定为在道德上允许的导致教育结果不平等的因素越多，它就越接近消极的教育机会均等，也更有可能成为空谈。被判定为在道德上允许的导致教育结果不平等的因素越少，它就更倾向于对自由产生威胁，容易变成一个鼓励笨拙的社会计划。

四、社会公平理论与教育机会均等原则

社会公平理论着重处理两对矛盾：一是自由与平等之间的矛盾，二是政府干预与自由市场之间的矛盾。在西方自由主义传统政治哲学中存在着三种占支配地位的社会公平理论：自由意志论、功利主义、自由平等主义。不同的社会公平理论对于教育机会均等的认识不同，从而形成三种不同的教育机会均等原则。教育机会均等原则着重处理一个三角关系，即教育、市场与政府之间的三角关系，或者说是教育、自由与平等之间的三角关系。

（一）自由意志论的教育机会均等原则

自由意志论强调国家和社会生活中的个人自由，主张"最小国家论"，认为国家在行使权力时应该奉行"最小权力主义"原则，反对国家通过资源再分配实现社会平等。

自由意志论者所谓的个人自由和最小化国家，以及反对国家为实现平等而进行社会资源的再分配的主张，反映在教育机会均等问题上则表现为将教育完全归于家长的纯私人责任。在他们看来，儿童能否受到教育，受到什么样的教育，将被迫完全依赖于父母的权力、财富、抱负、知识以及父母的责任感。由此可见，自由意志论对应于教育机会均等的消极性解释。

（二）功利主义的教育机会均等原则

功利主义将整体利益的最大化原则作为判断行为或政策正确性的依据。功利主义者认为，为了整体利益的最大化可以限制某些群体或个人的自由与权利，也可以在一定程度上为某些群体或个人提供某种形式的特权。

在教育机会均等问题上，功利主义的社会公平观认为：为了社会整体利益的提高，应该通过对社会资源的再分配，对处于不利条件下的高智商儿童发展智力提供额外资源。在他们看来，只要符合整体利益最大化原则，国家教育进行某种程度的干预就是正当的。由此看来，功利主义对应于教育机会均等的积

极解释。

自由意志论者极度敌视功利主义，对功利主义的教育机会均等原则进行了严厉批评。自由意志论者认为功利主义的教育观念需要庞大的官僚机构来计算"最大利益"，容易导致家长作风盛行，进而从根本上危害民主制度。

自由平等主义者并不像自由意志论者那样敌视功利主义，但也从不同视角对功利主义提出了批评。与自由意志论者批评功利主义在教育机会均等问题上允许政府干预不同，自由平等主义者认为功利主义做得还不够，认为功利主义的教育机会均等原则容易受偶然事件的影响。在自由平等主义者看来，教育机会均等的原则以及普遍的正义原则，不应被用作利益最大化的抵押品。

（三）自由平等主义的教育机会均等原则

自由平等主义主张建立在自由基础上的平等，而非绝对的平等。自由平等主义者认为只要社会不平等是正当的，就没有必要减少这种不平等。在罗尔斯（J. Rawles）看来，如果不平等有利于促进所有人的利益，尤其是弱势群体的利益，这种不平等就是正义的。这就是著名的罗尔斯正义的第二原则。

著名的自由平等主义者德沃金认为，"自由平等主义概念支配下的每一位公民必须都有一种受到平等关心和尊重的权利。这一抽象的权利可以包括两种不同的权利：第一种权利是受到平等对待的权利，就是说，像其他人所享有的或被给予的一样，同样分享利益和机会。……第二种权利是作为平等的人受到对待的权利"。德沃金强调，应该把作为平等的人受到对待的权利当作自由平等主义概念的根本要素。"一个尊重自由主义的平等概念的政府只能根据某些非常有限的证明来适当地限制自由。"他认为，自由如果不建立在平等之上，就是空洞的。

自由平等主义的教育机会均等原则主张政府对教育机会的有限的、适当的干预。在罗尔斯看来，个体所要求的机会均等就是要一个享用适量社会物品的公平机会，例如，雇用、收入、健康护理、自尊以及教育等。实现公平正义就是要求社会组织，包括教育组织，尽可能最大限度地削减那些不利的偶然性条件（父母的社会地位、个人的智力水平、身体残疾等），甚至有时要反对利益最大化。自由平等主义偏重于教育机会均等的积极性解释。德沃金也主张，为了最大限度地减少群体和个人的不利处境，政府应对教育进行适当干预。

自由意志论者和功利主义者从不同方面对自由平等主义的教育机会均等原则进行了批评。自由意志论者认为，自由平等主义为了促进平等会牺牲更多的自由。功利主义者则批评自由平等主义是"直觉主义"。在功利主义者看来，自由平等主义者在制定教育政策时，没有在竞争性的原则之间建立一种平衡，包括利益最大化原则。

第二节　社会阶层与教育机会均等的经典研究

法国当代著名社会学家、教育社会学家布迪厄运用文化再生产理论对法国当代社会阶层与教育机会均等问题进行了长期的调查研究，其研究成果被公认为该领域的经典研究。布迪厄的相关研究成果主要集中发表在《再生产：一种教育系统理论的要点》（1970）、《继承人——大学生与文化》（1985）、《国家精英——名牌大学与群体精神》（1989）等著作中。

一、社会出身与受教育机会

根据欧洲社会学中心的系列调查结果、法国国家统计与经济研究所和大学统计局提供的数据（法国大学生 1960～1963 年的统计数据）以及一些专题研究和初步调查，布迪厄在《继承人——大学生与文化》一书中对法国不同社会阶层在接受高等教育方面的不平等问题进行了专题研究。

（一）教育机会不均的显性表现与隐性表现

布迪厄研究发现，在法国不同社会阶层接受高等教育的人数比例差距巨大。父亲职业与儿子进大学机会关系的统计数据表明，在法国，农业工人的儿子上大学者不到 1%，而有 70% 的工业家的儿子上大学，自由职业者儿子上大学的比例超过了 80%。这说明教育系统客观地进行着淘汰，社会出身地位越低的群体遭受的淘汰越严格。相反，出身于就业人口中人数最小的社会属类的人，在大学生中占的比例最大。

　　尽管如此，布迪厄认为，不同社会出身的大学生所占的比例只是部分地反映了教育机会的不均等，是教育机会不均的显性表现。在他看来，全面地认识社会阶层与教育机会均等之间的关系还应该关注教育机会不均的较为隐蔽的表现。因此，布迪厄对不同社会阶层子女在接受高等教育的主观愿望、专业选择以及学业成就等方面进行了调查研究和比较分析。在法国，高级职员儿子进大学的机会，是农业工人儿子的 80 倍，是产业工人儿子的 40 倍。不同社会阶层实际接受高等教育机会方面的巨大差异以各种方式影响各社会阶层对接受高等教育的主观愿望，导致不同阶层对高等教育的看法相去甚远。有的社会阶层感到接受高等教育是正常的，有的社会阶层感到接受高等教育是可能的，有的社会阶层则感到接受高等教育是不可能的。对于社会最低阶层而言，接受高等教育的主观愿望比客观机会还要小。

　　一般说来，在专业选择方面，社会下层比社会上层受到更多的限制。下层社会的子女即便能够免遭高等教育选拔制度的淘汰，也会在专业选择方面受到很大的限制，他们进入高等教育机构后一般会被迫选择文学院或理学院。高级职员子女学习法律、医学或药学的机会大大高过工人阶级的子女。如果说进入文学院对于下层社会的子女来说是强制选择的结果，是不得的无奈选择，那么文学院对于上层社会的子女来说则是一个"避难所"，一些缺乏学习动机又想上大学的上层社会的子女往往会选择文学院及其中的社会学、心理学或语言学等这些具有一定社会声望的专业。

　　社会出身与接受高等教育机会不均等还表现在入学年龄与学业进步速度差异等方面。出身社会下层的学生具有入学晚、进步慢的特征。在整个大学学习期间，特别是在学业重大转折的时候，社会出身都施加着影响：有些阶层的子女在学校里感到"如鱼得水"，有些阶层的子女则感到"很不自在"。因此，布迪厄指出："来自家庭环境的一整套爱好和知识造成了大学生之间的差异，他们在学习学术文化方面只是表面上平等。""对于一些人来讲，学到精英文化是用很大代价换来的成功；对另一些人来讲，这只是一种继承，它同时包含着便当和便当的诱惑。"

（二）大学生的社会出身与文化行为

布迪厄通过调查社会出身与戏剧知识之间的关联，对大学生的社会出身与文化行为的关系进行了研究。结果发现，在法国不管大学生的社会出身如何，他们了解最多的都是著名的戏剧作品，尤其是学校承认的名作。但是，不同社会出身的大学生在对不同戏剧作品的兴趣方面存在较大差异。出身工人、农民等下层社会的大学生对学校文化所推崇的戏剧名作兴趣很大，包括古典戏剧（雨果、马里沃、莎士比亚、索福克勒斯的戏剧作品）和近代著名作品（加缪、克洛岱尔、易卜生、蒙代尔朗、萨特的戏剧作品），而对与学校联系较少的戏剧作品，包括先锋派作品（布莱希特、贝克特、约内斯库、皮兰德娄的戏剧作品）和通俗戏剧（阿沙尔、艾梅、费多、卢森的戏剧作品）兴趣很小。随着社会出身的升高，对上述两类戏剧作品的兴趣的差距逐步缩小，在高级职员出身的大学生中差距达到最小。此外，研究发现，通过听音乐会了解音乐作品的数量随出身的升高而增加。

布迪厄对于不同社会出身的大学生在文化行为方面产生差异的原因进行了分析。他认为，一些人的社会出身决定了他们只能接受学校传播的文化，而不能接受其他文化。出身于中下层阶级的大学生对戏剧的接触主要依靠学校组织，而且大部分是通过剧本阅读的方式，而不是靠观看演出的方式实现的。因此，他们主要喜欢和熟悉学校所公认的戏剧作品（主要是古典的和近代的戏剧名作），而对先锋派作品和通俗戏剧作品较为陌生。对出身于最低阶层的人来说，学校是接受文化的唯一途径，在各级教育中都是如此。资产阶级出身的大学生在学校教育方面依附性比较小，他们可以经常去剧院、博物馆和音乐厅接触到一些学校不能组织或者学校很少组织的文化活动。

据此，布迪厄得出结论："文化方面的不平等，在某些不存在有组织教学的领域更为明显；文化行为受到的社会因素的制约，大于个人的兴趣和爱好。"

二、选择面前的不平等与选择的不平等

布迪厄运用词汇测验的方法对大学生理解和使用教学语言的能力进行了调查研究，结果发现，高等教育中存在着严重的语言隔阂现象，语言遗产对于大学生理解和使用教学语言的能力具有决定性作用。一个重要的发现引起了他的注意：在巴黎，好成绩比例最高的是出身于下层阶级的大学生，然后依次是出身于中层阶级和上层阶级的大学生。这似乎与他所提出的文化再生产理论相悖。因为按照文化再生产理论，学校文化与上层社会的文化之间存在着高度的相似性，上层阶级的大学生应该更加容易取得学习上的成功。如何解释这一"反常现象"呢？在《再生产：一种教育系统理论的要点》一书中，布迪厄引入了"语言资本"和"选择程度"两个概念对这一现象进行了解释。

（一）"过分选择"与"选择不足"

在布迪厄看来，不同社会出身的大学生在以往的教育中已经受到"不平等的选择"：下层阶级出身的大学生进入高等教育是受到了"过分选择"，而上层阶级出身的大学生进入高等教育却是"选择不足"。

由于学校文化在本质上是一种精英文化，因此，对于社会下层（包括农民、一般雇员和小商人）出身的学生而言，掌握学校文化就是一个"文化移入"的过程。为了满足学校在语言方面的最低要求，中下层阶级出身的大学生必须在这场"文化移入"过程中取得成功，否则，他们便面临被淘汰的危险。在法国，中下层阶级出身的子女进入高等教育时受到更为严格的选择，而选择的标准就是语言能力。语言不仅仅是一种交流工具，它还提供一个复杂程度不同的类别系统。在一定程度上，辨别和掌握诸如逻辑学或美学方面复杂结构的能力取决于家庭传授的语言的复杂性。"这样，随着一个阶级与学校语言的距离的增加，它在学校中的死亡率也必然只能增加。"

因此，在"最学校化"的语言能力方面，经过"过分选择"而"幸存"的下层阶级出身的大学生，往往比上层阶级出身的大学生高。在理解和使用教学语言方面，经过严格选择的下层阶级的大学生取得的成绩，至少与选择程度不如他们严格的上层阶级的大学生的成绩相同，而高于和他们一样缺乏语言或文

化资本但选择不如他们严格的中层阶级大学生。随着对处于不利地位的阶级的选择越来越严格，语言测验成绩的顺序和社会出身等级的关系会逐步颠倒过来。

但是，在"自由化"或学校控制最不直接的语言能力方面，学习成绩与社会出身之间的直接关联依然存在。"越是远离学校直接教授和完全控制的领域，比如由古典戏剧转移到先锋派戏剧，或由学校文学转移到爵士音乐，上层阶级出身的大学生的优势就越明显。"这样便能很好地解释在理解和使用教学语言方面存在的文化资本占有与成功程度之间正比关系的颠倒或消失。这一现象的存在不但没有否定文化再生产的理论，反而有力地反证了文化再生产理论的正确性和解释力。

（二）"选择的不平等"掩盖"选择面前的不平等"

在法国，理学院的化学或自然科学、文学院的现代文学或地理学，接收的下层阶级学生和中学现代科或二流中学的学生的比例最大。这些专业是下层阶级出身的大学生最有可能选择的方向。相反，在文学院中的古典文学或社会学等专业中，出身于上层阶级的大学生比例最高。

对于上述现象，布迪厄认为在高等教育阶段出现的专业选择倾向，与大学生的社会出身有着密切的关联。在他看来，社会出身主要通过最初的导向，预先决定人们的学习前途。社会出身首先影响到不同阶级子弟对中学的选择，进而影响到随后的一系列的学业选择和成败机会。

但是，在一个作为选择结果的群体中，选择的不平等有助于逐步减少选择面前不平等的影响，有时还会消除这一影响。教育具有淘汰和选拔的功能，能够接受高等教育的"幸存者"的结构不断地随支配淘汰的标准变化，其结果是逐步弱化了社会出身与语言能力或其他学习成功的指标之间的直接联系。对于那些经过"过分选择"后才得以留在高等教育系统中的下层社会阶级出身的大学生来说，他们越来越少地表现出曾对淘汰本属类其他人起作用的学习过程的特点，更多地具备了学校教育所公认的学习过程的特点。在某种意义上讲，这些幸存者的文化资本和精神气质已经发生了转变，成为某种形式的学校资本。

下层社会出身的大学生之所以在学习过拉丁文的学生组中占优势，是因为学习拉丁文对于他们的家庭来说是一个例外，这一方向对于他们这个阶级来说可能性很小，他们为了进入这一方向并坚持下去，就必须表现出特殊的素质。因此，"学习一种专业的人是一系列选择的产品"，"事实上，只有按社会出身不同进行的有区别的选择，尤其是对下层阶级出身的大学生的过分选择，才可以系统地解释语言能力随社会出身不同而发生的所有变化，尤其是解释一种文化资本的占有（根据父亲的职业判断）与成功程度之间正比关系的颠倒或消失"。

三、才华型学科、自由文化与国家精英

在《国家精英——名牌大学与群体精神》一书中，布迪厄运用权力场域理论，通过对全国中学优等生会考优胜者社会出身差异（1966～1988）以及关于预备班和名牌大学生生活经历的材料等资料的分析，对法国精英的产生过程进行了调查研究，解释了名牌大学与国家精英之间的内在关联。布迪厄的这一研究堪称社会阶层与受教育机会均等的又一经典研究案例。

在差异化社会中，社会空间的结构是经济资本与文化资本这两个基本的分化原则的产物。因此，对文化资本分布的再生产起决定性作用，进而又对社会空间结构的再生产起决定作用的教学机构，就成了人们为垄断霸权位置而进行争夺的关键。在布迪厄看来，精英学校并不是什么所谓的"救世学校"，它不能推进社会公平，因为教学机构本身就是一种社会霸权形式，也是使霸权合法化的重要基础之一。因此，为了正确感知教学机构的社会功能，必须抛弃"救世学校"的神话。

（一）才华型学科与努力型学科

布迪厄根据学科与文化联系方式中所表现出来的某些征象，比如学科使命的确定性、成败的征象、学习所需的知识储备以及学习效果的可衡量性不同，将学科主要分为两类：才华型学科与努力型学科。

才华型学科主要包括哲学、法语以及数学等，它们被看作是需要才华和天赋的学科，这些学科与拥有非常可观的由继承得来的文化资本相关联。才华型学科的主要特征是：学科使命具有模糊性和不确定性；学习成败的征象既不明显又不稳定，学习效果很难衡量；从事这些学科的学习常常需要事先具有无法确定的知识储备等。上述学科特征导致人们不容易对这些学科产生学业的忠诚

和热忱。努力型学科主要包括地理学和自然科学。与才华型学科相反，它们被认为是最需要努力和学习的学科。这些学科具有使命明确、成败征象稳定、学习效果容易衡量等特征，学习这些学科让人觉得"有把握""有收获"。而历史和语言（包括古代语言和现代语言）等学科则是介于才华型学科和努力型学科之间的学科，或被称为中间型学科。

在布迪厄看来，不同学科类型具有不同的社会地位，学科类型的选择又与学生的社会出身和文化资本存在着密切的关联。才华型学科更多地招收来自社会空间中支配区域的学生，而努力型学科则更多地为来自社会空间中被支配区域的学生提供机会。但是，教学机构却试图借助学业分类学，"在教育学和政治学的警戒线下，行使其社会歧视的权力"。因此，布迪厄指出，"学科之间的差异在双重意义上掩盖着社会差异：像法语或古典文学、数学或物理学这样的在社会上被认为是最重要、最高贵的标准学科，神话了这样一些学生：他们常常来自社会地位和文化资本都相对优越的家庭；从比例上来说，从六年级到中学毕业，他们中更多的人是循着中学教育和古典文化教育的康庄大道走过来的，而且在中学教育阶段跳过级；关于可能的专业方向和职业生涯，他们往往有条件获得更多的信息"。

（二）自由文化与学校文化

在对 1966 年、1967 年和 1968 年法国全国中学优等生会考中的优胜者进行问卷调查的基础上，布迪厄对法语、哲学和数学的优胜者（才华型学科的优胜者）和历史学、地理学和自然科学的优胜者（努力型或中间型学科的优胜者）进行比较研究。他发现，法语优胜者最习惯于用"天赋"来解释自己的成功。而历史学、地理学和自然科学的优胜者则将成功归因于"有条不紊、持之以恒的学习"；法语和哲学优胜者认为教师应该是"创造者"，而历史学、地理学和自然科学的优胜者则认为教师应该是"认真负责的人"；与历史学、地理学和自然科学的优胜者相比，法语和哲学的优胜者阅读面广，对于学校不直接讲授的学科具有广博的知识。

布迪厄认为，需要才华的学科能够为继承所得的文化资本带来最高的投资回报。他将通过家庭教育的潜移默化获得的或称继承所得的"文化资本"为

"自由文化"。在他那里,"自由文化"是"学校文化"的对立面。布迪厄在《继承人——大学生与文化》一书中,对"自由文化"的特点及其与社会出身和教育成功的关系进行了阐释。所谓"自由文化",是指在资产阶级出身的大学生身上表现出来的,有助于在大学某些专业取得成功的隐蔽条件。"处于最有利地位的大学生,不仅从其出身的环境中习得了习惯、训练、能力这些直接为他们学业服务的东西,而且也从那里继承了知识、技术和爱好。一种'有益的爱好'对学习产生的间接效益,并不亚于前面那些因素。"另一方面,学校也不合常理地把最高价值赋予了与学习分数和课程保持距离的技术。因此,资产阶级出身的大学生在大学中有更大的安全感,在学校教育方面的依赖性比较小。他们对与教学计划有关的书本和学校的书籍读得较少,对远离本专业的或其他学院的多种课程学得较多。他们在大学生活中更多地表现出超脱、自如、潇洒、自信,对于学校课程浅薄涉猎,而对学校教学之外的文化领域却有着丰富广泛的认识。

与资产阶级出身的大学生不同,对于处于最不利地位的大学生来说,他们的社会出身决定了他们对于学校教育具有更大的依附性,他们只能接受学校传播的文化,而不能接受其他文化。资产阶级出身的大学生毫不费力地就掌握了学校传递的知识,他们的现状和前途有保证,可以悠闲地追求风雅,敢于卖弄技巧,可以频繁地出入剧院、博物馆、音乐厅或电影院。而对出身于最底层的大学生来讲,学校是接受文化的唯一和仅有的途径,他们只能在诸如阅读剧本等更为学校化的行为中,找到补偿他们不利条件的办法。

(三)教学机构预言与国家精英

在对才华型学科和努力型学科、自由文化和学校文化进行区分的基础上,布迪厄揭示了作为教学机构的学校在国家精神产生中的作用及其基本机制。布迪厄认为,看似客观、中立、公正的学校学业评判体系并未致力于消除人们在文化面前的最初不平等。事实上,学校往往在助长文化面前的最初不平等,经常贬低它所传授的文化,比如抱怨学校工作过于"学校化"等。看似中立化的学业分类形式实际上是根据品行等级建立起来的,通常属于被支配者(即"民众")的品行是卑屈、粗俗、笨拙、迟钝、平庸等,属于中间阶层(即"小资产阶级"）的是小气、狭隘、平凡、规矩、认真等，而优越阶层品行则是真诚、广博、丰富、自信、善于解决问题、优雅、创造性、敏锐、聪明、有教养之类。学业分类学将社会关系上霸权者所具有的社会品行当作杰出的品行，并且神化他们的存在方式和他们的身份。

法语优胜者集中了理想学生类型的所有特征，法国教育体制正是凭借这些特征来识别其杰出群体中的精英，确认杰出者的行为方式的。哲学优胜者也一样，只是在程度上，他们比法语优胜者略微低一些。

在法国的学校教学机构中，用于学业评判的常常是一个二元对立的类别表：优异／平淡，轻松／勤奋，杰出／一般，学识渊博／囿于课本，有个性／平庸，有独创性／普通，活跃／死板，细致／粗糙，令人注目／一无是处，敏锐／迟钝，反应强烈／沉闷，优雅／笨拙等。这些类别既适用于教师和学生，也适用于他们的作品、功课、学业、思想和话语。教员在中立的幻觉中讲授着学业评判的准则，然而，就像暗喻和形容词的选择所证实的那样，这种学业评判几乎无法掩盖社会偏见。"在学校引以为评判依据的所有对立当中，最有说服力的或许就是博学和才华之间的对立，博学总让人联想起勤奋索取，而与才华相关联的则是大文化的概念；这一对立面也是那些被认为是仅仅需要记忆的学科之所以威信扫地的根源，因为记忆是所有才能中最受轻视的。""学业评判常常用带有'天赋'字眼的语言陈述出来，它能够产生和强化一种信念——一切都是命中注定的，而这种信念对于确定'志向'起着极为重要的作用，因而这种信念是实现教学机构预言的一种途径。"

实际上，学业分类形式是社会结构混合后的产物，因为正是社会结构在组织教学机构，尤其是通过学科和专业的划分来组织教学机构。随着学生社会出身的提高和分数的提高，最高荣誉的形容词出现得越来越频繁。

第三节 社会流动与教育

教育与社会流动研究要回答的主要问题是：具有较高教育成就的人是否有更好地向上层社会流动的机会？为了更好地回答这个问题，我们有必要首先对社会流动进行概念界定，然后再来探讨两者之间的关系。

一、社会流动的含义

社会流动（social mobility）是指个体在社会分层体系中的社会位置的移动。社会流动的概念有广义和狭义之分。广义的社会流动是指个人社会地位结构的变化。狭义的社会流动常指个人职业地位的改变。

根据不同的分类标准，可以对社会流动进行不同的分类。根据流动方向的不同，可以把社会流动分为垂直流动（vertical mobility）和水平流动（level mobility）；根据衡量流动的参照基点不同，可以把社会流动分为代内流动和代际流动；根据流动的原因和规模不同，可以把社会流动分为结构性流动和非结构性流动。

二、社会流动的主要形式

（一）垂直流动与水平流动

水平流动也称横向流动，指的是个体社会地位在某一社会阶层内部的平行移动。大规模的水平流动往往与科技发展以及由此引发的社会职业的结构性变化密切相关。比如，随着后工业社会的来临，大量第一产业（primary industry）和第二产业（secondary industry）的从业人员转向以服务业为主体的第三产业（tertiary industry），就是典型的大规模结构性水平社会流动。

垂直流动也称纵向流动，指的是个体社会地位在不同社会阶层之间的上下移动。根据流动的方向不同，垂直流动又可以分为向上流动和向下流动两种类型。向上流动是指个体由较低社会阶层流入较高社会阶层，向下流动是指个体由较高社会阶层流入较低社会阶层。垂直流动在开放性的社会分层体系中更容易发生。

垂直流动与水平流动的最大区别在于垂直流动能够引起个体地位在社会阶层体系中排序的变化。相对于水平流动而言，教育社会学家更加关注垂直流动与教育之间的关系。

（二）代内流动与代际流动

代内流动又称同代流动，是指个体一生中社会地位的移动，其参照基点是个体最初的社会地位。代内流动反映的是个体在一生之中所发生的社会地位的变化轨迹，包括升降、平移等。

代际流动又称异代流动，是指个体与父辈相比所发生的社会地位的移动。其参照基点是父辈在同一年龄段的社会地位。代际流动反映的是个体与父辈之间的社会地位差异和变化轨迹，即家庭在异代之间的社会地位的变化轨迹。

（三）结构性流动与非结构性流动

结构性流动是指由于社会结构变迁导致的人们社会地位的移动。一般而言，结构性流动是由于科技和生产力的发展引发社会结构变化而最终导致的，往往具有较大的规模。结构性流动更多地反映了社会科技和生产力的发展以及由此引发的社会结构变化情况。

非结构性流动又称自由流动，是指由于个体原因导致的社会地位的移动。非结构性流动往往是由于个体的流动意向和职业竞争所导致的，它在一定程度上反映了社会分层体系的开放程度以及社会地位获得的平等程度。

教育社会学研究对结构性流动与非结构性流动都有一定程度的关注，并已取得一些重要的理论成果。

将父子的职业经历和教育资格分别量化，然后用回归分析法对这两组数据的相关性进行分析。研究发现，"二战"以后，英国家庭的阶级等级制对教育机会和文凭的直接影响一直在增长，与此同时，教育同首次职业的联系越来越密切。换言之，教育逐渐成为代际之间地位传递的中介。"1972年，英国男性的职业地位更多地依赖于教育资格，而较少依赖根据父亲的职业地位所测定的出身。确实，观察到父子地位的相关性大部分是通过正式教育的地位传递的。"

与早期研究集中关注父亲职业对代际流动的影响不同，后继研究一般更为广泛地关注"父母资源"（包括父母亲的受教育程度、经济收入、母亲的职业、居住地等）对代际流动的影响。研究发现，母亲职业在社会阶层体系中的位置对其子女的教育水平和代际流动具有独立影响。1980年，哈尔西等人出版了《出身与地位获得：现代英国社会中的家庭、阶级与教育》一书，他们认为在现代英国社会中，家庭经济收入对代际流动的影响并不像通常所认为的那么重要，它并不直接影响子女的职业水平。但是，在那些受教育机会和程度更多地受到经济因素制约的国家和社会，父母经济资源的影响力会有一定程度的提高。

美国社会学家詹克斯（C. Jencks）等人分别于1972年和1979年出版了《不平等：重估美国社会中家庭和学校教育的影响力》和《谁会出人头地：美国社会中经济成功的决定性因素分析》两本著作。他们分析了智力水平和学习能力对美国代际流动的影响，认为儿子智力水平和学习能力可以部分地解释其教育与职业的关系。此后的绝大多数研究发现，子女的学习能力依赖于父母资源，是父母资源和子女教育成就的中介因素。但是，子女的学习能力对其职业的直接影响并不大。

三、代内垂直流动与教育

社会学家一般用学生离校后的首次职业与目前职业之间的差距标识代内垂直流动的距离和程度。哈尔西在1977年研究发现，在英国，儿子的教育同其首次职业之间存在很高的相关性。与此同时，他还发现首次职业对于目前职业的直接影响相当大，而且其影响力还在不断增长。一般而言，即使在控制了教育成就和学习能力变量之后，也会发现首次职业的等级对于目前职业的等级存在着较大的影响。相反，在控制了首次职业变量以后，教育成就和学习能力变量对于目前职业的直接影响是比较小的。这一研究结果说明，代内流动更多地受到首次职业变量的影响，而教育成就只能间接地影响代内流动机会。

1989 年，瑞典学者忒季曼（A. Tuijnman）出版了《回归教育、经济收入与健康状况》一书，对部分瑞典人进行了一项长达 50 年的跟踪研究。这是一项有关教育对代内流动影响的重要研究，其目的在于探究回归教育或成人教育对于瑞典人职业成就、经济收入以及健康状况和主观幸福感的影响。在控制了初始教育（initial education）、首次职业、学校能力和父母资源等变量后，研究发现，成人教育对职业存在持续增加的正面影响，而对经济收入却没有影响。这项研究表明，尽管初始教育对于成人教育存在着强烈的积极影响，并因此削弱代际流动，但是成人教育仍有可能促进代内流动。

经济合作与发展组织（Organization for Economic Cooperation and Development，简称 OECD）《2003 年教育政策分析》对于成人学习的某些观点在一定程度上修正了忒季曼的研究。2003 年 OECD 的教育政策分析认为，尽管成人学习的好处不能仅用经济指标来衡量，但经济因素却至关重要。但它同时认为，在现行政策框架下，经济收益只是成人——尤其是在职成人——进一步接受回归教育的中等程度的动因。

相对于代际流动而言，教育社会学界对代内流动与教育之间关系的研究关注还不够，有代表性的研究成果较少。相信随着各国终身教育体系的建立以及人们对成人教育的重视，教育与代内流动之间的关系将会得到较为深入的研究。

关联拓展阅读之一

近十二年美国教育社会学的前沿主题与热点领域

——基于《教育社会学》杂志刊载文献可视化分析

魏新岗 李德显

《教育社会学》(Sociology of Education)期刊是美国教育社会学专业的核心期刊，该期刊以季刊为出版形式，每季度一刊，每年共出版四刊，每刊一般刊登四篇文章。根据"大多数关键文献通常都会集中发表于少数核心期刊"的布拉德福文献离散规律[1]，我们以美国《教育社会学》期刊为分析对象，来了解美国教育社会学学科当前的研究问题和发展现状。CiteSpace 是由"美国费城德雷塞尔大学副教授、大连理工大学陈超美教授开发的一种信息可视化软件"。[2]该软件主要通过其作者合作分析、关键词共现分析、文献共被引分析等功能来研究某一学科的研究前沿和热点，分析学科的演进过程，从而预测学科的发展趋势。

一、美国教育社会学学科研究的前沿主题

陈超美认为研究前沿(research front)是指"一组突现的动态概念和潜在的研究问题"。[3]这里定义的研究前沿是强调新趋势(emergency)和突现(burst)的特征。而突现测度的是文献被引频次的变化率。因此，研究前沿就可以看作"是在某一时间段内，以突现文献(burst article)为知识基础的一组文献所探讨的科学问题或专题。研究前沿必须在分析突现文献的基础上，结合对施引文献(citing articles)的分析，进行综合判断和探测"。[4]这样，我们就可以判定该学科知识领域在某一时期内的研究前沿问题。

利用美国教育社会学专业的核心期刊《教育社会学》在 2000～2011 年间的文献数据，进行文献共被引网络图谱分析。其中文献共被引网络中包含节点 90 个，连线 244 条。Modularity Q=0.7208、Mean Silhouette=0.7232。Modularity Q 介于 0 到 1 之间，根据

陈超美教授在《如何控制节点的取舍》一文中提出 Q 取值在 0.4~0.8 时所呈现的图谱是最符合要求的，说明网络图谱的模块性较好，可以进行很好的聚类。Mean Silhouette 的取值范围在 −1 到 1 之间，且越接近 1，说明这个聚类的主体越明确，聚类内的文章越相近，所得图谱符合聚类要求。CiteSpace 选取阈值为 Top=10，即每年文献数据中被引频次最高的前 10 个节点为分析对象，这样突出了以高被引文献为分析对象，同时提高了网络的清晰度。

突现文献是学科知识领域研究前沿问题的突出代表，要探测学科知识领域在一段时间内的前沿，必须结合这些突现文献的施引文献进行分析。因此我们在对突现文献内容进行分析的基础上，在数据库中对其施引文献进行二次检索，对检索的施引文献进行了分析，得到了美国教育社会学近 10 年的研究前沿。

（1）在突现文章中，突现率排在第一位的是奥顿布什·史蒂芬（Raudenbush SW）和安东妮·S·布诺克（Anthony S. Bryk）合著的一本书《分层线性模型：应用和数据分析方法（第二版）》，该书的中文译本于 2007 年由社会科学文献出版社出版。奥顿布什·史蒂芬是美国密歇根大学教育学院教授、统计学系教授，密歇根大学调查研究中心资深研究科学家。主要研究领域为：多层分析与历时研究的统计方法。布诺克是美国芝加哥大学社会学系城市教育的教授，领导芝加哥大学学校改进中心，主要研究领域有：学校组织、城市教育改革、可计量性以及教育统计学。书中主要介绍了一种新的数据分析方法即分层线性模型（HLM），该方法主要用在社会科学和行为科学领域，后来广泛应用在教育研究中，比如"教学研究专注于学生与某一老师围绕某一内容教学时的互动。这种互动通常发生于班级环境中，并且以某一学期为界限。那么研究问题便存在三个焦点：学生个体在一学期课程学习中的成长，教学对学生个人性格和学习收获上的效果，以及上述联系又如何受到班级设置和教师行为与特征的影响"[5]，相类似的教育问题都可应用分层线性模型的方法去分析。该方法在美国教育社会学的定量研究中得到了广泛的使用。从侧面也是其研究前沿问题的方法论反映之一。

（2）突现率排在第二位的是安妮特·拉鲁（A. Lareau）的论文《从社会联结到社会资本：学校和家长网络之间关系的阶级差异》[6]，该论文用人种志的方法去研究父母的社会网络转变成社会资本时对学生的影响。"社会资本"概念是由科尔曼和布迪厄引入到教育研究领域的，然而，基于这一概念的研究多为定量性质的。安妮特·拉鲁认为以社会资本理论去研究教育必须实现定量研究和定性研究（主要是人种志方法）的结合，只有这样，用社会资本理论去解释教育问题才能更具说服力和科学性。这种把定量研究和定性研究相结合的方法应用到以社会资本理论去研究学生学校表现的问题，成为美国教育社会学研究的一个前沿。如该论文的一篇施引文献普鲁登斯·卡特（Prudence Cater）的《跨越边界：身份、文化和学校》[7]就使用这种方法研究了美国低收入的黑人和拉丁裔学生的身份认同、群体文化与学校融合的关系。

（3）突现率排在第三位的是科尔曼1988年的一篇文章《社会资本对人力资本的创造》。在这篇文章中，科尔曼着重介绍了自己对"社会资本"这一概念的理解，它主要是针对当时对社会行为解释的两种盛行观念而言的：一是社会结构主义，多为社会学家持这种观点，他们认为人的社会化和行为是受社会规则、义务支配的；另一个是功利主义，多以经济学家为主，他们认为人的社会行为受自己支配，都是自我本位的。科尔曼在批判了以上两种观念后，认为对社会行为的解释应该把这两种观点结合起来，从而在理论上对"社会资本"的概念给予全面具体界定和分析。他认为"社会资本是指个人拥有的以社会结构资源为特征的资本财产"，存在于人际关系的结构中。在文章中，科尔曼给出了社会资本的三种表现形式：义务和期望（obligation and expectations）、信息网络（information channels）、社会规则（social norms）。[8]这种对"社会资本"的全新理解推动了美国教育社会学学者们以此理论为中心对教育的研究，成为近十年来一个研究的前沿主题。如该文的一篇施引文献《黑人白人的成就差异：财富的重要性》[9]就在借用科尔曼的社会资本理论基础上研究了因黑人和白人学生拥有的财富的不同而导致的学业差异，并认为财富是通过影响孩子文化资本的获得而实现的。

二、美国教育社会学学科研究的热点问题

研究热点是"在某一时间段内，有内在联系的、数量相对较多的一组论文所探讨的科学问题或专题"。[10]从文献计量学的角度看，在某学科领域内被引频次最高的研究型文献通常是该领域研究热点的集中体现，关键词共现网络可以展现一段时间内相关文献集中反映出的研究热点词汇。结合对关键词共现网络图谱和高被引文献内容的仔细研读，我们可以了解学科知识领域的研究热点情况。

（一）高被引频次文献的内容分析

从科学计量学和知识计量学的角度，一段时间内被引频次最高或较高的一系列文献可以体现该文献所在研究领域中在这一时间段内的研究热点问题。因此，我们可以将某研究领域中高被引文献的被引频次的排名情况作为揭示该领域研究热点问题的一个指标。按照文献共被引网络中文献被引频次的大小，统计出被引频次最高的前9项文献信息。被引频次最多的9篇文献，反映美国教育社会学关注最多的研究热点问题。

(二) 关键词共现分析

本文中我们在对高被引频次文献分析的基础上，利用 CiteSpace 软件进行了关键词共现网络分析。基于 SSCI 数据库下载从 2000～2011 年《教育社会学》期刊刊载的文献共 227 篇，再运用 CiteSpace 2.2 Rll 进行关键词共现分析。本研究时间跨度为 12 年（2000～2011 年），单个时间分区（Year Per Slice）为 1 年。我们设定的阈值为 3、3、20，表示形成的关键词共现网络图谱中的关键词满足出现次数大于 3 次，关键词共现次数大于 3 次，关键词间的相似系数大于 0.20。通过对图谱的识别，我们确定了 20 个高中心性和高频次的关键词。从知识理论的角度看，高频次和高中心性的关键词一般就是这一时间内众多研究者共同关注的问题，也就是研究的热点领域。这 20 个高频次、高中心性的关键词分析得到了美国教育社会学在 2000～2011 年关注的研究热点。

1. 教育与社会成层和社会流动的关系问题

在这一研究领域有两个较具体的热点：其一，职业结构与社会成层、流动的关系，布劳尔·皮特于 1967 年出版了《高效中学的组织》一书。通过系统地分析美国的职业结构，展现了当时社会成层的基础、社会流动等问题。从韦伯的科层制理论到 20 世纪 60 年代学者们对工业社会中教育与社会成层、社会流动的关系研究，直到现在仍是人们研究的一个热点。高频关键词成层（stratification）、收入（earning）、封闭性（closure）充分体现了这一热点。

其二，学校在复制社会结构中的机制问题，被引频次最高的文献的作者是安妮特·拉鲁。这篇文章主要用个案研究结合访谈和课堂观察的方法来研究种族、阶层和文化不同的小学生的社会融合和排斥问题。教育与社会成层或者社会复制（reproduction）的关系的研究，以布迪厄提出学校复制社会阶层不平等的机制与孩子所拥有的社会资本和文化资本有关这一观点为代表，后来研究者们又认识到学生间的交往和相互影响对解释这种机制有重要意义。安妮特·拉鲁的文章进一步指出了文化资本复制社会的机制不仅仅看谁拥有这些资本，更要看这些资本是怎样被个体使用的，学校对这些使用方式是怎样反应的。文章还进一步指出学校在社会成层中扮演的角色以及这种成层所形成的时间和特征，并提出了三个相关的问题：这些资本在一个特殊社会背景中的价值是怎样的，个体是采取怎样的方式来使用这些资本的，学校又是怎样使这些行为变成合法的。

2. 教育机会均等问题

我们看到被引频次排在第三位的是作者科尔曼（J.W. Coleman）的文献。科尔曼是美国著名的社会学家、理论家和经验主义研究者。"科尔曼报告"深刻地剖析了教育机会均等的概念，并指出实际上学生的成绩主要受两方面影响：一是家庭教育和社会阶级背景，另一个是学校中其他儿童的影响。正如报告中说的"教育机会均等观念从学校资源投入的均等演变为学校教学结果的均等而发生转变，学校的责任已从公平的增加与分配它的'均等'，变为增加学生学业成就的均等"。[11] 该报告影响了美国公众和学者对教育在社会平等和促进生产力方面所起作用的看法，使人们对教育均等的认识从起点均等向结果均等和过程均等转变。

3. 学校组织制度有效性问题

安东妮·S·布诺克的文章主要研究了初中学校组织的有效性，也就是说学校组织结构和教育的问题。它属于学校社会学研究的内容。学校有效性的研究一般基于两个分析框架：一是经济目的，主要作为投入——产出分析，如人力资本理论强调学校所具有的再生产功能，它主要集中在 20 世纪 70 年代。二是社会学目的，强调学校对职业和社会流动的有效性，它主要集中在 20 世纪 80 年代后。这一段时间人们致力于打开学校组织的"黑匣子（black box）"[12]，以了解通过什么过程、怎样的交互作用产生了社会学所说的对职业和社会流动的有效性。这方面的研究在 2001 年后得到进一步发展，这与美国在 2001 年通过的《不让一个孩子掉队法案》有关。该法案的第一款中关于学校的规定就是要求"学校竭力设计出符合州标准的课程，开发和管理能够满足标准的学生发展评价体系，改善学生成绩，为学校聘用'高质量'的教师，并增加学校教育参与者的职责"。[13] 这之后特许学校的快速发展，正是这一热点的体现。

4. 文化资本理论与教育问题

保罗·迪马乔（P. Dimaggio）的文章的中心性排在第二位，达到了 0.38。该文章主要借鉴韦伯的社会阶层理论和布迪厄的文化资本理论来说明学生成绩、表现与学生所在阶层群体的文化有关。安沃斯·达尼尔（Ainsworth Darnel）的文章主要从文化的视角来解释不同种族／民族的学生在学校中的表现。不同文化背景下的学生对他们所享有的教育机会和成功有着不同的态度。那些移民式少数民族，他们通常持积极的态度，配合学校教育的目标，从而更容易成功。而那些被解放的少数民族则常持消极的态度，排斥学校教育的目标，导致了学业上的失败。

文化资本是布迪厄理论的重要概念，它是指"世代相传的文化背景、知识、性情倾向与技能，此外，个体的语言能力、行为习惯及对书籍、音乐和美术作品的品位亦属之。在特定的情况下，文化资本可以转换成经济资本"。[14]在此基础上，布迪厄提出了文化再制理论："他认为制度化的学校教育，俨然是正当的文化再制机构，学校崇尚中上阶级的价值取向，让家庭背景良好的学生，不管在语言文字的表达及仪态风度的展现，均较之社会经济地位低的学生来得优越"。[15]从文化的视角研究教育问题是美国教育社会学的研究热点之一。

5. 教育中的女性主义

女性（Women）和性别（Gender）等高频关键词体现了女性主义视角在美国教育社会学研究中的地位。20世纪六七十年代兴起的女性主义运动使人们开始关注学校中的性别不平等问题。研究的具体热点有学校课程对女性的适宜性问题等。2011年的一篇文章《有些事情永远不会改变：高等教育中的性别分离》[16]指出，高等教育中的性别不平等已经形成了一种稳定性的水平，特别是在某些大学专业中。一个社会的文化可能是真正影响高等教育中性别分离的根本原因。而以前的研究一直认为是由于大学里专业自身的特点影响了性别分离或者说不平等。

6. 学校中的种族隔离问题和学生辍学的问题

种族或民族（race）无论从频次还是从中心性来说都是很高的。还有福德哈莫（S. Fordham）的文章，再就是隔离（segregation）等词显示了美国教育社会学的研究热点之一就是学校中的种族隔离问题。从1954年布朗法案判决学校应废除种族隔离后，学校中的种族隔离和学生成就、发展就成了美国教育社会学研究的主要问题。从对象来看，几乎包括了美国所有的少数民族和移民学生：土著印第安学生、黑人学生、亚裔学生、拉丁美裔学生和西班牙裔学生等。

卡尔 L. 亚历山大（Karl L.Alexander）文章的中心性（centrality）为0.11（大于0.1），说明该文章的研究领域也是教育社会学的一个热点主题。该文主要探讨了高中学生的辍学问题。对辍学的研究从强调学生家庭的背景因素，再到现在大多数学者认为辍学一般与三个因素有关：家庭突变的压力、父母的态度和社会化实践；孩子自身的原因，如态度和行为；孩子的学校经历，如考试分数、分组。而在这篇文章中，作者在考虑上述影响因素外，进一步提出了一个重要观点就是对学生辍学的研究忽视了孩子在从"家里孩子（home child）"向"学校孩子（school child）"转变的这一关键时间段。

三、几点启示

通过对上述相关文章的研读，我们发现美国教育社会学研究的一些特点：

从研究对象上来说，美国教育社会学的学者更注重对高中毕业生和大学一年级学生的研究。这与美国教育的特点有着密切关系。美国教育分流的第一个重要阶段就是在高中毕业这一年，因此，对这一关键段的研究可以揭示教育中的很多问题。对大学一年级学生的研究主要是以他们对新学习生活的适应性问题以及第一年的生活对接下来的四年大学学习的影响为重点。

从研究的范式上说，美国教育社会学的研究正逐步实现实证主义和验证主义特别是与解释学派的一些方法有效融合。如我们对2006~2011年《教育社会学》杂志上发表的近100篇文章所用的研究方法进行了探查，发现多数文章都体现了这一趋势。

我们通过CiteSpace软件中的国家合作分析功能发现，美国教育社会学在国际研究方面展开了广泛的合作，如土耳其、韩国、英国、挪威、荷兰、意大利、以色列、香港、丹麦、加拿大、捷克和比利时等。这对于扩展学者的视野，进一步验证其理论在不同文化背景和社会制度下的解释水平和意义是十分重要的。

总之，通过CiteSpace可视化软件来分析美国教育社会学的前沿主题和热点问题，与采用传统文献研究方法进行总结和归纳相比较，其更具客观性。加上向相关领域专家的咨询，使我们研究结果的科学性得到了很好的保证。当然本研究尚属探索性质，加之使用的CiteSpace可视化软件还处于不断完善阶段，所以还存在一些不足之处。在今后，笔者将进一步对这些问题进行解释和研究。

参考文献：

［1］张斌贤. 近三十年我国教育知识来源的变迁——基于《教育研究》杂志论文引文的研究［J］. 教育研究，2009（4）：17~25.

［2］Chen C. CiteSpace II: Detecting and Visualizing Emerging Trends and Transient

Patterns in Scientific Literature［J］. Journal of the American Society for Information Science and Technology, 2006, 57（3）: 359～377.

［3］［美］陈超美 . Cite Space 科学文献中新趋势与新动态的识别与可视化［J］. 陈悦, 侯剑华, 梁永霞译 . 情报学报, 2009（3）: 401～421.

［4］侯剑华 . 工商管理学科前沿和热点演进的可视化分析［D］. 大连: 大连理工大学博士学位论文, 2009.

［5］Stephen W. Raudenbush, Athony S. Bryk. 分层线性模型: 应用与数据分析方法［M］. 郭志刚等译 . 北京: 社会科学文献出版社, 2007: 5.

［6］Lareau A, etc. From Social Ties to Social Capital: Class Differences in the Relations Between Schools and Parent Networks［J］. American Educational Research Journal, 2003, 40（2）: 319～351.

［7］Prudence L. Carter. Stradding boundaries: Identity , Culture, and School［J］. Sociology of Education, 2006, 79（4）: 304～328.

［8］Coleman JS. Social Capital in the Creation of Human Capital［J］. American Journal of Sociology, 1988（94）: 95～120.

［9］Amy J. Orr. Black-White Differences in Achievement: The Importance of Wealth ［J］. Journal of Sociology, 2003, 76（4）: 281～304.

［10］Chen C, etc. Towards an Explanatory and Computational Theory of Scientific Discovery［J］. Journal of Inforrnetrics, 2009（3）: 191～209.

［11］张人杰 . 国外教育社会学基本文选［M］. 上海: 华东师范大学出版社, 2009: 158.

［12］［法］玛丽·杜里·柏拉, 阿涅斯·冯·让丹 . 学校社会学［M］. 汪凌译 . 上海: 华东师范大学出版社, 2001: 3.

［13］［美］L迪安·韦布 . 美国教育史: 一场伟大的美国实验［M］. 陈露茜, 李朝阳译 . 合肥: 安徽教育出版社, 2010: 360.

［14］［15］谭光鼎, 王丽云 . 教育社会学: 人物与思想［M］. 上海: 华东师范大学出版社, 2009: 394, 396.

［16］Carlo Barone. Some Things Never Change: Gender Segregation in Higher

Education across Eight Nations and Three Decades〔J〕. Sociology of Education，2011（2）：157～176.

选自《全球教育展望》2012 年第 8 期（有删节）

关联拓展阅读之二

从社会学角度看狼爸教育问题

韩　畅

一、儿童期社会化的理论

埃里克森从精神层面认为社会文化对于人格发展有重要影响，人格的发展贯穿着人的一生，人格发展的阶段是由"认同危机"来定义的，从而提出将社会化过程分为八个阶段：1. 信任与不信任。在婴儿时期，婴儿如果能够得到父母或他人的良好照料，各种需求得到充分满足，就能建立起对周围环境的信任感。反之，产生不信任，并对以后阶段产生不利影响。2. 自助与羞怯、怀疑。在幼儿时期，儿童开始学习对自己的肢体活动加以自主控制，用自己的感官去熟悉周围的环境。父母应鼓励孩子的自主活动，过度的指责和责怪不利于培养孩子的自主性。3. 主动与内疚。在学前时期，儿童具有语言能力和从事游戏活动能力表现在与他人交往的主动性。父母取笑或惩罚儿童，会使他产生内疚，影响孩子的创造力和想象力。4. 勤奋与自卑感。在学龄时期，儿童对周围的事物的好奇心增强，乐于进行操作活动。此时应培养他们完成工作的勤奋精神，注意避免造成孩子的自卑感。5. 认同与角色混淆。在青少年时期，他们注意观察和认识各种社会角色的意义，学会扮演，实现自我认同。6. 亲密与孤独感（青年期或成年早期）。7. 关注后代与关注自我（中年期或成年期）。8. 完善与绝望（成熟期或老年期）。皮亚杰的认知发展理论描述了儿童在不同的发展阶段是怎样思考的。感觉运动阶段：此时儿童对世界的了解，是完全通过他们的感觉器官进行的。前操作阶段：儿童学会使用和理解符号，学会说话，开始产生描摹客体的想法。具体操作阶段：儿童懂得如何构想具体的客体，用不止一种方式认识客体的类属，能够形成事物之间联系的概念，并对因果关系加以联想。形式操作阶段：青少年发展起了高度抽象思考的能力，可以对现实的可能性进行思考，构建理想，以及对未来进行实际的推理，并能够逻辑地推敲与事实相反的陈述。

学者们站在不同的角度审视社会化，使我们更加全面地认识了个人的社会化，即个体在不断地与外界交往中通过学习来逐渐完善自己的过程。在这一过程中，教育的作用可谓举足轻重。从时间顺序来看，父母的教育产生得最早；从交往密度看，父母的教育最密切频繁。加之学者们各自的分析，得出的结论是，儿童期的教育十分重要，父母的责任十分巨大。

二、狼爸式教育分析

狼爸有着自己独特的教育经验，教育手段以打为主。在孩子的儿童期，分辨是非能力弱的情况下，打可以让孩子知道什么是对什么是错，建立孩子的是非观最直接、最有效。但是打不等于不鼓励。引导与惩戒作为教育的手段并不对立，只是在使用中有多有少。惩戒不是一味地打，否则那是残暴；鼓励不是一味地纵容，否则是溺爱。两者的极端形式都不是达到教育目的的最佳手段，形成"萧氏"民主的教育理念。狼爸的民主规定孩子是民，父母是主。儿童期的孩子要靠父母的引导，所以必定以父母为主。狼爸以传统的中国道德观念为基础，帮助孩子建立价值观，并且在此基础上形成自己的家规，获得了孩子考上北大的教育成功。狼爸萧百佑表示，他并非是公众眼中的"野蛮父亲"，用暴力强迫孩子服从自己的意志。"打孩子不是像说得那么简单。根据我的经验，要打得科学，打出艺术，并不容易。那什么是科学地打呢？我认为，是明家规、定尺度的家法。孩子们知道怎么做是对的，怎么做是错的，错的是新错还是重犯。错了打哪里，打多少下，打的时候不能有不良的反应。打完之后要孩子表述受罚后的决心。"萧百佑认为，孩子身上有三个特性：动物性、人性、社会性。在12周岁之前，孩子身上动物性的特征表现得比较强烈，必须用"打"的方式才能让孩子懂得是非道理。"所以在孩子12岁之前，我都是以打为主。"萧百佑说，"但孩子到了12岁，为人品行已经基本成型。此后，我就不会对孩子动手，而是完全依靠说教。"可见，狼爸的教育方式是灵活且具有阶段性的。在惩戒之后，让孩子从中得到启发，不是一种感情上的宣泄，并不是用暴力强迫孩子的意志。他归纳出孩子动物性、人性、社会性的三个特征，表明了儿童期中孩子的人格发展过程。最早开始，人像动物一样只有本能，慢慢地开始有了自我意识，最终进入社会后与人的交往增多，逐渐开始社会化的转变。个性的发展总是在共性的范围内进行，人不可能离开社会而独立存在，所以必须符合共性的规则。

教育的方式也是一样，狼爸的教育是全方位的，他了解孩子的心理，看清孩子发展的过程，采用惩戒与鼓励的灵活教育方式，最终使孩子考上北大。其中所付出的努力是巨大的，不是单单一个"打"就能解决一切问题。教育者们应该从中获取狼爸教育的精髓，而不是表象中"打"的皮毛。

三、对教育方式的思考

教育的方式直接关乎着教育的成败，笔者认为教育方式应从以下方面考虑：1. 明确目标。当孩子处于儿童期，父母自身应该先培养孩子树立目标。只有目标确立好，才能明确前进的方向，使教育得以向前发展。不然教育是茫然无措、漫无目的的。2. 制定规矩。俗话说：国有国法，家有家规。无规矩不成方圆。在教育的过程中，应当有一些家庭制度或规矩来对孩子的行为加以约束，单凭口头说教是不够用的。把一些约束条件制定成制度后，当孩子犯错时可以让他明白错在哪里，这样明明白白，清清楚楚，不会含混，也不会因父母的主观意识而随意进行惩罚。这样使得界限明晰，不会出现弹性变化，产生模糊区域，对孩子的是非判断具有良好的培养作用。在此，父母应当以身作则，身体力行地做出表率，切不可一个制度两个标准，对孩子加以限制，却对父母不加约束。3. 惩罚机制。当孩子犯错后，惩罚是必要的。惩罚具有警示、威慑、纠正的功能。惩罚的警示和威慑作用，让孩子心中拥有敬畏感，当他想要做出某项行动时会考虑后果，而不会肆无忌惮，任意妄为。而惩罚的纠正功能更显重要，惩罚让孩子对错误有了切身的体会，知道错在哪里，为什么会犯错。体会愈深映像愈深，便会将错误牢记在心，吸取教训，不至于再犯，达到吃一堑长一智的效果。4. 鼓励原则。孩子处在成长期时，人格心理还不完善。父母应当用鼓励的方式正向引导来培养孩子。首先培养孩子的信任感。只有当他对周围环境感到信任时，才会产生安全感，从而轻松快乐、身心愉悦地发展。其次维持孩子的好奇心。好奇才会使孩子对事物产生兴趣，拥有好奇心，孩子才会进一步去探索事物，发现规律，从而有所收获，达到不断的进步。当然，好奇心要在父母的引导下正确发展，对一些负面的东西，例如吸毒、色情、赌博等，切不可让孩子尝试，以免走上歧途。再次发挥孩子的主动性。对孩子自身来说，作为客体的外部环境或者父母引导着他前进，总是没有作为主体的他主动前进效果更好。例如一辆马拉车，需要借助马的外力，车子才能移动。而一辆装有发动机的汽车只需轻松的操作便可行驶。二者孰优孰劣一目了然。教育也是一样，外部的引导总是被动的，只有他主动去实施，获得切身的体会和感受，才能收效颇丰。当孩子拥有信任感、好奇心、主动性时，他的想象力、创造力才能得到更好的发展。5.相互沟通。沟通是父母和子女的双向过程。在沟通中，父母能更准确地了解孩子的心理，明白孩子的想法，使得在教育中及时调整方法达到更好的效果。沟通也可以让孩子知道，父母这样做的目的是什么，苦心何在，从而拉近双方的距离，彼此间达成共识，消除隔阂，填补代沟。多一些理解，少一些误解，让教育在一种轻松快乐的氛围下进行。

在教育过程中，父母和子女的目的本是一致的，教育的方式却是多样的。父母应当先对孩子的心理、性格等方面获得全面的了解，在方式的选择上要因人而异，因材施教，在教育过程中才能达到事半功倍的效果。切不可一概而论，用一种方法适用全部，即使对待同一人，在不同的时期也应采取不同的方式，这样才能达到最佳的效果。

选自《长春教育学院学报》2013年第14期

关联拓展阅读之三

当前我国教育社会学发展的三个基本问题

吴康宁

我国教育社会学自20世纪70年代末启动学科重建以来，迄今已走过30年的历程。在学科重建将近20年之后，尤其是进入新世纪后，便陆续有学者对学科重建后我国教育社会学的发展进行回顾与反思。这些回顾与反思的目的无非有两个：一是"理清脉络"，即基于历史事实，展现学科发展迄今为止的基本面目；二是"寻找启示"，即基于历史经验，阐明学科的下一步发展所需解决的主要问题。

本文的目的在于后者。笔者感到，自学科重建以来，我国教育社会学虽然取得了很大成绩，到20世纪90年代初便已在制度形式上基本完成了学科重建工作，到21世纪初已经在研究内容构成上实现了三次阶段性转型。但总体上看，其发展状况同教育与社会对这门学科发展的要求还相去甚远，同学科发展的本可期待的空间也相去甚远，在研究队伍的形成、专业知识的产生、学术层次的提升等方面都存在不少缺憾。原因自然是多方面的。笔者以为，对当前我国教育社会学的发展而言，有三个绕不过去的基本问题。这三个基本问题不解决，我国教育社会学就很难在现有基础上取得总体上的高效、有深度的发展。这三个基本问题是：指导方针的确立，学术取向的选择，三个研究层面的贯通。

一、指导方针的确立

之所以提出指导方针的确立问题，是因为在学科重建以来我国教育社会学的发展过程中，实际上长期存在着两种对立的指导方针。一种是"建设具中国特色的教育社会学"，另一种是"建设与国际接轨的教育社会学"。虽然主张这两种指导方针的学人之间并没有开展过明确的、直接的论争，但他们通过自己的观点表达及相应的研究行动，使得这两种指导方针对我国教育社会学迄今为止的发展产生着实质性的影响。

(一)"具中国特色"的教育社会学

"具中国特色"的教育社会学这一指导方针强调的是，我国教育社会学不能成为西方教育社会学的殖民地或附庸，而应走自己的发展道路。因此，必须研究中国问题，运用中国材料，使用中国概念，创造中国体系。

这一指导方针既有其逻辑上的依据，也有其事实上的根据。其逻辑依据在于：共性存在于个性之中，任何一个国家的学科，如果没有自己的本土特色，都不可能在世界学科之林中真正占有一席之地，即所谓"越是民族的，越是世界的"。其事实根源在于：中国的文化传统、社会制度及教育场域与西方国家之间存有很大差异，即便是西方学者提出的那些对其本国及西方国家的教育与社会现象具有较强解释力的理论，一旦被用来套接中国实际，往往会变得水土不服、牵强附会。其结果，对西方理论的简单运用常常会自觉或不自觉地成了一种"削足适履"式的学术行为。

就此而论，"具中国特色"的教育社会学这一概念本身似乎并没有什么问题，但作为学科发展的一种指导方针来说，则有必要看到导致这一指导方针产生的原因以及这一指导方针导致的结果。

导致"具中国特色"的教育社会学这一指导方针的原因不外乎有三个。一是学人们的民族自尊心与民族责任感使然。在民族自尊心和民族责任感的召唤下，学人们希望能创建本土的教育社会学体系，而不愿看到自己所在的学科成为所谓的西方学术霸权的话语舞台。二是学人们的类似于"政治正确"的考虑所致。在一个几乎凡事都要讲"中国特色"、一切均以有无"中国特色"为尺度的社会语境中，以"具中国特色"的教育社会学为指导方针便很容易被视为一种比较稳妥的选择，容易得到各方面认可。三是学人们的自身条件所限。笔者总感到，总体上看，主张"具中国特色"的教育社会学这一指导方针的学人们有一个比较普遍的特征是：对本土教育实践有较多了解，而外语基础相对比较薄弱。

本来，"具中国特色"是一个有弹性的概念，因为它并未对中国特色的"程度"或"比重"有任何规定，"全部具有"是"具有"，"大部具有"也是"具有"，"具有一点"还是"具有"。然而，在现实中，人们对于"具中国特色"的实际理解很容易倾向于"全部具有"或"大部具有"。其实际意涵很容易被领会为是同西方教育社会学"全然不同"或"基本不同"的东西。

于是，不论主张"具中国特色"的教育社会学这一指导方针的学人们出于怎样的考虑，奉行这一方针的实际结果往往是导致对国外教育社会学的基本拒斥。具体表现为：不关注国外发展动向，不了解国外学术成果，与国外学界不接触、不交流，基本上处于一种独立而封闭的研究状态。

(二)"与国际接轨"的教育社会学

"与国际接轨的教育社会学"这一指导方针则主张，由于改革开放前我国教育社会学整整中断了 30 年，而西方国家则迅猛发展了 30 年，我们与西方国家的差距实在太大，因此，有必要向西方学习，奋起直追。具体来说，也就是要跟踪国际学术前沿，使用国际学术话语，遵守国际学术规范，达到国际学术水准。

这一指导方针也有其逻辑依据和事实根据。其逻辑依据是：在如今的全球村时代，许多教育与社会问题都不仅仅是某一个国家所独有的问题，而是具有一定的世界普遍性；有些教育与社会问题虽然现在已经不存在于西方国家，但以前存在过，西方学者研究过，我们可以借鉴他们的成果。而且，即便有些教育与社会问题为我们所特有，但如何去研究它，也还需要向西方学者学习，因为科学的研究方法与基本的研究规范在西方学者那里。其事实根据是：我们迄今所使用的一整套教育社会学概念、命题、理论等等，几乎都源自于西方。离开这套学术话语，我们甚至会整个处于失语状态。因此，只能以西方教育社会学为标准，同它们接轨。不难看出，"与国际接轨"在这里已经被转换为"与西方接轨"。

这里，同样有必要看到导致"与国际接轨"的教育社会学这一指导方针产生的原因以及这一指导方针导致的结果。

导致"与国际接轨"的教育社会学这一指导方针的原因有两个。一个原因在于学人们对于学科的学术品位的推崇，奉行这一指导方针的学人们通常都强调学术研究的"前沿性""科学性""深刻性"以及因此而能和国际同行及研究者进行学术交流与对话。另一个原因则也与学人们的自身条件有关：奉行这一指导方针的学人们通常都有较好的外语基础，能够比较熟练地阅读国外学术文献。事实上，他们一般都有留洋经历，也有较多机会与国外同行进行学术交流。但另一方面，他们对于本土教育实践则相对而言未必有较多深入了解，尤其是缺少通过亲身参与而获得的真切了解。

由于上述两种原因的存在，奉行"与国际接轨"的教育社会学这一指导方针的学人们也普遍具有一个比较明显的特征：自觉地或不自觉地将自己置身于本土研究之外，尤其是置身于需要深入教育现场的本土研究之外。事实上，他们自己基本上不进行或者很少进行本土研究，而只是以某种"国际标准"对他人的本土研究加以评论；他们没有，也不可能对国外教育与社会学问题进行社会学研究，而只是对国外学者的教育社会学研究加以介绍与评论。因此，他们的主要身份其实并不是教育社会学研究者，而是教育社会学研究的评论者。一味强调"与国际接轨"的结果，反而造成了他们对于本土研究的一种实际上的自我疏离与自我剥夺，反而与扎根于自身之本土的西方学者的教育社会学研究实际上接不上轨，也没有可能进行平等的所谓学术交流与对话。

（三）"适合于中国"的教育社会学

分析了上述两种指导方针之后，对于当前我国教育社会学的发展需要奉行什么样的指导方针这个问题，似可有一个相对合理的选择。在笔者看来，这个选择便是：致力于建设"适合于中国"的教育社会学。

区别于"具中国特色"的教育社会学，这里所说的"适合于中国"的教育社会学并不一味强调"中国特色"，并不刻意打造"中国特色"，尤其是并不强勉所有方面、所有成分都必须具有中国特色。一则概念、一项命题、一种方法、一个理论，只要适合于中国国情，只要对中国的教育与社会问题具有社会学解释力，那么，不论它是中国学者自己提出的，还是外国学者首先提出的，都可以成为中国教育社会学的有机组成部分。毕竟，中国人、外国人都是人类的组成部分，人类的社会与教育总有一些共通性的现象与问题。许多概念、命题、方法及理论，其实都不仅适用于研究西方的社会与教育，而且，只要经过在中国场景中的验证，也能适用于或基本适用于研究与解释中国的社会与教育。

区别于"与国际接轨"的教育社会学，这里所说的"适合于中国"的教育社会学并不一味推崇所谓的"国际学术标准"，并不全盘搬用所谓的"国际学术话语"，尤其是并不盲目跟踪所谓的"国际学术前沿"。事实上，有些所谓的国际学术前沿问题，乃是西方学者源自其本国或西方发达国家自身的教育与社会发展需要而提出来的，未必就能自然而然地"照单全收"为我国自己的学术前沿问题。一则概念、一项命题、一种方法、一个理论，不管由哪个外国学者提出，不管在国外被运用得多好，只要没有经过在中国场景中的验证，都不能说它就自然适用于研究与解释中国的社会与教育，不能把它随手拿来便作为中国教育社会学的有机组成部分。毕竟，中国的文化传统、社会制度及教育场域与西方国家存在着诸多明显差异，有些甚至是根本差异。

总之，在确定指导方针的问题上，只有一条原则，那就是：什么适用于中国，什么就是好的。因此，致力于建设"适合于中国"的教育社会学不失为我国教育社会学发展的一项指导方针。有了这一指导方针，我们便可以毫无顾忌地了解、验证并吸纳国外研究成果，而不必担心是否具有"中国特色"，如此才可避免成为"井底之蛙"；同时，也就可以理直气壮地研究本土教育问题，努力创造自己的方法与理论，而不必担心是否能同"国际接轨"，如此方可避免成为"鹦鹉学舌"。

二、学科性质的选择

教育社会学应当是一门什么样的学科？其根本旨趣应当是"揭示事实"，还是"阐明规范"？这一学科性质归属问题可以说是诸如"教育哲学""教育经济学""教育法学""教育文化学"之类的所谓"连字符学科"往往都会遇到的一个普遍性问题。在教育社会学中，这个问题也已经是一个老问题，它缠绕着我国教育社会学学科重建以来的整个过程。关于学科性质的不同取向之间的争论与对峙，已经在相当程度上制约着我国教育社会学的发展。

（一）"阐明规范"的教育社会学

"阐明规范"的教育社会学的出发点与归宿点都是"解决教育问题"。这一学科性质取向看重的是社会学的工具价值，即把社会学视为解决教育问题的一种独特的学科工具，强调教育社会学要为教育实践（包括教育政策）服务。按照这一取向，教育社会学自然也就属于"规范学科"的范畴，其根本任务在于阐明教育实践规范，只不过区别于其他教育学科，教育社会学所要阐明的是基于社会学角度的教育实践规范。当然，需说明的是，这里的所谓"规范"是一个广义的概念，它泛指方向、原则、途径、方法、技术、措施等。

从历史上看，在教育社会学科发展的初始阶段占主导地位的学科性质取向往往是"阐明规范"，美国是这样，日本是这样，我国也是这样，改革开放后我国教育社会学学科重建的起始阶段，也同样如此。

与西方国家相同的是，持"阐明规范"的学科性质取向的教育社会学人基本上都来自于教育学科（大学中的教育学院、教育科研机构以及地方教育科研机构），其专业学术背景也基本上都是教育学。前者意味着教育学科以及相应的教学、科研机构本身所具有的"教育学的"专业氛围、学术评价以及机会与利益分配权力可能在很大程度上制约着教育社会学人的学科性质选择，后者则意味着"教育学"本身所具有的实践指向的学术品性可能也会在相当程度上影响着教育社会学人的学科性质选择。

与西方国家不同的是，以美国为例，其教育社会学在学科成形之后，"阐明规范"的学科性质取向便开始走向式微，直至其主宰地位最终由下面将要谈到的"揭示事实"的学科性质取向取而代之。而在中国，由于教育社会学在学科制度架构上并不属于社会学，而是属于教育学，且由于教育行政部门与教育实践工作者对于教育社会学研究一直都抱有"体现社会关怀""介入教育实践"的强烈期待，因而，"阐明规范"的学科性质取向不只在学科重建初始阶段占有主导地位，而且其后至今也一直处于比较强劲的地位。

一般来说，"阐明规范"的学科性质取向下的教育社会学研究着力进行的，是如何从社会学角度提出关于解决教育问题的"好的"教育实践建议，而疏于从社会学角度对教育问题本身进行学理上的探究，这就使得这一取向下的研究成果往往缺少足够的学术含量与值得称道的理论贡献，也是这一取向的教育社会学研究者较难同国外教育社会学同行乃至国内社会学同行进行学术交流与对话的一个重要原因。

（二）"揭示事实"的教育社会学

与之相反，"揭示事实"的教育社会学的关注重心是社会学意义上所说的"社会"本身，强调将教育视为同政治、经济、文化、军事等相区别的一种特殊的社会领域，揭示其自身的社会构成、社会过程及其与外部世界之间的社会关联。按照这一学科性质种取向，教育社会学便属于"事实学科"的范畴，其根本任务在于揭示关于教育的社会事实，形成与这些社会事实有关的社会学理论。当然，同样需说明的是，这里所说的"事实"也是一个广义的概念，它泛指相对于研究者而言的客观存在的各种状况、实质、原因、机制、规律等等，即是说，它既包括"表面的事实"，也包括"潜隐"于其后的那些"背面的事实"。

由于前已述及的原因，在学科重建初始阶段，"揭示事实"的学科性质取向在我国教育社会学中并不凸显。到了20世纪90年代中后期，尤其是进入21世纪之后，"揭示事实"的学科性质取向逐渐成为我国教育社会学中的一种重要学术走向，并使"阐明规范"的学科性质取向原先所占有的主导地位出现了相当程度的动摇。

无疑，这同样也是可以从知识社会学角度来审视与解释的一种"学科发展"现象。笔者以为，导致我国教育社会学中"揭示事实"的学科性质取向日趋凸显的主要原因，乃在于研究队伍之"学术构成"的变化，表现为两点。

其一，一些制度身份上"隶属于"教育学科的教育社会学人通过不断接触国外研究成果及与国外同行学术交流等途径，其自身的"学科性质观"发生了很大变化乃至根本转变，即从原先的"阐明规范"的学科性质取向在很大程度上或者基本上转变为"揭示事实"的学科性质取向。在西方国家，大致在美国的布鲁克弗（W. Brookover）1949 年发表《教育社会学：一种界定》一文之后，最活跃、最有成果的教育社会学研究者通常把自己视为社会学家而不是教育学家，其原因之一便在于社会学的学科声望要高于教育学。

其二，进入 20 世纪 90 年代中后期，一些社会学者开始介入教育社会学研究。他们基于自身的"社会学"的专业背景与学术旨趣，关注重心自然也就并不在于自己的研究能在多大程度上为"解决教育问题"做出贡献，而是能在多大程度上发现教育中的"社会事实"，以及能在多大程度上实现社会学理论或方法的创新。尽管社会事实的发现与社会学理论或方法的创新，在客观上可能也会有助于教育问题的解决。

"揭示事实"的学科性质取向下的教育社会学研究讲究社会学问题意识的明晰，讲究社会学研究方法与研究程序的交代，讲究社会事实的真实呈现，讲究社会学的学理分析，而不涉及改善教育实践的建议。同时，与之相伴随的一个现象是，这一取向下的教育社会学研究者多半不参与教育实践活动（包括教育决策咨询活动）的具体过程，因而其研究成果在教育实践工作者中的传播广度及影响深度都比较有限。

（三）"既揭示事实又阐明规范"的教育社会学

在学科发展过程中，大凡在两种对立的取向出现之后，便会有将两者加以调和或整合的第三种取向出现。这一点也体现在教育社会学学科性质问题上。于是，"既揭示事实又阐明规范"的教育社会学学科性质取向也就成了一种"顺理成章"的产物。这种学科性质取向在美国、日本等国也存在，但并不占主流。而在我国，这一学科性质取向在学界已有不少共鸣，且似有逐渐增强的趋势。

就笔者所知，之所以会出现这第三种取向，其原因可分辨出两种情况。

一种情况是，面对"阐明规范"与"揭示事实"这两种学科性质取向之间的对峙，一些教育社会学人对学术场域产生了某种紧张感，担心自己若是进行"阐明规范"的教育社会学研究，其成果可能会受到社会学专业人士的贬抑，被认为学术含量不足、理论层次不高；而若是进行"揭示事实"的教育社会学研究，则又担心其成果要受到教育实践工作者乃至其他教育理论工作者的指责，被斥之为缺少社会关怀、对教育实践没有指导作用。于是便主张教育社会学既应"揭示事实"，又应"阐明规范"，要在"揭示事实"的基础上"阐明规范"，如此便在社会学与教育学这两边都好交代。但这种和稀泥的做法却未必可取。

另一种情况是，有些学人确实认为单纯的"阐明规范"与单纯的"揭示事实"这两种学科性质取向本身都存在着重要缺陷。在他们看来，教育社会学如果只是"阐明规范"，那就同教育学没有什么区别，何况，规范的阐明本身也必须在以社会学视角揭示事实的基础上进行；另一方面，教育社会学如果只是"揭示事实"，那就很难对教育实践起到实际的指导作用，因为教育实践工作者不仅需要知道实然的"事实"，而且需要知道应然的"规范"。因此，教育社会学既要"揭示事实"，也要"阐明规范"。这样的动机是无可非议的，但却存有内在的矛盾，即无法将教育社会学与同样旨在"阐明规范"的教育学本身区分开来，从而在实际上削弱了教育社会学作为一门独立学科存在的合理性。

不用说，"既揭示事实又阐明规范"的教育社会学研究成果通常都由两部分组成，即上半部分为"事实呈现与分析篇"，下半部分即为"实践改善建议篇"。"揭示事实"与"阐明规范"这两项任务便是由论著中的这种上篇和下篇来分别完成的。

（四）"基于现实、揭示事实、通向实践"的教育社会学

教育社会学究竟应当是一种什么样的学科？它应当"揭示事实"，还是应当"阐明规范"？抑或两者兼而有之？对于这样一个学科性质问题，仁者见仁、智者见智是可以理解的，不同观点之间的讨论也是很正常的。笔者以为，在我国的"当下历史时空"中，对教育社会学的学科性质需要有一个相对合理的把握，以提高这门学科的学术知识的生产效率与传播效果。这种相对合理的把握包括两个基本点：一是教育社会学作为区别于教育学的一门学科而需坚守的"学术底线"；二是教育社会学为使自身对改善教育实践切实"有用"而需建立的"实践关联"。

所谓"教育社会学作为区别于教育学的一门学科而需坚守的学术底线"，其含义是：作为一门学科来说，教育学（如果教育学是一门学科的话）的基本任务是阐明教育实践规范，而教育学要完成这一任务，就必须基于包括教育社会学在内的一系列基础性学

科——诸如教育哲学、教育心理学、教育经济学、教育法学、教育文化学等——提供的学理性依据；与之相应，作为一门学科来说，教育社会学的基本任务也就在于为教育学阐明教育实践规范提供社会学依据，这是教育社会学的"本职工作"。倘若教育社会学不能为教育学提供社会学依据，那就是"失职"，就会失去其作为教育学之基础性学科而存在的合法性理由；同样，倘若教育社会学也阐明教育实践规范，那就变成了"不务正业"，并通过这种不务正业而使自身同教育学的关系变得混乱不堪，结果是既"抢"了教育学的"饭碗"，又在事实上"丢"了自己的饭碗，结果导致两者存在的合理性都发生问题。

更重要的是，从国内外人文社会学科的研究实践来看，尤其是从国内人文社会学科的研究实践来看，只要在研究中将"揭示事实"与"阐明规范"二任集于一身，那么，一个很难避免的结果就是前者对于后者的"御用"。即是说，研究者所要"阐明"的那些"规范"很容易成为左右整个研究过程的一些"价值预设"，而经验一再告诉我们，这些价值预设通常都只会被"证实"，几乎不会被"证伪"。于是，本来属于一种"发现"活动的多少带有一点"悬念"色彩的"揭示事实"的过程，也就变得没有任何悬念可言，也毫无"发现"可言，最终仅仅成了一种形式。

因此，就教育社会学的研究本身而言，其本职任务只有一个，即：揭示事实。这就是教育社会学区别于教育学的一条学术底线。当然，前面也已谈到，由于我国出版界对于教育学术成果常常有"联系实际"的要求，因而不少学者在其教育社会学论著中，尤其是在论文中，往往都会提出一些教育实践建议。这是可以理解的，但并不意味着这些建议的提出也就属于教育社会学研究本身的范畴，而应认为，这些建议充其量只能被视为研究者在学术研究基础上对于教育实践的一种"背靠背"的干预。倘若将错就错，把这些教育实践建议的提出也说成是教育社会学研究本身的组成部分，那就过于随意，也很不妥当了。

但另一方面，对于一个认真的、有社会责任感的教育社会学人来说，又不能只是"为了揭示事实而揭示事实"。教育社会学人"揭示事实"的研究行动应当有一个必要的前提，这就是：基于对教育与社会现实问题的深切关注。研究者应当是出于对教育与社会现实问题的深切关注，尤其是为了揭开"潜隐"在教育与社会之表面现象之后的那些"谜底"，从而帮助人们（也包括研究者自己）获得对教育与社会现实的真实而深入的了解，才去进行"揭示事实"的艰苦研究的。当然，个人学术兴趣也是研究者进行"揭示事实"的研究的一个必要前提，但纯粹从个人学术兴趣出发而进行的所谓"揭示事实"的研究，则类属于研究者个人自娱自乐的一种"学术把玩"或"技术琢磨"。笔者之所以这样说，是因为在"揭示事实"的研究中，确实存在着并不基于对教育于社会现实的深切关注，而只是"为了揭示事实而揭示事实"的现象。

概言之，对当前我国教育社会学的发展来说，需要的并不是"仅仅为了揭示事实而揭示事实"的研究，而是"基于现实"的"揭示事实"的研究。

同样，对于一个认真的、有社会责任感的教育社会学人来说，也不宜在"揭示事实"后便无所事事，而是有必要努力在自己的研究成果与改善教育实践之间建立"关联"。不过，在笔者看来，这种"关联"的建立绝不是像迄今诸多论著中常常可见的那样，在"揭示事实"之后"背靠背"地提一些不痛不痒的教育实践建议便可实现。大量事实一再表明，这样的建议常常不是进不了教育实践工作者的视线，就是被他们丢弃在一边，这已成为当下我国教育社会学研究成果的一种普遍命运。笔者以为，摆脱这种命运的途径之一，乃在于研究者在"揭示事实"后主动介入教育实践，这至少有两个理由。

其一，研究者在"揭示事实"后主动介入教育实践，可以通过亲身观察，对自己"揭示事实"的研究之于教育实践的价值进行清醒的评估及必要的反思，以发现其贡献和不足，为其后的"揭示事实"的研究提供来自自身的借鉴和警示。

其二，研究者在"揭示事实"后主动介入教育实践，可以通过亲身实践，通过与教育实践工作者进行以改善教育实践为主题的"面对面"的共同研讨，促成教育实践工作者对于研究者的学术水准与实践素质的双重认同，并由此而促成教育实践工作者对于"揭示事实"的研究结果的真正理解，促成他们在理解的基础上与研究者共同探讨"揭示事实"的研究的改善问题。

概言之，对当前我国教育社会学的发展来说，需要的也不是"以发表论著为终结的揭示事实"的研究，而是"通向实践"的"揭示事实"的研究。显然，这样的教育社会学在学科性质取向上，既区别于"阐明规范"的教育社会学，又区别于单纯"揭示事实"的教育社会学，同时也区别于"既揭示事实又阐明规范"的教育社会学。

三、研究层面的贯通

从学科重建启动后30年来的研究成果看，一个显而易见的事实是，绝大部分研究者的"研究层面"都是相当固定的，即有些研究者致力于宏观层面的研究，有些研究者专注于微观层面的研究，还有些研究者则集中于中观层面的研究。于是教育社会学也就在事实上被大致"切割"成为"宏观层面"的教育社会学、"微观层面"的教育社会学以及"中观层面"的教育社会学。

（一）"宏观层面"的教育社会学

"宏观层面"的教育社会学将研究视线聚焦于教育与整个社会的关系问题上，或者说研究的是"大社会中的教育"。除了关于教育社会学研究对象、学科性质之类的属于学科论范畴的探讨之外，我国教育社会学学科重建启动后最先展开的便是宏观层面的研究。

从时间上看，宏观层面的教育社会学研究始自于 20 世纪 80 年代前半期。起初是对教育与社会的"架构性要素"之间的关系进行理论上的探讨，诸如社会与教育的关系、文化与教育的关系、政治与教育的关系等。这多少带有一点在"教育学"关于教育与社会之关系的论述框架基础上加以拓展与深化的味道。

其后，随着研究队伍"学术构成"的逐渐变化（教育学专业出身的研究者的"社会学"训练逐渐增加、社会学专业出身的研究者逐渐介入教育社会学领域），大致自 20 世纪 90 年代后半期始，关于教育与社会的"流变性要素"之间的关系的研究开始成为宏观层面的教育社会学研究的重要组成部分，诸如社会阶层与教育的关系、社会差异与教育的关系、社会流动与教育的关系、社会变迁与教育的关系等。由于这些关系并非像文化与教育、政治与教育之类的关系那样通过重大事件或典型个案也可大致说明，而是必须通过一定的量化手段，借助于数据和图表才能清楚呈现，因而，比较值得称道的研究都采用了量化分析的方法。

宏观层面的研究的作用是显而易见的，它对于认识教育与整个社会之间关系的基本状况与总体趋势是不可或缺的，也是国家进行宏观教育决策的必要依据。但这并不能遮盖此类研究的两个先天性缺陷。

其一是对于"少数"的忽略。宏观层面的研究针对的只是"整个"研究对象（如义务教育阶段的所有学校、城市高中的所有教师、高校中的所有贫困生等）的总体状况，而并不针对且也无法针对其中的具体成分（如具体学校、具体教师、具体贫困生等）。它关注的只是大的概率，而不是小的特例。在这个意义上，也可以说宏观层面的研究不可避免地要忽略"少数"，甚至可以说宏观层面的研究是以对"少数"的忽略为代价的。

其二是对于"深层"的忽略。宏观层面的研究所呈现的都是一些"表层"的类别（如农村代课教师、辍学女童、农民工子女等）与事实（如人均月收入 130 元、辍学率 21%、父母学历都在初中以下的占 42% 等），它并不呈现，且也无法呈现潜隐于这些表层类别与事实之下的那些"深层"的结构与过程，诸如认同与排斥、和谐与冲突、顺应与抵抗等等。在这个意义上，我们便可以把"宏观层面"的研究看成是一种"表层研究"，这种表层研究常常需要一些相应的"深层研究"作必要支撑，因为通过深层研究，可以揭示潜隐的结构与过程。

（二）"微观层面"的教育社会学

"微观层面"的教育社会学专注于具体教育场景中的社会关系，或者说研究的是"教育中的小社会"，诸如学校中的社会结构、教师办公室中的人际互动、班级中的群体文化、课堂教学中的社会场域等。

我国教育社会学学科重建启动后，微观层面的研究始自于 20 世纪 80 年代后半期，大约晚于宏观层面的研究六七年。最初进行的是班级群体与课堂教学的关系的研究。不过，与宏观层面的研究有所不同，微观层面的研究一开始便采取了理论探讨与实证分析相结合的方式。在班级群体与课堂教学的关系研究之后，陆续展开的微观层面的研究包括：课堂教学的社会学研究、课程的社会学研究、教师的社会学研究、学生的社会学研究等。这些研究中有不少都采用了实证的方法，或者是实证分析与理论探讨相结合。

微观层面的研究对于人们深入了解作为一种日常现象的教育之"内幕"不可或缺，也为教育实践工作者反思自身的教育实践提供了富有启迪价值的材料。但必须注意到的是，迄今为止的微观层面的研究，视野都相对比较短窄，基本上都是单纯的"就微观而微观"的研究。譬如，若是研究教师办公室中的人际互动，所呈现的就只是发生于教师办公室中的人际互动的点点滴滴，至于这些互动同教师办公室之外的空间（世界、中国、地区、社区等）里存在的现象及发生的变化之间究竟有无关联，则完全不去涉及，仿佛这个教师办公室就是一个与其外部世界基本隔离或完全隔绝的一个独立空间、一块飞地。这种"就微观而微观"的研究结果，自然是很难揭开教师办公室中的人际互动的全部"秘密"的。

显然，如何使得自己的研究能够真正全面而透彻地敞现出所谓的"微观现象"的种种"真相"，也已成为摆在所谓的微观层面研究者面前的一项具挑战性的任务。

（三）"中观层面"的教育社会学

"中观"，这是一个既好界定又较难把握的概念。按照一般的解释，所谓中观，即是指"介于宏观与微观之间的"，但对研究而言，究竟什么样的研究就可被视为"中观层面"的，也不是一个很容易回答的问题。

在我国教育社会学中，较早使用"中观教育社会学"这个概念的，是在20世纪80年代末90年代初，当时是把"经济与教育""政治与教育""文化与教育"等研究归之为"宏观教育社会学"，把"班级的社会学分析""教师的社会学分析""家庭与教育"等归之为"微观教育社会学"，而把"社区与教育"及"学校组织的社会学分析"这两者归之为"中观教育社会学"。其后，这一归类为一些研究者所沿用。

现在看来，倘若把"社区与教育"归入"中观教育社会学"的范畴，则其内涵宜限定为"作为宏观社会与学校中的微观社会（群体、活动、文化等）之联通环节的社区"，而不宜用来指"同样作为一种教育形态的具体的社区教育"，因为具体的社区教育本身也是可以划归"微观层面"的。同时，"学校组织"究竟是否属于"中观层面"，则似又因情而异。因为，一方面，若把学校组织视为一种具体的社会组织，它便属于所谓的微观层面的范畴；而另一方面，若把学校组织视为宏观社会与诸如课堂中的更为微观的小社会之间的联通环节的话，则它又可属于所谓的中观层面的范畴。这也正是把握"中观层面"这个概念的困难之处。

因此，笔者以为，对所谓的"中观层面"，也就宜于作宽泛一点的理解，即凡是"作为宏观社会与具体教育场景中的微观社会之联通环节"，均可视为属于本文所说的"中观层面"的范畴。

以此为据，我国教育社会学学科重建启动后，中观层面的研究便大致始自于20世纪80年代末90年代初，主要集中在两个方面。

其一是关于社区与学校的关系的研究。这方面的研究在数量上逐年递增，但总体来看存在着两个重要缺陷。一是自觉地或不自觉地把社区当成了对于学校教育的一个独立的影响源，忽视了作为影响源的社区本身也要受到更大的宏观社会的制约，从而在实际上忽略了社区作为宏观社会与学校中的微观社会之间的联通环节的作用；二是即便对于社区与学校的关系（不是社区教育本身）的研究，也基本上滞留在理论探讨与经验描述的阶段，缺少实实在在的实证分析。

其二是关于学校组织自身的研究。这方面的研究包括两种类型。一类是关于作为组织的学校自身对于班级、课堂等"更微观的社会"的影响的研究，但这类研究通常没有触及学校外部的社会，以至于也有把学校组织当成对于班级、课堂的一种独立影响源之嫌。另一类是作为组织的学校与社会（国家）的关系研究，这方面的研究近年来呈上升趋势，特别是对学校本身作为一种社会单位、一种权力机构或一种利益群体与社会（国家）之间的关系进行了有实证分析、有理论深度的研究。但即便如此，学校这样一种深受社会（国家）之影响的社会单位、权力机构或利益群体本身对存在于其中的"微观社会"，尤其是对班级、课堂究竟有着怎样的影响，这些影响究竟是如何产生，还尚未得到关联性的探究。即是说，假如把学校看成是一个中观层面的话，其作为社会（国家）与班级、课堂之间的"联通环节"的构成、过程及机制等，尚未通过研究得到清楚展示。

（四）"贯通宏观、中观及微观层面"的教育社会学

宏观层面、中观层面及微观层面的研究本身都有其存在的合理性，在中国教育社会学的今后发展中，这三个层面的研究本身也都需要继续加强，因为国家需要通过宏观层面的研究，了解教育与社会之关系的基本状况和总体趋势，以便进行合理的教育决策；一线的教育实践工作者需要通过微观层面的研究，了解存在于具体教育场景中的小社会的构成、过程及机制，以对自身的教育实践加以反思和调整；地方教育行政部门乃至在其之上的国家和在其之下的教育实践工作者，则又需要通过中观层面的研究，了解作为联通环节的社区或学校组织是怎样在宏观社会（国家）对具体教育实践的影响过程中起着促进、延缓或阻碍作用的，以便因情而异地采取必要的应对策略。

但所有这些研究，如果只是"就宏观而宏观""就中观而中观""就微观而微观"的话，那么，研究的深度将会是十分有限的，研究的结果也难免是"平面化"的。在笔者看来，进行任何一个层面的研究，其实都有必要且也有可能把它同其他两个层面关联起来。因为人、社会及教育，本来都是整体性的。所谓层面、所谓分野、所谓领域等等，其实都只是人们为着分析性研究的需要而在自己的思想中对于人、社会及教育进行的一种人为的"切割"。事实上，许多问题本身就既含有宏观层面，也含有中观层面，又含有微观层面。以学校课程为例，它就在宏观上涉及国家主导意识形态对课程的控制，在中观上涉及社区文化对课程的影响，在微观上涉及到课程在具体的学校与课堂文化中的

结构位置及实际命运。因此，只有把三个层面贯通起来，研究才会真正具有足够的广度和深度，也才会具有充分的想象力与穿透力。

无疑，将宏观层面、中观层面及微观层面贯通起来进行研究，乃是对我国教育社会学人的一项极大的挑战，但却又是我国教育社会学在现有基础上提升研究的学术层次而必须应对的一项挑战。所幸的是，近年来有些中青年学人已经开始接受这一挑战，并有相当不错的成果。且有迹象表明，将会有更多的青年学人接受这一挑战。而这，就是希望。中国教育社会学将在越来越多的青年学人不断接受挑战并且不断挑战成功的过程中，不断迈向新的台阶。

选自《教育研究与实验》2008 年第 6 期

专题十一

教育经济学概论

第一章 教育与经济发展

第一节 教育与经济发展的关系

经济发展的含义是十分丰富、十分深刻的，经济发展是受到诸多因素制约的。这些因素起码包括：迅速形成和有效使用的资本资源，适合现代经济发展需要的人力资源，科学技术的进步与向生产力的转化以及与现代生产方式相适应的现代管理制度，合理有效地利用自然资源，等等。这些基本条件是否具备或是否充分，将直接影响到一国经济的发展和经济现代化的最终完成。然而，无论是资本的形成、人力资源的开发，还是科学技术向生产力的转化、现代管理制度的建立，或是自然资源的有效利用，都与教育有着密切的关系。因此，研究教育与经济发展的关系，也就是要研究教育与上述各因素及经济发展之间的关系。

一、教育、资本形成与经济发展

一个国家，特别是经济落后的发展中国家，要发展经济，实现现代化，就必然会遇到一个首要难题，那就是如何筹措足够大量的初始资本（这个问题在发展经济学中被称为"资本形成"），以及如何实现资本的有效配置。资本的形成与有效配置看起来似乎与教育毫无关系，但只要透过现象看本质，深入地进行研究就不难发现，教育、资本形成与经济发展之间，是存在着十分密切的关系的。

　　教育是一种培养人的社会活动，本身是不能创造利润和营利的。因此，教育事业的发展，当然就需要物质资本来支持。所以应当承认，一国教育事业的发展，归根到底取决于该国资本形成能力的大小。也就是说，教育发展的规模和速度，应当同国家资本形成能力相适应，量力而行，才能保证教育和经济持续、稳定、协调地得到发展。超过国家资本形成能力来发展教育，不仅会使教育的持续、稳定、协调发展受到阻碍，而且对整个国家的经济发展也会产生不利影响。在发展经济的基础上，根据一国资本形成能力的大小相应地发展教育事业，这是教育发展过程中应当遵循的原则。但是，在承认教育的发展受一国资本形成能力制约这一前提下，我们应当看到教育在一国资本形成中的作用。资本形成，根据传统的经济理论，主要来源于储蓄，而储蓄是国民收入中不用于现期消费的部分。在一个市场开放的经济中，一国的总储蓄包括国内储蓄和国外资金两个部分。前者包括个人储蓄、企业储蓄和政府储蓄，后者则包括外国官方援助、货款和国外私人投资。我们讲教育在一国资本形成中的作用，主要是指教育在提高国内储蓄，即在提高个人或家庭储蓄、企业储蓄和政府储蓄中的作用。

　　1. 教育在提高个人或家庭储蓄中的作用

　　个人或家庭储蓄行为一般是为了未来的需要，如子女教育、婚丧病老等原因，目前牺牲一部分消费，自愿地将一部分收入作为储蓄。个人或家庭储蓄能力取决于多种因素，其中个人或家庭的收入水平高，用于消费后的收入剩余就多，从而储蓄就多。因此，要提高个人或家庭储蓄，就要首先提高个人或家庭的可支配收入。而个人或家庭收入水平的提高，教育是一个重要因素。从教育经济学理论的角度来考察，教育能使受教育者提高文化技术水平，提高劳动的质量，能增加他们的个人收入。这种收入是受教育者提供的劳动数量和质量变化所引起的产品和劳务增加的结果。此外，个人受教育的结果还能使他们得到某些"无形收入"，诸如医疗支出的节省、商品选购和维修方面支出的节省以及子女在文化学习方面的受益，等等。"它们之所以被称为'无形收入'，因为它们并不表现为劳动者提供的产品和劳务的增加，而是表现为劳动者的支出的节省。"而支出的节省在性质上同收入的增加是相同的，只不过它不像收入的增加那样明显。所以要提高个人或家庭的储蓄，关键是要提高个人或家庭的收入，而提高个人或家庭收入水平的有效措施之一，就是使个人受到一定的教育和训练。

2. 教育在提高公司企业储蓄中的作用

公司企业储蓄来自利润。利润是企业发展之本。企业只有在生产经营中获得利润，才能向国家缴税，形成国家积累，企业才能追加生产基金，形成企业积累。也只有有了利润，企业才能够增加工人工资，提高工人福利待遇，改善人民群众的物质和文化生活的条件。很难想象，在市场经济条件下，赔本、亏损企业能够形成较高的企业积累和最大限度地满足人民的需要。而企业利润的增加取决于多种因素，其中教育是一个不可忽视的因素。就一个企业范围而言，在其他条件不变的前提下，因对职工加强教育和培训而导致的劳动生产率提高是有利于企业利润的增加的。企业平均劳动生产率的提高超过工资成本的提高，依靠劳动生产率增长而实现的商品生产量的扩大和原材料消耗的降低，是企业利润和储蓄增加的源泉。而企业利润和储蓄增加后再用于再投资，对于经济发展甚至具有决定性的意义。

3. 教育在提高国家储蓄中的作用

国家储蓄主要是指政府预算储蓄，而政府预算储蓄来自税收收入用于公共消费开支后的余额。由此可知，国家税收收入的增加是政府预算储蓄提高的最重要途径之一。而国家的税收主要来自企业和个人，这又与教育的作用分不开。首先，教育能够使劳动者提高文化技术水平，使企业的劳动生产率提高，从而能降低生产成本，增加产量，提高质量，使企业增加营利，并通过企业营利的增加，促使国家储蓄能力提高。因为企业只有有了利润，才能向国家缴税，企业营利越多，向国家缴的税也越多，国家储蓄增加的幅度也越大。其次，教育通过提高劳动者个人文化技术水平会促使个人收入增长，假定个人收入同国家税收和储蓄之间有直接的联系，那么个人收入的增长将导致国家税收和储蓄的增长。此外，劳动者个人因受教育而提高收入水平之后，个人的购买力和消费水平将会提高，而个人购买力和消费水平的提高将是市场繁荣、企业产品增加销路、企业增加利润的一个前提。企业利润的增加又将导致国家税收和储蓄的增加。

教育通过提高劳动者的素质，促使个人收入和企业利润、国家税收增加，从而导致个人、企业和国家储蓄增长，国家资本形成能力增强。国家资本形成能力增强，又能进一步带动投资增加，增加投资又会导致经济增长，而经济增长又会推动教育投资增加和教育事业发展。如此反复影响，就会形成这样的局面：没有教育的发展，国家资本形成能力就难以增强，投资也就难以增加，经济增长就难以实现，而没有经济增长，国家资本的形成又会受到影响，教育投资的继续增长和教育事业的发展也就缺乏保证。

二、教育、人口与经济发展

人口作为由有生命的个人组成的群体，是人类社会的主体，同时也是人类全部社会活动和社会行为的主体。社会生产行为是人类社会存在和发展的最重要、最基本的实践活动，而人口正是"全部社会生产行为的基础和主体"。

社会生产行为首先表现为具有一定生产经验和劳动技能的劳动者利用生产资料、改造自然、创造物质财富的过程，而具有一定劳动技能的劳动者则来源于一定的人口。没有一定的人口就不可能有任何社会生产行为。因此，人口是社会生产力不可缺少的前提和要素。同时，人们为了进行生产必然发生一定的联系。人们在社会生产中建立的关系即生产关系，也必须以一定数量和质量的人口为基础。因此，一定的人口又是一定的社会生产关系的承担者或体现者。

教育与人口的数量、质量、结构和流动，以及发展趋势有着十分密切的关系；而人口的数量、质量、结构和流动，又直接或间接地与社会经济发生联系和关系。通过教育提高人口的质量，减少人口的数量，改变人口结构，促进人口流动，对社会经济发展和生产增长，具有直接或间接作用。

1. 教育与人口数量增长

从教育与人口数量增长关系上讲，教育具有改变人口数量的作用。因为通过教育活动，社会总人口各方面质量有所提高，从而对自然界、人类社会和人类自身的认识会不断深入和全面，各种社会实践活动就会具有较高的自觉性和主动性，指导人类自身再生产的计划性、自觉性和目的性也会随之提高。特别是作为社会总人口主体的劳动力人口，他们的科学文化水平和教育程度越高，对其生育行为影响越大，对人口数量增长有直接的、巨大的影响。从一般规律来说，在现代化社会里，随着科学技术的进步，随着人们对自然界认识的深化，经济、科学、文化水平越高，人类自身生产率就越低。反之，教育程度和文化水平越低，越不发展，人们的生育率就越高，越不能加以控制。已经有大量实例说明了这个问题。我国人口普查所提供的权威资料也证明了这一点。因此，我国要真正控制人口增长的数量，其根本点就要不断发展我国的教育事业，提高全民族的科学文化水平和教育程度，使教育在控制总人口数量增长中发挥更大的作用。

2. 教育与人口质量提高

人口质量是指社会人口总体所反映的身体素质、科学文化素质及道德素质等方面的一般状况。身体素质包括遗传素质和健康状况，是人口质量的物质要素。科学文化素质包括科学知识状况与智力发展水平。道德素质包括政治思想觉悟、道德修养等。科学文化素质和道德修养是人口质量的精神要素。教育对人口质量的影响首先表现在：教育可以使人类优生优育。通过教育提高适龄生育成年人的科学文化水平和教育程度，就能使人们做到科学怀孕、科学分娩、科学抚养。这样婴儿就会在生理、心理上具有较好的先天遗传素质。在此基础上，再通过各种正规的科学的学前教育、学校教育、家庭教育、社会教育以及终身教育等，就可以使一代一代的人健康成长和发育成为质量较高的劳动力和各种专门人才，进而促进社会经济发展和进步。

3. 教育与人口结构变化

人口结构是指人口按照某一性质划分的集合及不同性质人口集合之间的比例关系。人口结构包括人口的自然结构和社会结构。前者涉及人口的性别和年龄，后者涉及人口的阶层、文化、职业、地域等。教育不仅对社会人口数量、质量有着重要的影响作用，而且对于改变人口结构中的年龄构成和增长速度，也有着十分重要的作用。第一，全社会的教育水平和文化程度的提高可以节制生育，延长寿命，控制非生产人口的增加，调整人口的比例结构，使生产人口与非生产人口比例趋于合理。一般来说，生产人口与非生产人口结构合理，对国民经济的发展将是十分有利的。第二，通过教育提高全社会的人口教育水平，可以使社会成年型、青年型人口速度加快，使少年型人口增加速度减缓，使社会人口逐步从增加型走向稳定型，这对我国经济发展也是十分重要的。第三，通过教育可以提高社会人口中熟练劳动者的比重，从而减少非熟练劳动者的比重。在现代生产条件下，如果在人口年龄构成中，熟练劳动者在人口中的比重增大，同样数量的总人口所创造的物质财富就会增加；同理，如果在社会总人口中非熟练劳动者所占的比重较大，同样数量的总人口所创造的物质财富就会减少。因此，必须大力发展教育事业，努力提高熟练劳动力在社会总人口中所占的比重。

4. 教育与人口流动

人口流动是指人口在一定社会结构范围中所处地位、职业和空间上的变动。人口的流动具有促进教育发展的一面，但在流动过程中也可能产生一些问题影响教育的发展。当然，教育也不是被动地受人口流动的影响。反过来，教育也可能促进人口的流动或解决流动中出现的问题。随着改革开放的深入与发展，我国人口流动的态势也发生了很大变化。我国人口流动呈现的主要态势是，大量农村人口流入城市，这既给城市的发展提供了大量的劳动力，使劳动力得到合理配置，同时也给城市经济社会的发展带来一定的压力。

三、教育、科学技术与经济发展

科学技术是生产力。马克思曾经把科学技术看作促进生产力发展的因素，他认为"劳动生产力是随着科学和技术的不断进步而不断发展的"，"生产力中也包括科学"。著名的美籍奥地利经济学家约瑟夫·熊彼特在《经济发展理论》一书中，则用生产技术和生产方法的变革来解释资本主义的基本特征和发展过程。实际上也把科学技术的进步看作经济发展的推动力量。从历史上看，科学技术在世界经济发展过程中确实起过巨大的促进和推动作用。特别是20世纪40年代以来，科学技术的发展已进入一个新的阶段，科学技术在各国经济发展中的地位大大加强。据统计，在当前发达国家的经济增长中，科学技术因素所占比重已由 20 世纪初的 5%～20% 增大到 50%～70%，有的国家已达到 60%～80%。科学技术的成就和应用已成为社会制度的抗争、贫富国家的辨别以及社会生活价值取向的最主要的决定力量。因此，在科学技术革命的条件下，一国科学技术的进步就意味着经济的发展，科学技术的落后就意味着经济的衰落。

1. 用科学武装劳动者，不断提高劳动者的科学技术水平和生产劳动技能，从而促进科学技术迅速转化为生产力，促进和推动经济的发展

现代科学技术的发展使越来越多的科学知识并入到生产过程之中，生产现代化的发展，资本内在智力因素增长速度加快，相应地要求全体生产劳动的参加者——科技人员、管理专家、技术工人以及其他一切有关人员，都必须掌握科学技术知识。没有掌握一定科学技术知识的劳动者将被排斥在生产过程之外，并迫使他们自身要求提高科学技术知识水平。但是，对现代科学技术的掌握已经不能像古代劳动者掌握生产经验与技艺那样在生产劳动过程中进行，而只能在生产劳动过程以外的教育过程中进行。这是因为，现代科学是脱离直接生产过程以后的产物，是生产经验的升华与发展。生产者要学会和掌握科学并反过来将其运用于生产过程，就必须有一个独立的、专门的学习阶段，这就意味着进入学校接受教育便是其必由之路。

正因为现代生产的基础是科学技术，而劳动者要掌握科学技术必须借助于学校教育的作用，也就是说，现代教育是将现代科学技术运用于生产过程，转换成生产力的不可缺少的桥梁和中介。这就决定了现代教育实质上主要就是"科学技术教育"，现代教育的主要任务就是用科学武装劳动者，不断提高劳动者的科学技术水平。因此，哪个国家用科学武装劳动者的速度快、范围广、效果好，劳动者的科学技术水平就高，科学技术的发展和转换成生产力的速度就快，经济上的竞争能力就强。所以现在越来越多的国家正在不惜耗费巨大的人力、物力、财力，用以发展本国的教育事业，以求通过教育的发展来推动科学技术的进步和经济的增长。这一共同趋势的出现，正说明了现代教育在科学技术成为生产力中的巨大作用。

2. "生产"和发展科学技术，创造新的生产力，发挥科学技术对经济增长的

作用，进而促进经济的快速发展

在现阶段发挥科学技术对经济增长的作用，关键是要发展科学技术。这是因为，科学技术成为第一生产力形成了科学、技术、生产统一的过程和新的生产体系，这个体系的变化首先是从科学这个环节开始的，科学是现代技术、生产的第一阶段。因此，一个国家在科学上的突破必然带来技术的进步和生产的发展。而一个国家科学技术的发展主要依靠三个方面的力量，即专职科研机构、教育部门和企业。其中高等学校是最主要的力量，因为现代高等学校普遍有学科门类齐全、人才集中、知识密集、学术研究力量雄厚、设备先进等一系列优势，具备科学技术发展所必需的各方面条件。此外，现代高等学校不仅有发展科学技术的条件，而且有这种需要。处于科学发展前沿的现代高等学校，在向年轻一代传授有关科学文化知识的过程中，必然经常会涉及对旧有的科学材料与理论的否定和批判以及对新的科学理论的探索，因而，要将教育活动与科学研究两个方面截然分开是不可能的。目前在世界上恐怕很难找到一所只单纯从事教育而毫不涉及科学研究活动的高等学校，尤其是重点高等学校。再从提高师资水平和教学质量的角度来看，在现代科学技术一日千里、瞬息万变的形势下，要避免知识的陈旧老化，不断更新和充实教育内容，教师也必然要亲身参加科学发现和技术发明活动。

3. 与生产部门和企业建立直接的联系和多方面的合作，使科技成果在生产中迅速加以运用，进而促进社会经济的发展

科学技术促进和推动经济发展的一个重要方面，就是要使科技成果在生产中加以运用，否则，科学技术无论多么成熟，但在生产力上仍是没有实现的。一般来讲，这个任务主要是由生产部门和工业企业来承担，因为要把科学技术转化成生产力，取得投产的价值，必须具备投产和转化的条件，即必须有正当的劳动手段、劳动对象、劳动者和市场，而这些条件只有现代企业才具备。但同样不容否认的是，教育在这方面仍起着不可替代的作用。这是因为，在现代科学技术飞速发展的条件下，生产部门和工业企业在吸收和应用新的科技成果以及开发和完善新产品的过程中，必须以强大的科学、智力资源作依托和支柱。科技、智力资源的优劣对一个部门或一个企业能否将科学技术成果迅速地

加以吸收和运用，起着决定性的制约作用。因此，寻求科学、技术、智力上经常不断的支持便成了许多生产部门与企业将科学技术转化为生产力过程中必须优先考虑的一个问题。与生产部门和企业这种需求相对应的是，现代教育机构尤其是高等学校所具有的巨大智力优势，不可避免地要向生产部门和企业扩散。比如，对生产部门和企业转让最新的科技成果，开展有偿或无偿的技术咨询和技术指导，帮助其解决科技成果吸收和运用过程中出现的困难和问题，与企业合作兴办高技术密集区，等等。正是通过与生产部门和企业建立这种直接的联系和开展多方面的合作，不仅使教育机构中巨大的智力资源可以直接输入产业系统，而且在两方面紧密结合的基础上形成了整体的综合优势，这样就会加速科学技术成果的推广和运用，促进社会经济的发展。

四、教育、现代管理与经济发展

管理是人类的一种自觉的控制活动。现代管理则是人们为了生产和生活的需要而采取的对经济活动的一种自觉的控制。换言之，人类社会生产和生活实践的客观需要，是现代管理产生和发展的一般原因。

但是，一个国家、一个地区、一个部门经济管理水平的高低，取决于各种因素，其中既有客观因素，也有主观因素。一定时期科学技术的发展水平、社会生产和社会经济发展水平，是影响管理的客观条件。管理者的数量、质量、结构，则是影响管理的主观条件。而管理者数量的增加、质量的提高和结构的完善，则主要依赖于教育。教育在现代经济管理中的作用，具体讲，主要体现在以下几个方面。

第一，培养和造就一支数量充足、能够适应市场经济和现代化大生产发展需要的管理者队伍。第二，提高管理人才的素质。第三，提高管理者的决策水平和管理水平。

当前，我国正在进行社会主义市场经济体制改革，在改革过程中遇到的各种矛盾、困难、问题不少，这就更加需要加强管理，实现决策和管理的科学化、民主化。而决策和管理的科学化从一定意义上说，只有管理科学中的软科学获得充分发展，有一批高质量的软科学队伍，才有可能实现；而决策和管理的民主化，只有广大劳动者具有较高的文化教育素质，能够正确地、充分地行使民主权利，才有可能实现。为此，必须依赖于教育，通过教育，可以培养大批的高质量的软科学队伍，可以大大提高劳动者的文化教育水平。

五、教育、自然资源与经济发展

自然资源与资本资源、人力资源等要素相同，都是一国经济发展的内在因素与基本条件。因此，一国所拥有的自然资源状况对其经济发展的制约作用是不言而喻的，它对国民经济发展所造成的影响有时往往超过其自身的价值。但是，自然资源的合理开发与利用，是和科学技术的应用分不开的。而科学技术的应用又是和教育培养人才分不开的。教育在自然资源的合理开发与利用方面的作用具体表现在以下几个方面。

1. 教育事业的发展能够帮助人们更好地了解和认识自然

资源是指由人发现的有用途、有价值的物质。自然状态的或未加工过的资源可被输入生产过程，变成有价值的物质，或者也可以直接进入消费过程给人们以舒适而产生价值。而没有被发现或发现了不知其用途的物质则不是资源，因而也就没有价值。在人类远古时代，生产力十分低下，人们仅仅凭借极其简单的生产工具和生产经验从事生产劳动。世界上蕴藏着极为丰富的自然资源，对当时的人类来说大部分是毫无用处的。随着生产力和技术的发展，人们才在生产经验的长期积累中逐渐地发现了自然界中许多物体的有用属性，从而使之成为人类可利用的资源。以能源为例，远古的人类在发现了火之后，开始靠柴草燃烧作为人们使用的能源。随着经验的积累、认识水平的提高，人们开始运用风能、水能等，后来又发现了煤炭、石油、天然气等化石燃料。随着现代科学技术的发展，人们又发现并迅速利用了原子能、太阳能、潮汐能、地热等各种资源。因此，开发自然资源，首先需要了解和认识自然。马克思主义认为，任何自然现象都是可以认识的。人类的历史就是一部与大自然的交往史。人源于自然，又超越自然，人是有思想的高级动物，这是人类之所以能够认识、利用和改造自然的根本所在。尽管大自然有它的奥妙，有时甚至像一座迷宫，但自然界一切物质的存在和运动都有其规律。只要培养了大批掌握科学技术的人才，并鼓励他们去努力探索，总是可以找到通往迷宫的途径。钱学森同志说过，事物是可以认识的，只有没有被认识的，没有不能被认识的。这是千真万确的。但是，人类认识自然、利用自然、改造自然的层次，取决于社会和国家政治、经济、文化、科技、教育发展的程度。

2.教育事业的发展有助于自然资源的合理开发和利用

作为影响经济发展的基本要素，自然资源是不易再生的。这是自然资源有别于人力资源、资本资源等要素的一个明显特征。而且不仅自然资源的再生相对较困难，还有许多种类的资源，尤其是矿物资源和石油资源是不可再生的。目前，诸如当今世界现有能源究竟还能开采多久等问题已引起了人们的广泛关注。这就要求加强资源保护与综合利用，在资源的开发和利用中，要避免盲目的掠夺式开采，杜绝采厚弃薄、采易弃难。现代生产技术的发展，使一些自然资源有了更广泛的用途，大大提高了这些资源的经济利用价值。因此，合理开发和利用各种自然资源，一方面需要从发展国民经济的总体利益出发，全面考虑，合理规划，积极安排自然资源的多目标开发和综合利用，以期获得最大的经济效益，另一方面，需要大力发展教育事业，提高广大劳动者的科学技术水平，从而使他们能够运用现代生产技术来使自然资源产生广泛的用途，提高其经济利用价值。

3.教育事业的发展有助于自然资源的开源和节流

自然资源虽然丰富多样，但不是无限的，即使有些资源相对来说是无限的，但由于各种因素的影响，人类能够利用的部分也是有限的。随着自然资源开发利用的深度和广度不断增加，人们对资源的索取已达到空前的程度。世界性资源的不足，使天上、地下、大陆、海洋及宇宙空间都成为人类追逐资源的竞争场所。这就使开源和节流并举，成为解决"资源匮乏"和"资源危机"的基本途径。为此，也就需要大力发展教育事业，采用现代科学技术，在提高现有已开发自然资源的经济利用效率的同时，进一步开发新的资源。

4.教育事业的发展有助于自然资源与环境保护

由于经济增长的压力，出现了对资源竭泽而渔的使用，如滥伐滥采，使其遭受到极大的破坏和浪费，同时也造成了环境的破坏和恶化。面对资源危机的加剧和恶化的形势，为进一步合理开发利用自然资源，就要保护和发展自然资源，一方面对已经开发利用或待开发利用的自然资源要采取保护性措施，即在开发利用时要考虑保护，在保护条件下进行合理的开发利用；另一方面要把保护自然资源和改善自然环境紧密结合起来，做到既保护资源，又防止污染和生态破坏，为充分、合理地开发利用自然资源创造更加有利的条件。这也要大力发展教育事业，通过教育来提高全体公民的环境保护意识，促使人们自觉参与保护活动。

总之，如果有了用先进科学技术武装起来的人，就可以改造自然条件，扩大资源利用范围，大大提高资源的利用效率。如果教育不发达，缺乏科学技术人才，即使有丰富的自然资源也无法有效利用。这就是为什么有些资源异常丰富的国家和地区依然贫穷落后，有些国家的资源已迅速开发却没有经济的充分发展的根本原因之所在。

第二节　教育对经济增长和经济发展的贡献

经济增长，一般来说，是指一国或一个地区生产的产品和劳务总量不断地增加，即用货币形式表示的国民生产总值或国民收入的增加。用美国著名经济学家萨缪尔森（Paul A. Samuelson）的话说，经济增长可以最简单地规定为经济产量的增加。国民收入是一切经济学的最重要概念之一。当一个经济社会每年中的物品与劳务的流动总量用货币尺度予以衡量，所得到的数字即国民收入或国民产值。所以，一国和一个地区的经济增长尽管不是经济发展的充分条件，但是一个必要的或者说是一个首要的条件。因为，经济增长意味着生产能力扩张、物质财富和劳务的丰富，这无疑是经济发展的基础。因此，经济发展根基于经济增长，长期的发展通过短期的增长而实现。一个国家或地区绝对不可能没有经济的增长而获得经济和社会各方面的发展。特别像我国这样一个人口众多的发展中国家，如果经济没有一定的增长，仅解决就业问题都很困难，社会经济的综合发展更是无法想象的。

那么，一国的经济是如何增长的呢？教育在一国经济增长和发展中又起什么作用呢？经济增长，一般来说，是由资源、资本、劳动技术、资源配置、结构创新等因素所推动的。如果说技术、资源配置和结构创新包含在资源、资本和劳动力的使用中，经济的增长则主要决定于资源、资本和劳动力的投入。资源是由人所发现和使用的物质，并包括可以提供有用物质的载体。和经济增长有关的狭义的资源是指生产过程中资本、劳动和技术加以作用的矿藏、森林、淡水、水能、耕地，等等。国内资源储量和拥有量是一个国家经济增长的重要条件之一。经济增长的资本是指机器、设备和厂房等物质资本。物质资本是投资过程的结果，它代表着本期的生产能力，并同其他互补性生产要素结合代表未来时期的生产能力。因此，资本的形成对经济增长起着十分重要的作用。劳动力是人们在劳动过程中所运用的体力和脑力的总和，即人的劳动能力。马克思说："我们把劳动力或劳动能力，理解为人的身体即活的人体中存在的、每当人生产某种使用价值时就运用的体力和智力的总和。"劳动力是社会生产力中的决定性因素。各种资源只有为人所发现和利用，才能推动经济增长；资本也只有通过人的合理配置和有效利用，才能发挥更大的效用。但是，长期以来，一提到经济增长，人们便会想起有多少资源、有多少资本，而劳动力由于供给过剩，似乎是可以不考虑的因素，这是一种根深蒂固的经济学观念上的偏见。就是在目前，在许多发展中国家里，一提起增长和发展，从宏观决策者到企业家，先看的是有多少资本，再看的是有多少资源，通常只是重视资本的积累和投入，而恰恰忽视了劳动力这一重要因素。其实，一切经济活动，从根本上讲，都是以人的劳动为动力和以人的需要为目的的社会经济活动。从各国经济增长和发展的趋势看，资源和资本竞争的时代逐步被劳动者劳动的勤奋、素质，以及由劳动力素质而决定的科学技术竞争的时代所代替。未来的增长与发展，一国劳动者的勤奋、素质将决定其兴衰。因而，经济增长与劳动力的投入有着十分密切的关系，只不过劳动力的投入对经济增长的推动是一个复杂的经济过程罢了。理论上经济增长的劳动力动因可分解为劳动力行为、素质、劳动力资源配置等因素各自对经济增长的作用。在同样的劳动力数量投入情况下，由于劳动力的行为、素质、配置结构等不同，其推动经济增长的结果也不同。因而，当代的经济增长和经济发展理论不能不研究劳动者的劳动行为、素质与财富生产和增长之间的关系。然而，无论是劳动者行为的规范、素质的提高，还是劳动力资源配置的合理，都与教育有着密切的联系。

一、教育的发展有助于规范劳动力行为

劳动力行为是指劳动者在就业机会、就业职业、报酬、闲暇、劳动条件、劳动要求等方面的反应和动作。经济运行、增长和发展中的劳动、生产、发明、创新、经营、管理等是劳动者从事的经济活动。而每个劳动者从事经济活动，无不带有自己的动机和具有自己的行为，一切与劳动者有关的经济现象和成果都是劳动者行为的结果。在一国经济发展过程中，劳动力的行为如何，不能不与经济增长有着密切的关系。一般来讲，当劳动者行为合乎规范时，经济活动正常进行，产出趋于正常水平，生产要素按比例使用，经济增长就快；而当劳动者行为不规范时，由于劳动者体力和智力消耗的下降，劳动的实际供给减少，产出水平下降，经济增长就慢。因此，从这个意义上讲，经济增长首先取决于劳动力行为，劳动力素质和才能对经济增长的贡献必须以劳动力的行为规范为前提。如果劳动力行为不规范，素质较高也不完全会成为经济增长的动因。国际经验也证明，一个国家就是人口稀少、地大物博、资源丰富，其经济增长速度在一定时期内可能很高，但是长期靠资源的高投入和高消耗来维持，而劳动者没有劳动的积极性，劳动效率低下，经济效益不高，经济增长属于劳动行为不规范性资本消耗型增长，其经济增长最终也是会难以为继的。所以，我国著名经济学家厉以宁教授指出："只有造就一大批有高度政治思想觉悟的、掌握先进科学技术知识的劳动者，才能保证建成具有现代化工业、现代化农业、现代化国防和现代化科学技术的、高度民主的、高度文明的社会主义国家。"由此可见，一个国家劳动力的行为如何，是衡量一国人力资本发展水平高低的一个最重要方面。

然而，"过去的学说，无论是西方经济学说，还是东方经济理论，都暗含着一个假定：劳动力进入劳动过程后其劳动行为是规范的。由此而得：劳动推动经济增长在于劳动力的数量和劳动力的劳动时间"。后来虽然西方一些经济学家经过分析认为，劳动力的素质对经济增长的贡献也非常重要，但仍然忽视了劳动力的行为。例如，20世纪中期，舒尔茨等经济学家研究了劳动力素质对经济增长的推动作用。他们认为，分析经济增长，不仅要考虑物质资本，还要考虑教育、健康等无形投资形成的人力资本，即人力素质。他们以一些国家经济增长的实践为例说明，人力资本的收益率要高于物质资本的收益率。于是他们断定，在社会经济调节机制完善和有效的条件下，劳动者会对投资收益率的差异做出合理的反应，正确地选择自己的劳动和其他经济行为，从而推动国民经济的迅速增长。也就是说，当劳动力投入经济活动后，在这只"看不见的手"的调节下，劳动力劳动的行为是规范的。但是，如前所述，经济增长首先取决于劳动力行为，其次决定于劳动力的素质，而劳动力素质对经济增长的贡献必须通过劳动力行为来实现。从中国经济运行的实践来看，劳动力行为不规范已经成为严重妨碍产出与增长的顽症。

劳动力的行为与劳动者本身的道德观念、修养、素质、知识水平、认知态度、动机等有关。而这一切又离不开教育的作用。教育是规范劳动者行为的一个重要措施。通过教育能够有目的、有计划、有组织地对劳动者进行行为规范的教育。随着商品经济、市场经济的发展，人们的价值观念、道德观念发生了很大变化。比如，人们的社会行为从规定性到选择性，人们的道德标准从单一性到多元性。因为既然允许多种经济体制的存在，也就允许多种道德观念的存在，人们选择的跨度大了，从雷锋精神到劳动致富，从个人主义是万恶之源到适当考虑个人利益，从纯粹公有制到合法的私人经营等。但不管怎样，作为社会的劳动者，人们总是要遵守一定的社会规范。而教育不仅给学生以智慧的力量，而且给予他们以道德的力量，使他们养成社会需要的行为规范。很显然，劳动者对社会规范的感性和悟性程度，同样决定着他们在社会上的成功以及对经济增长的贡献。

二、教育的发展有助于劳动者素质的提高

劳动力素质是指参与劳动过程的劳动者的体力和智力素质的综合反映。一个普通劳动者的体质、劳动态度、工作成绩、工作质量、创新能力、独立工作能力、动手能力、解决问题的能力、自学能力、知识水平等方面的特点，综合起来就是劳动者的素质。在一个企业中，劳动力的素质在一定程度上决定着企业产出的水平、效益和质量。总体来看，一个地区或者一个国家经济增长和发展的劳动资源中，劳动力的素质是决定增长和发展速度及质量的一个非常重要的因素。

美国经济学家舒尔茨认为，劳动力素质的提高之所以能够促进经济增长与发展，主要在于以下几点：第一，在一般条件下，人的知识能力的增加和劳动者生产技能的提高，会促使劳动生产率提高，进而促进经济的增长与发展。因为现代经济增长与发展的主要原因是人的质量的提高。在生产过程中，劳动者身上所具有的知识、能力越来越成为生产发展的关键。第二，在技术不断变动的生产经济中，人的"处理不均衡状态的能力"的提高，会使劳动生产率不断提高，使经济不断增长和发展。所谓"处理不均衡状态的能力"，也叫"分配能力"，是指在动态的经济条件下人们有意识地根据经济条件的变化重新分配（配置）他们自己的资源（如财产、劳动、金钱、时间等）的能力。人的这种能力是通过教育得到提高的。在经济不断增长、技术不断变动的情况下，生产条件和其他经济条件随时都会发生各种变化，谁最先察觉到这些变化，最迅速地做出反应，采取某种新技术并重新分配自己的资源，谁就能最先达到较高的劳动生产率，取得较多的经济利益。因此，人们都会尽最大努力对经济条件的变化做出反应。而社会劳动生产率的提高正是在这一过程中实现的。所以舒尔茨指出，在现代经济条件下的分配能力，是社会劳动生产率不断提高的重要原因和条件。第三，人们有效地分配和利用时间的能力的提高，也有助于劳动生产率的提高，促进经济的增长和发展。因为现代经济增长的属性之一是提高了时间的价值。很明显，人类时间的价值在具有现代经济的富裕国家中是很高的。相对于物质因素和货物的价格来讲，人类时间具有较高的价格。对人类的满足来

说，物质的贡献比人的因素的贡献的价值要小。因此，人类时间的价格可以解释现代经济成本中的大多数。这样，在现代经济条件下，人们不但要根据经济条件的变化有效地分配自己的物质资源，更重要的是要有效地分配自己的宝贵时间，以获得经济上的益处。

从上面的分析可以看出，由于劳动力素质的提高，劳动生产率随之提高，于是劳动推动经济增长的动力加强。假定投入中劳动力的数量不变，由于劳动力素质的提高使得经济增长中实际劳动投入增加，使经济在节约资本和更多地利用劳动力的格局下增长和发展。这种增长和发展正是由于劳动力素质的提高而引起的。而劳动力素质的形成既有先天发育和遗传的因素，更多地包含后天营养、饮食卫生、医疗保健、教育、社会文明熏陶等因素。先天性遗传和孕产期因素形成劳动者的遗传素质和体质素质，后天优生条件、医疗保健和教育形成劳动力的健康素质和智力素质。其中，教育可以提高劳动者的基本素质或整体素质。因为教育是依据人的发展和社会发展的实际需要，以全面提高人的基本素质或整体素质为根本目的，以尊重人的主体和主动精神、注重开发人的智慧潜能、注重形成人的健全个性为根本特征的活动。通过教育可以唤起人的主体意识，发展人的主动精神，形成人的精神力量，促进人生动活泼地成长，帮助人创造自信谦和和朝气蓬勃的人生，进而在此基础上培养和提高劳动者的认知能力、发现能力、学习能力、生活能力、发展能力和创造能力，等等。同时，教育还可以使人的素质得到全面发展和整体发展，因为我们的教育要求学生德、智、体、美等各方面并重，要求全面发展学生的生理素质、心理素质和文化素质，以适应经济增长和经济社会发展变化的需要。

三、教育的发展有助于劳动力配置结构的改善

经济增长不仅决定于劳动力的行为和素质，也取决于劳动力在各产业中的配置结构合理与否。这是因为经济增长必然要引起一系列结构性的变化，而一系列经济结构的变化则推动经济的增长。各产业之间形成良性的经济联系，结构优化形成的效益将会较快地推动经济增长和发展；而各种经济要素在各产业之间如果配置不当，产业之间经济联系不顺畅，结构扭曲，将影响经济增长的

速度。产业结构要随着社会经济需要的不断变化而进行不断调整，而在产业结构中较之其他各种经济要素的变动，劳动力配置结构的变动是最难的。因为劳动力配置结构的变动与其他要素和产业结构的变动有所区别：其他要素结构的变动和产业结构（指物质生产力结构）的变动是物质资源的变化，而劳动力结构的变动却是有意识和行为的经济人分布的变化；尤其是发展中国家劳动力配置结构的变化关系到劳动力城乡分布结构变动、人口迁移、人的技能改变及提高、失业保障等一系列问题，比物质资源配置结构的调整难度要大一些。而且劳动力配置结构的变动影响和制约其他要素结构和产业结构的变化。

综上所述，不难发现，劳动力配置结构能否及时合理地与经济结构整体协同调整，直接影响国民经济的增长速度。而劳动力配置结构的调整和改善要求劳动力能适当流动。劳动力在同一技术水平或不同技术层次的岗位之间、企业之间和部门之间的流动，可以使劳动者找到适合自己能力和偏好的职业，促使劳动力配置结构的改善和与经济结构的整体协调，从而促进整个经济的增长。很难想象，一个国家如果不存在劳动力流动，劳动力配置结构能够合理，经济会高速增长。而劳动者合理流动的前提条件是要有文化、懂技术，这显然只有通过多层次、多门类的教育来培养。许多研究结果表明，在教育程度和人口流动之间存在着一种稳定的联系。在其他条件相同的情况下，人们所受的教育程度与参与人口流动的可能性成正比。正如恩格斯所说，只有"教育将使年轻人能够很快熟悉整个生产系统，将使他们能够根据社会需要或者他们自己的爱好，轮流从一个生产部门转到另一个生产部门"，从一个工作岗位转到另一个工作岗位。否则，如果没有教育过程的培养和帮助，没有充分的"教育准备"，我们所迎来的劳动力流动或转移，只会是一股股的"盲流"，不仅不会改善劳动力配置结构，而且会在一定程度上影响社会的安定与和谐。

第二章　教育与人力资本形成

第一节　教育是培养人的道德价值观念的最重要手段

一、思想道德素质的内涵

人的思想道德素质是人的整体素质的重要组成部分，也是衡量一国人力资本发展水平高低的一个最重要方面。道理很简单，一国国民的道德水准、思想素质越高，奋斗精神越强，创新意识越浓，对现代化的追求越迫切，表明一国人力资本发展水平越高。

人的思想道德素质既包括道德素质，也包括思想素质和政治素质，它们三者相互联系、相辅相成、不可有所偏废。通过思想道德素质的培养，主要是引导人们掌握基本的道德规范和思想观点，发展他们分辨善恶的能力以解决道德价值观问题。如果一个人只有某种道德规范的认识，而无这种道德上的需要，没有感到这种思想道德的价值，缺乏积极的态度和情感，那么就不可能用这种规范来调节他个人的行为。因此，思想道德素质的培养不能停留在一般的道德认识上，它的核心是要解决人的道德价值观，即引导人把一定的社会道德规范内化为自身的需要，通过自觉地运用道德规范去识别善恶、美丑、是非、公私、荣辱等，正确进行道德价值评价，坚定履行道德义务，将其转化为自身的品德。

当然，道德价值观是被一定社会的经济基础决定的。因为道德价值观以社会意识和道德规范为内容，植根于社会经济关系中，随着社会经济制度的变革而变革，具有历史性，同时，不同社会制度下也有不同的道德价值观。

但是，这并不意味着道德价值观只有阶级性，而无公共性。1980 年，有 16 个国家参加的世界道德教育会议将其归纳为四个方面。一是社会价值标准：合作、正直、和蔼、孝敬长辈、社会正义、尊重人类尊严、人权、劳动尊严等。二是有关个人的价值标准：忠厚、诚实、守纪律、宽容、有条理、襟怀坦荡、上进心强。三是有关国家和世界的价值标准：爱国主义、民族意识、和平的公民责任、国际理解、人类友爱、民族间相互依存的意识等。四是认识过程的价值标准：实事求是的科学方法、辨别真伪、追求真理、慎于判断等。

二、人的思想道德素质的提高，教育的作用很重要

1993 年联合国教科文组织在北京召开的"面向 21 世纪的教育"国际研讨会，将人的道德、伦理、价值观列为 21 世纪人类面临的第一个挑战。会议明确提出：理想、信念和责任感、自立精神、坚强意志和良好的环境适应能力、心理承受能力，是 21 世纪人才的主要特征。很显然，这些道德价值观念不仅为世界所接受，而且是我国国民所必须具备的基本素质。但无论从上述哪一个方面看，一国国民道德价值观念的形成都是与教育、知识的作用分不开的。因而考察一国国民道德价值观念的形成，实际上，在很大程度上是考察教育、知识与道德的关系。

进行道德教育是学校义不容辞的责任，在我国，党和政府也一再强调将培养有理想、有道德、有文化、有纪律的现代新人作为学校德育的根本任务。

第二节　教育是提高人的智力素质的最重要途径

人的智力素质，是指人的科学文化素质，它包括下列含义：人所具有的文化知识、科学技术水平、生产经验和劳动技能。这是人类在认识、改造自然和社会过程中长期积累的知识结晶，是人本身逐步形成的认识和改造世界的能力。因此，人的智力发展，特别是人的文化知识、科学技术水平的提高，已成为现代人力资本形成和发展的标志，在某种意义上可以说是唯一标志。

因为在现代科学技术革命的条件下，尽管对人的身体素质要求也会随着经济的发展、劳动力价值提高得到相应提高，但社会生产对人的体力要求并没有随之提高。一个人即使体力很弱，或体质受到损害，如伤残、断臂或失明等，身体中一些器官已不能像正常人那样运转，但如果智力发育正常，并接受较好的教育，具有较高的科学文化知识，仍然可以用他的智慧为社会做出贡献，仍然可以看作是具有较高素质的人。反之，一个人身体健康，具有较强的体力，但如果所掌握的科学文化知识甚少，他所能从事的工作就很有限，也很难为社会做出较大贡献，不会被认为具有较高素质。因而，人的科学文化知识的掌握、科学素养的提高、创造力的培养，都与教育有着密切的关系。

一、科学文化知识的掌握与教育的关系

科学文化知识是一个不断向广延度和深刻度拓展的概念。这里所说的科学文化知识，主要是指人所必须具备的普通文化知识。例如，客观现实中的数学知识、物理知识、化学知识、语文知识、历史知识、地理知识，等等。

这些知识的掌握都与教育有着直接的关系。从教育发展的历史看，教育发展经历过几个阶段，即原始教育、古代教育和现代教育。对教育发展的不同阶

段进行分析，可以看出，尽管不同时期，教育的职能有所不同，但积累、传递和发展科学知识始终是教育的内容，尤其在现代社会更是如此。无论社会科学或自然科学，都不是某一历史时代的产物，而是人类社会整个历史发展过程的结晶，是一个不断传递、积累和发展的历史过程。在这一过程中，学校教育是人类自觉地、系统地向受教育者传授知识和培养他们能力的教育形式。它把人类长期积累的知识，根据不同对象，经过有目的地选择、提炼、概括后才进行传授，并循序渐进、由浅入深，按照受教育者所能接受的程度进行传授，使受教育者可以少走弯路，因此效率比较高。通过教育，一是可以把非熟练劳动力培训为熟练劳动力，通过对自然劳动力的加工，提高他们的技巧、灵敏度和熟练程度，从而增加劳动者的智力水平；二是可以改变劳动者的劳动能力形态，把一个简单劳动力加工训练成为一个复杂的专门的劳动力。复杂劳动力在量上表现为多倍的简单劳动力，在质上表现为更高的智力。它在生产中，能够综观整体，运筹全局，解决关键性、全局性的问题，也就是能够进行创造性的复杂劳动，通过复杂的抽象思维，解决简单劳动力所不能解决的复杂问题。因此，一国教育的发展状况，会直接影响人口的智力素质，影响一国人力资本的形成和发展。

二、人的科学素养的提高与教育的关系

科学素养（scientific literacy），是当今发达国家广泛使用的一个名词。在实用的意义上，一般指自然科学的科学素养，是被用来作为测试人们对科学技术知识了解程度的一种指标。一般要求的科学素养并非指专业学科上比较深奥的概念原理，而是指具备了这种素养中最基本的能力。美国学者克洛普弗（L. E. Klopfer）曾将科学素养的定义概括为以下五个方面：（1）对重要的科学事实、概念、原理和理论的理解能力；（2）把相关科学知识运用于日常生活的能力；（3）运用科学探索过程的能力；（4）对科学的特点和科学、技术、社会三者相互重要作用的总的了解；（5）具有科学积极的态度和兴趣。当人们把包含在上述五点中的知识理解力和技能进行充分的发展，他们就能在现代经济社会中成功地行使职能。如果缺乏基本的科学素养，人们很容易对世界上发生的许多事

件感到困惑，不可能过上健康、安全的生活，也难以对经济社会的发展做出更大的贡献。因此，人的科学素养应是人力资本的重要内容之一。

通过不同层次的教育，能够对人的科学素养的不同方面进行培养。例如，运用科学探索过程（如观摩、测量等）这方面的能力，可以在初等教育阶段进行培养。而对科学的特点及其与技术、社会之间的相互作用的了解，则应放在中等或高等教育阶段进行培养。随着科学技术的飞速发展，在社会经济的许多领域内，吸引人的工作职业的技术性越来越强，掌握这些技术需要进行基本科学训练。当今，无论是出于思想还是现实方面的考虑，人们都需要掌握科学知识和提高科学素养。所以，有些国家在正规教育未能使学生的科学素养达到一定水平的时候，便通过再训练计划，或通过出版、广播、电视计划和科技中心这些非正规教育途径来弥补这一缺陷。

三、人的创造力的培养与教育的关系

创造力是劳动者素质中最有价值的部分，也是衡量一国人力资本总体水平高低的重要指标。所谓创造力有许多解释，"一些人认为创造力是一种个人的癖性，而另一些人则将创造力与特殊的能力联系在一起。那些负责在儿童中识别和培养创造力的人采取后一种看法，将创造力与发散思维过程等同起来，或将创造力等同于一种解决问题的能力，即对可以有一种以上解决方法的问题提出多变的、独特的、精心考虑的解法"。与上述观点不同的是，那些建立有关创造力思维和情感方面理论的人一般不为"创造力发散思维"的假设所围，他们是从更广泛的人类机能方面来看问题。这方面最著名的理论中有一种由华莱士（M. A. Wallach）率先发展起来的四阶段论：第一阶段是准备，以每一可能方法对一个问题进行调查；第二阶段是潜伏，在此期间对该问题没有什么意识思维活动，但在准备阶段收集的观点和材料由于某种原因而贮存在灵魂的意识层之下；第三阶段是豁然开朗，当突然地体验到"啊哈！"的感觉时，常常是始料未及的；第四阶段是检验，也就是创造者以他自己的标准为基础去评估新观念。泰勒（I. A. Taylor）在肯定华莱士的观点时认为，必须承认创造力的等级层次，从最低到最高层次依次是：（1）表现创造力或发展了一个独到的见解；

（2）技术创造力或以尽善尽美的技能创造产品的水平；（3）发挥创造力或灵活运用材料去发展对旧事物的新用途或发展看待旧事物的新方法；（4）革新创造力或当要对已建立起来的各学派观点进行取舍时，能摆脱这些传统的影响，系统地对问题加以阐述的能力；（5）应变创造力是一种很难获得的优秀品质，它要使最抽象、最观念化的原则在生产领域中具体化。

人的创造力是社会环境的产物，确切地说，人的创造力是人的思维力、想象力与知识智力的结合，任何一个身体发育正常的人都具有创造的潜力，只不过创造的潜力有大小之分。比如，儿童的好奇心、求知欲、冒险精神等，本身就是创造的幼苗，只是由于每个人所处的家庭、社会环境不同，使许多人的创造潜力没有得到很好培养，从而形成了许多人创造力很低的状况。

第三节　教育对人的身心健康的影响

身心健康是人的素质中不可缺少的一项基本素质，它在人的素质要素中具有核心和关键的作用。因为一个人其他方面的素质再好，但体质虚弱，未老先衰，成天打针吃药，不能坚持工作，空有报国之志和建国之才，也不是理想的建设人才。因此，人的身心健康是人的整体素质培养的重点，是构成人力资本必不可少的重要内容。

人的身心健康包括两层含义，一是指人的身体健康，二是指人的心理健康。前者指人的身体生理机能的运转能力和人的发育健全程度，后者指人的感觉、知觉、注意、记忆、思维、想象、情感、意志、性格等方面的发展状况。世界卫生组织对健康的解释是：所谓健康并不是指无疾病、不体虚而言，而是指人在生理、心理以及社会生活各方面的健康情形。人是一个身心统一体，一个人患了疾病，医生不应仅限于了解病人的生理状态，还应了解病人的心理状态、情绪变化、性格特点、病人的社会环境和人际关系等心理社会因素，使病人不仅得到生理上的治疗，更重要的是得到极为有益的心理治疗，这样会显著提高医疗效果。然而，无论人的身体生理素质的提高，还是心理健康素质的培养，都离不开教育的作用。

一、教育对人的身体生理素质的提高有着较大的影响

由于教育传播了关于疾病和环境卫生的常识，因而一般说来，受过一定教育的人，由于有了必要的保健知识和安全知识，患病、负伤、致残的可能性会小一些，而未受教育者由于缺乏必要的保健知识和安全知识，在相同条件下，患病、负伤或致残的可能性会大一些。受过一定教育的人由于较易接受科学知识，因而也容易听从医生的劝告，并且，在饮食起居等生活方式方面也更为科学。这些都有助于受教育者个人身体素质的提高。因此，一般说来，教育程度高的人，死亡率低。

二、教育能够使人保持健康的心理状态

健康的心理状态是人具备良好素质的基本条件。从心理测评的角度看，判断一个人的心理是否健康，通常有以下几项基本标准：一是要有正常的认识能力，能客观地反映外界事物，能进行正确的判断和推理；二是要有稳定乐观的情绪和积极健康的情感；三是要有正常的行为反应和良好的意志品质，有较强的耐受挫折的能力；四是要有一个正确的自我观念，能实事求是地进行自我评价，保持适度的自尊与自信。这些标准的实现，也有赖于教育的作用。教育不仅有助于人的身体生理素质的提高，也会对人的心理健康素质产生积极影响。因为教育，特别是心理教育是以增进学生的心理健康水平、促进学生个性的健全发展为目的的活动。心理教育的直接目标是广泛开展对各种心理疾病的防治，提高学生的心理健康水平；其根本目标是充分挖掘学生的心理潜能，培养其良好的心理素质，促进他们个性的健全发展，增强他们的社会适应能力。从教育目标的角度看，心理教育的直接目标可以认为是良好心理素质培养的基本条件，它与素质教育的总目标完全一致。这就是说，素质教育的目标中应当包括心理

素质培养和心理教育的内容，而心理教育本身就是对素质教育目标的一种体现。因此，各级各类学校在开展素质教育的过程中，应把心理教育作为贯彻落实素质教育的一个突破口来抓，通过广泛开展心理教育，全面促进学生健康心理素质的形成。

综上所述，不难发现，教育在一国人力资本形成和发展中的作用，主要就是帮助人们树立正确的道德价值观念，提高人的智力素质和科学素养，激发人的创造力，培养和提高人的心理素质。因此，充分开发人力资源，普遍提高全民教育水平，是当今全球开发人力资源以增强综合国力的大趋势，也是基于我国基本国情，全面建设小康社会的必然抉择。我国是世界上人口最多的国家，也是世界上劳动力资源最丰富的国家。在现阶段乃至今后相当长的一段时间内，全面强化人力资本投资，全面建设学习型社会，全面扩大人民学习机会，全面提高人民学习能力，把沉重的人口负担转化为丰富的人力资源优势，把教育大国发展成教育强国，把人口大国建设成人力资源强国，是全面建设小康社会、实现国家强盛的关键所在。

第三章　教育供给与需求

第一节　教育与劳动力供求

　　由于教育过程是劳动力再生产过程的一个重要的组成部分，从属于社会物质生产过程，因此，在分析教育供给与需求问题时，首先应从分析劳动力供求关系入手，进而揭示教育对劳动力供求的影响，以便在此基础上探讨教育供求关系及其与市场经济的联系，寻求建立起适合我国国情的、切实可行的教育供求调节机制。

一、劳动力与劳动力资源

　　劳动力是一种非常重要的经济资源，它同生产资料相结合，能够转换为社会产品，增加社会财富。所谓劳动力，是指劳动者从事生产劳动的能力。"我们把劳动力或劳动能力，理解为人的身体即活的人体中存在的、每当人生产某种使用价值时就运用的体力和脑力的总和。"在这里，马克思揭示了劳动力的三个特点。第一，劳动力存在于活的人体之中，它不能与活的人体相分离。每一个生存着的个人都有着不同的特点和经验积累，因此，与其他生产要素相比较，劳动力具有鲜明的个性特征，是一种特殊的生产要素。第二，劳动力不仅包括人的体力，还包括人的智力。劳动者体力与智力支出比例（一国从事体力与脑力劳动人员比例）反映了劳动力总体的质量。劳动力的质量和数量构成一国劳动力资源。第三，劳动力只有在劳动过程中才能表现出来。即在有目的地运用劳动手段作用于劳动对象的过程中，劳动主体所支出的体力和智力之总和，构成了现实劳动力。

劳动力资源又称人力资源，一个国家或地区的劳动力资源是指它所拥有的劳动力人口的数量和质量。劳动力资源的内涵是指劳动力数量与质量的统一，劳动力资源的外延包括潜在的劳动力资源和现实的劳动力资源。现实的劳动力资源是指劳动适龄人口中有工作能力与意愿而又积极谋职任职者，以及劳动适龄人口之外的实际工作者，我国男子劳动年龄规定为 16～60 周岁，女子为16～55 周岁。潜在的劳动力资源是指劳动适龄人口中有工作能力与意愿，但由于种种原因而未参加工作的人口，例如，16 岁以上的在校学生和失业者。潜在的和现实的劳动力资源共同构成一国劳动力资源的总和。

如果说劳动力资源的量主要受到人口总量、人口年龄结构及性别结构的影响，那么劳动力资源的质则主要受到一国教育发展水平的影响。因为劳动力资源的质是指一国劳动力所具有的知识技能和改造自然的能力，在具体劳动者身上，劳动力资源的质反映了劳动者主体的身体素质、文化技术水平、思维与操作能力及思想道德修养等因素，提高和改善这些因素主要依靠教育。

在现代经济发展中，劳动力资源的质比劳动力资源的量更加重要，因而，要提高一个国家劳动力资源应以提高人口质量为重点，大力发展教育。

二、劳动力需求

劳动力需求是指企业在一定时期内愿意并能够购买的劳动力的数量。可见，劳动力需求是以购买欲望为前提、以支付能力为保证的，二者缺一都不能构成劳动力需求。

从理论上看，劳动力的需求量遵循劳动力的需求规律，这与一般商品的需求规律并无二致，即在其他条件不变的情况下，当劳动力价格（工资）上涨时，需求量减少，当劳动力价格下降时，需求量增加。劳动力需求量与劳动力的价格成反比关系。但是，劳动力商品不同于一般的商品，不同之处在于企业并不是为了消费而产生对劳动力的需求，在企业看来，劳动力与资金、土地、原材料、技术、机器设备一样，也是一种重要的生产要素，企业在决定劳动力需求时，总是着眼于利益最大化，这样，在现实中，企业不仅仅考虑劳动力价格，而是主要考虑增加一个劳动力可能带来的收入与成本之对比，只有在确定收入大于成本的前提下才会增加对劳动力的需求。只有如此，企业才能获得尽可能多的利润，实现利益最大化。为了对成本——收入做出准确比较，企业往往借助于一种较为流行的劳动力需求理论——边际收益率理论来进行决策。

边际收益率理论的核心，是将某种生产要素的边际成本收入和它的边际成本作比较。劳动力同其他物质生产要素都适用于这种理论。劳动力的边际成本，亦即追加使用一个单位的劳动力所需要追加的成本（如工资）。劳动力的边际收入，亦即增加使用一个单位的劳动力所带来的追加收入。当劳动力的边际收入高于其雇用成本时，边际收益率为正，企业增雇劳动力能够获得更多利润，于是增加劳动力需求；当劳动力的边际收入等于其雇用成本时，边际收益率为零，企业增雇劳动力变得无利可图，于是既不增加也不减少劳动力需求，这表明企业对劳动力需求达到了最大规模，实现了利润最大化；当劳动力边际收入低于其雇用成本时，增加一个劳动力不但无利可图，反而亏损，为了减少亏损，企业就减少劳动力需求。可见，企业是根据劳动力的边际收益率而不完全是依据劳动力价格来决定劳动力需求数量的。也就是说，只要边际收益率为正，即使劳动力价格提高，企业对劳动力的需求仍然增加，而不是减少。

以上是从微观的角度来分析单个企业的劳动力需求。从宏观上看，劳动力总需求受制于多种因素，仅仅用边际收益率理论来解释是不够的，还应当从以下几种因素来综合分析。

1. 经济发展水平

一般来说，在经济繁荣时期，一国的社会就业率就比较高；经济萧条时期，就业率就比较低。原因在于，经济繁荣时期，社会生产不断扩张，创造的就业机会就多，对劳动力的需求就会不断增加；经济萧条时期，情况则完全相反。这表明，经济发展水平高、发展速度快的国家和地区，社会的生产总量大，对劳动力的需求就多；经济发展水平低、发展速度慢的国家和地区，对劳动力的需求就少。所以，在我国沿海经济发达城市，尽管地狭人稠，却仍然不断吸引着许多来自中西部等经济落后地区的劳动力。

2. 产业结构

如果说经济发展水平决定着劳动力需求总量，那么，一国的产业结构决定着劳动力的需求结构。第一、二、三产业的构成比例决定着对体力劳动者、脑力劳动者及其不同熟练程度的需求比例。不同行业、不同职业内部的产品结构、技术结构亦决定着各类劳动力的需求总量及其比例。世界各国经济发展的一般趋势是，第一产业生产值占国民生产总值的比例逐渐下降，第二、三产业逐渐上升，其中第三产业最突出，目前发达国家第三产业的比例已经超过50%，这种产业结构的变化必然引起产业及行业之间工作技能的迁移，从而导致对各类劳动力的需求比例发生变化。具体而言，这种变化致使对第三产业劳动力的需求日益增加，对第一产业劳动力的需求逐步减少。可见，劳动力需求结构及其变换在很大程度上受制于产业结构及其变化。

3. 技术水平

技术水平因素对劳动力需求所发生的影响十分明显，一方面，技术水平的提高和先进技术设备的应用使生产过程的机械化、自动化水平提高，操作技术趋于复杂，只需数量较少、质量较高的劳动力就可以完成以前大量的工作，这就是所谓的"机器排挤工人"现象，以至于大大降低了对低层次劳动力的需求。另一方面，技术水平的提高和广泛应用导致一些新行业不断兴起，一些传统行业逐渐衰落，于是社会增加对掌握新技术的劳动力的需求，减少对不适应新技术要求的劳动力的需求。结果就会出现劳动力的结构性失业问题，即一些劳动者由于不能适应新技术的要求而找不到工作，与一些新兴行业的工作岗位找不到拥有相应技术的劳动者两种情况同时存在。不过，从长期来看，科学技术是第一生产力，技术水平的提高可以推动生产力发展，增加社会总产量，进而扩大劳动力需求。

此外，综观社会因素的影响，社会人口增长、人口年龄构成及其变动趋势，消费水平变化，社会文化背景以及人们的价值观念变化等，也会影响到社会劳动力的长期需求。国际局势、国内政治状况、公众舆论以及劳资政策等因素，则对劳动力的短期需求产生一定的影响。总之，劳动力需求反映着由许多因素制约着的、复杂的经济关系。

三、劳动力供给

劳动力供给是指劳动者在一定时期内愿意并能够提供给市场的劳动力数量。显然，劳动力供给的内在规定性也包括两个方面：一是供给的愿望，二是供给的能力。二者缺一即不构成劳动力供给。

一个国家或地区在一定时期的劳动力供给由三部分构成：一是劳动力的数量，二是工作时数，三是劳动效率。其中，劳动力数量又由三部分组成：正在从业的人员、正在谋取职业的人员和潜在劳动力中准备进入劳动过程（市场）的人员（各级各类学校毕业生等）。工作时数是指工作日和工作周的多少。劳动效率是指单位时间内的劳动量。

劳动力供给涉及劳动者对其拥有的既定时间资源的分配。在既定的时间资源里，除了必需的睡眠以外，就是劳动和闲暇。在经济学中，假定劳动者都是理性的"经济人"，劳动者在决定劳动力的供给时，往往着眼于利益或效用最大化。劳动者选择一部分时间作为闲暇来享受，选择其余时间作为劳动力供给，闲暇直接增加了效用，劳动则可以获得收入，如通过购买商品和服务间接增加了效用。但是，在同一时间里，劳动者如果选择劳动就得放弃闲暇所能带来的效用，如果选择闲暇就得损失一定的劳动收入，二者不可兼得。劳动力供给，表面上看，是在劳动与闲暇之间做出选择，实质上是在闲暇效用和劳动收入效用之间进行选择。正是由于这一特点，劳动力商品的供求不同于一般商品的供求。

通常情况下，当某种商品价格上升时，生产者就增加供给，以获得更多收入，价格下降，供给就减少，供给与价格是一种正相关。如果 Y 轴表示商品价格，Z 轴表示商品供给量，则商品的供给曲线 S 呈右上倾斜状态。

但是对于劳动力供给而言，情况就复杂得多。因为劳动力价格或工资水平并不是决定劳动力供给的唯一因素。当工资较低时，随着工资的上升，劳动者为较高的工资吸引将减少闲暇，增加劳动供给量，在这个阶段，劳动力供给曲线 S 向右上方倾斜。但是，工资上涨对劳动者的吸引力是有限的，当工资水平已经上升至一定的较高水平时（此时劳动力供给也相对较大），人们的生活水平已达到很高程度，人们会更加珍视闲暇。因此，当工资达到一定高度而又继续提高时，人们的劳动力供给不但不会增加，反而会减少。这样，劳动力供给曲线 S 就呈现为向后弯曲的状态。

综上所述，影响劳动力供给的因素是多方面的，只有综合考虑各种因素，才能准确把握劳动力供给的规律。

四、教育与劳动力供求的关系

在任何社会形态下，经济活动都离不开劳动者的参与，换句话说，一定的劳动力供给是经济活动进行的必要前提，但是，同样可以肯定的是，过多或过少的劳动力供给都不利于经济发展，只有劳动力供给与需求达到均衡或基本均衡时，才能有效地促进经济发展。长期以来，广大发展中国家普遍存在的一个突出问题就是劳动力供给严重过剩，阻碍着国家经济社会的进步。因此，政府应从宏观上采取对策，对劳动力的供求进行准确、合理、适时调节，以求得它们之间的平衡。对劳动力供求矛盾的调节，可采用经济、计划、行政、法律、教育等各种手段。其中大力发展教育和培训事业，对于调节劳动力供求矛盾具有特殊而重要的作用，具体而言，表现在以下几个方面。

1. 大力发展教育，有助于形成劳动力的合理供给

根据劳动力供给的质量水平，可以将其大体上划分为高层、中层和低层三个层次。这三个层次劳动力的合理配置，是推动经济与社会进步的原动力。而这三个层次劳动力的合理供给，在相当大程度上决定于教育发展的总体水平及其结构。作为现代教育这个系统来讲，它包括普通教育、职业技术教育、高等教育和成人教育这样几个组成部分，每个部分都有各自不同的特点和功能，各个部分之间互相影响，组成一个合理的结构，根据国民经济和社会发展的需要，对劳动者进行不同层次和不同水平的专门职能和专业技能训练，使他们获得某种专门知识技能并成为某一层次劳动力的教育。因此，现代教育的各个组成部分是难以替代的。例如，普通教育是基础教育，它能够培养不具备专门技能和技巧的普通劳动者，但一般却培养不出具有专门技能和技巧的技术、管理人

才。普通高等教育是专业教育的高级层次，它培养学生具有较高的专业理论知识和一定的实际技能，它能够培养出工程师，但培养不出技术工人，它能够培养出营养专家，但培养不出高级厨师。而经济社会发展所需的大量各类应用型人才，特别是我国目前经济社会发展迫切需要的中级管理、技术人才，则主要靠职业技术教育来培养。由此可见，现代教育的各个组成部分正是通过培养经济和社会发展所需的特定劳动力，满足经济和社会发展对不同层次劳动力的需求。因此，大力发展教育事业，不断调整其结构，有助于形成劳动力的合理供给。否则，就会造成劳动力市场供需的失调，影响社会经济的发展。

2. 大力发展教育，有助于满足经济社会发展对不同种类劳动力的需求

对劳动力的需求，是根源于社会消费，由满足这种消费的生产单位提出的对生产要素的需求。一个社会要进行经济活动，一个企业要从事生产或服务活动，需要具备一定的客观条件——人、财、物要素，这就要对人力资源、物质资源提出需求。但是，这种资源的需求，又有着自己的前提——消费。在社会再生产运动过程中，消费既是生产的结果，又是生产的前提。社会上存在着一定的有支付能力的消费需求时，就导致经济单位从事活动，组织一定的生产或劳务。这样，各个经济单位就提出现实的、具体的对于生产要素的需求。各个微观经济单位对劳动力需求的总和，就构成劳动力的总需求。

3. 大力发展教育，有助于促进劳动力的自由流动和供求平衡

在市场经济条件下，劳动力供求平衡主要是通过市场来调节的。这样，在劳动力市场上，劳动力作为生产要素应该是自由流动的。马克思认为这是一种规律。"大工业的本性决定了劳动的变换、职能的更动和工人的全面流动性……承认劳动的变换，从而承认工人尽可能多方面的发展是社会生产的普遍规律"，而且必须"使各种关系适应于这种规律的正常实现"。在一国范围内，劳动力流动包括国内劳动力流动和企业内部劳动力的流动。国内劳动力流动包括劳动力在一国范围内的行业部门间、地区间的流动。这一流动的主要特征是以高劳动技能、高熟练劳动程度为主的智力型劳动力的流动。比如从乡村流向城镇，从内地流向沿海，从一般地区流向特殊地区，从生产领域流向非生产领域，从中高级劳动力密集区流向一般劳动力密集区，从体力劳动过程流向智力劳动过

程等。国内劳动力流动能够调节行业间、部门间、地区间、企业间劳动力的供求，促进劳动力尤其是高素质劳动力的合理配置。企业劳动力流动，主要是指企业内部劳动力的流动。这个层次劳动力的流动，是按企业内部生产布局结构，优化组合劳动力，适时调整劳动力，促使企业内部劳动力供求平衡。这一流动的主要目的，是要形成企业内部劳动力的流动机制，刺激每个劳动者学文化、钻技术，迫使劳动者产生在岗压力与发奋工作的动力。然而，无论是国内劳动力流动，还是企业内部劳动力流动，其重要前提之一是要有高质量的教育作保证。

4. 大力发展教育，有助于缓解劳动力供求的矛盾

随着现代科学技术突飞猛进的发展，技术进步因素对劳动力需求所发生的影响最大。改进技术，增加新技术设备、采用新工艺可以提高劳动生产率。生产过程的机械化、自动化水平提高使资本有机构成提高，技术趋于复杂，只需用数量较少、质量较高的劳动力来工作就能生产出较多产品。技术水平提高的结果，使社会对受过较高教育的熟练劳动者和专门人才的需求增加了。

此外，随着技术水平的提高，资本密集型、技术密集型企业会排挤劳动密集型企业，从而使产业结构发生变化。如上所述，产业结构的变化又带来对劳动力需求的变动，技术进步使社会在财富增加、闲暇时间增多、人口数量质量的提高等方面获得了必要条件。但同时会出现劳动力的结构性失业问题，即文化技术水平较低的劳动者难以适应产业技术结构变化而被排斥于就业队伍之外，从而造成劳动力供求矛盾的加剧。教育则是使他们获得再训练以便重新获得就业机会和缓和劳动力供求矛盾的必要手段，因为现代教育正是一种综合的教育：既包括职业教育，也包括技术教育；既包括职前教育，也包括职后教育。换言之，现代教育是使劳动者获得某种专门的劳动知识和技能，从而达到就业目的或就业后易于提高的一种教育。大力发展教育和培训事业，既可以使劳动者搞好就业前的定向培训，又能使就业者更新知识去适应生产发展的需要，还能使失业者重新获得知识、技能以适应新行业、新部门、新职业的需要，尽快就业，缓解这些行业、部门劳动力供求的矛盾。

第二节 教育供求及其影响因素分析

教育供求研究是从经济学中借鉴而来的，经济学中重视以"看不见的手"即市场机制来协调资源配置，解决生产什么、如何生产和为谁生产的问题。

经济学中追求供求均衡，认为市场供给会由价格波动信号的引导自然调节而趋于均衡一致。而教育是一种培养人的活动，从其本身来看，确实有别于纯粹的商业性活动。但在市场经济条件下，其产品是具有商品属性的。因而，教育同其他任何商品生产部门一样，也存在供给与需求的问题。

一、教育需求

教育需求尽管不是一个纯经济学的范畴，它除了经济意义外，还有着十分广阔的社会内涵，但是，将支付能力引入教育需求概念中，就能把握教育需求的实质。教育需求是指社会、企业和个人对教育机会有支付能力的需要。

需求不同于需要，需要是指人们的主观愿望，是需求产生的动力和基础，具有无限性的特点。而需求是指有支付能力的需要，只有具备一定的支付能力，需求才能得到满足，因而需求是有限的。所以，尽管人们对教育的需要是无限的，但是能够满足的教育需要即教育需求却是有限的。

如果按照需求的主体来划分，教育需求可以分为三类：个人对教育的需求、生产单位（企业）对教育的需求和国家对教育的需求。

1. 个人对教育的需求

个人的教育需求是指个人出于投资于教育将使他增进知识技能，进而在未来取得较高的社会地位和获得较高收入的目的而产生的对教育有支付能力的需要。教育需求是个人多种需要之一，当个人无法满足自己的全部欲望、需求时，就必须有所选择，并依次排列。由于教育与个人终生所从事的事业、前途、生活状况以及个性发展关系密切，所以，个人往往把教育需求的满足放在首位。越是具有较高文化水准的个人，对教育的需求就越大。具体来说，个人对教育的需求主要受到以下几种因素的影响。

（1）谋求职业和收入的需要。当今在社会上谋求某种职业是绝大多数人的共同需要，但是，人们为了获得某种职业，就必须具有该职业所要求的知识、技能等素质。由于教育能增进人的知识、培养能力、提高素质，一个人接受的教育越多，他的知识就越丰富，技能越高超，职业选择面就越宽广，就越容易获得较高的职业等级。并且，职业等级与收入之间关系密切，职业等级越高，往往收入就越高，所以，一般来说，一个人受教育水平越高，收入就越高。为了将来从事更复杂的工作、获得更高职位和更高收入，人们必然会对教育产生迫切的需求。因此，在这个意义上说，人们接受教育的第一需要就是为了谋得较好的职业和较高的收入。

（2）个人的学业成绩。个人的学业成绩对于个人的教育需求具有内在决定意义。这是因为：首先，学业成绩的优劣反映个人接受一定层次教育的能力。学业成绩优秀，表明个人对接受该层次教育得心应手、游刃有余，对教育的兴趣就越浓厚，从而会产生更高层次的教育需求；反之，学业成绩低劣，表明个人对接受该层次教育力不从心、难以胜任，对教育的兴趣就会减弱，以致降低教育需求。其次，学生学业成绩越优秀，预示着升学的可能性越大，个人对更高层次教育的需求就更加迫切。而学业成绩受到个人的主观努力、智力水平、学校环境和家庭环境等许多因素的影响，其中，个人的智力水平对学业成绩有着内在性、稳定性和持久性的影响，因而对个人的教育需求有着显著意义。显然，在其他条件相同的情况下，个人智力水平、天赋能力越高，学业成绩就越优秀，就有能力接受更多的教育。所以，凡是智慧较高的人，对教育的需求也就较高。

（3）家庭及个人的经济条件。家庭经济条件对于个人的教育需求具有决定作用，在没有实行免费教育、奖学金、助学金或贷学金的情况下，这一因素的作用就更明显。因为需求是指有支付能力的需要，实现个人的教育需求必须具备相应的支付能力。假定其他条件相同，家庭经济条件优越，个人的教育支付能力就强，对教育的需求就旺盛；家境贫寒，个人尽管有迫切的教育需要，迫于支付能力不足，也只能对教育望洋兴叹，教育需求无法得到满足。可见，支付能力会直接限制贫困子女的教育需求。我国许多农村地区中小学辍学问题严重，一个根本原因就是家庭无力承担日益增长的教育费用。

（4）教育投资的预期收益率。在市场经济条件下，大部分人对教育的需求出于投资目的，所以个人的教育需求行为也具有追求利益最大化的目的。也就是说，个人日益将用于教育的费用当作一种投资，和追求利益最大化的一般经济投资一样，个人投资教育也会追求教育预期收益最大化。如果投资教育的预期收益率较高，个人就会增加教育需求；如果预期收益率低，个人对教育的需求就会下降；如果预期收益率为零，甚至为负值，许多人就会放弃就学机会而进行其他方面的投资。一个生动而有力的例证是，当社会上脑体倒挂现象严重时，"读书无用论"就会蔓延，人们对教育的需求就会减弱，原因就在于人们投资教育得不到应有的回报，预期收益率太低。虽然教育投资的预期收益率很难精确计算，但人们可以进行大致的估算，估算的指标主要包括：①教育的机会成本，指个人由于接受教育而放弃的各种经济收入、闲暇等因素；②教育的直接成本，指个人为接受教育而支付的各种费用，如学杂费等；③教育的预期收入，指因接受教育所带来的额外收入和其他益处。显然，教育成本越高，教育投资的预期收益率就越低；教育的预期收入越高，教育投资的预期收益率也就越高。所以，教育成本和预期收益的高低都影响着个人的教育需求。

（5）家长对子女的影响。家长对教育重要性的认识程度，对子女性别差异的看法，家长自己的抱负水平、人生价值取向等都影响子女的教育需求。一般来说，家长自己的人生抱负高，对子女就抱有较高的成就期望，就更重视、支持子女接受高层次教育。对教育的意义认识越深刻、越全面的家长会希望子女接受更多教育。有重男轻女思想的家长会更支持男孩接受高层次教育。另外，家长的文化程度、职业性质和等级都对子女的教育需求产生影响。

2. 企业对教育的需求

企业的教育需求，是指企业为了实现利益最大化而产生的对教育有支付能力的需要。它主要有两种表现形式：一是对受过不同层次和种类教育的劳动力和专门人才的需求引致出来的对教育的需求；二是对在职员工的岗前和在岗教育培训的需求。前者，企业要支付一定的工资；后者，企业要支付一定的教育培训费用，这两种支付都具有投资的性质，因为企业的目的是获得更多的经济收益。

企业第一种形式的教育需求是间接的，反映在对劳动力和专门人才需求上。如果企业是完全自主经营、自负盈亏的，那么企业的教育需求取决于企业生产技术条件和受教育人力对其他生产要素的边际替代率。在这种情况下，对企业教育需求的分析可以运用边际生产率理论来进行，以建立教育投资和企业使用受教育的劳动力的相关关系。但是，如果企业不具有完全的自主权，那么要分析这种条件下的企业教育需求就显得较为复杂。不过，这并不妨碍我们运用边际生产率原理对企业教育需求进行分析的实用性。由于任何体制下的企业生产经营都以利润极大化为目标，并且必须遵循最小成本组合原则，所以技术条件便成为分析企业教育需求的前提条件。因为企业技术条件总是处于相对稳定和绝对变动之中，从生产经营状况考虑，企业必须不断地提高劳动者的技术水平，从而投资于教育，形成对教育的需求。

企业教育需求的另一形式是在职培训。培训通常有两种形式：一般培训和专门培训。培训政策在某种程度上取决于就业的稳定性。在市场经济条件下，企业从自身利益出发，考虑到劳动力流动性大，往往乐于对专门培训投资而不愿支付一般培训的费用。由于教育投资收益的长周期和投资义务的软约束，企业决策者因其任期目标内的个人政绩评判标准和企业职工渴望提高工资的压力，而缺乏企业的长期投资倾向。无疑地，短期化行为会使职工获得暂时的最大福利，然而结果却是教育投资资金的缩小甚至被侵蚀。短期化行为还会导致对教育与人力及技术的相关性熟视无睹，对教育有效需求不足，进而又限制了企业生产创新的可能性，形成恶性循环。这就是为什么企业既抱怨找不到合意的工人又不愿投资教育的原因。

3.国家对教育的需求

国家对教育的需求，是指国家基于本国社会经济发展对各类劳动力和专门人才的需求而产生的对教育有支付能力的需要。

国家作为经济社会发展的规划者，对教育的需求不仅要遵循教育的边际收益与边际成本相等的原则，更重要的是要从社会整体的稳定、繁荣、发展出发来考虑问题。所以国家对教育的需求一般以教育规划的形式出现。在某些情况下，国家也可能采取行政手段制定某些政策去引导劳动力市场的行为，从而达到提出教育需求的目的。

国家对教育的需求有着企业与个人无法比拟的优越条件，因为它可以颁布法律、制定政策，它可以利用宣传媒介引导人们的就业倾向，可以利用某些就业指导机构来进行具体的就业就学指导。但是国家并不能随意决定教育需求，教育需求本身有着内在的要求。例如，一个时期的人口计划失控而带来的学龄儿童激增，但在相应时期国力并没有显著增长。国家不能因国力不足而限制这批儿童的教育需求，只好适当压缩其他开支而使儿童受到起码的教育（义务教育），同时还得考虑他们的专业教育需求，不然就会形成新的就业难题。一般说来，国家对教育的需求取决于下列三个因素。

（1）经济发展水平。从根本上说，经济发展水平决定着社会对教育需求的规模和增长速度，经济发展水平不同，国家对教育的需求层次就不同。这是因为，在不同的经济发展阶段，社会生产对劳动者的知识、技能和素质的要求不同，从而对劳动者受教育程度的要求不同。在以农业为主的社会（包括工业化初期），人类社会生产主要局限于简单的农业和手工业，对劳动者的生产技能要求不高，在这种情况下，劳动者只需接受初等教育即可满足社会生产的要求，因此，国家对教育的需求比较少。在工业化比较发达的社会，尤其是在知识经济时代，由于科学技术的日新月异，社会生产变得日益复杂，对劳动者的知识、技能和素质的要求越来越高，相应地，社会对劳动者受教育程度的要求也逐渐提高，具体表现为越来越多的用人单位要求劳动者拥有高等教育学历。总之，生产发展水平不同，人才的需求水平就会发生相应的变化。生产水平越高，人才的需求量就会增大，所需人才的教育程度也会相应提高。由此可见，国家对教育的需求必然会随着经济发展水平的提高而不断提高。

（2）社会人口状况。国家对教育的需求总是建立在一定的社会人口状况的基础之上的，人口状况不断变化，国家对教育的需求就不断变化。一国人口状况，包括人口总量、人口增长速度、年龄结构等决定着国家教育需求的基本规模和走势。人口基数大，增长速度快，人口构成年轻化，则未来一定时期内，学龄人口所占比例会持续较高，国家对教育的需求量相应较高；相反，人口增长速度慢，人口构成趋于老龄化，学龄人口所占比例低，对教育的需求量相应较低。在人口年龄构成一定的情况下，一般来说，国家对教育的需求量与社会人口总量成正比，人口总量越大，国家对教育的需求量也就越多；反之，社会人口总量越少，国家对教育的需求量也就越少。

（3）社会政策。教育是一项重要的公共事业，因此，政府的行政干预、社会经济政策、教育政策都可能影响到国家对教育的需求，比如，国家降低助学金的贷款利率，提高就业者的学历要求，制定文凭工资政策等，都对教育需求有一定的刺激作用。在所有的政策中，义务教育和免费教育政策对教育的社会需求影响最大。义务教育涉及人数多、时间长，政策变动对整个国家的教育需求都有重大影响。实施义务教育的年限越长，社会对教育的需求越大。反过来，义务教育的年限越短，社会对义务教育的需求也就越小。但是，义务教育的实施并不是随意的，它有深刻的社会经济根源。首先，实施一定年限的义务教育，提高全民族的文化素质和劳动力素质是社会经济发展的需要，是实施人权的需要；其次，提供义务教育，向青少年传播民主参与意识和社会主流价值观，是维护社会稳定、保证制度实施的需要。

随着社会的不断进步和经济实力的增强，义务教育的年限和质量都会提高，从而进一步增大了国家的教育需求。

二、教育供给

经济学中的供给一般是指在某一价格下，个人或厂商愿意出售的商品和劳务的数量，而市场供给则是指在供给价格（或工资）下，各个厂商（所有家庭）愿意提供的商品和劳务的总数量（劳动总量）。而教育供给是指一定社会为了培养各种熟练劳动力和专门人才，促进经济、社会和个体的发展，而由各级各类教育机构提供给学生受教育的机会。它包括"狭义"和"广义"两个方面。

狭义的教育供给是指正规教育机构（诸如普通大、中、小学等）提供的教育机会；广义的教育供给还包括许多非正规教育机构（诸如成人教育、职业教育、在职培养等）所提供的教育机会。

教育供给的形成是指教育机会的现实构成，从社会劳动总量——国民收入中分割出来的教育投资，是形成教育供给的财力、物力保证，现有教育机构是形成教育供给的基地。这二者共同构成教育供给，教育供给形成教育机会，因此，教育机会提供者亦即教育投资者，它们是政府、各种团体组织、企业机构及私人机构，而教育机会供给量的形成则受制于社会的政治、经济、文化等多种因素，主要包括以下几方面。

1. 劳动力需求状况

"需求决定供给"是经济学上的一般规律，这表明，只有适应需求的供给才是有效的供给，才能实现供给的价值。这一规律体现在教育上就是，只有适应劳动力需求状况的教育供给才是有效供给。正因为如此，政府在决策教育供给规模、结构时，总是着眼于经济社会发展需要、建立于劳动力需求状况基础之上的。所以，劳动力需求的数量和结构直接引导着教育供给的数量和结构。现代生产所需人力大致可以分为三类：高层人力、中层人力与基层人力。社会对这三类人力的需求，决定着各级各类教育的供给。这三种人力合理配置，是推动经济与社会进步的动力。在不同时期，社会经济对劳动力的需求结构是不相同的，对各类人才需求量占总需求量的比例也不相同。从各国历史看，在工业化初期，每百万人口中，需要1万～1.2万生产工人和维修工人，而在这些所需的人员中，有5%左右的人从事管理工作，第一线监督人员占5%左右，工人约占90%。当工业化高度发展后，对技术熟练工人和白领人员的需求比例会增加，而其中的管理人员比例将进一步提高，工人比例会大幅度下降。不同层次的人力对教育的需求是不同的。一般说来，管理者、工程师等高层次人才需要具有高等教育程度，监督人员、秘书等需要中等以上教育程度，而一般工人只需中等教育程度。因此，劳动力需求结构对各级各类教育的供给起着直接的导向作用。

2. 一国经济实力

教育是一种连续性的活动。教育机会的提供，要有足够的师资、足够的学校、设备及行政人员等，这些都需要大量资金来维持。换言之，教育机会的供给需要社会对其连续不断地投入大量的人力、物力和财力等资源，否则，教育规模难以扩大，教育机会的提供必然受到制约。而一国在一定时期内对教育资源投入的多寡，最终取决于一国经济实力，所以，一国经济实力是教育供给的前提条件。一般而言，一国经济实力越强，能够投入教育的资源就越充足，提供的教育机会就越多；反之，一国经济实力越弱，教育的供给就越少。这意味着，一国教育事业发展的规模和速度应建立在经济实力的基础之上，否则，如果脱离经济实力状况而一味"贪多求快"，不仅由于超出经济承受能力而使教育难以为继，而且还会产生教育过度、资源浪费等后果。

3. 教育投资体制

大致而言，教育投资体制有两种类型：单一型和多元型。单一型教育投资体制在实行计划经济的国家很普遍，其主要特征是：教育事业几乎被政府垄断，教育投资来源完全或者主要依靠政府的财政拨款，所以教育投入的多少，主要取决于政府财力的大小，民间的教育投资热情受到抑制。多元型教育投资体制的主要特征是：不仅政府重视对教育的投入，而且个人家庭和企业的投入也占有相当的比重，这种类型广泛实行于市场经济国家。实践证明，垄断总是缺乏效率，单一的教育投资体制常常与教育资源浪费以及利用效率低下联系在一起。而多元型教育投资体制能够充分调动社会各方面的办学积极性和教育投资热情，大大拓宽了教育经费的来源空间，因而相对于同等经济发展水平下的单一投资体制，教育经费要充裕一些，教育机会的供给也要多一些。我国 20 世纪 80 年代以来的教育投资体制逐渐由单一型向多元型转变，在缓解教育机会供不应求方面起着明显作用，也证实了这一规律。

4. 教育的单位成本

资源对于任何一个国家来说都是稀缺的，要使稀缺的资源得到有效的利用，投入前就必须进行成本核算，投入教育资源也不例外，也要进行教育成本核算。由于教育成本既包括社会成本，又包括个人成本，在分析教育供给时，教育部门一般并不考虑受教育者个人和家庭所支出的费用，而主要计算教育的社会成本，并且在社会成本中又主要计算社会直接成本，即国家、地方政府的财政拨款及企事业单位、社会团体、个人的各种拨款、捐赠款等公共支付的货币形成的成本。因而，所谓教育单位成本，就是培养一个学生所消耗的平均社会直接成本。教育成本分析的目的在于指导如何消耗较少的教育资源，使教育供给最大化。显然，在教育资源一定的情况下，教育单位成本越低，教育供给就越充足；教育单位成本越高，教育供给就越小。所以，教育的单位成本对教育供给也有直接影响。

5. 师资状况

在影响教育供给的各种因素之中，师资状况具有最直接的决定意义。这不仅是因为充足的教育供给离不开足够的教师，而且因为高质量的教育供给离不开高质量的教师队伍，师资状况对于教育供给具有不可替代的作用。师资状况主要包括数量、质量和结构等几个方面。师资短缺就会影响到教育的供给量，师资质量不合格，结构不合理，就会影响到教育供给的质量。在发展中国家，既存在着师资短缺问题，更存在着师资质量问题。就我国目前的情况而言，从师资方面来看，影响教育供给的主要不是教师数量短缺，而是教师质量问题、结构问题。我国高素质、高水平教师明显不足，这种状况不仅普遍存在于广大农村、山区、中小县城，而且在经济发达地区也不鲜见，同样，这种状况不仅在中小学，而且在大中专院校也是如此。其原因主要在于，教师待遇低。教师待遇低不仅可能影响眼前，而且影响未来教师的供给；不仅影响教师供给的数量，而且由于最有才干的青年不愿从教，最出色的教师率先大量脱离教学岗位向其他行业、职业流动，因而对教师供给的质量产生了更明显的影响。所以，改善和提高教师的经济地位，不仅有助于从数量上，而且有助于从质量上保证教师的供给。当然，除了经济待遇的因素外，人们对教师职业的偏好也影响教师的供给。某些人对教师工作有一种强烈的偏爱，不管教师职业收入高低，都不会影响他们对教师职业的选择。这种人越多，就越有助于教师供给的稳定。另外，教师供给状况与整个劳动力市场状况有关，当劳动力就业状况严峻时，即使教师工资相对低于其他行业或职业，人们也会青睐比较稳定的教师职业，教师的就业率也会提高，教育供给就会增加。

6. 政府及社会对教育的重视程度

如果说一国经济实力充分为教育供给提供了可能性，那么，政府及社会对教育的重视程度则决定了教育供给多寡的现实性。一般来说，政府及社会越重视教育，提供的教育机会就越多。因为政府及社会对教育的重视不仅只是体现在口号上，而是对教育的投入上，检验政府及社会对教育的重视程度的标准只能是教育投资实践。众所周知，日本是一个重视教育的典型国家，自明治维新时期以来，日本政府和国民就逐渐形成了重视教育这一优良传统，该国教育投资占国民生产总值的比例一直位居世界前列，即使在二战后一段经济困难时期也不例外。所以，日本的教育供给并没有因为经济实力的衰退而受严重冲击。以色列也是一个非常典型的例子，该国之所以能够强大并保持不衰，也与其高度重视教育分不开。有数据表明，以色列的教育经费一直不低于其国民生产总值的 8%，甚至高于日本。可见，政府及社会对教育的重视程度直接影响一国资源对教育投入的高低，进而影响教育供给的多寡。

三、教育供求与经济社会的发展

伴随人类社会的产生，教育现象就开始出现，就有了教育的供给与需求。但是在不同的社会经济结构、文化传统以及社会政治背景之下，教育供求存在的原因和表现形式各有不同特点。

在传统农业社会中，经济技术水平低下，其一般的生产方法乃沿用古老的技术经验，对劳动者的技术、文化素质要求不高，因而对教育的需求量不大，教育需求与经济发展的关系并不十分密切。同时，落后的生产力水平也决定了教育供给有限，并且，这些有限的教育供给也主要是为了适应社会政治、文化、宗教发展的需要，我国古代"学而优则仕"的社会传统正是这一特点的生动写照。总之，这一阶段的教育供求与经济的联系尚不密切，而与社会政治、文化、宗教等息息相关。

在工业社会发展初期，工业革命的结果使得生产方式中技术成分增加，劳动者只有接受过一定教育和训练才能适应生产的需要。这样，经济发展需要而产生的教育需求也随之增加，表明教育的经济功能逐渐凸现。在一定时期内，由于经济的迅速发展，一些地区开始出现教育供给不足的现象。随着科学技术的进步，生产中机械化、自动化程度的提高对劳动者技术和文化素质要求相应提高，在这种情况下，教育不仅需要数量上的普及，而且需要质量上的提高。学生素质能否适应工业生产的需要，也就成为经济发展和教育供求的核心问题。

当工业进一步向高级和精密的阶段发展时，生产过程更加复杂，市场竞争日趋激烈，于是研究发展与技术创新即成为经济发展与工业推进的动力。社会对高级科技人才、专业人才及技术人才的需要日益迫切。为了能胜任各项专业或技术性工作，每个生产者就必须接受更高程度的教育与训练。这一时期，高等教育的供给与需求都得到充分发展，发达国家甚至出现高等教育供给过剩的现象。

概言之，在经济发展的各个阶段，教育机会的供给与需求是否适应经济社会发展的要求，始终是一个现实的问题。尤其在当今社会，教育供求与经济社会发展的关系十分密切。

就教育供给对于国民经济和社会发展的影响来看，我们知道，劳动、土地、资本和企业家才能是四种主要的经济资源或生产要素，如果说传统经济的发展主要取决于土地、资本和劳动力数量的多寡，那么现代经济的发展则日益依赖于科技进步和人才质量的提高，尤其在当前科技发达的知识经济时代，高素质人才对于一国经济的发展具有不可估量的作用。只有拥有高素质的人才，才能掌握先进的科学技术，代表先进的生产力，推动经济的发展，大量低素质的人很容易成为社会经济发展的阻碍。所以，社会经济的发展离不开高素质、高层次人才，也就离不开高质量、高层次的教育供给，教育供给为一国社会经济的发展奠定了坚实的人才基础。

总之，一方面，经济的发展和劳动生产率的提高，是以增加对受过较高教育的熟练劳动力和专门人才的需求，降低非熟练劳动力和非技术性劳动人员的需求比例为特征的；另一方面，没有这种熟练劳动力和专门人才供给的增长，一般来讲，也就没有经济的发展。这表明，经济社会的发展既产生了大量的教育需求，同时也离不开大量的教育供给。所以，无论是从教育的供给方面，还是需求方面来看，教育供求与经济社会发展是有密切关系的。

第三节　教育供求矛盾及其调节

教育供求，从静态的角度看，存在着平衡问题。但从动态的角度来看，由于教育供给和教育需求是由不同的主体来承担的，教育的供给和需求都在随着时间的变动而变动。教育供求矛盾也就是指教育供求失衡，是指教育处于供给小于需求或是需求大于供给的状态。这种失衡既可能是供给不足所致，也可能是需求膨胀所造成，还可能是供求双方共同作用的结果。当前我国教育供求失衡之顽症正是需求日益膨胀与供给不足所酿成的。

一、教育供求均衡

均衡的最一般意义是指经济事物中有关的变量在一定条件的相互作用下所达到的一种相对静止的状态。经济学中的供求均衡，是指在假定的完全竞争市场上供给与需求双方在某一价格上供给量与需求量这两个变量的相等。

教育领域的"投入—产出"活动，在社会化大生产中要按比例来进行，其最终目标也是要使得教育供给与教育需求保持均衡。在经济社会发展的特定阶段或特定历史时期，社会能够投入到教育领域形成教育供给的物质资源总是一定的，教育供给总量的增加是有限度的。教育需求是指个人与社会对教育有支付能力的需要。在一定时期，经济社会的发展水平决定了社会对教育的支付能力也是有限的。教育供给和教育需求都是多方面的供给与需求。

教育供给的总量应以社会对教育有支付能力的需求为限，社会总资源在教育领域的分配要能够满足这个需求量。满足教育需求的教育供给或教育供给满足了教育需求，就形成了教育供给和教育需求的均衡，亦即教育供求平衡，社会物质资源在教育领域的分配就是按比例进行的。

现实的教育供求矛盾中，教育供求状况呈现三种类型，即教育供求的"点平衡""域平衡"和"不平衡"。教育供求的"点平衡"是指教育供给和教育需求严格相等。从理论上讲，在教育供求的均衡点处，教育供给全部实现，不多也不少；对教育有支付能力的需求全部得到满足；教育活动正常稳定，社会生活中不存在人才过剩或短缺，并能够人尽其才。教育供求的"点平衡"实际上是一种绝对均衡，是考察教育供求均衡的基础，因为对教育供求均衡的考察就是从这些平衡点出发，研究围绕着这些平衡点的各种影响教育有效供给的变量变动的倾向和趋势，观察教育供求矛盾运动从实际状况过渡到点平衡状况的客观动态过程。教育供求的"域平衡"指教育供给略大于教育需求或教育需求略大于教育供给时的状态。在这一状态下，教育供给与教育需求基本适应，教育活动相对稳定，社会经济生活不因人才短缺或过剩而发生剧烈变动。在这个有限的区域内，教育供求均衡的定义是有条件地成立的，因而是一种有条件的、相对的、可接受的平衡，又可称之为教育供求的"准均衡"。

教育供求矛盾或"失衡"是教育供求差异超过一定的比率，教育活动运行出现较大幅度的波动，经济社会的发展进步受到较大的冲击，不为人们所接受的一种状态。当教育供求差异继续无限制地扩大，教育活动运行进入无序状态，必然对社会经济活动与人们的生活造成严重的损害，引发各种社会问题，这种状态称之为教育供求的严重不平衡。

借助于教育供求的"点平衡""域平衡"和"不平衡"三个概念，可以对现实的教育供求状况做出客观的判断。在现实的教育供求矛盾运动中，不是教育供给大于教育需求，就是教育需求大于教育供给。但这并不能够影响以教育供求的"点平衡"为轴心来考虑围绕这一轴心上下波动的"域平衡"和远离这一轴心的"不平衡"的状态，从而判断与衡量教育供给与教育需求的状况。在现实意义上，"域平衡"和"不平衡"是教育供求关系的常态，当教育供求处于"点平衡"或可接受的"域平衡"时，教育供给是满足和适应或基本满足和适应各种教育需求的。

二、教育供求矛盾的表现形式

库姆斯（Philip H. Coombs）在 1968 年关于世界教育危机的报告中提出了以下观点：不论是发达国家还是发展中国家都明显存在的教育供求之间的矛盾一定会继续扩大，尽管在不同国家这一矛盾表现在教育结构的不同层次上。也就是说，在不同的时期和地域，教育供求矛盾具有多种表现形式。一般商品的供求均衡主要是指在一定价格基础上的数量均衡。教育供求的均衡通常不是建立在价格基础上的均衡，而是建立在多种因素基础上的均衡，如社会发展和经济发展的需要、人口增长的需要和个人全面发展的需要等因素。

教育供求均衡也不单纯是指数量上的供求均衡，还包括质量上的供求均衡、结构上的供求均衡。

数量失衡是教育供求矛盾的主要表现形式。它是指教育供给数量和教育需求数量之间的不均衡达到了影响教育正常运行的程度，即教育供给数量与教育需求数量严重失衡。数量失衡的实质是社会在一定时期内教育供给数量与有支付能力的教育需求数量之间的失衡。它主要有以下两种具体表现形式：供不应求与供过于求。供不应求型的教育供求失衡是指教育需求超过了教育供给能力。其形成可能是由教育需求增长方面的原因引起的，也可能是由教育供给下降方面的原因引起的，还可能是由需求的增长速度大于供给的增长速度引起的。可以说，这种供不应求的矛盾在我国非义务教育阶段将长期存在。供过于求型的教育供求失衡是指教育供给严重超过了教育需求而导致教育资源的浪费。其形成可能是由教育供给盲目扩张引起的，也可能是由教育需求下降引起的，还可能是由供给的增长速度大于需求的增长速度引起的。

质量失衡是指同一层次、同一类型教育供给质量与教育需求质量之间的严重不平衡，即教育供给质量与教育需求质量的严重失衡。质量失衡的实质是教育供给无法满足教育需求多样性矛盾的反映。由于经济发展水平的限制、师资队伍和管理水平的差异、教育体制、机制和教育政策偏差以及历史的原因等因素的影响，同一层次、同一类型的教育供给质量存在着很大的差异。

同时，由于个人的经济条件、偏好和禀赋的差异以及人们对教育质量的主观期望不一样，导致人们对教育质量的需求存在差异。这种对教育质量有差异的需求也可能来自于文化、宗教、语言上的差异，并且往往具有群体特点。

可以说，不同人群对教育质量的主观需求也是有差异的，这将是未来我国教育供求矛盾的主要特征。例如，在我国基础教育阶段，教育质量失衡主要表现在中小学择校问题上。产生择校的原因主要来自于教育供给质量客观上的差异，即在同一地区的同一层次、同一类型的学校之间的差异，简称校际差异。校际差异的成因是多方面的，由于客观因素的差异造成学校之间的差异是可以接受的，但有的也是因为不合理的教育政策造成的。中小学教育要缩小校际落差，关键是要将工作重点放到扶持一般薄弱学校和促进基础教育均衡发展上来，减少学校落差，使更多的学生享受高质量的教育。

结构失衡是指教育供给结构和教育需求结构严重失衡。结构失衡是教育机会供求矛盾和教育产品供求矛盾二者的综合反映，其实质是教育供给与经济社会发展需求不相适应。随着经济、社会和科学技术的发展，产业结构不断变化，社会对劳动力的需求也处于不断变化之中。无论是劳动者的专业结构还是层次结构，都在随着经济社会的发展变化而发生变化，这必然导致社会对教育产品的专业结构和层次结构的需求发生变化。由于教育机会的需求最终取决于教育产品的需求，也就是说，人们选择专业主要是受劳动力市场的影响，社会对教育产品需求的变化会促使个人对教育专业结构和层次结构的需求发生变化。如果学校教育没有适应变化，仍然按照原来的专业和层次来提供教育供给，必然导致教育供给结构和教育需求结构的失衡。此外，决策者的决策偏好或失误也会导致教育供给结构和教育需求结构的失衡。某个时期政府的决策者如果不重视教育，政府对教育投入过少，或者过分发展某级某类教育，都会带来教育供求结构失衡。

教育结构失衡的另一种表现形式是教育的区域失衡。区域失衡是指教育区域供给和教育区域需求的失衡。区域失衡的实质是区域经济发展不平衡和教育投入偏差的结果。在广大发展中国家，由于资本的缺乏、生产力水平的落后以及各个地区发展经济的客观条件存在较大差异，必然导致国家内部各个区域经济发展的严重不平衡。资本和人才大量流向经济相对发达的地区，使得部分地区经济发展水平较高，而大部分地区由于资本和人才极其短缺，经济发展水平相对落后。区域经济发展的不平衡是广大发展中国家的共同特征。特别是像我国这样典型的二元经济结构的国家，城市工业化的高速发展和农村地区的经济长期停滞不前，使得城乡之间、东部与中西部地区之间、沿海与内陆之间的经济发展水平极不平衡。而教育供给在很大程度上取决于经济发展水平，经济发展的区域不平衡必然导致教育供给的区域失衡：一方面在经济发达地区已经开始筹划延长义务教育年限，另一方面经济落后地区教育投入严重不足，不能满足当地教育发展的需求。尽管区域经济发展不平衡必然导致教育供求的区域失衡，但国家的教育财政投入体制和教育发展政策如果制定得当，在某种程度上可以缓解这种区域失衡的矛盾。

需要指出的是，教育供求矛盾的三种表现形式并不是孤立存在的，它们之间存在着复杂的关系，有时候甚至互相影响，互相渗透。在现实的教育供求矛盾中，这几种表现形式可能会同时存在，也可能在某一层次、某一领域的教育中存在多种形式的教育供求失衡，只不过是何种形式的教育供求矛盾为主罢了。

三、教育供求矛盾的调节

教育供求既有总量上的矛盾，也有质量上的矛盾、结构上的矛盾，因而教育供求矛盾的调节，既要着眼于数量均衡，也要着眼于质量、结构的均衡。

1. 教育供求总量矛盾的调节

经济学上，当某种商品供不应求时，要实现供求均衡，思路不外是扩大供给和抑制需求；反之，当某种商品供过于求时，就应减少供给和扩大需求。所以，从理论上看，调节教育总量上供不应求的矛盾，也应扩大教育供给和抑制教育需求。但是，教育机会毕竟不同于一般商品，受教育（尤其是义务教育）是人们不可剥夺的权利，抑制人们的教育需求是不合理的，甚至是不得人心的，因此，这种思路并不可取。正确、有效的思路应该是扩大教育供给，以满足社会和人们日益增长的教育需求，实现教育供求均衡发展。

（1）加大政府对教育的投资力度。世界各国政府都将教育视为一项重要的公共事务。政府对教育投资负有不可推卸的责任，并且，政府投资也是教育经费的一个重要而稳定的来源渠道。但是长期以来，无论从相对意义上还是绝对数量上，我国政府的教育投资明显不足，这是一个不争的事实。所以，扩大教育总量供给，应该逐步加大政府对教育的投资，提高公共教育支出在各级财政支出中的比重，增大教育经费供给总量。

（2）完善多元化的教育投资体制。过去相当长一段时期，我国教育事业几乎一直由政府包办，个人和企业对教育的投资微不足道，这种单一型的教育投资体制限制了教育规模的扩大，难以适应社会和个人日益增长的教育需求。20世纪90年代以来，我国教育投资体制逐渐向多元化转变，如逐步提高学杂费，增加个人的教育投资。但是，多元化的教育投资体制尚未成熟，还须进一步完善，使国家、企业和个人在各级各类教育投资中各有侧重，分别负担一定的比重。具体而言，义务教育投资主要应由政府负担，特别是经济落后的农村地区更应坚持这一原则；高级中等教育投资由政府、企业和个人共同负担，其中普通高中的社会收益较强，应主要由政府和个人负担，普通职业技术教育投资主要由个人和企业负担，政府给予一定资助，特殊职业技术教育主要由企业负担；高等教育投资的主要负担者是个人和政府，企业也应通过参与办学、无偿捐赠、设立奖学金等方式负担一部分费用。

（3）大力发展私立民办教育。自改革开放尤其是20世纪90年代以来，我国私立民办教育有了较快的发展，但与国外相比，我国民办教育发展仍然滞后。这种状况不利于调动社会办学积极性和挖掘民间办学潜力，会严重阻碍教育规模的扩大，对此，我们应采取相应措施，努力消除一切束缚私立民办教育发展的消极因素，为发展私立民办教育、扩大教育供给创造充分的条件。首先，转变观念，废除一切束缚私立民办教育发展的思想枷锁。我国的民办教育要迈开大步，加快发展速度，就要转变观念，提高认识。一是改变"单一依靠国家办教育"的观念，树立"全民办教育"的理念。毕竟，教育是全社会的事业，应依靠全社会的力量。我国地广人多，完全依靠国家兴办教育，是承受不了的，难以满足人民日益增长的教育需求。二是改变"公办学校姓社，私立学校姓资"的观念。姓资姓社，最主要的标志体现在办学方向、办学内容和培养什么人的问题上，私立民办学校只要依法办教，坚持社会主义方向，坚持国家的教育方针，就是姓社，完全不必担心。三是改变"兴办私立民办教育有悖于教育公平"的观念。教育的公平性主要体现在人人享有受教育的权利上，这是教育公平的基础。剥夺受教育的权利和机会，才是最大的不公平。虽然私立民办学校的收费标准比较高，但毕竟为更多的人提供了接受教育的机会，使更多的人享受到受教育的权利，一部分学生付出较高的学费获得接受教育机会，并没有减少贫困学生的入学机会，丝毫不会损害教育公平。其次，放宽政策，允许投资举办私立民办教育者适当盈利。为了吸引、鼓励更多的社会力量发展私立民办教育，应该允许投资、举办私立民办教育者获得一定的经济利益，尽管我们并不提倡"以营利为目的"发展私立民办教育。投资、举办者获得的一定经济利益可以看成为他们的劳动所得，是对他们在发展私立民办教育方面所做贡献的物质报酬和激励，因而是合理的。也许有人认为，这样一来就会出现私立民办教育乱收费、教育质量低劣等现象。这种担心是可以理解的，但不必害怕。因为在公平竞争和自由择校的情况下，学生必定首先对不同学校的学费标准、教育质量等方面进行综合比较，然后才做出选择。投资、举办者即使为了营利，也必须努力改善办学条件，提高教育质量，并且制定合理的收费标准，才能吸引更多的学生。否则，生源不足，营利就无从谈起。此外，私立民办教育并没有脱离政府的指导、监督，政府仍然有责任、有权力规范私立民办学校的办学行为，尤其是在财务和财产上进行监督、检查，这有助于防止私立民办学校收费漫天开价、教育质量低劣等现象的发生。最后，政府应对私立民办教育进行一定的投资。政府对私立学校进行投资，这是世界各国发展私立教育的普遍做法。如 1975 年日本就制定了《私立学校振兴援助法》，在法律上规定了国家援助私立学校的责任；20 世纪 90 年代中后期，美国私立高等院校教育经费的来源中，政府拨款占 18.4%。这是因为，从理论上看，教育在总体上可视为一种特殊的准公共产品，私立民办教育也不例外。也就是说，私立民办学校也具有社会效益，按照利益获得原则，作为受益者之一的政府，也有责任和义务对私立民办学校进行一定的投资，积极扶持私立民办教育的发展，只是政府投资占其办学经费的比例不必像公办学校那么高，按照国际惯例，一般以 20% 左右为宜。当前，我国的民办教育尚处于起步阶段，且多以自筹经费为主，在这种情况下，政府对私立民办教育进行适当的财政资助就显得尤为必要。除此之外，政府还应采取在办学用地上对私立民办学校予以支持、在税费上予以减免等扶持政策。

2. 教育供求质量矛盾的调节

由于教育供求质量方面的矛盾，是指教育供给质量与教育需求质量之间的严重不平衡，即教育供给质量与教育需求质量的严重失衡，因此，各级各类教育应确实保证教育质量。没有教育质量就没有教育供求的均衡。在其他条件不变的情况下，教育供求的均衡与各级各类学校的教育质量呈正比例。具体包括以下措施：

（1）统筹城乡教育发展，逐步缩小城乡间教育的差距；

（2）合理配置教育资源，促进城乡教育均衡发展；

（3）加强对各级各类学校的监督，千方百计促使学校提高教育质量。

为此，政府应通过立法、资助、评估等一系列手段来确保教育供给的质量，以满足国家、社会、个人的教育需求。同时，教育供给还要受到社会各方面的监督、评判和导引。各种专业组织、新闻媒介、社会团体及用人单位都应通过各种方式促使学校提高教育质量。此外，办学单位应形成和建立自我监督、约束的机制，以约束学校的办学行为，千方百计去提高教学质量，适应与满足经济社会发展对教育的需求。

3. 教育供求结构矛盾的调节

教育供求结构矛盾是指教育供给过剩与供给不足两种情况同时存在，所以，相对于教育供求总量矛盾，其情况更为复杂，不能单纯地扩大供给或减少供给来实现供求均衡，而应着眼于"扩大短缺的供给"与"减少过剩的供给"同时并举的原则，采取相应措施进行调节，才能有效地实现供求均衡。

（1）面向社会需求，制定合理的招生计划；

（2）运用价格机制，实行差别学费；

（3）提供充分的信息，建立通畅的信息传递渠道；

（4）建立财政转移支付制度。

总之，经济社会的发展派生出劳动力需求与供给的矛盾，进而派生出教育供给与需求的矛盾。对教育供求矛盾进行调节，从某种意义上讲既有助于劳动力市场的供求均衡，又进一步促进经济社会的健康发展。经济社会的持续繁荣又为教育的发展提供坚实的物质基础。调节教育供求矛盾的根本目的就是使教育事业更好地为经济社会发展服务，实现教育与经济社会的良性循环。

第四章　教育与就业

第一节　教育与就业的一般关系

根据国际劳工组织的定义，就业是指在一定年龄内的人们所从事的为获取报酬或为赚取利润所进行的活动。在当今时代，就业是绝大多数成年劳动者及其家庭得以生存和发展的重要基础，同时社会就业状况在一国国民经济和社会发展中具有十分重要的位置。因此，就业问题不仅是一个经济问题，也是一个敏感的政治问题和社会问题，在发达国家如此，在发展中国家亦如此。在我国更是一个不容忽视的社会问题。劳动就业事关亿万劳动群众的切身利益，处理不好就会出现影响全社会的大问题。

一、就业问题存在的客观必然性

对就业问题，马克思早就指出："工人人口本身在生产出资本积累的同时，也以日益扩大的规模生产出使他们自身成为相对过剩人口的手段。"这里马克思实际上从两个方面分析了就业问题的存在：一是从生产的社会形式上分析了就业问题存在的必然性及其性质；二是从生产力本身的发展，劳动生产率的提高对劳动力的影响中分析了就业问题存在的客观必然性。在社会化大生产和市场经济条件下，就业问题并不是某一社会经济形态的特有现象，而是市场经济和社会化大生产的必然产物。

1. 社会化大生产的发展，资本有机构成的提高，必然排斥劳动力，客观上形成就业问题；

2. 市场经济的发展，社会化程度的提高，社会分工的深化，必然引发新的就业问题；

3. 竞争机制的推行，企业内部管理的加强，优胜劣汰发生作用，也使就业问题成为必然。

二、我国就业问题存在的现实根源

上述三个方面在不同经济制度的社会都会对就业问题的产生起作用，只不过所反映的社会关系和表现的具体形式有所不同罢了。就我国现阶段而言，就业问题严重还有着深刻的现实根源。

1. 人口总量和劳动力供给人口相对过剩；

2. 经济体制改革过程中大量体制性冗员释放；

3. 经济结构调整产生大量结构性失业人员；

4. 劳动者就业观念滞后引发的就业问题。

长期以来，我国国有企业和城镇集体企业职工拥有比较稳定的就业保障。但是，在市场经济体制下，由于企业存在着破产倒闭的问题，因而必然会导致职工的失业或下岗。许多失业职工和下岗职工对突然失去就业保障缺乏足够的心理准备和承受能力，在这种打击下往往感到茫然和失望，在寻求重新就业和参与市场就业竞争方面也显得比较消极被动。出现这种局面，与传统计划经济体制下形成的落后就业观念在一定范围内存在并继续发挥着作用是分不开的。

三、就业问题存在的利弊分析

在社会化大生产和市场经济条件下，就业问题的存在是一种客观事实，不可能完全消灭它，也不应该完全去消灭它，相反，在一定条件下，就业问题的存在还会有利于社会主义市场经济的发展。

1. 有利于促进劳动者之间的竞争和劳动力素质的提高；

2. 有利于企业降低成本和增强产品的市场竞争力；

3. 有利于国家宏观配置生产要素和减少社会劳动的浪费；

4. 有利于劳动力的转移和第三产业的发展。

当然，在一定条件下，就业问题的存在有利于社会主义市场经济的发展，但这并不意味着对这一问题可以掉以轻心。这是因为，尽管相比之下，失去工作的人总是少数，但是少数人一旦失去工作，其利益受到损害，其生存受到威胁，就会造成社会治安问题，造成交通拥挤，甚至造成政治上的反对势力。可见，就业问题如果解决不好，其结果将直接影响社会稳定，影响宏观经济的正常运行。因此，对就业问题应正确认识，正确对待，在承认就业问题存在的前提下，寻求一条妥善解决就业问题的途径。

第二节　教育与就业问题的解决

就业问题作为社会化大生产和市场经济的伴生物，是当今世界发达国家和发展中国家普遍存在的难题。我国人口众多，自然资源相对贫乏，经济和社会发展又处于社会主义初级阶段，在建设和发展社会主义市场经济的过程中，就业问题将长期存在，对此，绝不能掉以轻心。

解决就业问题是改善人民生活和维护社会稳定的重要途径，就业问题的解决成了社会经济生活中的一个突出问题。但就业问题本身不是孤立的，其与经济社会的发展有着密切的关系，是一个社会系统工程，不能只是片面地强调劳动力的安置问题。在现代经济条件下，要想妥善解决社会就业问题，大力发展教育事业是一条必不可少的重要途径。

一、教育在解决一般性就业问题中的作用

一般性就业问题是指缺乏足够的工作岗位而产生的就业问题，它所表现出

来的基本特征是"人找事"。在我国，一般性就业问题主要是由人口众多和经济落后两个基本因素决定的。劳动力总供给相对过剩和人均占有资源相对短缺的矛盾相互交织，这种矛盾在今后相当长时期内仍然无法解决，所以一般性就业问题不仅过去存在，现在和未来也不可能消失。由于市场机制的作用，我国的一般性就业问题在一定时期仍会相当严重。

1. 教育是经济发展的保证，是解决劳动力一般性就业问题的前提；

2. 教育是科学技术转化为生产力的中介和基础，并使劳动力一般性就业问题的解决成为可能；

3. 教育部门本身的发展，也在很大程度有助于一般性就业问题的解决；

4. 教育的发展，可以为经济发展和一般性就业问题的解决创造良好的社会环境。

因此，大力发展教育事业，通过教育和培训事业的发展，提高劳动者的心理素质和能力素质，培养一定的社会心理、社会意识，创设一种适于经济发展的社会环境，就有助于一般性就业问题的解决，否则，就会增加解决这一问题的难度。

二、教育在解决劳动力结构性就业问题中的作用

结构性就业问题与一般性就业问题不同。一般性就业问题是因缺乏足够的工作岗位而产生的就业问题；结构性就业问题是指由于经济结构和劳动力结构不对应，而形成的工作岗位与劳动者文化技术水平不相适应，从而产生的就业问题。它的基本特征是，一方面是"人找事"，另一方面又是"事找人"。

既然劳动力的结构性就业问题是由劳动力的结构不合理造成的，那么，这个问题的解决也只有通过改变劳动力结构的方式才能实现。要改变劳动力的结构，需要大力发展教育事业，调整教育结构，不断更新教学内容，增加教育机会，加强职业培训，提高劳动者的文化技术水平。因为无论是劳动者文化技术水平的提高，还是劳动适应能力的增强，都要有良好的教育结构来保证。从这个意义上说，发展教育对解决劳动力结构性就业问题具有直接的作用。

1. 教育的发展影响着劳动者的文化知识水平和教育程度；

2. 教育的发展有助于劳动者技术水平的提高；

3. 教育的发展有助于提高劳动者的劳动适应能力。

三、教育在解决个人职业选择性就业问题中的作用

除了一般性就业问题和结构性就业问题之外，还存在着个人职业选择性的就业问题。个人职业选择性的就业问题是指个人出于对职业的选择而未能就业。

个人职业选择性就业问题与结构性就业问题既有相似之处，又有一定的区别。相似之处在于：这两种情况下都存在着职业空位，这些空闲着的工作岗位都需要劳动者，同时，劳动者也都期望有工作可做，因此，这两种就业问题都表现为"人找事"与"事找人"之间的矛盾。区别在于："结构性就业问题表现为，某些工作岗位空闲着，没有工作做的劳动者本人愿意去填补该种工作岗位，但他们由于缺乏必要的文化和技术，不适应该项工作的需要，因此未能如愿；而个人职业选择性就业问题则表现为，尽管某些工作岗位空着，没有工作做的劳动者也并不缺乏为从事该项工作所需要的文化和技术，但他们出于对职业的选择，对该项工作不感兴趣，因此宁肯待业而不愿填补该种工作岗位的缺额。"

个人职业选择性就业问题形成的原因是多方面的。劳动者个人的兴趣和爱好在个人对职业的选择时起着一定的作用。但除了劳动者个人的兴趣和爱好外，社会舆论的影响、劳动者对于社会上各种职业的评价标准，也使他们对职业产生某种看法。他们可能喜欢从事某一种职业，而不愿意从事另一种职业。例如，目前社会上有不少人喜欢从事流通、商业领域的工作或其他技术性工作，而不喜欢建筑行业、煤炭行业、纺织行业、机械行业、化工行业等部门的工作，就是个人职业选择性就业问题的集中表现。如果由于个人的兴趣爱好、社会舆论或评价标准的不同而使劳动者在出现职业空位时不去就业，那么这种类型的就业问题就必须更多地通过教育途径来解决。

第三节　教育与就业关系的不确定性及其规避

如前所述，教育在解决劳动力就业问题中起着极为重要的作用。然而，这种作用只是"存在"而已，但它并不确定性地展示给我们。因为无论是教育发展还是劳动就业，都要受到多种不确定因素的制约，无数的偶然，无数的可能，无数的作用方式，都有可能抵消这种积极作用，教育与就业之间的关系是复杂的，甚至是不确定的。

一、教育与就业关系不确定性的含义

这里所说的不确定性是针对未来结果的不确定性和波动性。教育与就业关系的不确定性是指教育与就业的关系具有多种状态，人们所接受的教育对其将来就业收益影响的不稳定、不肯定和不明确的性质或状态，这是教育对人们就业收益的影响中存在的人们没有预期到的变化，以及这种意外变化带来的没有预期到的收益或损失。

教育与就业关系的不确定性在时间上是指向未知的和未来的。关于现在和过去的教育与就业之间存在什么样的关系，不存在不确定性的问题，而只有无知的问题，可以通过不断学习来获得确定性的认识，当然也不一定现在就可以获得。无知是可以消除的，而关于教育与就业关系的未来的未知则是不可消除的。同时，教育与就业关系的不确定性在时间上考察，既可以考察教育对人们接受完教育后的终生就业收益的影响，也可以考察教育对人们接受完教育后的最初一段时间内谋求工作岗位及其收益的影响或结果。这两者之间是有较大差别的，比如"那些失业的毕业生将不会永久地失业。相反地，只要他们能坚持，他们就会继续寻找一个喜欢的工作，但如果失败了，他们最终会从事一些他们认为是低于他们资格的工作"。

对于已经形成的教育与就业的关系，可以观察，也可以经验地加以说明，甚至可以借助数学形式等工具精确地加以描述，得出某种确定性的结论。在时间上，教育与就业关系的确定性是指向历史的，而教育与就业关系的不确定性是指向未来的。就特定的个体而言，教育与就业关系一旦发生，便往往呈现出确定性的状态，这也意味着肯定教育与就业关系的不确定性，并不是对已经发生的教育与就业关系的确定性之否定。相反，人们可以借助已经发生的教育与就业关系的确定性，来估计将来可能发生的教育与就业关系不确定性的程度和范围。这也就是说，教育与就业关系事前的不确定性和事后的确定性之间存在转换，事后的确定性可能是意外，但它是我们对将要发生的教育与就业关系进行认识的知识。

不过，教育与就业关系的确定性既是一种社会现象，也是一种社会认识，它与自然现象和自然认识的显著区别是，现实社会生活当中，教育与就业的关系根本无法试验，具有不可重复性，这决定了教育与就业关系的确定性只是历史的确定性和历史的价值。"风险就潜伏在我们的前方而不是背后，扭头看身后面的东西并假设这样就能找到一切必须了解的东西是毫无意义的。"这就意味着根据已经发生的教育与就业关系的确定性来形成对未来的预测，并对此进行任何政策性的演绎，就具有很大的不确定性。

二、教育与就业关系不确定性的形成

教育与就业关系由过去的相对确定性走向相对不确定性，是经济社会发展与教育发展等多种因素共同作用的必然结果，涉及社会的方方面面，既有个人家庭的就业期望问题，也有学校的人才培养问题，还有政府的就业政策问题以及社会用人单位的用人环境等问题。

1. 教育与就业关系不确定性形成的个人因素

个人在教育与就业关系当中，首先是对教育与就业之间的关系有个预期，然后在这种预期的指引下选择接受一定的教育，最后是接受了一定的教育后到劳动力市场求职。因此，个人对某一职业和专业的选择，多少都反映了劳动力市场对人才规格和数量的供求变化。但个人反映的市场变化是眼前的，而劳动力市场得到的需求满足是一段时间以后的，二者之间有变化时差。因而个人的反映在很大程度上是一种期望，期望接受教育以后能够找到工作，而劳动力市场则建立在客观的现实基础上。需要什么样的人才，需要多少人才，不是以毕业生的预期和愿望为转移的。此外，由于教育对个人来说还具有消费的价值，个人接受教育时往往带有个人价值观，不一定完全出于眼前接受教育与未来职业报酬之间关系的考虑。即使个人期望从教育中得到的收益是上学决策的关键因素，然而任何人的预期收益都是不确定的，其未来收入也同样不可能被完全预见到，许多学生对他们自己接受教育以后的职业选择也同样是不确定的。而劳动力市场对人的需求完全是一种经济价值观，服从于利益。因此，很多国家都存在着毕业生失业率与不充分就业率居高不下的现象。

2. 教育与就业关系不确定性形成的学校因素

当个人的教育选择无法导引出教育与就业之间的某种确定性的关系时，传统理论寄希望于学校教育能根据劳动力市场的信息，通过自身的变革调整教育结构，使劳动力供给在结构上适应经济结构对劳动力结构的需求，从而使得教育能够解决人们的就业问题，改善社会的就业状况。的确，在市场经济条件下，学校，特别是各级各类职业和专业院校都越来越以办学主体的身份，较多地根据劳动力市场的供求变化所提供的信号来决定招生规模、专业设置、培养规格等，这使得教育发展对社会劳动力需求的变化十分敏感，变通性很强。但也应当看到，劳动力市场供求变化的信号一般只能表明供求不平衡的大体趋势，却不能准确反映其数量界限。而且各个办学主体由于自身的局限，很难感知劳动力市场的需求，即使劳动力市场供求信号清晰，各办学主体间也无法平衡其生产规模与能力，更无力左右全局。再加上教育培养就业者具有周期长、滞后时间久的特点，教育发展与就业需求往往难以同步。因此，教育与就业并不总是一致的。

3. 教育与就业关系不确定性形成的部门企业因素

对于任何一个社会或组织来说，都有着不同层次的工作、不同层次的岗位、不同复杂程度的劳动内容，也会有对劳动的不同量的需求，进而必定有不同劳动报酬的工作岗位。由于在很多国家，尤其在发展中国家大都并存着两种不同的经济结构，即传统部门和现代部门，接受过一定教育的知识劳动者往往嫌传统部门的报酬太低而不愿俯就，纷纷涌入现代部门求职。但是，现代部门的就业岗位又是有限的，不可能按照知识劳动者的供给数量，根据不同的受教育水平充分吸收各级学校的毕业生。于是，随着教育的迅速发展，学校培养出来的知识劳动者的总量就越来越多于现代部门所能提供的就业岗位或就业空位的数量，加上技术的不断更新，现代部门对求职者的文化和专业素质要求越来越高。现代部门面对众多的从各级各类学校毕业的求职者，自然水涨船高，首先聘用受过高等教育的学生，然后考虑招用中学毕业生，最后才会雇用小学毕业生。也就是说，由于求职者供过于求，首先被拒于现代部门之外的是小学毕业生，其次是中学毕业生。在这种情况下，现代部门就倾向于雇用受教育程度较高的人去做原来由受教育程度较低的人做的工作。这样，本来小学毕业生能胜任的职务，现在由中学毕业生代替了，本来中学毕业生能胜任的职务，现在由大学毕业生代替了，这种情况称为教育深化（educational deepening）或教育过度（overeducation）。而与教育过度相伴而生的是知识失业。由于受教育者的供过于求而现代部门又热衷于雇用受过较高教育层次的毕业生，以至于在求职竞争中，受过较低教育层次的求职者往往被拒之雇用单位的大门之外，甚至受过较高教育层次的大学毕业生也不免遭受同样的命运。尽管在一些国家中受教育者在总人口中所占的比例较低，受过较高教育程度的人在总人口中所占的比例更低，在现实的经济生产中具有一定知识、技能和专长的劳动者也是相对稀缺的，但大量受教育者还是不免沦为失业者，形成知识失业的状况。

4. 教育与就业关系不确定性形成的政府政策因素

在现代国家，政府最重要的职能之一就是解决劳动就业问题。因此，政府发展教育的一个重要意图就是解决劳动就业问题。这样一来，政府有时则可能从整体利益出发，不愿意看到受过教育的人毕业后出现失业的现象，为了防止失业而不主张扩大教育规模。但为了协调经济社会的发展，防止劳动力市场上出现某种类型的劳动力短缺而宁愿扩大这种类型的劳动力供给，宁愿接受劳动力市场出现一定数量的这种类型的人才失业，政府更多的时候又愿意扩大教育规模。

三、教育与就业关系不确定性的规避

所谓规避，是指人们面对教育与就业关系的不确定性，采取种种措施对其加以防范和控制，以趋利避害，尽力避免因教育与就业关系的不确定性可能遭受的损失。由于教育与就业关系不确定性的形成涉及社会的方方面面，因而这一问题的解决，是一个系统工程，需要社会各方共同努力。

1. 学生个人及其家庭应树立起正确的职业观和择业观

随着社会和教育的发展，劳动者一生将会在两种场所度过：一是学校场所，二是工作场所。因此，上什么学校，选择什么专业，毕业后选择什么工作，就是一个职业观和择业观问题。学生个人及其家庭能否树立起正确的职业观和择业观，对于个人就业能否得到顺利解决，关系十分密切。比如，目前我国出现的高校毕业生"就业难"的问题，并不是单纯的"供过于求"的矛盾，更多的是毕业生就业期望值过高，追求高薪和高待遇、岗位高层次和大城市，而对县级以下的基层机构、中小企业、民营企业、艰苦行业、西部地区等愿意去的少。因此，如果就业的内涵只是大城市的"国家机关""科研院所""高薪企业"，只愿去当"白领阶层"，这种"学而优则仕""学而优则城"的传统观念将使大学毕业生全部滞留在城市，不仅会直接制约高等教育大众化的进程，而且还会由于毕业生分不出去，影响他们自身价值的实现。所以，包括大学毕业生在内的所有劳动者如果就业观念陈旧，就业空间就会十分狭窄，就业问题的解决就会非常困难。转变观念，就会寻找到广阔的就业空间，解决就业问题就容易一些。

2. 学校应将毕业生就业率的高低作为衡量办学水平高低的重要指标之一

学校应不断提高办学质量，努力培养社会急需的各种高水平建设人才。为此，在教育模式上，应真正把学生全面素质培养尤其是创造力的培养放到重要位置上，学校要适应学生就业需求，形成有特色的培养方案，提供多样化的学制和多种培养方向，并应根据劳动力市场的发展变化，不断更新教育内容和调整专业方向。在学科结构的设计上，应帮助学生建立合理的知识结构，注意培

养复合型人才。为此，应进一步完善学分制，加强主副修制，适当增加选修课，减少必修课。可以多培养一些双学位学生，即在学完第一本科的基础上，再学习第二本科，取得双学士学位，学制为六年左右。还可以发展双专科，即在学完第一专科的基础上，再学习第二专科，取得双专科的文凭，学制四年左右。这些都有助于帮助学生建立起合理的知识结构，以适应当代科学技术高度分化、高度综合对从业人员知识技术的要求，从而顺利就业。在专业设置上，应适当减少专业数量和专业知识的课程，扩大专业知识面和加大基础知识的课程，努力把学生培养成既精通本行业务又具有广泛基础知识的人才，以适应长期广泛就业、进行技术革新和继续进修的需要。在课程设置上，既要增加学生择业教育的内容，更要加强学生自主创业教育的内容，包括择业观的教育，以及基本的金融、财会、管理、法律等知识教育和技能培训，同时应贯彻以教会学生学习为主的原则，以便他们将来走上工作岗位后，能通过自己的学习、探索，不断掌握新的科学知识，以适应经济发展和劳动就业不断变化的需要。

　　3. 政府应积极营造健康的劳动就业政策环境

　　大中专毕业生的就业问题是整个社会就业问题的一个重要组成部分，政府责无旁贷。第一，在制度上，政府应创造条件允许学校实行弹性学习制度，允许学生中途就业，边工作边学习等分阶段完成学业；允许普通高校招收成人高校、社区学院、高等职业技术学院低年级学生或以其他形式完成基础学业的学生；允许各类大中专毕业生暂缓就业，继续选择原学专业以外的专业学习或接受职业技术培训。第二，在政策上，要营造鼓励毕业生自主创业的政策环境，借鉴一些国家的做法，对自主创业的毕业生采取小额贴息贷款、设立风险基金参与投入等激励机制，同时要积极鼓励毕业生走向西部地区、艰苦行业以及县级以下的基层机构和国有中小型企业，对这部分毕业生可采取小额贴息贷款、实行经费补贴等配套措施。第三，在具体操作上，除了应对毕业生进行思想教育与就业指导外，在大中专毕业生就业矛盾比较突出的时候可采取过渡性就业的方法，即对一时未落实就业单位的学生，可由政府牵线搭桥，学生自我选择，通过签订短期或临时合同的方式，到一些行业先进、技术领先的大型企业或社会公益性机构从事临时工作。

4. 社会用人单位应提供良好的用人环境

教育培养的各种层次和类别的劳动力能否顺利就业，与社会用人单位的用人环境密切相关。这是因为，教育，尤其是各种层次与类别的专业教育和职业教育，是为整个社会经济活动直接服务的，是为了给社会培养和输送不同层次和类型的劳动力，也就是舒尔茨所讲的教育，"这种人力资本投资是为了迎合由于经济增长而造成的需求"。所以，教育所培养的各种层次和类别的劳动力主要不是为自身服务的，而主要是为社会用人单位服务的。用人单位能否提供良好的用人环境，对劳动就业问题的解决起着至关重要的作用。那么，用人单位怎样才能提供这种环境呢？首先，必须改革用人制度，合理使用人才。所有用人单位都应根据市场需求、岗位需要与劳动者按照国家有关法律、法规，在平等自愿、协商一致基础上，通过签订聘用合同，确定单位和个人的人事关系，明确单位和个人的权利和义务，从而实现用人上的公开、公平、公正，促进单位的自主用人，保障劳动者自主择业，进而实现单位的人事管理向岗位管理转变，由单纯行政管理向法制管理转变，由行政依附关系向平等人事主体转变，由国家用人向单位用人转变，真正做到择优录用，用在关键岗位上，形成一种"学而优则俏"的环境。其次，必须改革收入分配制度，实行人才的"优质优价"。知识经济时代，知识、智力是致富的源泉，要实现一流人才、一流岗位、一流业绩、一流报酬，从而使个人接受教育所付出的高成本在社会得以补偿，个人价值真正得以实现。要贯彻按劳分配和按生产要素分配相结合、效率优先、兼顾公平的分配原则，扩大各单位内部分配的自主权，逐步建立重贡献、重实绩、向优秀人才和关键岗位倾斜、形式多样、自主灵活的分配激励机制。对有重大科技发明、贡献突出的人才，实行重奖；对到艰苦边远地区或在特殊岗位工作的人才，在工资待遇上给予优惠政策，从而充分发挥工资政策的导向作用，为大学毕业生的就业创造良好的制度环境。

总之，如果上述这些观念性、结构性、政策性、制度性问题得到较好解决，加之经济的发展将会带来劳动力需求的增长，就会形成经济和教育的良性互动关系，教育与就业关系的不确定性就能得到较好的规避。

第五章　　教育投资及其负担

第一节　　教育投资的性质与特点

教育经济学认为，用于教育的支出是一种投资。那么，这种投资是一种什么性质的投资，具有哪些特点呢？我们首先揭示教育投资的含义，然后界定其性质和特点。

一、教育投资的含义

投资，是为了达到一定的政治经济目的，把必要的货币形式的资财投入到社会再生产过程及各个环节中去的经济行为。狭义的投资主要指生产性投资，即为了恢复与扩大生产经营，将一定的物资与劳动用于恢复、更新原有的固定生产基金，以及增加生产基金的经济活动。广义的投资还包括非直接生产部门用途的投资。教育投资即属于这类投资。

教育投资是投入教育领域中，用于培养不同熟练程度的后备劳动力和各种专门人才，以及提高人的劳动能力的人力和物力的货币表现。这里包含着两层意思：第一，教育投资是投入教育领域而非其他领域的人力和物力的货币表现；第二，教育投资的目的在于培养和提高人的劳动能力。

在商品货币关系存在的条件下，投入教育活动的人力、物力的货币表现就是教育投资。

人力投资，又称人力资本投资，是西方教育经济学中常用的概念，按西方教育经济学家的观点，投资即是资本的购买。因此，一切用于购买资本的支出都可以算作投资。而资本有两种形式：一种是物的资本，另一种是人力资本。二者都是通过投资形成的。对物的投资形成物的资本，对人力的投资形成人力资本，二者都是财富增加之源。由此推之，受教育也是一种资本的购买，即人力资本的购买。因为一个人受教育之后，能提高自身的能力，而人的能力的提高就能使自己获利，这种能使人获利的能力即资本。由于能力在一个人受教育之后，即与人不可分开，故叫作人力资本。但对人力资本的投资，除教育外，还应包括体育、卫生以及为获得更好的就业机会而进行的国内迁徙方面的投资，包括成年在校生及在职训练的工人所放弃的收入。因此，从严格的经济学定义出发，教育只是人力投资或人力资本投资的核心和主体，而不是其全部内容。

智力投资，顾名思义，也就是为开发和运用人的智力资源所进行的投资。一般表现为对教育、科技、文化等方面的投资。通过发展教育、科技、文化事业，用现代科学技术知识武装劳动者和培养各种专门人才，依靠科学技术的力量发展社会生产力。随着现代科学技术在社会经济发展中的作用日益增加，开发人的智力资源、提高劳动力的质量变得越来越重要。因此，智力投资也就日益成为教育学、经济学、人口学等不少学科研究中的一个重要内容。但是，智力投资是比教育投资更加广泛的一个概念，不能简单地等同使用。

教育投资、人力投资和智力投资是既有联系，又有区别的。联系在于，三者的目的都是培养和提高人的劳动能力，主要是培养和提高人的智力水平。其区别在于三者的内涵和外延不完全相同。人力投资是指保护和开发人的智力和体力的一切投资，智力投资是指开发人的智力的一切投资，教育投资则是人力投资和智力投资的主要组成部分，但对体育、卫生、医疗、保健等方面的投资，对社会、科技、文化方面的投资，如对文化馆、博物馆、科技馆等方面的投资，严格来讲，应属于对人力资本的投资和智力投资，而不应属于教育投资。

二、教育投资的性质

对任何事物的性质的分析，其目的就在于区别该事物与其他事物的根本属性，找出其所具有的独特的地方。对教育投资性质的分析，也就是要找出教育投资所固有的属性。

教育是一种花钱的事业。因此，长久以来，教育投资被视为消费性投资。但是，到了现代，随着教育对社会生产和社会经济的巨大作用日益充分地表现出来，教育越来越成为生产的要素。教育是消费，教育投资是消费性投资的传统观念受到了严重挑战，越来越多的人把教育视为生产性投资。于是，关于教育投资是消费性投资还是生产性投资的问题，在教育理论界产生了不同意见。一种观点认为，教育部门是生产部门，教育投资是生产性投资；另一种观点则认为，教育部门是非生产部门，教育投资是消费性投资。

在现代生产和社会条件下，教育投资既是一种消费支出，更是一种生产性投资，后者的地位和作用日益显现和重要。

从经济学的观点看，投资可分为三种类型：其一为可以满足消费者的嗜好，但无法提高其生产力，称为纯消费性投资；其二为可以提高生产力，但无法满足消费者嗜好，称为纯生产性投资；其三为兼具消费性和生产性二重性质的投资。一般最常见的投资均属于第三种类型的投资。教育投资，作为培养和提高人的劳动能力的投资，也应属于这种兼具消费性和生产性二重性质的投资。

三、教育投资的特点

在现代社会里，用于教育的支出是一种投资，但这种投资并不是简单的物质生产投资。总的来说，教育投资与物质生产投资不尽相同，具有以下几个特点。

1. 教育投资的非营利性

一般的物质生产投资是以营利为目的的，其目的是以最少的投入追求利润的最大化，并以货币去衡量；而教育投资则不然，尽管人们在认识上越来越把教育作为生产性投资，但这种投资的效益不是在教育领域，而是通过物质生产领域表现出来的，教育自身并不能回收投资，创造利润。此外，教育不仅有经济效益，而且有巨大的非经济效益。因此，国家和社会投资教育，个人付费接受教育，虽然其结果会给个人和社会带来许多直接和间接的收益，但从根本上说，并不以营利为目的。当然，对于教育投资的非营利性要正确地理解，教育投资的非营利性并不等于不收费，私人和团体提供经费举办学校，可以适当收取学费，但这些学费是用来补偿不断攀升的教育成本的，而非教育的价格。私立学校不能以营利为目的，收费标准也不能过高，只能略高于成本。而且，事实上没有一个国家把教育当作营利性事业。教育投资的非营利性决定了教育的发展离不开国家的投资，虽然当前我们强调投资主体多元化，但绝不能因此而推卸国家的责任。

2. 教育投资的连续性

用于教育的投资，不是一次性的，而是一种需要不断追加的、具有连续性的投资。这种连续性是由教育过程的连续性决定的，无论是在教育的不同级别、同一级别的不同阶段，或是在同一阶段的不同年限之间，教育都是一个连续不断的过程，教育程度每增加一年、一个阶段、一个级别，都需要追加一次投资。特别是新的科学技术革命及其在生产中的应用使得教育更加具有连续性。第一，随着科学技术和生产的迅速发展，对劳动者的教育程度要求越来越高，从而要求普及教育的程度逐步提高。第二，在科技革命条件下，由于劳动者自身的劳动操作技术的改进和普及，使得知识陈旧、技术老化和更新的周期缩短，原有知识、技术的服务周期缩短，为了不断更新知识、技术，需要对劳动者进行继续教育。第三，在科技革命条件下，由于人们不断发掘新的产业、企业，引起产业结构、技术结构的不断改变，从而加速劳动者的劳动转换。劳动转换从绝对意义上说，是劳动者在不同生产部门间的转换和流动；从相对意义上说，是同一生产部门中由于采用新技术，劳动者职业"无形磨损"的期限缩短。为适应这一状况，也必须对劳动者进行再训练、再教育，要求劳动者成为全面发展的人。这一切都使教育投资更具有连续性，那种指望受过一次教育就可以终身受用的时代一去不复返了。

3. 教育投资的递增性

从教育本身来看，教育是一个单位成本递增的事业。所谓递增，就是教育培养每一毕业生的平均费用是不断增长的。这是因为：第一，教育投资主要用于支付教职工的工资、福利，学生的助学金、奖学金等，随着经济社会的发展，人们生活水平的不断提高，必须支出更多的教职员工的工资、福利等费用，学生的助学金、奖学金也会随经济发展而增长；第二，社会、经济发展要求培养质量更高的人才，而培养这样的人才必然要有更多的耗费；第三，随着科学的发展，教学环境和条件必然要不断改善，仪器设备也要不断更新，这也就需要更多的投入。所以，教育的单位投资必然要随着经济、科技的发展而增长。这同物质产品的生产不一样。物质产品的生产发展了，劳动生产率提高了，其单位投资就要降低。而教育的单位投资则是递增的。教育的这一特点，决定了教育投资应当是递增的，在校学生人均教育费用应逐年增长。

4. 教育投资的固定性

教育既是连续性事业，又是永久性事业，所需投资数额庞大，其成效与收益又非立时可见。所以，各国的教育投资多在国家总资源中给予固定的立项，以确保其发展。我国的教育投资属于国家和地方负担为主要来源的类型。

国家财政和国家预算是我国有计划地集中和分配资金的重要工具。国家预算是国家制定的具有法律效力的年度财政收支计划。它是国家根据需要把一部分社会产品和国民收入集中起来，有计划地进行分配使用，从财力上保证其职能实现的重要分配工具。因此，国家教育事业的发展，必须以预算为准，并且受预算的约束，不得自由变更。但物质生产部门的投资，经济主体可以根据情况的发展变化，决定变更和增减。这一情况也足以说明教育投资与一般物质生产投资有其不同之处。

总之，正确认识教育投资的性质和特点，是使教育适应并促进经济发展和增长的基本前提，是制定教育投资政策的依据。

第二节　教育投资主体的行为分析

　　教育要发展，最根本的物质保证是教育投资，换言之，要谋求教育的发展，则必须有充裕的教育经费予以支持。二者之间的关系，正如美国教育行政专家罗森汀格在谈到要谋求教育的发展时所言："学校经费如同教育活动的脊椎。"所以，教育事业的发展需要有充裕的经费，已是不容争辩的事实。那么，教育该由谁投资，教育投资该由谁负担和提供，亦即谁应是教育投资的主体，这是一个研究教育投资的基础性理论问题。

　　所谓教育投资主体，是指具有独立投资决策权，并对教育投资负有责任的经济法人或自然人。从理论上分析，教育投资可划分为政府、企业和个人家庭这三大主体的投资。因为在任何社会经济条件下，教育投资最终来自国民收入，教育虽可以增加国民收入，但不能直接创造国民收入，教育投资只能来自国民收入。国民收入经过初次分配和再分配，形成了国家集中的财政收入、企业收入、劳动者个人收入三部分。国民收入的分配由国家、企业、劳动者个人三部分构成，那么教育投资也基本上由这三大主体承担，即形成了个人的教育投资、企业的教育投资和政府的教育投资。

一、个人家庭教育投资的行为分析

　　个人对教育的投资支出，实际上多表现为受教育者个人家庭对教育的支出。相应地，个人的教育投资支出，一般也称之为个人家庭的教育投资支出。

　　受教育者个人及其家庭作为社会经济活动中的一个基本主体对教育投资的状况，是政府和社会确定其教育投资支出规模、投资方向以及制定教育投资政策的基础和出发点。因为从资源优化配置的角度看，政府和社会不应也不能在不考虑个人家庭支出的情况下，盲目地安排自己的投资支出。当然，个人家庭对教育的投资支出，在整个教育投资中也可能只占较小的份额，但这些投资支出的任何变化都会直接影响到个人及其家庭对教育的评价，影响到教育投资的来源，乃至教育自身的发展。因此，在分析教育投资体制的过程中，首先应注意对个人家庭的教育投资行为的分析。

1. 个人家庭教育投资的一般行为动机和目的

从根本上说，每一个投资主体都要讲究投资效益。个人作为社会经济活动中的一个基本主体，有其特定的行为预期。受这种预期心理的影响与制约，个人在社会中所从事的许多活动可能是为了今天的享受，而更多的往往是为了在将来能获得种种经济或非经济的收益与满足。由于这些为了取得预期收益的个人活动既涉及个人的收入水平或投入，又取决于预期的收益，那么个人的投资活动在理论上一般可以用成本—收益分析方法进行分析描述。也就是说，个人对某一项目的投资支出，原则上将主要受制于个人对此项目投资预期收益，以及此项目投资收益率与其他项目投资收益率的对比。而投资收益率一般以银行存款利率为下限，以银行贷款利率为上限。同时，预期投资收益率要以金融资产收益率和预期物价上涨率为参照。因为在市场经济条件下，投资是分散进行的，是以预期收益率及利益变量来调节的，在这种情况下，不能带来预期收益的投资将受到直接投资者的本能抵制。概言之，个人是否对某项活动进行投资至少取决于两个条件：第一，个人对某一项活动的投资主要取决于个人的收入水平、投资的收益率、投资的风险及其他因素，其中，个人的投资规模与其收入水平、投资的收益率成正比，与投资的风险成反比；第二，个人对某一项活动投资的收益率应不低于对其他活动投资的收益率，同时其投资的收益应大于其投资成本。

个人对教育的投资，作为整个个人投资活动的重要组成部分，也是符合个人一般投资的行为动机和目的的。个人是否进行教育投资，也由成本—收益分析决定。诺贝尔经济学奖获得者、美国著名经济学家贝克尔认为："唯一决定人力资本投资量的最重要因素可能是这种投资的有利性或收益率。"收益率越高，进行教育投资越有利。一般而言，教育投资的收益率要大于物质资本投资的收益率。

2.影响个人家庭教育投资的因素

个人家庭教育投资是投资主体最原始的形式，但个人家庭对教育投资支出的多少，实际上是诸多因素共同作用的结果。

（1）个人及家庭的经济条件。个人家庭的经济条件主要与个人家庭的收入有关，个人家庭的教育投资与个人家庭的收入尤其是其边际收入成正比。个人家庭收入水平越高，或收入增长的速度越快，个人对教育的投资支出会越多，反之，个人对教育的投资支出会越少。在市场经济条件下，完成义务教育之后继续接受教育是需要一定的支付能力的。支付能力限制了经济条件较差的个人家庭对教育的投资。

（2）个人的智慧程度。影响个人家庭教育投资最有显著意义的是个人的智慧程度，智能的因素对于个人家庭教育投资的影响最为重要。凡有较高智能的人，在经济条件允许的情况下，他投资满足了第一级教育需求，还想投资满足第二级教育需求……直至投资满足最高一层次教育需求为止。个人智能高所引起的对教育的投资也是要受经济条件制约的。

（3）职业需要。一个人受完某一阶段的教育之后，必须参与社会经济活动，但他只有具备某些基本的知识和技能之后，才能成为一定经济活动的参与者。因此，为了谋求职业，必须投资与接受教育。为了将来从事更高职位或更复杂的工作，又必须投资以求得更高一级的教育。就是说，在参加工作之后，还必须投资教育，寻求学习机会，以获得进一步的晋升与发展。

（4）家长文化程度的差异。家长的文化程度也会影响到个人家庭对教育的投资。这是因为"受教育越多，就越想受教育"。大量的事实证明，在发达国家和发展中国家均出现了这样一种教育累积现象。我国学者秦宛顺、厉以宁的研究再一次证明，"对城镇职工来说，家长文化程度较高，除自己在这方面的需求数量较大、档次较高之外，在培养子女上也较为舍得花本钱；从社会心理因素上讲，文化程度较高的家长总希望自己的子女在文化程度上等同或超过自己。对农民来说，除上述因素外，文化程度和收入之间存在较密切的关系，文化程度较高，引起收入较高；而收入较高，又促进智力投资增加。"

此外，个人对教育的投资还会受到社会观念、文化传统等多种非经济因素的影响。比如，社会普遍崇尚教育和知识，比较重视人才的培养和使用，将会促使个人对教育进行投资，否则将会制约个人对教育进行投资。总之，个人家庭是否对教育进行投资，实际上是上述各种因素共同作用的结果。

3. 个人家庭教育投资支出的具体决定

一般讲，个人家庭教育投资支出的具体决定可从理论和实践两方面进行分析。

第一，从理论上看，个人家庭对教育的投资支出，有学者将其划分为三个不同层次的支出，即对教育的实际投资支出、意愿性投资支出和最大可能投资支出。

所谓对教育的实际投资支出，是指在现行的教育收费标准条件下，个人家庭对教育的具体费用支出。所谓对教育的意愿性投资支出，是指在一定的社会经济条件下，不考虑教育收费这一因素，个人家庭根据其收入水平，根据对教育投资预期收益、风险及其他因素的估价而对教育进行的一种可能投资支出。由于这种投资是个人在一定条件下所愿意主动从事的投资，我们也可把它称之为个人"潜在"的有效教育投资。所谓对教育的最大可能投资支出，则是指既不考虑现实中教育收费因素的影响，同时也不考虑个人家庭对教育投资预期收益、风险及其他因素的估价，个人家庭在一定收入能力制约下对教育所可能提供的最大投资支出。在上述三个层次的个人教育投资支出中，个人的实际支出和意愿性支出，一般来讲，只会小于，最多只能等于，而不会大于个人的最大可能支出，即个人对教育的实际投资支出和意愿性投资支出小于或等于个人对教育的最大可能投资支出。如果不考虑具体条件的限制，个人的实际教育投资支出将可能大于、等于，也可能小于个人的意愿性投资支出，即个人的实际教育投资支出大于或等于或小于个人的意愿性投资支出。

第二，从实践来看，个人家庭对不同类别教育投资支出的具体决定是不一样的：教育按其性质和功能一般可分为普通（或基础）教育和专业教育两大类。普通（或基础）教育主要指中小学教育，在我国包括九年制义务教育和高中教育。它所传授的知识主要是普遍适用的基础性知识，即主要是包括科学技术知识在内的一般文化知识。其应用范围不仅广泛，而且会使受教育者终身受益。因此，从理论上讲，普通教育可视为一种能满足人们特殊消费需要的"耐用消费品"。即对普通教育的投资，不仅可使投资者获得一种心理上的收益或精神上的满足，如提高人们的文明程度和修养水平等，而且这种投资所形成的收益和满足具有更长的耐久性。那么，从支出的角度看，个人对普通教育的意愿性投资将会按照"恩格尔法则"来进行，即随着个人收入的增加而提高。此外，相对专业教育来讲，对普通教育的投资还具有投资成本低、投资风险小的特点。因此个人对普通教育的投资倾向也将保持在比较高的水平上，或者说，个人对普通教育的投资将会在其收入中占据较大的份额。这应是个人对普通教育的意愿性投资的具体决定。

至于个人家庭对专业教育的最大可能投资支出，根据以上对意愿性教育投资支出的分析，不难看出：个人在尽可能压缩了其基本生活支出后的即期收入余额，加上其家庭储蓄，再加上其最大可能负债能力，应是个人家庭的最大可能教育投资支出。个人对专业教育的投资，最终只能达到这样一种水平。

二、企业教育投资的行为分析

企业作为社会经济活动的主体，也是主要的教育投资主体。企业的教育投资，是指企业出于某种行为动机而对教育的投资。由于企业的性质及其所追求的利益目标决定了企业教育投资与个人教育投资、政府教育投资有较大的差别。

1. 企业教育投资的一般行为动机和目的

企业是从事生产、流通和服务等经济活动，为满足社会需要并获取盈利，进行自主经营、自负盈亏，实行独立核算的经济单位，是社会经济活动的主体。从根本上说，企业生产的目的是服从于社会生产的总目的，但它不像政府那样，直接自觉地为满足全社会日益增长的物质和文化生活的需要，它也不像劳动者个人那样，是为自己的全面发展创造条件。在市场经济条件下，企业投资的目的就是为了价值增值，为了追求预期的最大经济利益——利润。这是所有企业在投资中共同追求的一个基本目标，是所有企业投资行为的一个共同特征，也是一个公认的基本经济前提和理论假设。

企业对教育的投资，作为企业整个投资的一个重要组成部分，应该说同样是出于对"利益"的内在追求，相应地，其投资行为也同样应符合使"利益"最大化的基本准则。

当然，在现代市场经济条件下，随着社会经济的发展与文明程度的提高，同时也是由于现代企业（公司）财产法人制度的建立，企业在追逐利润和经济利益这一目标的同时，非经济的或者说社会性的利益也日益成为很多企业尤其是大中型企业（公司）所追求的重要目标之一。对教育的投资也是一样，企业既可能为追求货币性的经济利益而对教育进行投资，也可能为追求非货币化的精神享受或心理满足而对教育进行投资。

2. 企业教育投资范围和方式的选择

在市场经济条件下，既然企业对投资收益的追求既包括货币性的利润，也包括非货币化的心理满足与精神享受，那么根据前面对企业教育投资行为动机的分析，企业既可能为追求货币性的经济利益而对教育进行投资，也可能为追求非货币化精神享受或心理满足而对教育进行投资。也就是说，在现代市场经济条件下，企业的教育投资范围一般主要集中在：（1）能为企业带来直接经济收益的教育，如对企业职工的在职培训、各种类型的职业技术教育，以及与自身发展密切相关的高等专业教育等；（2）能为企业带来非经济收益——主要是为获得良好的社会声誉和树立企业形象而进行公益活动的一部分，如对基础教育的投资和对教育机构提供无偿捐赠等，这种捐赠由于在税前列支，因而可享受政府税收的减免；（3）企业对教育机构的研究合同、培训合同支付费用，这是发达国家高等教育经费的主要来源，现在在我国也正在逐步形成这种制度和机制。

由此可见，在现代社会经济条件下，企业的教育投资范围还是比较宽的。不仅包括用于企业内部的教育投资，如开展职工培训，而且包括用于企业外部的教育投资，如对普通教育的投资与资助。无论是企业的内部教育投资还是外部教育投资，对整个教育事业的发展都有促进作用。在政府的公共教育经费相对说来数额有限的条件下，一个企业越能认识到发展教育的重要意义，越能支出较多的金额来发展企业自身的职工教育或资助其他类别的教育，那样社会的总教育投资就越多，对社会也就越有利。

三、政府教育投资的行为分析

政府的教育投资是指由政府决策并由政府提供资金的投资。从目前世界各国看，虽然教育被普遍视为一种介于"私人产品"与"公共产品"之间的"准公共产品"，或者说，教育既具有一定的"私人性"，又具有一定的"公共性"，但政府对教育的公共投资，则是决定各国教育能否正常、稳定发展的一个最关键的因素。就我国而言，各级政府对教育的投资，在我国整个教育发展中更是起着决定性的保障作用。因此，对政府的教育投资行为进行比较具体而全面的分析，了解政府在对教育投资的过程中所具有的内在行为特征及规律，无论对教育自身的发展，还是对整个教育投资及社会资源利用效率和配置效果的提高，都将具有十分重要的理论和现实意义。

1. 政府教育投资的一般行为动机和目的

政府作为社会公共利益的代表，其教育投资的行为动机不同于个人和企业这两种投资主体。比如，个人和企业的投资动机主要是为了追求各自的经济利益，满足其私人或集体利益的需要，而政府投资则是为了满足社会全体公民或大多数人的需要，或者说是为了特定的公共利益与需要。当然，在不同的社会经济发展阶段，因受社会的、经济的以及政策性等因素的制约与影响，政府的公共职能或社会公共需要往往会具有不同的内涵与外延，相应地，政府的投资行为动机也会因此表现出一定的差异性。一般来讲，在传统的高度集中的计划管理体制下，因政府被视为有能力解决一切经济问题，有能力直接协调整个国民经济活动，并能最大限度地促进经济发展和居民物质文化生活水平的不断提高，因而它不仅具有其固有的政治及社会职能，同时还被赋予了广泛、全面参与组织管理整个社会经济活动的经济职能。与此相应，传统体制下的政府投资行为动机主要就是为了满足其全面参与整个社会政治和经济活动的需要。在传统计划管理体制下，政府之所以对教育进行全面的投资，很大程度上就是为了对人力资源尤其是对具有一定知识和技能的劳动力资源有计划地开发和利用。但在市场经济条件下，因政府只被作为市场与市场调节的补充者和校正者，政府的职能则被限制在市场不能发挥和不能正常发挥其作用的领域内，或者被主要用于弥补和消除市场调节所可能带来的种种缺陷与不足等，也就是说，凡是市场能解决的问题由市场解决，政府只能做市场所做不到的事情、做不好的事情，政府只解决市场所不能解决的问题。按西方经济学中的公共产品理论，政府作为整个社会经济活动的一个"生产部门"，其职能主要是为了"生产"和提供具有公共利益或效用的"公共产品"与"准公共产品"，满足社会的公共需要及其对社会公共利益的追求。那么，与之相适应，在市场经济条件下，政府的投资行为动机就是为了追求和满足这种所谓的公共利益与需要，并尽可能降低和消除市场调节所可能产生的种种缺陷与不足。

从以上的分析中不难看出，在市场经济条件下，政府教育投资的行为动机主要是为了满足社会成员对教育的"公共需要"，实现教育的机会均等，保证整个教育的正常发展，以及保证教育与经济社会发展的协调与平衡。这种种行为动机，其实也是政府对发展教育所应承担的责任和义务；正是由于具有了这些责任和义务，就决定了政府在整个教育投资和教育发展中将起着十分重要和不可替代的作用。

2. 政府教育投资支出规模的决定

既然政府在整个教育投资和教育发展中是起着十分重要和不可替代的作用，那么政府对教育投资支出的规模如何确定呢？

从理论上讲，政府教育投资支出规模主要取决于政府和社会对教育功能的认识，取决于社会对公平目标的追求，以及受制于社会收入的分配状态，受制于个人和企业对教育的投资行为状态，等等。然而，不管怎么讲，既然政府教育投资的行为动机和目的主要是为了满足社会对教育的"公共需要"，是为了实现教育机会的均等以及弥补个人和企业对教育投资的不足等，那么政府对教育投资支出规模至少应能够保证上述诸目标的实现。

现在的问题是，所谓教育公共需要，所谓教育机会均等以及其他决定政府教育投资的因素，实际上是一种模糊指标，很难进行量化。因此尚不能真正说明政府究竟应承担多大规模的投资，而只能是一种原则性的说明。至于政府对教育的具体投资支出，则恐怕还应视一国一定时期的具体情况而定。看来，在市场经济条件下，政府应遵循的投资原则是，凡是个人、企业和市场能够解决的问题，或是它们能以高于政府干预效率来解决的问题，在原则上应由它们自己来解决，政府只应当从事那些个人、企业与市场所不能或不愿意从事的经济活动，以及那些相对效率较之个人、企业与市场要高的经济活动。同理，在市场经济条件下，政府对教育的投资主要限于个人和企业不愿进行投资或无法进行投资的领域，或者说，凡是个人和企业能够有效进行投资的教育领域，政府则不应参与或取代。换句话说，政府对教育的投资，主要取决于社会对教育投资的需要与个人和企业对教育投资的具体状况。这样，政府对教育的投资规模原则上应等于全社会对教育投资的需求减去个人和企业对教育的投资。也就是说，在社会总需求一定的情况下，个人和企业对教育的投资越多，政府对教育的投资则越小；反之，政府对教育的投资应越大。根据这一原则，政府只应是整个教育投资来源的最后供给者和调节者。

然而，需要指出的是，即使是非义务教育，政府也应对其进行相应的投入。这是因为增多受教育者不仅会增加自己的预期收益，也会为国家经济和社会的发展做出更大的贡献，因此国家也是受益者之一。根据"谁受益，谁投资"的原则，政府自然应对其进行较多的投入。

3. 政府教育投资行为的偏差及矫治

根据前面的分析，政府对教育投资的动机主要是满足社会对教育的公共需要，实现教育机会均等，保证教育与经济社会的协调发展等，因此，政府必须在整个教育投资和教育发展中发挥重要的作用。但另一方面，也应当看到，由于政府本身的行为偏差，在现实中，政府对教育的投资与社会需要之间，往往存在着一定的偏差。

根据现代西方公共选择理论的研究，政府是公共利益的代言人，尽管其职能是为了满足社会的公共需要，实现社会的公共利益，但政府本身并不像传统经济学所认为的那样，是一个理想的、超凡的神圣行为主体，它的行为在很大程度上受制于政府成员的具体行为，而这些政府成员固然具有其"公共性"的一面（他们服务于政府部门），但他们也有"私人性"的一面，同样具有追求自身利益最大化的理性和行为动机，再加上受现实社会经济活动的复杂性以及信息的不充分性等因素的制约，政府的行为也会像市场一样产生一定的盲目性和随意性。同理，具体到教育投资这一领域，政府的教育投资作为整个政府投资的重要组成部分，由于受到教育自身属性与政府自身缺陷的制约，也会表现出一些固有的行为偏差。

由此可见，受上述种种因素的影响与制约，政府对教育投资行为并不像人们想象中的那样"完美无缺"。政府教育投资行为出现偏差是人们面临的一个无法回避的客观现实。正像发挥市场的作用必须注意市场调节具有一定的内在缺陷和不足一样，发挥政府的作用也同样应考虑政府自身所具有的内在缺陷与不足。只有正视这种缺陷与不足，并采取有力措施限制它的发生范围，矫正已出现的偏差并减轻它的负面作用，才能使政府的教育投资发挥更大的作用。

第三节　教育投资的合理负担

教育投资分担与补偿是随着教育观念的改进、人们投资意愿的增强、教育财政日益紧张而出现的。自二战以来，随着科学技术的迅速发展，教育的经济价值日益显露出来，教育投资生产观日益深入人心，个人投资教育的收益日益丰厚，但同时教育成本却在不断上升，教育完全由政府当作一项福利事业来兴办，既不合理，而且在日益膨胀的教育需求面前也不太可能。加之 20 世纪 70 年代以来，世界范围内的经济危机使各国财政普遍十分拮据，与此同时，随着居民收入的提高，居民对投资教育的意愿也日益增强，为教育投资的合理分担创造了良好的条件。在这种情况下，1984 年，美国经济学家约翰·斯通提出了教育成本分担与补偿理论。

一、教育投资合理负担的理论基础和原则

实行教育投资分担与补偿，并不是哪个政府的一项随意的政策，而是世界各国教育发展的共同趋势。其依据的客观原则与理论基础主要有下述两条。

1. 利益获得原则

所谓利益获得原则，是指为了合理地分担教育投资，使教育投资的负担合乎经济公平的要求，教育投资的负担应与收益相配合，谁受益，谁负担，收益多的人应分担较多的投资，收益少的人分担较少的投资。因此，政府、企业与个人在负担教育投资时应依据各自的收益来决定，同时不同的个人在负担教育投资时也应依据收益而定。当然，在利益获得原则下，学费可能偏高，对于家境清贫的学生来说负担将显得过重。因此，为使教育机会均等、人尽其才，以利社会发展，政府必须制定多种资助政策。学杂费在私人成本中只是一小部分，不一定能影响一个人决定是否受教育。但对贫穷的人而言，其教育的机会成本较高，资助政策应能让他们有足够的勇气放弃就业而选择入学。

2. 能力支付原则

所谓能力支付原则，是指所有从教育中获得好处和利益的人（无论是直接的还是间接的）都应按其支付能力大小提供教育经费，能力越大，支付越多；能力越小，支付越少。这是社会公平的内在客观要求，因为依据边际效用递减的规律，能力高的人，其超额财富的效用较低，这样，富有者多支付教育经费是公平的。而且，一定的支付能力即对国民收入的占有也决定了负担教育投资的可能。

然而，从各国的具体实践来看，上述两条原则并不是彼此孤立、各自独立存在的，而是相互联系、缺一不可的。其中第一条原则无疑是根本的，它集中体现了"谁受益，谁负担"的原则。那么，谁从教育中获得了好处和利益呢？这无疑是国家、社会、企业、团体和个人。所以根据利益获得原则，获益各方均应负担相应的教育投资。同理，在我国社会主义市场经济条件下，在教育成果由社会各方分享的情况下，片面强调教育投资由某一方单独负担，在理论上是站不住脚的，在实践上是有害的。另一方面，在具体选择上是以前者为主还

是以后者为主，还必须受制于一定的经济发展条件、个人收入状况以及人力资本存量。在发展中国家经济比较落后的情况下，个人收入水平较低，成本分担能力较低，人力资源缺乏，教育收益率较高，为了保证教育的发展，应以能力支付原则为主确定教育投资负担的标准；随着经济的发展，人们的收入水平不断提高，教育支付能力也将不断提高，而由于人力资本存量相对充足，教育收益率会有所下降，此时，则应以利益获得原则来确定分担标准为宜。

二、教育投资合理负担与补偿模式的构建

以上是从个人家庭、企业单位、政府等不同教育投资主体的角度来考察教育投资的分担与补偿，但对于不同类别的教育，由于各自具有不同的性质和特点，其投资的分担与补偿模式应当是不一样的。

1. 义务教育投资的合理负担

"义务教育"又称"免费教育""强迫教育"或"普及教育"，是指国家权力机关通过法律的形式，规定所有适龄儿童和青少年必须接受一定年限的学校教育，并要求国家、社会和家长必须予以保障。普及义务教育既是现代经济和民主政治发展的客观要求，也是现代文明的标志。回顾历史，自1619年德意志魏玛邦公布的学校法令规定父母应送其6～12岁子女入学，否则政府强迫其履行义务开始，历经几个世纪，到2000年为止，192个国家或地区中共有170个宣布实施义务教育。从义务教育的性质和各国实施义务教育的相关法律中不难看出，义务教育具有三个显著特点：一是强制性，二是普及性，三是采取免费的学校教育形式。其中，免费是实施义务教育的重要支柱，是强制性和普及性的经济保障。

2. 高级中等教育投资的合理负担

在现代社会，世界各国虽然都把教育作为每个公民都能享受的一种基本权利写进了自己的宪法，把实现教育机会均等和教育民主化作为努力追求和奋斗的目标，但受生产力发展水平的制约，除发达国家和少数新型工业化国家已把义务教育制度从初等教育延伸到整个中等教育，并基本保障了人人都能接受初等和中等教育外，目前世界上相当多的国家还没有能力把整个中等教育作为人

人都能享受的免费教育来普及。中等教育对大多数人来讲，仍然是一种非义务和非免费的教育，因而仍是一种主要由个人负担部分经费的教育活动，在我国一段时间内也不例外。

但是，若从高级中等教育的内部来看，普通高中所传授的知识主要是普遍适用的基础性知识，即主要是包括科学技术知识在内的一般文化知识，其应用范围不仅广泛，而且具有较强的社会、文化功能；而职业技术教育所传授的则基本上是一些专门化的知识和技能，具有较强的针对性，其运用范围往往十分有限（如很多职业技术教育所传授的知识仅适用某些行业、公司或企业等）。这样，一般而言，普通高中的公共属性（或收益的外在性）要大于职业技术教育的公共属性。因此，这两类教育投资分担与补偿的模式应有所不同。

3.高等教育投资的合理负担

高等教育作为教育体系的一个重要组成部分，在整个教育中居于一种比较特殊的地位：既是初等、中等教育的延续和发展，又是对初等、中等教育在更高层次、更高程度上的深化，同时，它又位于整个正规教育体系的终端，成为联结整个教育体系与整个社会经济活动的重要纽带与窗口。

由于高等教育是作为一种终极性和专门性的教育活动，不同于以传授普通基础知识为主的初等、中等教育，它是为整个社会经济活动直接服务的，是为了给社会培养和输送不同类型的高层次专门人才，也就是舒尔茨所讲的"高等教育这种人力资本投资是为了迎合由于经济增长而造成的需求"，这就决定了高等教育的发展，无论是在规模上还是在结构上，都必须以社会经济发展对各类高层次专门人才的需求为前提，必须适应和符合这种劳动力的再生产对不同知识和技能的直接需求。从这个角度上看，高等教育仍然可视为公共产品。但是，若从总体上看，高等教育基本上可视为一种收益内在化的"私人产品或服务"。与基础教育不同，高等教育所传授的知识与技能对个人讲是一种比较特殊的资本，即人力资本；这种特殊的人力资本不仅存在于受教育者体内，为个人所直接拥有，同时能提高受教育者的收入，为受教育者带来种种收益或满足；而这种收益或满足除了客观上有利于他人及社会外，基本上主要由受教育者个人直接获得。

第六章　教育资源的利用效率

第一节　教育学领域效率的含义

一、效率的教育学含义

从经济这个角度去认识，教育过程是教育资源的投入、利用和教育产品产出的过程，是教育者和受教育者共同参加的双边的劳动过程。这一劳动过程尽管不直接生产物质产品、创造物质财富，而是培养和提高受教育者的素质和劳动能力，但它与其他劳动过程一样，都是在一定的时间中进行的，都要"耗费人的一定量的肌肉、神经、脑，等等"，都是自身体力和脑力的消耗过程，是教育者和受教育者耗费一定量的活劳动和物化劳动的过程。因此，同物质生产过程一样，教育过程也有一个"投入"与"产出"的问题。"劳动耗费"与"劳动成果"的问题，即教育资源的利用效率问题。

由此可见，教育领域内的效率与经济领域内的效率在含义上没有太大的差别，教育领域内的效率从本质上讲是指"资源配置的结果要使效率最大化，即教育资源配置要形成一定的优势结构"。如果有限的教育资源配置得当、使用得当，就能发挥更大的作用，具体表现为：用有限的教育资源获得教育规模与教育质量的较大发展。如果有限的教育资源使用不得当、配置不合理，就只能发挥较小的作用，具体体现为：投入一定的资源却不能使教育规模得到扩大和使教育质量得到提高。

早在 20 世纪初，随着第二次工业革命和现代生产的迅速发展，教育生产功能论兴起，在工业发达国家受功利主义和商品经济的影响，讲求效率的观念也被引进教育领域。1910 年美国教育领导人之一的巴格利（Willaim Bagley）出版了《教育管理》一书，指出教育管理是一个经济问题，投在学校的每一单位币、时间、能量都应获得最大的红利。随后有关教育资源的有效利用问题受到了教育界的广泛关注，具体表现在：（1）批评当时学校系统的浪费及无效率；（2）要求对学校教育成果做出衡量，学生的质与量都要计量；（3）为防止资源浪费，对学校预算进行量的分析，形成成本分析的热潮；（4）出现了很多研究教育效率的专家，一是教育学者，他们提供教育生产活动的服务和咨询工作，二是1911 年以后各大城市成立的效率局所聘用的效率工程师；（5）对教师教学能力的计量评价；（6）学校建筑及设备利用率的计量。

20 世纪 20 年代中期以后，由于受到教育界重视学生人格素质的人士的反对，以及计量教育效率方法本身的某些缺陷，讲求效率的高潮有所下降。但是，对学校教育资源利用效率的研究一直未停，1935 年，罗素与瑞福斯发表了关于高等学校学生人数与成本支出的相关研究成果。20 世纪 40～50 年代相继出现了很多关于教育投入—产出分析和教育成本分析的研究。60 年代，成本—效益分析技术首先在美国、加拿大和欧洲发展起来，随后又相继在世界不少国家得到推广和运用，对教育经济学的研究领域做出了开拓性的工作。

二、教育经济效率概念辨析

"教育经济效率"是与教育经济效益相对应的概念。目前国内持这种说法的人很多，很多版本的教科书都沿用了这种表述。持这种观点的人认为，将教育的投入与产出的比较称为"教育经济效益"，是照搬生产部门关于"经济效益"的概念。由于在许多场合不进行"外部"与"内部"的区分，统称"教育经济效益"，这就容易引起误解。事实上，教育投入与教育直接产出的比较，只能说明教育过程中教育投入使用效率的高低，而不能说明教育经济效益的大小，故持这种观点的人认为，用教育经济效率来说明教育过程中教育投入使用效率较为贴切。

"智力投资经济效果"是厉以宁教授最早提出的概念，它与教育的社会经济功能相对应。所谓智力投资经济效果，即"智力投资这一经济活动的劳动消耗与所得成果之比，也就是智力投资的投入与产出之比，而不涉及由此在社会和经济各方面所引起的后果"。智力投资经济效果的提出，依据的是经济效果的定义。什么是经济效果？"经济效果是指人们的经济活动中的劳动消耗（包括物化劳动消耗和活劳动消耗）与所得到的成果之间的比较。简单地说，就是指投入与产出之比。各种劳动消耗就是投入，各种成果就是产出。"但使用这一概念的不足之处在于："经济效果"更侧重于对教育成果的考察，其着眼点主要在产出上，只要一个单位能培养出数量更多、质量更高的人才，就会被认为教育的经济效果是好的，而为获得这一成果究竟付出多少代价则往往容易被忽视。"教育的社会经济功能是指教育在一国经济和社会发展中的作用。"显然，"教育的社会经济功能"这一概念的内涵要比"教育经济效益"宽。它包括教育在就业、国际收支平衡、收入分配、社会经济与社会发展目标、财政收支等诸多方面对社会和经济直接与间接的促进作用。

"教育的经济效力"是华东师范大学邱渊教授提出的概念。与此相对应的概念是"教育的经济成效"。邱渊教授认为"教育事业的全部社会效益体现于教育工作本身发挥功能和教育成果发挥作用两个阶段"。"教育工作的经济效力是教育事业的功能在其诸过程和各机构中经济特征的数量表现。它表明功能阶段的经济效益。"教育工作经济效力体现于"教育结构的组合效力"和"教育机构的工作效率"，通过教育工作培养出来的教育成果具有经济效用，在社会实践中，教育成果发挥经济效用的结果，称为"教育成果的经济效益"。"教育成果的经济效验"，是可以验证的教育成果的经济效益的简称。以教育成果的经济效验为重点表现的教育成果的经济效益，有时又可进一步简称为"教育的经济成效"。

"教育投资内部效率"是袁连生和袁强两位同志提出的表述方法，它是与"教育投资外部效率"相对应的概念。他们认为，教育投资的效率是教育的产出与投入之比。按教育的结果，可以把教育产出分为内部产出与外部产出。内部产出是教育过程的直接结果，包括学生知识技能的提高、思想品德的变化、身体素质的增强。外部产出是指教育对社会经济的作用和贡献。教育的外部产出与教育投入之比，为教育投资的外部效率。教育投资的外部效率是教育对经济增长贡献大小的度量，教育投资的内部效率则是教育过程本身效率的度量。

上述这些不同的观点体现了一个共同的特点，即将教育的经济贡献分两个阶段来进行研究，并在每一阶段分别提出一个概念来表述该阶段的研究内容，反映了一个粗线条的轮廓。教育内部经济效益与教育外部经济效益的划分，教育内部经济效率与教育外部经济效率的划分，以及教育经济效率与教育经济效益的划分，都属于粗线条的划分。但是，这些表述似乎显得过于混乱，并且几乎都属于经济学原有的概念，使人难以很好地把握。其实，投入教育过程的一般也是人力、物力和财力，它们的总和，即教育资源。既然称为资源，就有一个利用效率的问题。基于这样的分析，我们认为，用"教育资源的利用效率"来概括教育投入与教育直接产出的比较，较为合适。

三、教育投入和产出的效益

教育资源利用效率，从宏观角度讲，是指整个社会全部教育活动的投入产出状况，或国家为教育部门所投入的资源的利用效率；从微观角度讲，即探索一定部门、一定地区或学校教育活动中的投入产出状况，特别是学校教育过程中的教育资源的利用效率。

对教育的投入与产出的配合通常有三种方式：（1）产出配合法。在投入一定的情况下，以产出的不同配合、产出内容以及体现的价值量不同，反映教育资源利用效率不同。（2）投入配合法。在产出量一定的情况下，以投入的不同配合、内容与数量不同，反映教育资源利用效率不同。（3）投入—产出配合法。以不同的投入—产出的不同配合方式、内容、数量及其相关程度，反映教育资源利用效率不同。其计算极为复杂，包括量与质两方面。量的方面可加总，但质难以计量，虽可对不同质的量加总计算，但做到标准化、科学化很困难，甚至是不可能的。所以教育资源利用效率的分析一般都是借助于假设来进行的，即假设学校处于理想状态：学生努力学，教师认真教，教学内容合理，教学方法得当，学校管理有方；假设整个教育系统有序，即教育结构合理，不存在教育浪费等。这些假设如能成为现实，则教育资源将能以最大程度利用。但事实上，上述诸方面假设并非等同于现实，不同地区、不同学校对于这些假设具有不同的满足程度。这样，计量出的教育资源利用效率只能是有条件的和相对的。因此，对教育资源利用效率的考察研究，还必须注意下列问题。

其一，投入与产出应有可比性，标准与口径应统一，排除不同经济发展水平和不同投入水平的影响，排除生均费用上升趋势的影响，才能找出效率的高低。不具有可比性的内容，就很难说明效率的高低。

其二，指标必须客观，排除主观因素影响，保证抽样和指标的合理性及结论的科学性。例如，作为样本标准，应取全国同类学校的平均数或一定数量同类学校的平均数，也应考虑合理递增率或物价提高的指数、地区差价等，否则难以做出较准确的评价。

其三，在考察微观教育单位内部教育资源的利用效率时，必须以外部经济效益为前提。这是因为，如果教育培养的人才与经济社会发展的要求不相适应，那么微观教育单位教育资源的利用效率再高，也不可能产生较好的外部经济效益。例如，高等和中等专业学校的某些专业设置，如果不符合国家经济结构的需要，学校输出的人才学非所用时，培养的学生数量越多，内部资源利用效率越高，其浪费越大。因此，提高外部经济效益是提高微观教育单位教育资源利用效率的目的和出发点。而微观教育单位教育资源的利用效率又是实现外部经济效益的基础。微观教育单位教育资源利用效率的提高，其总和必然体现为外部经济效益的加强，二者是互相制约的。

第二节　教育资源利用效率的考核与评估

既然教育过程是教育资源投入和人才产出的过程，这就同其他投入产出过程一样，也存在一个对资源利用效率进行考核和评估的问题。

根据教育自身的特点，对教育资源利用效率的考核和评估一般是从两方面进行的：一是从单个因素的角度进行考核，即分别考核各种资源的利用效率；二是从整体因素的角度进行考核，即综合考核教育资源的利用效率。因而，对教育资源利用效率的考核和评估便分为两类：教育资源利用效率的单项考核与评估和教育资源利用效率的综合考核与评估。

一、教育资源利用效率的单项考核与评估

教育资源利用效率的单项考核与评估主要包括三类：人力资源利用效率的考核与评估、物力资源利用效率的考核与评估和财力资源利用效率的考核与评估。

1. 人力资源利用效率的考核与评估

提高人力资源的利用效率，是一切工作领域的最基本要求。教育过程也不例外。教育过程中的人力资源包括教学人员、行政人员、工勤人员等。教育过程中人力资源的利用效率，主要指每一教职工负担学生数和每一专任教师负担的学生数。一定的教育工作者，在一定时间内培养的人才数量越多，人力资源的利用效率就越高，反之，则低。因此，尽可能降低教育过程中人力资源的投入量或减少活劳动消耗，提高单位教育工作者的学生培养数量，是提高教育过程人力资源利用效率的主要标志。用数学关系式表示如下：

人力资源利用效率 = 年在校学生总数 / 年在校教职工总数（专任教职工总数）

在学校教职工人数不变的情况下，增加培养的学生人数，或者是在培养学生人数不变的情况下，减少教职工人数，都反映了教职工利用率的提高。但是，在教育过程中确定多大的师生比例最为合理，这是一项比较复杂的工作，需要根据各级各类学校的培养目标、课程分类、教师工作量等具体要求来进行计量。目前，在我国一般是根据教育部制定的编制标准来对学校人力资源利用效率进行考核和评估。

2. 物力资源利用效率的考核与评估

教育过程中的物力资源，是国家和社会用于各级各类学校教育资金的物化形式。它体现为教育过程中物化劳动的占有和消耗，是培养熟练劳动力和各种专门人才不可缺少的物质技术条件。其主要内容包括：教育设施、教学仪器、实验设备、图书资料、文体器材，等等。衡量教育过程物力资源使用效率的综合指标主要有：每一学生占有固定资产利用率和每一年固定资产消耗额。分项指标主要有：固定资产利用率、全年低值易耗品及材料利用率、实验设备利用率、实验室利用率、图书利用率、校舍利用率等。

目前我国各类学校一方面缺乏必要的物质技术装备，另一方面现有的物质技术装备利用率又不高，实验室、仪器室等实际使用时间不足。考核物力资源利用率需要根据不同情况，从上述不同方面分别予以计量、分析。在同级同类院校之间进行比较时，应尽量剔除不可比的因素，才能得出具有说服力的结果。

3. 财力资源利用效率的考核与评估

教学过程中的财力资源，其实质是人力资源、物力资源消耗的货币反映。其反映的形式表现在财务活动中的各科、节、目中。学校的财务活动，是随教育过程中教学、科研、行政管理等各项活动同时运转的，有其自身的分配、使用规律。我国学校的教育资金一般分为预算内资金、预算外资金两种形式，每种资金的运转都包含着收入（政府渠道和非政府渠道）、分配、使用、结算四个环节。这两种形式和四个环节都有其静态和动态表现，在随教育过程的运转中，对资金都有一个如何发挥最大效益的问题。目前衡量教育过程财力资源利用效率常用的指标有：每一学生每年培养费用和每一毕业生周期培养费用。由于培养不同规格的学生需不同的培养费用，培养同一规格的学生在不同的年度有不同的培养费用，所以衡量教育过程财力资源利用效率的指标一般只宜在同级教育、同类学校、同一专业、同一年度进行分析、比较。教育过程消耗的财力可分为工资、补助工资、助学金、奖学金、公务费、修缮费、业务费、设备购置费等不同项目，所以对财力资源利用效率常常也需要再分项进行分析。

二、教育资源利用效率的综合考核与评估

任何教育过程，都是在时间中进行的。教育资源的利用效率，就是指在一定时间内具体一个教育单位资源的投入和产出的比较，不同教育单位教育资源的投入和使用情况不同，其效率就不一样。具体讲，任何教育过程，都是教育资源的消耗过程。而任何资源的利用和消耗，都存在着一个资源效能的发挥程度问题，都有一个劳动的有效性和产出效果的大小问题。这些都属于教育资源利用效率问题。因此，教育资源的利用效率就是：教育产出与教育投入之比或教育成果与教育资源消耗之比。用公式表示如下：

教育资源利用效率 = 教育成果 / 教育资源消耗

由上式可以看出，"生产"相同质量的教育产品，教育资源消耗越少，效率越高；消耗同样的教育资源，质量相同的教育产品越多，效率越高。反之，则效率低。照此，假设教育质量相同，就能对不同教育单位的教育资源利用效率进行比较分析，因为在不同教育单位之间，只要师资水平、教学物质技术基础、学生来源等条件大致相似，进行分析、比较是可行的。然而，教育资源的利用效率绝不单纯是量的概念，而首先是质的概念。

也就是说，教育资源利用效率首先是教育产品是否符合经济社会发展需要的质的对比，之后才谈得上资源消耗与教育产品之间的量的对比。换言之，只有当教育成果是"有用的"，学校"生产"了满足经济社会发展需要的教育产品，才谈得上教育资源具有经济效率，才能进而在资源消耗和有用教育产品之间进行量的比较，或者说对教育资源利用效率的高低进行比较。因此，要对教育资源利用效率进行综合考核和评估，就必须对教育产品的质和量同时进行考察。一般来说，数量的考察比较简单，但要使教育产品的质量数量化，又是一件十分困难的事情。

第三节　教育资源利用的低效率及其制度根源

与教育资源有效利用相悖的是教育资源的浪费，或曰教育浪费。对于教育资源的浪费或教育浪费有多种解释。按照联合国教科文组织的定义，"浪费"这个术语"在教育领域里被用来描述阻碍一种教育体制实现其目标的各种障碍"；日本学者新堀通也则把目标实现功能没有得到发挥的状态称为浪费；有的学者把教育中的浪费等同于"学校中的失败"；而《国际教育百科全书》的定义则是"所谓教育浪费就是指留级生重读和辍学生就读过的总学年数"。那么，教育浪费的是什么呢？有学者认为"是人的学习、学校设施与设备"，而美国著名教育学家杜威则认为，教育浪费的问题并不只是金钱或物力的浪费，"最根本的浪费是人类生命的浪费，儿童就学期间生命的浪费和后来由于不适当和谬误的准备所造成的浪费"。由此可见，教育资源的浪费或教育浪费既包括显性浪费，也包括隐性浪费，其内容主要包括以下几个方面。

一、留级与辍学

在西方一些教育著作中，教育资源的浪费或教育浪费主要是"用来解释留级生与辍学生在学生时代待在学校的总年数"。"留级生是指留在原年级重新再读该年级课程的学生；辍学生是指尚未读完注册的整个教育阶段，未到最后毕业就中途离校的学生。"留级之所以被认为是一种浪费，正如有学者认为的那样，是因为：（1）留级生待在学校的时间比预定的长，因而减少了学校招收新生的人数；（2）留级生使学校的经费受到损失，提高了培养一个学生的经费开支；（3）留级助长了辍学，使教育体制内的机会均等出现了倒退现象。由于不能按部就班地升学和大多数学生来自农村和社会经济地位低下的家庭，因而产生了不平等的现象。因此，在留级与辍学两种现象中，留级造成的浪费更大。浪费的是什么呢？第一年投入的教育资源与学生自身的投入（时间、精力、金钱等）被浪费了。更值得注意的是，由于第二年的大部分时间用于重复学习第一年已经学过的东西，这不仅本身是一种浪费，而且其结果可能是使学生讨厌学习，降低学生为未来而学习的动机。这些都表明教育投资的利用存在问题。

二、学校教育与实际工作相脱离

如果说留级和辍学现象主要产生于义务教育阶段，那么，学校教育与实际工作相脱离现象则主要见于义务教育后的教育阶段，尤其是高等教育阶段。其结果是，一方面人才奇缺，另一方面人才过剩而失业现象严重。前者使职位空缺得不到填补造成物质资源的浪费，后者则是人力资源的浪费，而且与人才过剩相伴随的失业状况对社会稳定也是危险的。虽然失业问题并非完全靠教育所能解决，但学校教育与实际工作相联系有助于减少失业队伍，尤其是受过较高程度教育的人的失业率。受过学校教育的人相当一部分找不到适当的工作，固然与提供职位的工作部门有关，但也不能不说与学校教育的不适应性有关。这种不适应性既有专业结构的不合理，又有教育内容或课程设置的不恰当。因此，学校毕业生能否成功地找到工作，应该成为衡量义务后学校教育是否成功地满足社会多方面需求的一项准则。

学校毕业生失业或就业不足不仅对个人、对社会都会产生不利影响，而且会影响到学校教育系统自身的发展。当劳动力市场上知识劳动者过剩时，往往就会发生委屈就业的现象。实际上，当大学毕业生未能找到与自己所学专业对口的工作时，为了自身的生存，他们便会满足于无须很大才干，如一个只需中学毕业文凭的空缺职位，而把中学文凭持有者推向一些资格要求更低的职位。这样，用人单位和雇主也会提高对空缺职位求职者的教育要求，而排除文化程度较低的申请者。由此就会产生两个具有同等破坏性的严重后果。"第一是未来的求职者们为了力求获得最大的成功机会，展开了一场无休止的学业文凭竞赛。除了消耗公共财力之外，追求更高的资格，加剧了受教育机会和效果上的不平等。因为失败者往往是在社会和种族地位上处于劣势的人。第二，正式的教育资格证书在获取工作时至关重要，可是，一旦得到了工作，它的用处就越来越小。由于青年人越来越意识到学历的虚假性，于是他们便从开始怀疑演变到对整个教育持消极态度。"

三、学校教育与实际生活相脱离

这个问题与学校教育脱离实际工作是密切联系的，某种意义上可以说学校教育脱离实际工作是学校脱离实际生活的一部分。杜威曾对这个问题给予了足够的重视，认为"一切浪费都是由于学校和现实隔离开来"，"学校的最大浪费是由于儿童在学校中不能完全、自由地运用他在校外所得的经验；同时，另一方面又不能把在学校里所学的东西应用于日常生活"。的确，受过教育但在实际生活中却没有能力运用那些从学校得来的知识和才能的青年，会给社会带来"和文盲问题一样巨大的危险"。

对发展中国家来讲，学校教育脱离实际生活的情况在农村尤为严重。一般来说，学校教育要为当地经济发展与社会发展服务，可农村学校教育的学术性、城市化和现代化并不能适应大多数农村青年的学习需求和生活需要，在农村学校中学到的东西绝大部分与城市的生活环境有关，农村学校教育与农村的实际生活之间的联系被隔断，结果是引诱和鼓励受过教育的人离开农村，而不是促使他们留在农村发展自己所在的社区。农村学校的主要目标似乎成了为学生流入城市而作准备。这样一来，"教育扩展对农村经济发展产生了有害影响。因为受过教育的人移居城市中心地区，这就夺去了潜在的生产率较高、创造力较强的劳动力"。于是，"教育农村化"的主张提出来了。

我国教育发展过程中存在资源浪费和利用效率低下的问题，其原因固然很多，但最深层次的原因是教育产权与职责的模糊。

1. 教育产权界定不清，导致整个教育普遍存在资源利用效率低的问题

产权一般被认为是财产权利的简称，也可理解为资源稀缺条件下人们使用资源的权利。产权界定清晰、保护合理，人们在具体的交易活动中就会支付较少的交易费用，或者说，人们在既定的产权安排下就会有效地提高资源利用效率，否则，就会由于权利界定不清而产生低效率问题。教育部门虽然是非物质

生产部门，但它在为经济社会提供重要生产要素的同时，也需要消耗大量的资源，因此教育部门也存在资源利用效率的问题。由于资源的有限性，投入到教育领域的资源更为稀缺，因此必须明确界定教育产权，以实现对教育资源的排他性使用。只有如此，才能有效地增加教育资源投入量，减少教育领域内由于"搭便车"、预算软约束等造成的教育财产损失，以降低教育的交易费用，提高教育资源利用效率，增加教育的供给，满足广大人民群众对教育的需求。

2. 教育部门普遍缺乏动力机制，也会导致教育资源利用低效率的产生

有了明晰的产权并不一定能保证教育运行是高效的。为了使教育高效运行，还必须构建有效的动力机制。那么，怎样才能构建这种动力机制呢？从产权经济学的角度来看，这种动力机制的形成是通过企业追求剩余索取权来实现的，因此，剩余索取权是为保证企业有效率地运作而存在的。教育不等于经济，学校也不是企业，在现实中，有时尽管制度规定上，可能不存在剩余索取权，但在组织的实际运行中肯定要存在各种变化的剩余索取权形式。因此，不管是否将其称之为剩余索取权，学校产权设计中不能不考虑动力机制，只有存在一个有效的动力机制，学校才会成为一个灵活、高效、能适应社会快速变化的组织。但长期以来，教育部门普遍被划为公共部门，教育产品也被简单地当作公共产品来对待。比如，公立学校由于是政府举办的公共部门，不是私人签约的组织，其非人力资本财产是公有的，为政府所控制，政府既是学校的所有者、投资者，又是学校服务的消费者，自然就不存在剩余索取权问题。即使是私立学校，由于财产权的界定不明晰，学校中财产的归属不清楚，各种财产所有者的权利和责任界定不清，投资者是否可以得到回报，应得到什么样的回报，学校的利润归谁所有等问题也没有明确的答案，因此，也就谈不上什么剩余索取权问题。结果是教育部门所属的各级各类学校每年都培养了大批人才，产出了许多知识成果，而这些成果在投放社会以后，却没有使教育部门及各级各类学校得到丝毫的价值实现或补偿。因此，教育部门及其各级各类学校只表现为投入的责任，却没有产权的收益权；教育成果的享用部分只表现为收益的使用权，而没有付出的责任，用人单位享用的几乎是完全的"免费午餐"，致使教育部门缺乏自身的发展动力，收益几乎全部外在化了。

3.教育活动缺乏有效的约束和规范，也必然导致教育资源利用的低效率

产权客观上使财产的责、权、利有机地统一起来，内生出一种基于自身利益需要的财产营运的约束功能。同时，产权通过对财产实际占有主体进行定位，对其拥有的权限进行了界定，能有效地约束和规范行为人的经济活动，从而能够协调经济主体之间的行为摩擦，维护正常的经济社会秩序，而这个层次的产权就是产权经济学中的剩余控制权。对教育来说，剩余控制权也是极为重要的一类产权，因为教育投资与消费是一项风险高、不确定性大的交易。教育投资与消费中存在着许多无法通过合同规范的权益，存在着许多"意外事件"，并由此产生许多纠纷，这些不确定事件最终谁有处置权，对教育投资与消费者来说都是极为重要的。但长期以来，由于政府是全社会生产资料的唯一所有权主体，因此也是唯一有资格、有能力的办学者。教育几乎完全被政府所垄断，公立学校一统天下。这样就造成千篇一律、千校一面的结果。一方面各个学校都缺乏特色，不能适应不同需求主体的要求；另一方面，这些"吃皇粮"的公立学校相互之间也缺乏竞争，自身既没有风险，更没有压力。在这种既无风险更没有压力的情况下，学校总有政府稳定的拨款，学校管理者只要完成上级计划下达的任务就能保住职位，教师只要不触犯法律法规就能稳端饭碗。这样一来，教育资源是否得到了合理配置和充分利用，教学质量是否达到了社会的要求就难得有人真正关心，因为即使教育质量有问题，家长和学生的权益受到了损害，学校既无须负责，也无法负责。在这种制度安排下，政府和学校双方都只能对教育的低效率采取忍耐和无限宽容的态度，各级各类学校教育的低效率因为不能及时得到治理和纠正，就必然持续扩大和蔓延下去，这样也就必然会影响到教育资源利用效率的提高，加剧教育供求矛盾。

四、提高我国教育资源利用效率的对策思路

教育的低效率，主要由于教育的权利与责任安排得不合理，也可谓是产权与职能的错位。所以，理顺教育产权关系，实现教育产权制度变革，是确立教育发展新机制，提高教育资源利用效率的必要前提条件。

关于教育产权，随着我国经济体制和教育体制改革的不断深入，在教育界

已有人进行过探讨。例如，有人认为："教育产权就是拥有举办的教育机构财产的权利，即人们围绕特定的教育财产而结成的权利关系。""教育财产包括学校或其他教育机构的物质资料（硬财产），也包括教育机构在办学过程中的学校作风、教育特色以及由此形成的教学经验和教育思想，还有由整个办学（历史）过程凝聚成的良好'名牌'社会效应等'软教育财产'。"这种探讨是十分有益的，但这种理解大大限制了教育产权的范围。从概念角度看，这种理解基本上只涉及教育活动中交易主体之一——学校，而对教育活动交易的其他主体——学生、家长、政府以及学校内部的教师与校长的产权根本没有涉及。一个完整的教育产权的界定应该是对教育活动中各个主体的权利界定，以及面对教育活动中不确定性与不完全信息时，对教育剩余索取权与教育剩余控制权的架构。

然而，教育产权虽然与企业产权有着一定的共性，但教育领域毕竟不同于一般的社会经济生产领域，教育产品和财产也不完全等同于企业的产品和财产。因此，界定和运作教育产权必须考虑教育本身的性质和特点。教育，作为经济社会发展的一个重要组成部分，按西方公共产品理论所做得比较完善的解释，是一种介于纯粹公共产品和纯粹私人产品之间的准公共产品。当然，将教育从整体上看作准公共产品，并不意味着教育是同质均匀分布的铁板一块，实际上，各级各类教育的性质有很大的差异，它们在受益外在性和排他性上表现各异。

从教育的具体内容看，那些涉及全社会利益的教育，如基础性、普及性的教育，所有社会成员都可以从较高的国民素质中受益，可将其称为公共产品。而公共产品具有效用上的非排他性和利益上的非占有性，所以，作为社会的代表——国家和政府应是这类教育的主要提供者，应承担其主要费用，家庭个人则主要承担一些零星分散的个体性材料开支。承担这一层次和类别教育的学校应是政府举办的公共部门，不是私人签约的组织，其非人力资本财产是公有的，为政府所控制。因此对这一层次和类别的教育，适宜列为公共事业加以管理和发展。至于在义务教育阶段允许私人或民间举办高收费的学校，这是因为居民在义务教育的需求与供给上，我国现阶段还存在明显差别。从需求来说，有一部分家庭对教育质量和办学条件要求较高，一般学校满足不了；从供给来说，居民收入水平差别在市场经济条件下明显拉大，少数富裕家庭有条件支付较高的学费。高收费学校的学生与巨大的义务教育规模相比，其数量很少，不影响义务教育属公共产品的大局和性质，这在实施义务教育的发达或发展中国家也都普遍存在。

对这类教育进行产权变革，主要是要引入竞争机制，即通过不同的学校举办者、办学者之间的互相竞争，提高教育质量，使教育资源达到优化配置，从而提高教育经费的利用效率，如美国的公立学校私营管理、特许学校以及教育券便是极有借鉴意义的例子。公立学校私营管理是由营利性的私营公司管理公立学校及其教育。教育券则是发给学生一定额度的金额，由他们自由选择他们希望去的学校，如私立学校或教会学校。用于教育券的经费并不增加公共教育经费预算，它只是把原先应拨给公立学校的经费转而交给学生直接支付给他们所选择的学校。通过这种手段，鼓励公立学校提高教育质量，并惩罚其失败。特许学校是美国学校重构的重要形式之一，它"是一种新型的公立学校，主要由公共教育经费支持，由教师团体、社区组织、企业集团或教师个人申请开办并管理，在相当程度上独立于学区的领导与管理。特许学校在享受相当自主权的同时须承担相应的责任，而办学者必须提出明确的办学目标并与地方教育当局为此而签订合约。一旦学校不能履行其职责并达不到预先商定的目标时，提供经费资助的政府有权中止合同"。创办特许学校，其目的在于给予学生与家长更多的选择权利，在学校之间形成竞争的氛围，因此，与一般公立学校相比，特许学校在获得更大自主权的同时，也要承担更为明确的责任。对照这样的变革模式，在我国承担这一层次教育的学校权力和教师权力显然要大大加强。这种加强不仅仅是课程设置问题，还包括学校管理的各个方面。其目的是让学校和教师在"提供什么服务？怎样提供服务"这样一些最基本的问题上具有决策权，因为学校和教师是掌握相关问题信息最高的决策层次。由学校和教师对这些问题进行决策有利于改变学校过去较为僵化、对外界变化反应不敏感的问题。因此，在我国这一层次教育产权配置问题的核心是如何给学校和教师以恰当的权力，以及这些权力如何在学校内得到理性的运用。

对于那些外部效应不强，基本上属于学生本人受益的教育，如实用型、操作技能型的教育和职业技能培训，由于更多地带有私人物品性质，可将其称为私人产品。从经济学的角度来看，私人产品具有消费上的独占性或排他性，即一个人享受了这种服务就排除了其他人享受这种服务的可能性。在付费方式上，它是由消费者直接向供给者付费，实行的是"一手交钱，一手交货"的市场原则。受到私人品性教育的学生由于具备了更复杂、更加熟练的技能和更高层次的素质，从而可得到更多的个人发展机会。

　　总之，我国教育资源利用低效率问题的产生绝不是偶然的，而是其体制缺陷的必然产物。正是由于我国教育在发展过程中存在着诸多体制缺陷，所以加快教育产权制度变革显得尤为重要。这种变革的最终目的是让学校成为一个灵活、高效、能快速适应外界变化的组织，以便学校能够提高教育资源的利用效率和提供消费者满意的高质量服务。

第七章 教育成本

第一节 教育成本概念

教育成本概念早在 20 世纪 50 年代末 60 年代初就已经出现，但直至今日，研究人员仍在努力尝试，力求更全面地阐释教育成本的概念。而只有在严格界定教育成本概念之后，才能着手对教育资源实际耗费和教育投资收益率进行计量分析。

一、教育成本的含义

成本是会计学和经济学研究的范畴，是指进行一种产品生产所需的全部费用。在经济学上最早对成本的本质进行阐述的是马克思，他在分析资本主义商品价值构成和成本时指出："按照资本主义生产方式生产的每一个商品的价值，用公式来表示就是 W=C+V+m。如果我们从这个商品价值中减去剩余价值 m，那么，在商品中剩下的，只是一个在生产要素上耗费的资本价值 C+V 的等价物或补偿价值。""商品价值的这个部分，即补偿所消耗的生产资料价格和所使用的劳动力价格的部分，只是补偿商品使资本家自身消耗的东西，所以对资本家来说，这就是商品的成本价格。"马克思视作商品的"成本价格"的那一部分商品价值，我们将之称为生产费用或生产关系成本。一方面费用或成本需要得到补偿，否则企业就无法持续进行生产；另一方面，在其他条件相同的情况下，企业产品的成本越低，竞争能力就越强。因此，企业为了增强自身的竞争能力，获取更多的利润，必然会努力提高劳动生产率，以降低商品的成本价格。

现代经济学中成本的含义有所改变，主要侧重于对机会成本概念进行描述。比如诺贝尔经济学奖得主、美国哥伦比亚大学经济学教授斯蒂格利茨（Joseph E. Stiglitz）提出的成本概念直接就是机会成本概念："如果一个人、厂商或社会在约束线上，或者曲线上运行，它在多获得一种物品的同时只能牺牲一定量的另一物品。多获得每一单位物品的'成本'是不得不放弃的另一物品的数量。"

教育经济学中的教育成本概念是从经济学移植过来的。当 20 世纪 60 年代初人力资本理论形成之后，西方教育经济学者便尝试将经济学中的成本范畴应用到教育学领域。英国教育经济学家约翰·希恩指出："教育部门同其他经济部门一样，要使用一部分宝贵资源。这些资源，如不用于教育部门，就可以用于别的部门。"美国经济学家舒尔茨认为，教育的全部要素成本可分为两部分，一是提供教育服务的成本，二是学生上学时间的机会成本。教育经费与教育成本是两个不同的概念，教育经费是一个统计概念，包含了一些不属于教育成本的东西，而同时又缺少一些重要的教育成本项目。我国学者曾满超认为，从经济分析的角度，"教育的成本是指用在教育上的投入的经济价值。一种教育投入的成本或经济价值被定义为它的机会成本，并且以该投入最佳使用的价值来测定"。

由此可以看出，教育经济学界对教育成本的本质内涵有着基本的共识，即教育成本是指培养学生所耗费的社会劳动，包括物化劳动和活劳动。其货币表现为培养学生由社会和受教育者个人及其家庭直接和间接支付的全部费用。

二、研究教育成本的意义

教育支出并非是一种纯粹的消费和福利支出，它在相当程度上还表现出生产性投资的特征，即通过教育投资可以为受教育者个人和社会带来经济效益。而要保证宏观领域或微观领域中教育投资经济效益的实现，就必须在确保不断提高教育质量的前提下，尽量降低教育成本，增加教育产出。相应地，对教育成本进行深入研究、考核就显得尤为必要。

1. 有利于合理有效地利用教育资源

教育成本是有关学校教育活动中资源耗费的综合反映，它是反映学校教育工作质量的综合性指标，也直接反映了一所学校的经营管理水平和办学效益。一所学校如果能用同样多的成本投入，产生出比另一所学校多得多的效益，应该说这所学校有较好的管理水平和较高的办学效益。学校经费的管理，包括经费的来源、分配、使用和监督，是学校管理的一项重要职能。教学质量的好坏、教学管理水平的高低、科研能力的强弱等，都能通过成本直接或间接地得到反映。因此，研究教育成本，进行教育成本核算，有助于减少教育资源消耗，降低教育成本，提高教育资源利用效率。

2. 有助于政府正确确定学费标准和拨款标准

在经济学中，成本是决定商品价格的基本依据之一，因为商品出售价格的最低界限是由商品的成本价格规定的。一般商品的价格是成本和利润的总和，即价格＝成本＋利润。从经济学的角度看，教育产品也是一种商品，但它是一种特殊商品，不以营利为目的，其利润一般应该为零，即价格＝成本。

但根据当代公共经济学理论，教育产品不是完全的私人产品，它兼有公共产品的性质，不可能完全由受教育者个人及家庭支付全部成本。正因为如此，1994 年国务院发布的《＜中国教育改革和发展纲要＞的实施意见》提出，高等学校和中等专业学校、技工学校"学生实行缴费上学制度。缴费标准由教育行政主管部门按生均培养成本的一定比例和社会及学生家长的能力因地、因校（或专业）确定"。1998 年颁布的《中华人民共和国高等教育法》规定："国务院教育行政部门会同国务院其他有关部门根据在校学生人均教育成本，规定高等学校年经费开支标准和筹措的基本原则。"这两个文件明确提出，学费标准、政府部门对高等学校的拨款标准都要参照生均成本确定。因此，研究教育成本，进行教育成本核算，有助于政府及其教育主管部门正确确定学费标准和拨款标准。

3. 有利于学校加强内部管理和提高管理水平

不仅确定学费标准和拨款标准需要教育成本信息，教育管理更需要教育成本信息。而我国教育的现实是，一方面教育投入不足，另一方面教育经费严重浪费。人浮于事，建筑、仪器设备、图书资料等各项资源没有得到有效利用的情况相当普遍。有人一针见血地批评我国的高校既有政府机关的毛病又有国有企业的毛病，提高学校资源利用效率的有效工具就是成本核算、成本控制。只有将成本责任具体到每一所学校，控制成本，提高效率才能见到成效。

4. 有助于教育规划的制定

一国或一地区的教育规划是经济与社会发展规划的重要组成部分。而一项重大教育规划的出台往往需要做大量的预测与数据统计，绝非仅凭少数人的经验、智慧和勇气就能做出的。无论是整体的教育体制改革、宏观上的教育布局调整，还是教育经费的分配比例，教育规模的调控等，都要涉及众多的领域和社会的方方面面。但从教育经济学视角观察，这些举措最终都会集中体现为对教育资源的渴求。而一个适度教育投资规模的确立，是要以各级各类教育的生均教育成本及其变动情况为依据的。换言之，教育成本核算结果是制定教育规划必不可少的资料。

第二节　教育成本的分类

教育成本是教育管理的工具，为便于教育成本核算，进行教育成本分析和实施教育成本控制，需要对教育成本进行分类。教育成本依据其支出的目的不同、支出的主体不同、支出的性质不同等，也可分为若干不同的类别。

一、教育的货币成本和机会成本

教育的货币成本为直接用于教育的物化劳动和活劳动折合成货币表示的货币总额。一般分为社会货币成本和私人货币成本。社会货币成本主要是指政府直接支付的教育费用，以及社会集资、捐资的经费；私人货币成本主要是指学生本人及其家庭直接支付的教育费用。

机会成本有广义和狭义之分。广义的机会成本是为达到特定的目标而失去或放弃的资源的价值。例如，用于教育的资源如果不用于教育，在其他最佳的使用状态下的价值。狭义的机会成本是为达到特定的目标而损失的价值。如学校的固定资产损失的利息或租金收入、学生因上学而放弃的收入等。教育经济学中的机会成本通常是狭义的机会成本。当然，因上学而放弃的收入对城市和农村的孩子来讲，其差异是较大的。在农村家庭，决定孩子是否上学，不得不考虑到农村的儿童也是家庭的基本劳动力或辅助劳动力，也可以为家庭带来一定的收益，所以农村的孩子在上学时，不仅面临时间的机会成本，还面临由于上学而不再为家庭带来收益的损失；而城市的孩子由于无事可做，损失的仅仅是时间。因此农村孩子教育投入的机会成本大于城市儿童教育的机会成本，农村家庭不愿意送子女受教育。

二、教育的社会成本和私人成本

教育的社会成本，亦称"教育公共成本"，它是指国家和社会培养每名学生支付的全部费用，包括社会直接成本和社会间接成本。社会直接成本主要包括各级政府对教育支付的全部费用，社会团体和个人通过集资、捐资、捐赠支付的教育费用。社会间接成本主要包括达到法定劳动年龄段的学生如不上学而就业时国家可能获得的税收；教育所使用的土地、建筑物、设备，如不用于教育而用于其他方面可能获得的利息、租金收入（机会成本）；用于教育的土地、建筑物、设备免除或可能课征的税收。

教育的私人成本，亦称"教育的个人成本"，它是指培养每名学生由学生本人、家庭、亲友支付的全部费用，包括个人直接成本和个人间接成本。个人直接成本主要指由学生本人、家庭、亲友为学生受教育直接支付的学费、杂费、书籍文具费、文体费、交通费、住宿费、生活差距费等；个人间接成本指达到法定劳动年龄的学生因上学而未就业可能放弃的就业收入，即机会成本。

三、教育的直接成本和间接成本

教育的直接成本指社会与受教育者个人直接支付的教育费用，它又可分为教育的社会直接成本和教育的个人直接成本。教育的社会直接成本，指各级政府通过财政支付的教育费用，各种社会团体和个人通过集资、捐赠支付的教育费用；教育的个人直接成本，指学生本人、家庭、亲友为学生受教育直接支付的学费、杂费、书籍文具费、文体费、交通费、住宿费、生活差距费等。

教育的间接成本指社会与受教育者个人间接支付的教育费用。它又可分为教育的社会间接成本和个人间接成本。教育的社会间接成本，指教育使用的土地、建筑物、设备等如不用于教育而用于其他方面可能获得的利息、租金收入，或用于教育而免除的税收，达到法定劳动年龄的学生如不上学而就业时国家可能获得的利息或收入。教育的个人间接成本指达到法定劳动年龄段的学生因上学而未就业可能放弃的就业收入。

四、教育社会平均成本和教育个别成本

教育社会平均成本指培养一名学生社会平均的费用。由同一时期，一国或一地区培养每名同级同质学生的平均费用构成，如一国或一地区培养每名同专业同质大学生的社会平均费用，培养每名中学生、小学生的社会平均费用等。由于水平不同，不同学校培养每名同级同类同质学生的费用不同，即教育个别成本是不相同的。因此，教育个别成本低于或高于教育社会平均成本，表明教育投资使用效率的高低。

教育个别成本是指某一学校培养每名学生的费用。社会上总是有许多学校培养相同教育级别和类别的学生，由于它们的教育总投入量、教育管理水平不尽相同，培养每名同质学生的费用也不相同。它们培养每名同质同类学生的费用，可能等于、高于或低于社会费用，表明它们教育投资使用效率的高低。

五、生均教育成本和教育边际成本

生均教育成本是教育成本的综合指标之一，指平均每名在校生所分担的教

育费用。可以学年表示，也可以学期表示。广义上是指在同等教育条件下为实现或达到相同教育目标，培养一个学生所需的社会平均教育费用，即教育社会平均成本。狭义上可以同级同类教育的每一所学校或教育实体在校生每人平均教育费用表示，即教育个别成本取决于教育投资总量、在校生人数和学制年限以及教育管理水平，最终取决于社会经济与科学技术发展水平。一般而言，生均教育成本是呈上升趋势的。

教育边际成本，亦称教育增量成本。它是根据增加一个学生导致总成本的增加量来估算的，因增加一个学生而追加的成本叫边际成本。西方教育经济学对于教育边际成本和边际效益的研究在于提高教育投资的经济效率和经济效益。边际效益小于边际成本，不应追加教育投资；边际效益大于边际成本，应追加教育投资。这一理论在经济利益限度内，是人们进行教育投资决策的依据。当教育投资充足时，应使教育投资的边际成本等于边际效益；当教育投资不足时，理论上要求各级各类教育投资收益率相等，即在各级各类教育投资收益率不等的条件下，做出对各级各类教育投资的选择，以求教育投资收益最大化。

生均教育成本和教育边际成本之间的关系在不同的学校之间是不同的，并且随着成本函数的形式而定，即成本和规模之间的关系。显然，如果入学人数增加，教育总成本也将增加，但生均成本和边际成本随着学生人数的变化可能增加，也可能减少或保持不变。生均成本和边际成本由于入学人数的增加而出现上述三种情况的原因是：在学校或其他教育机构中，一些成本是固定的，而另一些成本是随着学生的规模或人数而变化的，生均成本和边际成本随学生总人数增加而变化的情况取决于大多数成本是固定的还是可变的，取决于所有资源是被充分利用还是有所闲置，这就意味着不需要追加固定成本就可增加学生人数。

当然，成本是固定的还是可变的，取决于时间限度。从短期来看，教师和校舍一样是固定的，而书籍的数量、文具和其他一些设备随学生数而变化。从长远看，聘用教师的人数可以是变化的。因此，短期的教育边际成本大概比长期的边际成本要低。增加学生导致的额外成本也取决于变化的大小，也许增加一个学生，不大可能增加额外成本，但若要增加 50 或 100 个学生，其额外成本的增加则是完全可能的。

六、教育的固定成本和变动成本

教育的固定成本与教育变动成本相对。这类成本的特点是：在一定时间和一定学生数量的范围内，其费用发生总额不随学生数量的增减而变化，保持相对稳定。例如，学校的校舍、教学仪器设备、图书资料等固定资产及其按照规定计提的折旧费和修理费，以及学校许多项目费用发生总额却是相对固定不变的，这些费用就属于教育的固定成本。但是，教育的固定成本只是相对稳定不变，当培养的学生人数超过一定数量时，需增加教育固定资产，如扩建校舍、增添设备或对原有固定资产进行更新改造，这时成本会相应地增加。教育固定成本是指固定的总费用。每个学生的平均固定费用随着培养的学生数量的变动而变动，即单位固定成本随学生数量增加而降低，随学生数量减少而提高。将教育成本划分为固定成本和变动成本，对于加强教育成本管理、形成教育规模经济、提高教育投资经济效率具有重要作用。降低生均固定费用，可在保证教育质量的前提下，充分利用学校现有资源，尽量从扩大在校生人数入手。

教育变动成本与教育固定成本相对。这类成本的特点是：在一定时间范围内，其费用发生额随学生数量增减而变化，而单位学生分摊的这类费用却是相对固定不变的。这部分费用包括管理人员和纳入正式编制的教师的奖金、超工作量报酬以及不纳入正式编制的代课教师、兼职教师的工资；人民助学金与奖学金、在职学习的学生工资、职工福利费；用于教学、科研、生产、实习的动力（电、煤气）、燃料、材料费，教科书及教学用品费；按各级各类学校学生规定标准应配备的其他物质条件发生的费用等。其中一些费用虽然也随学生数量变化而变动，但不成正比例变动，这部分费用称为半变动费用。对于半变动费用，可根据历史统计资料用高低点或最小二乘法把它划分为"变动"与"固定"两部分。将变动成本进行这种细分有利于做好成本计划、分析和控制，明确各成本要素的地位和作用，以采取不同措施降低成本。降低教育变动成本，可以从降低每个学生的耗费定额着手。

七、教育的资本成本和经常成本

教育的资本成本与经常成本是根据成本支出的时间来划分的。根据西方教育经济学的解释，教育资本成本是指用于较持久的项目支出，如土地、建筑物、设备等投资较大，使用年限较长（一般在 1 年以上）的。其价值一次全部垫支，在教育活动中因磨损、折旧而逐渐减少。其实物形态在报废和更新前保持固定不变。教育经常成本是指财政年度内由教育的经常支出而发生的成本。其费用（成本）多少随学生数量多少而变动。学生人数越多，成本支出越大。在中国，称"教育经常费"，包括人员经费和公用经费。比较教育成本，在其他条件相同的情况下可按教育经常成本计算。

此外，从教育成本的性质和用途划分，可分为物质成本和人员成本；从教育成本考核的角度可分为社会总成本、部门成本和单项成本；从成本核算的角度可分为生均教育成本和生均学期教育成本；以货币标准来划分，可分为货币成本和非货币成本等。

第三节　教育成本的核算

所谓成本核算，是指对一定期间发生的费用按照某一种类的计算对象分别归集和分配，计算出各种计算对象的总成本和单位成本的活动或过程。学校教育的成本主要是人才培养成本，即为培养一定数量和质量的学生而发生的、能够用货币价值量反映的全部开支。教育成本核算就是利用一定的技术手段和方法，对教育运行过程中各种费用的发生和成本的形成进行核算，计算在人才培养过程中耗费于一定人才对象的劳动价值总和。教育成本核算包括两个基本环节：一是按照规定的成本开支范围，对各项费用进行汇集，计算出为培养学生而支付的实际发生额；二是根据成本核算对象，采用适当的方法计算出学校教育总成本和生均教育成本。对教育成本进行计量和核算，是考察教育资源利用效率高低的前提条件，因此，探讨教育成本如何计量及其具体计算方法是十分必要的。

一、教育成本核算的特点

学校是非物质生产部门，教育成本的核算与物质生产部门生产的产品成本核算有着不同的特点。教育产品是学校为受教育者提供的教育服务，实现受教育者知识的增进、能力的提高、社会主流价值和行为准则的形成等，并与学生自身因素相结合而形成了社会的有用人才，它有其自身的特点。人才培养不仅周期长，而且是一个非常复杂的过程，学校教育受到的外部影响是多方面的。这就决定了学校教育成本核算有着自身的特点，这些特点也正是教育成本核算特别应注意的问题。概括起来，教育成本核算有这样三个特点。

1. 教育成本核算的复杂性

（1）教育产出内涵的特殊性决定了教育成本核算的复杂性。教育单位的资源耗费大致可以用货币来衡量，但教育产出的度量却相当复杂。教育产出可以分为外部产出和内部产出。其中外部产出非常广泛，包括对政治、经济、文化、道德、社会结构等方面的影响，要度量这些影响是十分困难的，目前尚存在技术上的困难。即便是教育的经济效益，其计量也相当复杂。因为影响经济发展的因素多种多样，如何把教育的作用同其他方面的作用科学地分离出来，迄今为止尚未找到公认的方法。教育的内部产出是教育过程的直接结果，包括学生知识技能的提高、思想品德的进步、身体素质的增强等，它一般用一定数量和质量的学生来表示。但学生的质量与企业产品的质量不同。企业流水线所生产出来的产品，由于是对同质的原材料进行相同的工艺加工，其产品性能、原料耗费、相同使用条件下的有效使用期限等，几乎没有差别。学生则不同，个人的基础、资质、学习能力、努力程度不同，即使在相同学校、相同班级、相同学制期毕业，质量也有很大差别；而且这种质量差别的表现又具有滞后性和多样性，在很多方面还存在着不可比性和难以度量的特征。这就决定了教育成本核算往往并不是一个单纯的数量关系，很多情况下还需要加以定性说明。

（2）教育成本核算对象复杂，难以确定成本开支范围。学校不同于企业，企业主要是生产实体产品，而学校除培养人才外，还有产品、科技、服务等。从资金来源渠道上看，企业不同渠道的资金主要用于生产，学校不仅资金渠道较多而且用途也各不相同，因此成本开支范围较难确定。

（3）教育成本核算的周期较长，且与会计核算周期不同步，致使学校的教育成本核算较为复杂。人才培养的周期较长，对于某种层次人才的培养过程需要一段较长的时间。依人才培养的层次不同，所需要的教育培养时间也不同。对人才培养过程进行成本核算的计算周期，也要根据培养过程的长短而定。只有这样才能正确地完成对某层次人才教育培养的成本核算，否则不能达到教育成本核算的目的。一般企业成本计算期为会计报告期，会计分期都是按公历年度划分的。但学校有其特殊性，尽管学校财务目前实行预算管理，会计分期与财政年度相一致，也采用按公历年度分期核算，但教育成本核算对象——学生的进校与离校时间、学籍升级等与公历年度不一致，只有按学年划分核算周期，才能准确核算教育成本。

2. 教育成本核算的多变性

学校是社会的细胞，它与整个社会的发展状况息息相关。学校以外的许多因素影响着教育成本的增加或降低，导致教育成本核算的多变性。主要有以下几个方面。

一是国民经济发展水平和发展速度。教育是非物质生产部门，它的主要功能不是为社会直接创造物质财富，而是要耗费大量的人力、物力和财力去培养未来的劳动力。因此，国民经济的增长是教育发展的重要基础。没有经济发展和财政收入增加做后盾，教育势必寸步难行。从另一方面来说，教育成本的高低与国民经济发展所提供的教育资源的多寡直接相关。国民经济发展态势良好，经济稳定增长，政府财政预算给教育部门的投资便会相应增加，社会和个人的教育支出也会相应增加，在学校规模一定的情况下，生均教育成本便会随之增加；反之则会降低。教育成本不是越低越好，这是教育成本核算的一大特性，也是我们在使用"教育成本"概念时必须慎重考虑的问题。

二是通货膨胀和物价上涨的幅度。通货膨胀和物价上涨必然会导致教育成本的波动。

三是人口增长幅度、年龄结构的变化趋势。社会人口的增减势必影响学龄人口和学校入学人数的变化。在教育投资总量不变的情况下，学龄人口和学校学生人数的增加会导致生均教育成本的下降；而在生均教育成本不变的前提下，学龄人口和学生人数的增加就会导致教育投资的增加。

四是社会对教育质量要求的变化趋势。虽然生均教育成本的增加并不必然导致教育质量的提高，但增加教育投资往往又是教育质量提高的必要条件。因而社会对教育质量要求提高，生均教育成本往往也会增加。

五是经济体制和社会环境的变化状况。不同的经济体制与社会环境也会对生均教育成本造成不同的影响。在一个市场化、社会化程度较高的环境中，会免除学校为保障自身后勤服务而支出的许多费用，从而可能引起教育成本的下降。

教育成本核算也要受到学校内部诸多因素的影响，最主要的是以下几个方面。

一是学校办学规模。学校办学规模太小，不能发挥学校的规模效益，必将导致其生均教育成本的增加。与学校办学规模相关的每个班级规模的大小，每一教师平均授课时数的多少，也影响着生均教育成本的增减。

二是教师和职工的工资水平。教职员工的工资增加，报酬提高，在学生人数和教师工作量不变的情况下，就会导致教育成本的上升。

三是管理状况。学校管理水平高，资金使用合理，浪费现象较少，教育成本就会较低；学校管理混乱，支出不合理，浪费现象严重，必然导致教育成本较高。

四是教育内容、教育方式和教育质量的变更。教育内容和手段的创新与变革，教育水准的提高，一般会导致教育成本的增加。

3. 教育成本核算的不确定性

一般而言，学校内部和外部的管理体制决定着学校的财务运行机制，也决定着教育成本的核算。如果国家财政根据不同情况对教育的供给范围、程度、方式发生了变化，学校内部的管理体制也应该发生相应的变化，但目前这种变化的步调还很不一致。国家财政已经改变了对一切教育事业单位统包供给的体制，但绝大多数学校的内部管理体制改革相对滞后，仍然沿用大包大揽、"吃大锅饭"、学校办社会的管理模式，教职员工的生老病死、遗属抚养、住房、交通、子女上学、家庭生活用品、环境绿化等，都是由学校来承担，且大部分属于福利型，由学校给予暗补。这些支出全部计入教育成本显然不合理，不计入教育成本又没有补偿的渠道，以致目前这部分应当如何进行核算，还没有明确的界限，直接导致了教育成本核算过程中的不确定性。

教育单位现行的会计制度与教育成本核算的要求还不一致，教育成本核算缺乏具有会计制度保证的核算基础数据，使具体操作存在很多难题。例如，固定资产不计入教育成本，通过什么方式来进行补偿？如果计入教育成本，由于现行教育事业单位会计制度规定不计提折旧，又从哪里获取固定资产折旧的基础数据？如果每次核算时才逐一"制造"数据，又如何保证会计数据资料的真实和可靠？又如，由于教育对象多元结构并存，同一类型教育对象从时间上逐年继起，教育资源的共享与互补等特点不能在现行会计制度中清晰反映，使得不同类型教育对象的教育成本、同类教育对象的本期教育成本和下期教育成本难以严格区分。此外，住房制度、养老制度、医疗等社会保障制度正在改革过程当中，这些项目中的有关费用在教育事业单位中应当如何负担，有多少支出可以计入教育成本等尚不确定。这些问题的存在，增加了教育成本核算的操作难度，也容易导致教育成本核算的不确定性。

此外，教育活动是一项协调性很强的工作，需要校内各部门、各单位密切配合、协调一致，才能保证教育活动正常进行。因而学校教育过程中共同的费用支出多，而直接发生在特定对象上的费用少。教育过程中发生的教学、教辅、行政、科研、后勤等部门的各类费用支出，对所有教育对象来说，都是共享资源，因此就要采用一定分摊方法分别计入各成本对象中去。但如何进行分摊，一定的分摊办法是否合理，尚待进一步研究探索。这也导致了教育成本核算的结果不可能那么精确，更不可能是特定教育对象确定发生的成本。

教育成本核算的这些特点，增加了教育成本核算的难度，是教育成本具体核算过程当中应当注意的问题。不过，教育成本毕竟是一个客观存在，只要充分重视这些特点，不断进行理论研究和实践探索，总会找出解决问题的办法。

二、教育成本核算的内容和范围

学校经费支出并非都是属于教育成本核算的范畴。按教育成本的含义可知，教育成本核算的内容必须是受教育者在接受教育活动过程中所发生的各种耗费，与教育活动无关的开支应该剔除，这样才能正确计算教育成本。因此，教育成本核算不同于一般的成本核算，也不同于学校的日常收支核算，因为学校的教育经费支出并不都是用于教育培养，诸如校办产业费用支出、与教学无关的附属机构（附属医院、附属中小学、幼儿园等）、不承担教育教学任务的离退休人员的工资和其他费用等支出，原则上不应计入教育成本。

因此，在具体核算教育成本之前，应当明确核算的基本内容和具体范围。

1. 教育成本核算的基本内容

教育成本核算一方面要反映学校各项成本的发生、运行情况，考虑成本预算的各项定额的执行情况，及时计算出偏离成本预算目标的差距，使教育成本的控制有可靠的依据；另一方面要为成本分析提供实际数据，也为今后的成本预算提供依据。因此，从总体上说，教育成本核算包括以下基本内容。

（1）确定教育成本核算的对象

所谓教育成本核算对象，是指归集费用的对象，或者说成本归属的对象。进行教育成本核算，必须首先确定成本核算对象，然后才能按正确的成本计算对象归集各类费用，计算教育成本耗费。

一般来说，教育资源耗费的受益者应当就是成本归属的对象，但为了加强教育成本核算，我们还必须把教育资源耗费的受益者再进行具体分类。第一层次的划分是把教育成本核算对象分为人才培养成本支出，用于培养人才的教师工资、教材资料费用应列入人才培养成本支出，而开展科研活动的科研人员工资、科研情报资料及科研仪器设备支出应以科研活动为对象进行归集，计算科研成本。而如果某些实验设备既用于人才培养又用于开展科研活动，则其费用支出以适当比例分摊列入人才培养和科研成本中。第二层次的划分是把人才培

养划分为不同学历层次的人才培养和不同专业的人才培养，把科研活动划分成
具体的科研项目，从而具体计算不同学历层次与不同专业的人才培养成本、不
同科研项目成本，等等。确定教育成本核算对象是进行教育成本核算的基础，
必须根据加强教育成本核算的需要，按照学校教育活动的规律，并根据各校的
具体情况，分别确定适应各自特点而又有一定的共同性与可比性的教育成本核
算对象体系。

（2）确定教育成本核算期限

所谓教育成本核算期限，是指每间隔多久时间计算一次成本。一般来说，
成本核算期限应当与"产品"的生产周期一致。由于学校的主导"产品"的生
产周期即人才培养周期是以学制来确定的，所以人才培养成本的核算期限理应
就是学制年限。但是，考虑到人才培养的周期一般较长，以此作为人才培养的
唯一成本核算期限又不利于及时加强成本控制，因此，结合学校学期、学年活
动规律性较强的特点，以学期或学年为成本核算期限比较合适。短期培训则以
实际培训期限作为成本核算期限来计算培训项目成本。科研工作没有固定的期
限，只能明确开始时间，难以事先确定结束时间，因此，只能以具体的科研项
目所实际经历的时间作为成本核算期限。

（3）确定教育成本项目

所谓教育成本项目，就是多种费用按其用途的分类。学校教育的各项成本
费用，其经济用途是不同的，有的直接用于人才培养和科研活动，有的则用于
管理人才培养和科研活动。可见，仅有一个总括的教育成本核算指标是难以满
足学校教育成本管理需要的，这就有必要将教育成本按其经济用途划分为若干
成本项目。这不仅可以明确成本中各种费用的去向，应当由哪些部门负责监督
和控制以加强经济责任制，而且可以明确成本的构成情况，便于分析成本升降
的具体原因，以及各种因素对教育成本升降的影响程度，从而更有效地加强教
育成本的控制。

（4）归集和分配各种费用

教育成本核算的过程，实际上就是费用的归集和分配的过程。为了正确归
集和分配各种费用，一般应做到两点：一要按权责发生制原则计入当期成本，

而本期发生的成本也不一定都是本期实际支出的成本。因此，应根据权责发生原则正确划分费用的归属期，合理地由各期成本负担。凡是由本期成本负担的费用，即使已经支付，也都全部计入本期成本；凡是不应由本期负担的费用，即使已经支付，也不能计入本期成本。二要按成本分配受益原则划清费用的受益对象。各种费用只有具体化到某一成本对象，才能具体计算该成本对象的成本。各成本对象之间的费用管理应按成本受益原则来划分，按各个成本对象有无受益和受益程度来分摊。受益者分担成本，不受益者不分担成本，收益多分担多，收益少分担少。

（5）记录费用开支用途

计算各个教育成本对象的成本数额，必须通过费用成本的明细分类核算才能完成。因此，教育成本核算必须按规定的成本项目为各个成本计算对象开设有关的费用成本明细分类账户。应根据各种费用凭证，运用正确的会计科目和记账方法，将发生的各种费用正确地在各费用成本明细分类账户上进行记录，真实地反映学校教育成本耗费情况，以此计算各成本对象的成本数额，全面反映各个成本对象的总成本和单位成本情况。这是教育成本核算的一项基础性工作。教育成本管理的其他工作必须在正确成本会计记录的基础上才能开展起来。

2. 教育成本核算的项目设置

教育成本项目是指构成教育成本的费用类别。教育成本项目设置的目的是为提供准确的教育成本分析与控制的信息，以便于实施教育成本核算，提高财务管理效率和教育资源的使用效率。为此，教育成本项目设置应坚持以下几条原则：（1）有用性原则。即教育成本项目既要能准确反映出教育成本信息，又要便于教育成本预算与核算。（2）简单性原则。即教育成本项目设置要做到既简洁又明了，不要将项目设置得太多、太复杂，要便于教育成本核算时操作。（3）完备性原则。即教育成本项目设置的内容必须是当期为提供教育服务所发生的资源耗费，所有应计入教育成本的费用都能在教育成本项目中反映出来。（4）连续性原则。即教育成本项目设置应与现行会计制度下教育经费支出项目尽量保持一定的联系，便于向教育主管部门年终报表。

目前我国对教育成本核算的项目设置还没有形成统一意见。这里，我们根据上述讨论的教育成本核算的特点和教育成本核算项目设置的原则，参照一些学者提出的有价值的设计思想，认为教育成本核算可以设置工资、行政事业费、教学业务费、固定资产折旧费、用于人才教育培养的科研费、与学生有关的费用等六项教育成本项目。各个成本项目所归集的费用内容如下。

（1）工资。工资是教育成本中最大、最主要的项目，指学校支付给教师和为教学服务的行政、后勤人员的工资费用，包括各项工资性费用，如基本工资、绩效工资、津贴补贴、补助工资、其他工资、职工福利费等。基本工资是学校支付给教职工报酬的重要形式，包含岗位工资、薪绩工资等；绩效工资主要体现教职工的实绩和贡献，是收入分配中活的部分；津贴补贴，包括艰苦边远地区津贴和特殊岗位津贴补贴等项目；补助工资是对教职工的补助，包含教龄津贴、取暖补贴、伙食补贴、粮价补贴等；其他工资是除基本工资、补助工资以外支付给教职工的费用；职工福利费是用于职工福利待遇，解决职工及其家属生、老、病、死等问题所支付的费用，包含工会经费、公费医疗费、病休教职工工资、独生子女保健费等。

在我国，工资性费用除上述直接工资外，还包括各项隐性的工资性费用：教职工所分得的福利房中所隐含的支出、公费医疗支出、离退休人员支出等。学校用于教职工住房支出的计算是一个复杂的问题。虽然目前教职工住房制度正在改革，但基本上仍是福利房制度。在这种制度下，教职工的住房支出远低于成本，差额由学校补助，这些补助实际上是学校的工资性支出。在计算时，如是出租，可按房屋的实际成本所应提取的折旧费加上维修费与教职工缴纳的房租之差确定。公费医疗支出，在现行体制下并未全部在学校账簿记录中反映出来：一部分支出由财政部门按一定的标准直接划拨到医疗卫生部门，除此之外大多数学校还用自有资金支出一部分医疗费用作为国家拨款的不足，这两部分都应计入教育成本。离退休人员的支出也是一个很复杂的问题。我国的学校还未建立养老统筹制度，在职教职工工资中不包含养老费。

离退休教职工的退休金则由财政单独拨款，大多数学校也额外对离退休人员补助一部分，以弥补国家拨款的不足。按教育成本核算的要求，离退休教职工的支出不能计入当期教育成本，因为它们并不是培养当期学生而发生的支出；

相反，在职教职工工资中未包含的养老费，则应计入本期教育成本。因此，需要参照有关的养老统筹方案，按在职教职工工资的一定比例，计算出应计入教育成本的养老金额，然后将实际支出的离退休经费的相等部分，转化为教育成本，离退休经费的余额部分不计入教育成本。

（2）行政事业费。学校用于教学和管理方面的日常支出，包括办公费、邮电费、水电费、公用取暖费、差旅费、器具设备车辆保养修理费、机动车辆燃烧费、会议费、业务招待费等经常性费用。

（3）教学业务费。学校为完成教学业务所支出的消耗性费用和低值易耗品购置费，包括课时酬金、教学和实验所用的易耗品及材料费、试剂费、生产实习费、资料讲义费、招生费、教材编审费、业务资料印刷费、教学设备维修费等项费用。

（4）固定资产折旧费。学校教学用固定资产耗费的价值，是教育成本的重要项目。按以前和现行的会计制度，学校的固定资产都不计提折旧，现有的账簿记录中反映不出固定资产的新旧程度和已耗损价值。为了进行教育成本核算，需要对现有的固定资产进行评估，确定各项固定资产的剩余使用寿命和折旧年限，以便计算应计折旧费。除固定资产外，如果学校还购买了土地使用权或别的长期资产用于教学，对于这些长期资产，也要根据其可使用年限，计算各成本核算年度应摊销的金额，计入各期教育成本。

（5）与人才教育培养有关的科研费。有学者认为，学校教育的科研支出不应计入教育成本，对于承担教学和科研双重任务的教师的工资性费用，应根据教育部制定的《高等学校教师工作量试行办法》中教师教学工作量应占全部工作量2／3左右的规定，2／3划作教学工资，1／3为科研工资。在计算教育成本时，将科研工资从教育成本中剔除出去。我们认为，科研支出可以使学校的教育教学活动受益，因而至少对于高校自身立项的科研、教研项目，其研究经费就应该全部计入教育成本。比如学校设立的教研项目、学生科研（培养学生科研能力）等研究经费都是用于培养学生而耗费的成本。还有学校年终发给教师的科研津贴、科研奖励以及科研项目（这里主要是指基础研究和为教学服务的应用研究，为企业开发研究项目除外）的配套研究经费等都应该计入教育成本。即使是学校预算外的科研、教研项目（即纵向和横向的项目），只要有学生参与，并在参与的过程中，学生的研究能力得到一定程度的提高，那么其费用支出也应按一定比例部分地计入教育成本。

（6）与学生有关的费用。这部分费用支出包括奖学金、助学金、学生住宿、勤工俭学基金、饮食方面的支出和补贴等。有学者提出这部分费用相当于学校收入的转移支付，与学校提供教育服务无关，按理是不能计入教育成本的。笔者认为，助学金就是为了保证那些贫困学生顺利完成学业，稳定学校的教学工作而耗费的开支，如果贫困学生没有助学金，就无法完成学业，学生的流失就会导致学校的教学工作无法稳定，并且会带来其他的不利影响。助学金实际上也是为了培养学生而耗费的成本，因此，助学金应该计入教育成本。奖学金是为了激励学生努力学习，有利于提高教育质量，更应当属于教育成本的组成部分。至于学生住宿的支出是否计入教育成本，也应该视情况而定。如果学校的后勤工作实行了社会化，这种支出显然不能计入教育成本，因为学生上学时已经缴纳了高于成本的住宿费；如果后勤工作尚未实行社会化，那么这种开支就必须计入教育成本。

三、教育成本核算的方法

如前所述，实施教育成本核算，远比理论探讨的可能性、现实性和重要意义更具挑战性、创造性、开拓性和效益性。而要进行教育成本核算，选择适宜的教育成本核算方法，显得尤为重要。教育有初等教育、中等教育、高等教育之分，有义务教育、非义务教育之分，不同类别的教育成本核算方法有其各自的特点。这里我们介绍教育成本核算方法时，主要以高等院校教育成本核算方法为例。中小学规模相对较小，教育成本项目相对较少，进行核算也相对简单，可以参照高等教育成本核算方法进行。

1. 教育成本核算的具体操作思路

目前教育成本核算方法可分为两类：一是匡算法，二是实算法。匡算法是根据学校现有的会计核算资料，按教育成本的内容进行分析计算，得出教育成本的方法。它是不完整、不全面、不严格的核算方法；实算法是按照企业成本核算的要求，通过设置账户进行核算，得出教育成本的方法。它是一种全面的、完整的、严格的成本核算方法，要求把一切与教育培养无关的费用扣除掉，对学校固定资产按不同类别分别给以折旧。要实施这种实算法与目前学校预算管理的会计制度不相符，若不顾目前会计制度的要求，则违背会计相关性原则。因此采用会计核算的双轨制是两全其美之策，即一方面按目前学校会计制度的要求，与政府预算收支科目保持一定的对应关系，在收付实现制的基础上进行收支核算，以满足国家宏观管理对高校会计信息的需要；另一方面，按教育成本核算的要求在权责发生制的原则下，正确计算教育成本以满足学校微观管理的需要。

不过，如前所述，我国目前的教育成本当中，只包含了全部教育成本的一部分。个人教育成本只计量了由学生家庭或个人向学校缴纳的学费、住宿费等，而没有包含个人教育成本的其他部分，比如书籍、文具、生活差距费，以及达到劳动年龄因在校学习而放弃就业所可能获得收入的机会成本等；社会教育成本只计量了教育拨款、社会捐资等，而没有包括学校教育所使用的资金、土地、建筑物、设备等若用于其他用途时所可能得到的租金和税收等机会成本。因而，从总体上看，我国目前的教育成本核算应属于匡算范围。

另外，采用实算法有许多不明确、不确定的因素，与现行的教育单位所执行的会计制度也不相符。同时，采用匡算法所需的核算基础资料，一般可以通过现行教育事业单位的会计报表和财务统计等资料来获得，与实算法相比具有较强的可操作性。

当然，采用匡算法进行教育成本核算，还需要按照会计处理方法进行必要的处理。

（1）进行必要取舍。取舍是从教育成本的客观性、特殊性、合理性，向进行教育成本核算可行性转化的必要条件。必要的取舍使教育成本核算在相对合理和客观的条件下变得简单易行。而任何不可行的方法，即使是合理和客观的，都是不可取的。目前，在教育单位和学校设立专门的教育成本账户，还不具备可操作性，因此，教育成本的核算只能从利用现行会计制度所能提供的会计信息资料入手。

要进行教育成本核算，需要舍去社会教育成本当中应该包括的机会成本，比如达到劳动年龄的在校学生不上学而就业可能获得的收入，学校教育使用的资金、建筑、土地和设备若用于其他项目时可能获取的租金和可能课征的税收。不过，教育成本投资所产生的外部收益与进行教育成本核算时社会教育成本中机会成本的舍弃，在一定程度上起着相互抵消的作用，从而使得这种舍弃具有了合理性。

（2）进行一定的假设。进行教育成本核算时，在经过合理的取舍之后，学校教育的产出可以用一定数量的学生来表示。但这里仍然需要对学校教育产出进行一定的假设，比如需要假设所培养的学生质量是相同的，等等。此外，对教育资源的耗费也需要进行一定的假设，比如假设学制期内物价水平保持稳定，没有通货膨胀；假设所有的资源耗费都是为培养学生的必要耗费，没有浪费和不合理支出；假设每年的固定资产投入与增长是大体平衡的。

（3）进行合理的替代。在进行教育成本核算时，有时候我们可以以学校教育支出替代教育成本，当然在这种替代之前，先要剔除不是用于教育培养的费用。另外，如果有些教育成本项目的会计假设与实际差距过大，就应当寻求合理的数据对它进行替代。比如，每年学校固定资产投入与增长如果是不均衡的，与假设的均衡产生较大的不一致，就应当用五年或更长一段时间的学校固定资产投入与增长的平均数，来替代当年数。

2. 教育成本核算程序与公式

学校教育成本指标体系可以建立总体成本和平均教育成本两项，学校教育成本核算的主体可以是一个学校、学校的某个专业，也可以是学校的某个年级。具体内容如下：

学校教育成本	教育总体成本	学年教育成本
		学制期教育成本
	平均教育成本	年生均教育成本
		学制期生均教育成本

进行教育成本核算，平时要按教育成本核算对象归集本期所发生的费用，学年末分配到各个学生中去，具体程序如下：（1）在每届学生入学后，按各专业设置教育成本明细账，根据费用项目开设栏目，用以归集发生的各项费用；

（2）根据费用项目将不同专业应负担的费用归集到各自的明细账上，直接费用直接计入，如教职员工工资成本、教学业务费等，折旧费等可按各专业的人数比例分配计入；（3）由于学校共用成本项目较多，因此要将共用成本项目的经费支出除以在校生总人数，得出某项共用成本项目的费用分配率，然后将某专业或某年级学生人数乘以费用分配率，得出该专业或该年级某项教育成本；（4）平时按月计入明细账，学年末将本学年发生的所有费用累计，计算出总费用，得出学年教育总成本，然后除以在校生人数，求得年生均教育成本；（5）将学制期内某专业或某届毕业生的各年平均教育成本相加，求得某专业或某届毕业生学制期教育总体成本，然后将某专业或某届毕业生学制期教育总体成本除以该专业或该届毕业生总人数，求得该专业或该届毕业生学制期生均教育成本。

由于对教育成本核算方法的研究仍然处于摸索探讨阶段，因此对这里所提到的核算方法体系还需要作以下几点说明。

（1）运用这里所提到的教育成本核算方法计算出的学校教育总体成本与生均教育成本，是一种历史成本（或称报告成本）。这种成本在衡量和评价学校办学经济效益，进行学校内部或相互间教育成本比较等方面，有着重要的意义。但在解决学校教育成本分担和补偿机制时，则不能简单地采取"拿来主义"。因为随着时间的推移，经济社会发展、教育环境、教育规模、学生结构、物价水平、管理体制、教职员工与学生之比、教育质量标准等各方面都在不同程度地发生着变化，而学校教育成本分担和补偿机制所要解决的是未来和即将发生的教育成本补偿问题。未来教育成本与历史教育成本的不一致性是一种普遍现象。以历史教育成本为基础决定未来教育成本的补偿，还需要进行科学的教育成本预测。

（2）用我们这里提到的教育成本核算方法计量的教育成本，是一种实际教育成本。在教育活动中，由于经费供给不足的约束，学校教育内部和外部运行机制效率低下而造成教育资源的浪费，和外部环境对教育成本支出的范围的多种影响，使得学校实际发生的教育成本中，可能包含着许多不合理的因素。因此，教育投入计划与收费政策的确定，还应当参考或依据教育的理论成本（或称计划成本）。目前制定一个不同类别、不同层次、不同地区、不同办学水平、不同专业方向等条件下的理论教育成本，也还需要做许多理论研究和大量调查统计工作，在这一方面还有许多不明确、不确定的因素。

（3）运用一定核算方法所计量得出的学校教育总体成本和生均成本属于个别成本。教育投入计划与收费政策的确定，目前还不能像企业产品那样各定各的价格，而是在一个国家或一个省份之内，对同类学校、同类教育培养对象采取大致相同的教育投入和收费标准。这就需要更多地考虑在平均教育规模和中等办学条件下，培养同类学生所耗费的平均教育成本。平均教育成本可以用学校培养同类学生的成本费用加权平均求得。

（4）我们这里提到的教育成本核算体系是用不严格、不全面的匡算法进行的，尚有许多不完善之处，存在局限性，需不断修正。如何建立一套行之有效的账户体系和核算方法，正确细分各项用于教育培养学生的经费支出等，使教育成本核算真正体现投入与产出，发挥资金的使用效益，尚有待于共同研究和探索。不过，作为一种实践摸索，运用一定的方法进行教育成本核算，毕竟对政府部门制定教育发展规划、确定教育投入水平和收费标准、加强学校教育成本支出的监督和控制等方面，都有着重要的参考价值。

第四节　教育成本控制

从政策分析的角度看，成本的计量只是一个基础，更重要的是如何控制教育成本，提高资源的利用效率。教育成本控制是使教育成本达到预期目标，采取一定的管理形式和方法，对各种教育费用的发生额进行约束和监督的一种管理工作。因此，要对教育成本进行控制，就必须明确其内涵、控制对象及其具体目标。

一、教育成本控制的含义

作为控制论的基本概念，"控制"是指有组织的系统根据内外部的变化而进行调整，使自身保持某种状态的活动。控制有一定的方向和目标，其作用在于使事物之间、系统之间、部门之间相互作用、相互制约，克服随机因素。而从企业管理的角度，美国著名管理学家哈罗德·孔茨和海因茨·韦里克则认为，"管理工作的控制职能是对业绩进行衡量与矫正，以便确保企业目标能够实现和为达到目标所制定的计划能够得以完成"。会计学也有自己的理解，国际会计准则对控制的解释是："控制，指统驭一个企业的财务和经营政策，借此从该企业的活动中获取利益的权力。"显然，这些学科从不同的角度对控制作了各自的阐述，但有一点是趋同的，即控制都有目标和方向，而控制目标往往又是同利益的获取密切相关的，没有利益，控制也就失去了目的。因此，教育成本控制就可以被理解为教育管理者对教育过程中的资源耗费过程进行规划、调节，使教育成本按预期方向发展的过程。它是教育机构实施教育管理的重要环节，是降低成本、提高教育效益的重要手段。

教育成本控制包括事前控制、事中控制和事后控制。事前控制也称前馈控制，是指在进行教育活动之前，对教育成本的预测与规范，通过成本决策，选择最佳成本计划方案，规划未来的目标成本，编制成本预算，以利于成本控制。事中控制也称过程控制，就是在费用发生的过程当中进行成本控制。它要求实际成本支出尽量按照目标成本的要求来进行。但在费用实际发生时，往往仍会出现超支或节约，这种超支或节约被称为差异，它是一种重要的信息，将超支或节约的差异迅速及时反馈给有关部门，有助于纠正偏差或巩固成绩。成本的事后控制也称为反馈控制，就是将所揭示的差异进行汇总、分析、查明成本差异产生的原因，确定责任归属，并据此评定和考核责任单位业绩，为下一期的成本控制提供依据和参考。

二、教育成本控制的目的

教育成本控制的主要目的在于降低教育成本，一般通过两条途径来实现。

一条途径是通过改变成本发生的基础条件来降低成本，比如调整学校规模，实现规模经济。因为教育资源具有整体性及不可分性的特点。整体性系指资源功能的产生必须同时采用不同资源。学校开办必须有教育的场地、设备、行政人员。为了发挥学校教育的功能，上述资源应当同时采用，不可因学生人数少而不采用任何一种资源。在这种情形之下，学生人数太少，每一学生分担的单位资源成本就高；学生人数扩大之后，使整体资源负担分散，每一单位学生资源成本就低。此时，每一单位学生资源成本分担下降并不会减少其应获得的教育功能，就有了规模经济效果。不可分性是指资源的采用至少应以一个完整单位为使用量，不可以因使用不及一个单位而将该项资源解剖分割，新建教室至少为一间，不能因需要不及一间而仅盖半间，即是一个最常见的例子。新建一间教室，如果仅招收一个学生，单位学生成本必高，也就不经济。如果扩大招生名额，直到该间教室得到充分利用，必使单位学生成本下降到最低点，也就有了规模经济效果。

另一条降低教育成本的途径是，在办学规模、教学技术水平、学校组织结构和教学质量标准等基础条件既定的情况下，通过减少资源消耗、加大教师工作量、优化学校的组织管理等措施降低成本。而谈及学校组织管理的优化，则可以借鉴企业的成功经验或经济学的相关研究成果。比如国外有经济学家分析指出，有效率的公司必须符合这样一些条件：有清晰的目标函数以及可以检测的产出，与目标函数的成功相联系的激励制度，能为决策有效地收集到各种有用的信息。但是，我们不能将成本控制的目标仅仅定位于降低成本，因为成本与经济上的合理性，更不能代表教育的有效性。加强成本控制，降低教育成本，是为了提高教育的效益。为了达到教育目的，更多的时候我们不惜增加成本的绝对量。所以控制教育成本，提高教育效益不单是依靠成本的绝对节约，更重要的是实现相对的节约，以较少的耗费获取最佳的教育效益。为此，进行成本控制还有两个目的：一是在资源稀缺的情况下，通过成本控制来提高资源的利用效率，促使学校利用有限的教育资源生产出更多的教育产品；二是通过成本控制配合学校战略发展目标的选择与实施，依靠获取成本优势来帮助学校取得竞争优势，而这一点对于非义务教育阶段的学校尤为重要。

　　总之，成本控制需要综合考虑各方面因素，要从提高资源利用效率，使教育效益最大化这个基本点出发，来对教育成本实施控制。

三、教育成本控制的方法

　　教育成本控制是一项复杂的系统工程，涉及学校各部门、各环节乃至每位教职员工的工作，必须慎重处理方方面面的关系。为了更好地控制教育成本，不妨引进那些已经被企业广泛采用的成本控制方法，毕竟它们都是企业为适应现代化生产和市场经济而摸索出来的有效方法。当然，也要针对学校教育的特殊要求对其加以改造，使之成为学校自己的成本控制手段。目前企业采用的成本控制方法有很多，比如目标成本制度、标准成本制度、预算控制法、相对成本控制法等。相比之下，目标成本制度可能更容易满足学校教育成本控制的要求，因此，我们将尝试在目标成本制度的基础上，提出学校教育成本控制责任制的构想。

　　1. 目标成本制度

　　目标成本制度，也称为目标成本管理，是企业目标管理的重要组成部分。企业目标成本管理包括这样一些环节：首先要根据企业总的奋斗目标测定产品的目标成本；其次对目标成本按产品结构或产品形成过程抑或产品成本内容进行分析；再次按照这些分解目标的要求，去组织设计、试验、生产准备、材料供应，以及日常生产管理和技术管理，以保证目标成本的完成。一些企业的实践证明，这种企业内部的成本管理体系，对进行成本计划、决策、控制和评估，使企业以最少的资源消耗，取得最大的经营成果具有重要作用。实施目标成本管理有两个关键点：一是目标成本，二是目标成本控制。

　　目标成本是企业内部的控制成本。它是在已确定的产品销售价格或市场能接受的价格的基础上，按照企业内部的目标利润测算的成本目标值。目标成本是企业实行目标成本管理的基础，是确保企业经济效益稳步增长的关键。它兼具目标和成本两种属性。作为目标概念，它是目标的一种具体形式，是企业在一定时期内所要努力实现的成本水平、数值或指标，一般包括三个相互联系的方面：目标成本额、单位产品成本和成本的降低目标。作为成本概念，它是企业作为理想目标和控制指标所预先制定的产品成本，虽然用货币形式表现，但不同于会计核算成本，而是一种经营管理型成本。

目标成本控制则是目标成本制度的中心环节。在目标成本的实施过程中，必须控制各项费用和消耗的发生。目标成本控制是在目标成本分解的基础上进行的，一般是通过各级责任中心实行归口分级管理，既要依靠执行者自我控制，又要归口分级控制。经过层层监控，及时反馈信息，把损失和浪费消灭在发生之前。因而目标成本控制既可促使企业提高产出投入比，保证企业资本增值目标的实现，又可帮助企业加强经营管理，增强市场竞争力，还可协调各个岗位之间的工作，密切各职能部门之间的联系，为实现企业整体效益优化目标而共同奋斗。

实施目标成本制度必须遵循以下三条原则：

（1）全面性原则，即实行全过程的成本控制和全员的成本控制。全过程的成本控制，是指在企业的生产经营活动中，目标成本控制应贯穿成本形成的全过程，而不是仅限于生产进程的制造成本，必须涉及产品寿命周期内所有的成本内容，从产品设计、原料供应到生产、销售，每个过程、环节都要实行目标成本控制。全员的成本控制，是指必须充分调动全体员工的积极性和主动性，发动他们参与成本控制；必须使每个人都能明确自己的工作对目标成本完成的影响，承担一定的费用控制责任，而不是只让少数管理人员承担全部控制责任。只有在加强专业成本管理的同时，人人、事事、时时都按照定额、标准或预算进行成本控制，才能彻底堵塞漏洞，杜绝浪费。

（2）责、权、利相结合的原则。即对一个成本总目标层层分解，明确每个岗位的责任成本，并赋予每个员工在规定范围内控制成本的权利，同时将成本控制与员工的经济利益挂钩，定期对他们的实绩进行评价和考核，奖优罚劣，奖罚分明，使每个员工既有外在压力，又有内在动力，借以保证成本得到有效控制。

（3）开源与节流原则。现代的成本控制绝非消极地限制和监督，而是积极地指导和干预。不仅要精打细算，节约开支，杜绝浪费，严格依照成本开支范围和各项规章制度进行监督和限制，更要将目标成本控制同价值工程、经济工作与技术工作结合起来。抓好产品投放前的成本控制。在产品设计过程中，围绕目标成本进行设计方案的创造、改进和方案选择，在提高产品质量、性能水平的同时，充分发掘降低成本的空间，选择既能满足用户需要的产品功能，又能降低成本的最佳方案，使目标成本控制不断向广度和深度发展，为降低成本、提高效益开辟新的途径。

2. 学校教育成本控制

为了提高教育资源的利用效率，以最小的投入获取最大的产出，学校应当针对教育的特点，参考企业广泛实施的目标成本管理方法，制订出自己的成本控制制度。其总体思路是，首先在学校内树立起全员成本意识，不仅是学校领导者和各部门的负责人，普通的教职员工也都要认识到成本控制的重要性，积极参与成本控制工作。其次，构建起学校教育成本控制责任制，各个岗位都应制订成本目标，并各自承担相应的成本控制责任。最后，定期进行绩效考核，并将考核结果同酬劳和职务的升降挂钩。

（1）岗位成本目标的制订

实施学校教育成本控制责任制的关键在于各岗位的成本目标的制订。作为成本控制的努力方向和衡量实际资源消耗水平的依据，成本目标的制订要遵循科学性、客观性、正常性和稳定性的原则。所谓科学性和客观性，就是要对实际情况进行调查，根据客观实际，用科学的方法进行测定。所谓正常性，就是要按照正常条件制订成本目标，不考虑那些无法预测的异常变动。所谓稳定性，就是目标一经制订，就不应再随意变动，而是要保持其相对的稳定性。

相比企业而言，学校教育成本目标的制订比较困难，因为学校在很多方面同企业都存在差异，比如学校中发生的一些成本不像企业那样清晰明显，而且学校教育活动几乎涉及所有岗位，加之各岗位之间的关系交错混杂，不像企业生产中各道工序之间的关系那样一目了然。所以学校的成本总目标如何分解为各个岗位的成本目标，以及这种分解是否具有合理性都需要认真研究。首先在方法选择上，要清楚教育产品与企业产品的区别。在企业里，目标成本制订一般采用两种方法：一是先确定目标利润，再确定目标，也就是说，销售收入目标与利润目标之差即为目标成本；二是直接制订出目标成本。

考虑到教育产品的准公共物品属性以及教育不能以营利为目的，在制定教育目标成本时应当采用后一种方法。其次在参与制定成本目标的人员选择上，要注意代表性。应当建立制定目标成本领导机构专门负责这项工作。一般由学校专门负责这方面工作的主要领导者牵头，教学、管理、财会等有关部门选派人员参与，而这些人员对教育成本一定要有准确的认识。制定学校各岗位的成本目标的一般程序如下：

①学费收入、政府财政拨款、社会捐赠、学校创收等项数据加总，测算本年度的学校总收入，扣除用于学校发展的投资和用于研究、服务活动的开支，算出下一年能够用于教育活动的经费总额。

②按照学校的规划，确定下一年的招生规模，并算出下一年的在校生总数，在不计专职研究人员、服务人员的条件下测算下一年的生师比和教职工（不含离退休人员）报酬，由此确定生均工资性费用支出。同理，还可以测算出生均公务费支出、生均业务费支出、生均修缮费支出、生均折旧费支出等项目。其中，生均公务费还需进一步处理。首先，依照往年的管理运行情况将生均公务费按某种比例细分为教学用生均公务费支出和管理用生均公务费支出；其次，还要依照一定比例将管理用生均公务费支出再分摊到各项教学、研究、服务活动上，由教学活动分摊到的生均公务费用支出即为生均管理成本。根据这些项目还可测算生均教育成本和全校教育总成本。将算出的教育总成本与之前测算的下一年可用于教育活动的经费总额对照，若超出则下调各项目成本的指标，由此确定下一年全校教育活动的成本总目标，即下一年全校教育活动的成本上限。

③将下一年全校教育活动的成本总目标分解为各岗位的具体目标。例如，将管理成本分解到各管理岗位，制定各管理岗位与教学活动有关的成本目标；水电成本作为水电管理岗位与教学活动有关的成本目标；修缮费支出作为设备维护岗位与教学活动有关的成本目标；粉笔、试卷、实验材料等低值易耗品，经教学管理部门（比如教务处）分解下达到有关岗位，作为成本目标；讲课酬劳下达到每门课程的任课教师，作为讲课的成本目标。各个岗位依据所涉及的学生人数，并结合特定的误差修正值来确定具体的成本目标数额。

（2）教育成本控制绩效的考核与评估

成本考核是定期对成本目标实际完成情况进行测评和总结，旨在鼓励先进，鞭策后进，以督促学校各岗位加强成本控制，履行成本控制责任，提高目标成本控制水平。为此，目标成本的考核必须与责任制结合起来，奖罚分明。对目标成本执行过程中取得成绩的部门和个人进行奖励，没有完成目标成本的部门和个人不发奖金，甚至扣其工资，不合格的管理者还要降职或调离原岗位，从而把成本控制的好坏同每个人的切身利益紧密结合起来，促使他们改进工作，努力降低成本。

对成本考核的结果还应作一定的分析、评估，因为无论是奖还是罚，都必须建立在对成本控制活动进行正确评价的基础上，正确的评价是奖惩的前提条件。此外，这种分析、评估还有助于查清实际成本与目标成本之间产生差异的原因，以此为基础提出改进建议，减少不利差异，扩大有利差异，修订原来的目标成本，确保目标成本的可靠性和可行性。

在实施学校教育成本控制责任制的过程中，进行各岗位的绩效考核并不难，只要按照事先制订的成本目标的各项指标逐一考核就可以。但是，对考核所得的绩效如何评价则有一定的难度。这首先是因为考核的目的只是侧重降低成本水平，而评价的目的则更多地在强调教育效益的提高。成本降低不一定就意味效益的提高。另外学校的教育成本控制绩效不如企业易于处理，也导致对其评价的困难。企业的投入产出指标都是经济指标，可比性强，又能以货币形式呈现和计量，而且生产流程中每个工序之间关系明晰，成本控制绩效一目了然。但学校的产出主要是所提供的教育服务，产出指标中除了少量经济指标之外，大多数都是教育指标，如果照搬企业的做法，将教育指标货币化必然会造成极大的误差。为此，可考虑用模糊数学的方法来评估学校教育成本控制绩效，因为模糊数学的优势就在于能够处理这种同时包含定性指标和定量指标的评估数据。

模糊综合评估的基本思路是：先请专家组对评估指标和权重提出意见，在他们的帮助下正式确定指标体系。然后请专家们对学校教育成本控制责任制的具体实施进行认真调研，并结合指标体系进行初步评估。再运用模糊教学方法对专家评估的数据进行计算，并根据结果对成本控制绩效作进一步的综合评估。计算时先对指标体系最低层次的项目进行模糊综合评估，然后一层层上升，直到对一级指标进行模糊综合评估，计算出综合评估值为止。

四、教育成本的影响因素分析

为推动学校教育成本控制责任制的实施，加大成本控制力度，还需对教育成本的影响因素进行深入分析。一般来说，能够造成教育成本水平波动的因素主要有通货膨胀、教育供求状况、教育技术水平和制度因素等。

1. 通货膨胀对教育成本的影响

通货膨胀是指物价水平在一段时期内的持续上涨。按照其程度可分为爬行通货膨胀、恶性通货膨胀，以及介于这两种极端情况之间的一般性通货膨胀。人们通常采用消费物价指数来衡量其程度。

影响教育成本变动的首要因素就是通货膨胀。

（1）物价的上涨将直接导致教育产品生产成本的上升。由于学校所购商品的特殊性，即均为与教育相关的商品，比如教师的劳务、书籍、期刊、教学设备等，而这些商品近年来往往是上涨幅度最大的商品。更为重要的是，通货膨胀所带来的实际购买力的下降和实际税收负担的加重，会迫使学校不断提高员工的工资水平，增加人员经费开支数额。由于人员成本是教育成本的主体，所以每个教师劳务成本的小幅提升，最终将累积成为教育成本总量的大幅增长。

（2）温和的通货膨胀往往会刺激政府部门的投资需求。在可接受的范围内，通货膨胀往往会促使政府去制定雄心勃勃的庞大投资计划，从而使通货膨胀"与生俱来"具有促进投资需求的倾向。而在通货膨胀过程中，政府部门的名义收入与实际收入都会上升。而根据一般规律，边际消费倾向递减时，投资意愿就会上升，即使边际消费倾向不变或上升，只要其上升幅度不超出政府部门实际收入的增长速度，都很可能引发政府投资需求的增长。作为教育成本的主要负担者，在这种情况下，政府往往就会增加对教育的投入，从而促使教育成本增加。

（3）失业率的上升在一定程度上会增加教育成本。物价的持续上涨会抑制消费，即对产品的需求不再增长反而下降，同时工资水平也会持续提高，结果导致社会劳力需求的减少，失业率因此越来越高。在经济不景气时期，失业者往往会选择待在学校，从而使个人对教育的投资增加，并相应带动政府给教育以更多的投资。学校获得的资金越多，其教育成本规模也就越大。

目前，中国教育经费的主要来源仍然是政府预算内财政拨款。由于财政预算一般以现值计算，忽略了通货膨胀所造成的财政资金实际购买力的减少，因此常常会出现一方面教育财政预算增长较快，但另一方面教育经费短缺的矛盾却加剧的现象。所以在分析这类问题时，必须区分名义增长率和实际增长率的差异。所谓名义增长率，就是不考虑通货膨胀因素，以现值计算的教育经费的增长率。而实际增长率就是考虑到通货膨胀因素之后，教育经费实际购买力的增长率。如 1978～1997 年，中国财政教育拨款名义增长率为 8.46%。这一时期通货膨胀对教育拨款的实际购买力的影响达 50%。在通货膨胀率最高的 1988 年和 1995 年，财政教育拨款名义增长率分别为 19.02% 和 16.34%，但实际增长率分别为 0.49% 和 1.54%，差距明显。

2. 教育需求与供给状况对教育成本的影响

教育需求主要是指社会和个人对受教育机会有支付能力的需要，教育供给则主要是指社会和个人对教育的投资，教育的需求和供给也会对教育成本产生影响。一般而言，当教育需求旺盛时，教育成本趋于上升；而教育需求弱化时，教育成本就有下降的可能。教育供给如果充足，教育成本也将呈现上升的态势；而教育供给不足，教育成本则被迫下降。

宏观层面，当社会关注教育发展，对教育投资表现出极大热情时，资源配置就会向教育倾斜。相反，如果社会忽视教育或对教育表示失望，就会将稀缺资源用于别处，教育领域占有资源的比例就会减少。比如 20 世纪 60 年代，伴随着人力资本理论在全球的传播，大多数国家对教育的需求增长，同时也加大了教育投资的力度，教育成本因此急剧上升。而十多年之后，当人们发现并未获得预期的回报时，教育需求减弱，投资教育的热情减退，教育成本增长开始放缓，甚至出现下降。

微观层面，随着社会经济的发展，个人的教育需求从追求数量逐渐朝着追求质量的方向转变，这一趋势加剧了学校之间的竞争。其实，教育"产业"并非人们想象的那样缺乏竞争，恰恰相反，学校间的竞争非常激烈，而这种竞争也会增加教育成本。因为学校为了增强自身竞争力，提高教育质量，会不断地增加投入，改善其办学条件，提高教学和科研水平，聘用并保留高质量的老师，提供更多的学生服务项目，如奖学金、学生咨询、就业咨询等。所有这些举措都会导致办学成本的上升。

除了学校间竞争之外，学校的办学规模也能影响教育成本。为了控制教育成本，同时，又能最大限度地提供受教育机会，学校应当努力实现规模经济。在经济学中，规模经济是指厂商达到一定生产规模之后所获得的经济利益，即因生产规模变动而引起的收益的变动，而学校规模经济，则是指在一定的投入价格与技术条件下，生均成本最低的学校规模。一般来说，在其他条件不变的情况下，成本变动是一条 u 形曲线。在生产初期，边际成本低于平均成本，随着产量的增加，成本逐渐下降，收益趋于增长。当平均成本等于边际成本时，即达到最佳规模。此时如果继续扩大规模，由于边际成本不断升高，同平均水平的差距逐渐拉大，因而收益呈现递减趋势，结果再次出现规模不经济。发达国家的研究表明，各级教育都存在规模经济。我国学者在 20 世纪 80 年代的研究也发现，在中国高等学校确实存在规模经济，即在制度环境和管理状况不发生改变的前提下，中国高等学校的最佳规模为 6 000 人左右。除了学校的学生规模之外，班级设置也存在规模经济。班级规模应当适度，太小生均成本过高，不经济，但一味扩大班级规模又会影响到学生的学习和情感的发展。1982 年，格拉斯等人的研究结果也显示，学校班级规模过大会降低学生的学习效果。

3. 教育技术水平对教育成本的影响

从生产函数的角度看，技术是影响生产效率的一个重要因素，技术的发展带来的主要结果就是单位成本的下降，但技术对于生产效率的影响在不同时期作用方式却是不同的。在过去，技术的改进意味着机器以及生产工艺流程的改进，从而使工人的产出增加。现在，技术改进可能更多地指利用计算机处理信息以及快速更替产品等，而不仅仅是每个工人产出的增加。很明显，在教育中，技术扮演着重要同时又不断扩展的角色，从帮助解决诸如发放工资、控制财务这类行政管理方面的问题到协助评定考核学生学业情况的教学科研工作，甚至是教学设施的维护和修缮都需要新技术，但是技术能不能降低教育的单位成本呢？

理论上，教学技术无疑有助于降低教育的单位成本。现代科学技术及其相伴而生的现代教学媒体在教育中的应用，极大地丰富了传统的教学手段，增加了信息传递的方式、方法，提高了教育教学的效果和效率，也极大地改变了传统教育模式。因此，随着多媒体辅助教学技术的日趋成熟以及计算机网络的迅猛扩展，将信息通信技术与教学结合起来就显得十分必要。事实上，目前教育界正在努力跟上互联网的发展与变革。结合互联网，教育已经可以超越时空的限制，受教育者不必集中于同一地点、在同一时间接受内容相同的教育，而是可以自行选择学习的时间、地点和内容，教育的影响因此大大扩展，教育单位成本也将随之降低；而且这种自主选择和高度的参与（可以用多种方式与同学、教师交流，表达个人的观点），使受教育者能够发挥其主动性，从而营造出一种有利于培养主体性和创造性的个性化教育氛围，教育效果也将因此而表现得更加明显。

然而，令人遗憾的是，技术在降低教育单位成本方面的实践记录却并不优秀。大多数情况下，技术的确能够让我们做得更好，或者将工作变得更加简单方便，这显然可提高效率。但是代价，也就是技术使用的成本却是高昂的。自动化的办公设备无疑比打字机的效率高得多，个人电脑和文字处理软件的应用也使我们可以写出、印出更多的东西，而且效果更佳，效率更高，对此无人置疑。但办公自动化设备的价格不菲，加上随之而来的软件、硬件的不断升级以及对纸张、墨盒等耗材需求的激增使成本不降反升。现实中的教学经验也显示，采用互联网和多媒体技术虽然可以丰富教学，让受教育者更方便地学习，但却并不便宜。如在整个 OECD，每年在互联网方面投资约有 160 亿美元。其中，美国 1997～1998 年两年中软硬件方面的花销以 16％的速度增长，学校在计算机方面的花销高于书本等其他印刷材料方面的开支；而英国 1998～1999 年，在起点较低的情况下，两年的软硬件方面支出增长均在 30％左右。以此速度，ICT 方面的成本支出每五年翻一番——比其他教育设备的成本支出增长都快，比整个

OECD 的教育成本支出增长也快了很多。所以，总的来说，教学技术并不能在短期带来学校单位成本的下降，但在长期，当教育技术的使用达到一定规模后，这一目标有可能实现。

4. 制度因素对教育成本的影响

制度是人们为进行某项活动而确定的各种规定，以及与之相应的行为规范。制度可以提高人们合作行为的效率。不同的制度安排会产生不同的运行效率，不同的教育制度安排也会对教育成本产生不同的影响。

现行的学校制度主体上都是国家主办的公立学校，但公立学校在运行效率方面总是遭到指责。20 世纪 90 年代以来，发达国家教育改革的一个重要取向就是学校重构，希望通过学校重构来提高学校的运行效率，降低学校成本。而美国在这场改革中一直起着领头羊的作用。

美国自建国以来一直奉行公立教育的原则，国家推行免费的、强制性的义务教育制度。作为"美国梦"的一个重要组成部分，公立教育"促进新成员与社会同化，防止分裂和隔阂"，因而一直是美国"引以为自豪的东西"。但是，随着学校的公立化，学校教育却产生了人们预想不到的问题。首先是强迫就近入学的做法使来自贫困家庭的子女不得不进入贫民区附近的学校就读，而这些学校的各种条件总是不如富裕居民区的学校。其次，由于长期处于官办的垄断地位，缺乏竞争，公立学校的教育质量一直受到抨击，曾被美国著名经济家、诺贝尔奖获得者弗里德曼（Milton Friedman）指责为"一个双重悲剧"，因为它非但无法实现机会均等，提供令公众满意的教育服务，反而还耗费纳税人的巨额资金。其间，美国公立教育尽管历经 20 世纪 60 年代、70 年代和 80 年代三次教育改革，但收效都不大。而与此呈鲜明对比的是，私立学校虽然生均教育经费支出只有公立学校的 50%～70%，但学生成绩却普遍好于公立学校。当然贫穷家庭子女仍然无力进入这类学校。

于是，美国教育改革者开始寻找改变这种局面的方法，主要是通过种种形式的学校重构来提升公立教育的质量和效率。比如，纽曼（F. Newmann）将家长择校、更大的学校自治权力和共享决策纳入到 11 种最普遍的学校重构方式之中。巴尔（S. J. Ball）则指出，在围绕自治的新教育话语中存在着三种变体：财

政管理、企业管理和内行管理，希望学校能合法地按近似企业经营管理的方式
提供教育服务。对此，美国政府在政策上给予了支持配合。1991 年，当时的老
布什政府提出教育凭单（education voucher）主张，也称"教育券"主张，允许
家长在公立学校和私立学校之间进行选择，希望借此引发公立学校与私立学校
的竞争。克林顿继任后，依然奉行择校政策，所不同的是不再使用教育凭单，
而是主张设立"特许学校"（charter schools）。到 1996 年为止，全美共有 25 个
州批准了特许学校的改革计划，200 多所学校被授予特许权，其中大量学校是转
换为特许身份的公立学校。

许多私人企业也看准时机开始涉及学校的经营活动。在 1990 年，加利福尼
亚 100 所公立学校被私营公司接管，1993 年马萨诸塞州将 15 所公立学校转交给
私人组织经营。而据《纽约时报》1996 年 1 月 31 日报道，美国每年用于从学前
到高中教育的经费为 3 400 亿美元，其中 300 亿美元已为营利性公司所掌握，这
些公司从事的工作包括：管理学校、提供课堂教学和课后辅导业务、出售教科
书、教学软件及新技术、设计课程、提供咨询服务等。其业务范围已大大超过
提供餐饮、校车接送以及校舍维修等传统项目。

这种公立学校私有化现象在美国争议颇多，支持者认为企业介入学校是一
件好事，将会引导一部分私人资本流向学校，从而增加了学校的资金投入，扩
大了教育供给规模，为家长提供更多的选择机会，而且私人企业管理学校似乎
效率更高，更能有助于提高学生成绩，但他们无法提供有说服力的数据来证明
自己的观点。反对者则认为，私营公司以营利为目的，很难保证向学生提供良
好的教育。事实上，许多公司接管学校以后，在人事、财务等方面措施不力，
经营失败的例子不少。

总的来说，由于缺乏结论性的证据，有关学校重构的争论和实验还将继续
下去。但无论其结果如何，这些探索对于提高教育的生产率都是大有好处的。

五、教育成本控制的实现

在确定了学校教育成本控制方法，并对影响教育成本的主要因素进行分析
之后，就可尝试从人员经费、物质资源、办学规模以及制度等几个方面着手实

现对学校教育成本的控制。

1. 人员经费控制

教师是学校成本投入中最重要的人力资源，这首先是因为教育被认为是具有劳动密集型产业的特征，教师的薪金在学校教育成本中占有极大的比例。在中国，教育事业费中人员经费一般要占 60%～80%，其中高校人员经费约占 40%～60%，中学人员经费约占 65%～85%，而小学人员经费约占 75%～90%。其次，也是更为重要的，教师是教育活动的组织者，对学生的发展起主导作用，教师素质的高低直接关系到人才的培养质量和教育质量，决定着教育产出的效果。因此，人员经费控制可以被视为实施学校教育成本控制的关键。

理论上通常结合生师比（在校生人数与学校教师人数之比）来评估学校人员经费的使用情况，或是采用这一量化指标衡量学校的办学成本和办学效益。一般而言，生师比越高，则学校教育生产效率和人力资源利用率就越高，反映在成本上，则表现为教育总成本的降低。当然，生师比不能无限提高，应当以教师的工作负荷为上限。此外，如果中小学校生师比过高将不利于因材施教。有研究表明，由于分配给每个学生的教师时间会对学生学习产生影响，所以班级规模和成绩增量呈负相关，即班绩平均成绩会随着班级规模的绝对水平的增长而降低。因此，每年学校都应当根据自身情况不断摸索，寻找最佳生师比例，实现最大教育产出下的学校成本最低。

事实上，在人力资源方面，我国有不少学校仍然存在着一定数量的冗员，教职员工缺少流动，只进不出，越来越多的闲杂人员使学校人员经费不断增加。这反映到人力资源利用效率上就表现为生师比例偏低，生员比（在校生人数与教职工人数之比）过低。这一点高校表现得尤为突出。虽然近几年的持续扩招让我国高等教育的生师比有了较大幅度的提高，但仍然偏低。

要想改变这种冗员多、人员编制结构不合理的现状，最大限度地发挥教育经费和学校人力资源的效用，就必须改变现行学校人事制度，实行定编、定岗、定职，推行聘任制，努力使学生、教师、干部、职工之间的比例合理化。

2. 物质资源控制

物质资源也是学校教育资源的一个重要组成部分，主要是指各种教学科研设施和文体娱乐、生活服务设施。教学科研设施主要有场地、校舍、教学用具、仪器设备、图书资料以及供水、供电、供气系统。文体娱乐、生活服务设施主要包括公共餐厅、交通工具、教职工宿舍和文娱活动场所。学校基本建设投资的全部和公用经费的大部分支出都与这些设施的兴建、购买、使用以及维修相关，所以学校教育成本控制也应重视对物质资源的控制。

总体上看，中国学校物质资源的利用效率并不高，虽然近年来，许多学校购置了过去没有的现代化设备，拥有了计算机、互联网、多媒体和远程教学等等。只要将资源统一规划、合理布局、集中管理，就可以提高设施的利用率，杜绝不必要的支出，降低学校教育成本。另外，学校里还有一部分生活服务设施是围绕教职工的衣、食、住、行等基本生活需要投资兴建的，可以视为教职工的福利设施，是消费性质的投资。原则上，在进行学校教育成本核算时不应将这类开支计入，但事实是，这类投资会在一定程度上影响学校教育资源的配置和使用，故而也不能忽视对它们的控制管理。当然，长期来看，学校生活设施作为社会公共福利事业的一部分，最终会随着社会的宏观改革而走向市场化、社会化。因此，有可能也有必要将学校生活服务设施从学校整体分割出去，实现生活服务的社会化和产业化。

3. 学校规模控制

所谓学校规模控制，是指在不违背教育规律，保证培养规格、教育质量不受影响的前提下，控制学校拥有的班级数和学生人数，使学校拥有的所有资源都得以充分和恰当利用。

从资源使用效率上看，由于教育资源具有整体性和不可分性，不论学校规模大小，都会因为教育功能的需求而投入大量资源。即使只有一个学生入学，也必须配置全套资源，从土地、校舍、教学设备等物质资源到教师、行政人员等人力资源，都应予以保证。在这种情况下，已投入的资源无法充分利用，生均成本也极高。如果扩大办学规模，增加学生人数，资源利用率自然就会提高，生均成本也将随之降低。但是，一味追求生均成本的降低，不断增加学生人数，又会造成对资源的过度使用。因此，学校规模的扩大应在不影响教育功能的前提下，实现教育资源最有效的利用。

从教学效果上看，学校规模过小，教师数量少，在教研组和年级组内很难形成一个优化的整体结构，发挥教师队伍的整体效能，同时由于编制有限，为应付课程需要，教师往往必须担任非其所长的科目，这样不但会影响教育质量，更会影响教育经济效益的形成；但学校规模过大，学生总人数过多，也会影响教育质量。如果不增加新的资源投入，学生人数的增加势必导致生师比过大，不利于师生情感交流和教育信息的反馈，不利于因材施教；而且各种教学设施也会相对短缺，学生使用仪器设备、参加课外活动的比率下降，这些都不利于教育质量的提高。所以，学校在确定发展规模时应当充分考虑教学效果的保证。

从行政管理上看，学校规模的大小会对学校管理的成本和效果产生影响。学校规模小，管理层次较少，管理成本也较小，但管理跨度较大，即每个领导者直接指挥的下级数目较大，领导者需要协调的关系过于复杂，很容易使领导者陷入文山会海之中。当学校规模扩大，管理跨度减少，领导者的决策时间缩短，但管理层次却增多，不仅容易造成机构臃肿、效率低下，而且各个组织层次之间的沟通和协调难度加大，从而产生更多的管理误差，增加了成本支出。因此，扩大学校规模还应考虑如何以较少的人员、较少的组织层次、较少的时间达到最佳的管理效果。

可见，学校规模过小或过大，都不利于教育成本的控制，都不利于合理地发挥教育资源的作用。因此，确立适度的学校规模是十分必要的。而事实上，通过近几年的努力，目前中国各级教育规模均发生了巨大变化，朝着规模扩大并逐步合理化的方向发展。

4. 制度控制

在讨论这一问题之前，有必要先弄清几个概念：制度、产权和交易费用，从行为约束的角度来看，制度是指用于规范一定范围内社会成员的具有相互影响的行为的各种规则及其实施程序的总称。而产权作为一种社会契约，是指社会承认的一定人占有、使用一定财产的权利。至于交易费用，则是指由于需要进行商品交换，人们进行产权界定和保护所付出的全部劳动耗费。产权界定、保护越困难，交易费用就越大。当然，并非唯独市场运行才有成本，企业或政府的运行也需要成本，也就是通常说的行政成本。

产权经济学认为，制度的形成与产权界定密切相关，因为制度本身正是体现了权利的确认以及对权利的保护。同时，产权界定明晰又是制度得以贯彻的前提和保证。不同的制度会形成不同的交易费用。零交易费用往往意味着最高的经济效率，相反，交易费用越高，则经济效率越低。因此，在其他条件不变的情况下，可以围绕产权、制度和交易费用来找寻提高经济效益的途径。而且，把握了产权经济学的这一思想，不但有助于我们在市场经济条件下推行教育体制改革，还有助于我们理清思路，从宏观、中观和微观三个层面对教育成本实施控制。

在宏观层面上，应继续推进办学体制改革，实现办学主体多元化和办学模式多样化。办学主体多元化是指，要形成中央、地方、社会力量、多主体办学的格局，如果条件满足，还可允许外国法人组织、个人以及有关国际组织同中国具有法人资格的教育机构及其他社会组织在中国境内合作举办教育机构，从而拓展教育投资来源，缩小教育供给与教育需求之间的差距。而办学模式多样化则是指改变纯政府办学模式，形成以政府办学为主，社会力量办学和联合办学为辅的格局，在不同模式学校之间展开良性竞争，不断提高教育质量和效益。近几年来，不少私立民办学校，以及各种形式的短期培训受到社会欢迎，取得了很大成绩，其根本原因在于这类学校从社会需求出发，以市场为导向，能针对市场对教育的需求做出迅速反应，因此具有生机和活力。

中观层面则应努力改革教育管理体制，理顺中央和地方、政府和学校之间的关系，尽快建立和完善宏观调控体系。各个地方在熟练劳动力和专门人才的培养问题上一定要打破各自为政的封闭局面，实行开放政策和人才来源多样化的政策。各地在办学时要考虑是否有持续稳定的人才需求，是新举办一所学校，还是与别人合作举办，或是委托代培等各种办学方式进行科学论证和比较，选择最经济有效的方式。此外，应对教育产权重新划分，原则上政府只享有教育产权的占有权，而将使用权和支配权交给教育的经营者。政府要从对学校的直接行政管理，转变为运用立法、拨款、规划、信息服务、政府指导和必要的行政手段，进行宏观管理，保证学校真正成为自主经营的法人实体。只有当学校真正成为自主经营的法人实体，教育的经营者们才会将办学效益和自身利益紧密联系起来，密切关注教育成本的控制问题。

在微观层面还应重视学校内部管理体制的改革。无论是公立学校还是社会力量举办的学校，都应切实实行举办者与经营者、所有权与经营权相分离，推行校长负责制，确立校长的法人资格。在此基础上还应实行教师劳动合同聘任制，学校和教师之间实现"双向选择"，促进教师在学校间自由流动。而对分配制度也应进行改革，进一步强化激励机制，鼓励良性竞争，调动教职员工的工作积极性，努力以最小的资源消耗换取最大的教育产出。

关联拓展阅读之一

西方学者论教育对经济发展的双重效应

许庆豫

在当代，教育是经济发展的最为重要和积极的促进因素，这已成为人们的共识，同时也为经济发展的历程所证明。但是，教育与经济发展的关系还有另一方面性质，即若不恰当处理二者的关系，教育有时在经济发展过程中可能并无促进作用。人们应从积极和消极两个方面认识教育与经济的关系，这样的认识思路有助于教育与经济关系的理论探讨和相关的教育改革实践。本文拟对西方学者关于教育与经济发展关系的一些观点作一述评。

一、经济发展的内涵

在经济学领域，经济发展最初主要是指经济增长，特别是一个国家维持经济增长的能力，其评判指标是国民生产总值增长率、人均国民生产总值增长率。稍后，人们将国民生产总值增长与人口增长联系起来，认为国民生产总值的增长应该快于人口增长，而且在这样的增长过程中，国家可供消费的物品和服务不断丰富。同时，工业进步、个体适应经济发展的态度与信仰的形成、农业生产的改善，也被纳入经济发展的范畴。这一观点在经济发展理论的演进中影响相当广泛。也有一些经济学家明确地用两大指标衡量发展。一是国家在一段时期内保持经济相对稳定，在此基础上，以年增长率5%~7%的速度推进国民生产总值的增长，具有这样的能力，便可以理解为"发展"。另一个指标是人均收入和人均国民生产总值。用这样的指标计算"发展"，能够辨别经济发展与人口增长之间的关系。人均国民生产总值的实际增长水平（人均国民生产总值的货币量减去通胀率）也通常被用来衡量一个国家的经济增长的整体水平，这一指标表明每一个公民实际可以用于消费和投资的物品量与服务量。还有一些经济学者认为，经济发展常常指有计划地调整产业和就业结构，使得农业人口减少而制造业和服务业人口增加。与此相关的发展策略是加快工业化进程。

随着社会的发展，经济发展的含义趋向扩大和充实。20世纪70年代以后，人们开始重新界定经济发展，一种新的经济发展观念由此诞生。在这种新的观念看来，经济发展是指贫困、失业、不平等的减少或消除。杜德里（Dudley）提出，人们可以通过三个问题衡量经济发展：贫穷状况是否发生变化？失业状况是否发生变化？不平等状况是否发生变化？如果一个国家贫穷人口的比例、失业率和社会不公平现象下降，那么，毫无疑问，这个国家处于发展之中；相反，倘若其中一个、两个或三个问题没有解决，那么即使这个国家的国民生产总值上升，工业取得了进步，人们也不应该说这个国家获得了经济发展。经济学家进一步主张，审视经济发展的视野应该更为广阔。满足全体人民衣、食、住、行、健康、安全这些基本需要；提升人的尊严，让每一个人体验自我价值和自我尊重；扩大人们的选择范围，增加人们的选择机会；发展教育事业，丰富人们的科学文化知识和生活内容，这些现在都应该构成经济发展的组成部分。这样，"经济发展"的内涵实际上趋向于"发展"的一般内涵。

综合地考察多位经济学家的观点，笔者认为，应该从经济发展概念、经济发展动力、经济发展特点、经济发展策略和取向方面吸收经济学家们的思想，致力于形成较为全面的经济发展观念。经济发展的内涵应该包括如下方面：其一，经济实力的增长，包括国家维持和促进经济持续进步的力量不断增强。其二，经济效率的进步。科学技术不断进步并在经济领域，尤其是生产领域获得广泛应用，从而大大提高物质生产效率，并使国民经济结构中工业、服务业和高新技术产业的份额不断上升，农业生产现代化程度不断提高。其三，经济制度的完善。这种制度能够为经济进步提供稳定和谐的社会氛围和制度保障，能够促进经济与社会的整体协调发展，包括推进平等，缩小收入差距，减少贫穷，增加就业机会和教育机会，满足人民的基本需要。其四，提升人的价值和人的自尊。人力资本理论为经济发展的这一内涵提供了广泛的启示。人力资本概念虽然主要是从教育与经济关系意义上提出的，但是，这一概念所强调的人的后天素质与能力，以及这种素质与能力在经济发展上的意义，有助于引导人们重视人的价值，并为开发人的价值提供了现实的和可行的途径。

二、教育：经济发展的基本动力

经济学家们很早就开始探讨经济发展和国民财富增长的原因。20世纪下半叶，教育成为受到广泛推崇的促进经济发展的因素。

实际上，教育在经济发展中的作用早就引起人们的注意。柏拉图说，公共收入的一大部分应放在教育上。亚当·斯密（Adam Smith）具体叙述了教育的资本价值，断言受过教育的劳动力具有较高的生产效率。大卫·理查德（David Ricardo）和托马斯·玛少斯（Thomas Malthus）认为，教育是训练好习惯，培养上进心、义务感和责任心的工具，如果没有教育，人们就会贫穷，而贫穷就会使人不快乐。约翰·斯图加特·密尔（John Stauart Mill）同样强调受过教育的劳动力的重要性。所以，教育与经济发展的关系源远流长。但是，教育被看作经济发展的主要或基本动因却是20世纪下半叶的事情。正是在这种教育价值观的指引下，教育的扩展相当迅速。例如，在亚洲，义务教育受到普遍关注。在东亚，中等和初等教育已经普及。南亚正在为实现这一目标而努力。不仅如此，教育的类型也在增多。例如，中等教育结构中既有学术性的普通高中，也有直接对应经济生活各个门类的中等职业教育，而且吸纳了相当一部分受教育者。

有一种论点认为，经济的发展对教育产生影响，而教育对经济的作用并不显著。这一论点的根据是，在欧洲，教育的发展总是走在经济进步之后，而不是走在经济发展之前。发生这种现象的原因是，欧洲是工业革命的发祥地，在工业革命的起步阶段和早期阶段，经济活动对知识和技能的需求并不突出。但是，到了18世纪晚期和19世纪，欧洲各国开始实施强迫义务教育，培养了大批的具有一定文化和技能的劳动力，满足了工业进步与经济发展对知识和技能的需求。这一历史过程遮盖了欧洲各国经济发展与教育的关系。在当代社会，欧洲工业革命早期的现象不复存在。相反，经济进步依托教育的现象却相当突出。在日本，经济发展走在教育之后，在亚洲其他国家和地区，教育在经济发展中同样具有非常重大的作用。

教育对经济发生作用的机制是帮助受教育者掌握文字和计算等认知与生产的工具，以及经济领域中各行各业的专业知识和技能，包括经济活动需要的高深学问和创造能力，使受教育者发挥出巨大的主动作用，促进经济效率的提高和经济活动过程的改进。例如，一种普遍的现象是，受过教育的劳动力在社会、经济、政治和文化发展中的作用远远大于文盲。传统上，经济增长文献把技术进步视为经济系统的外部因素，受到经济运作过程外部因素的影响。因为不同的国家可能拥有同等的科学技术水平，而科学技术的效益及其对生产过程的影响却是不同的。晚近的观点是，科学技术进步、其在生产过程的应用内容和应用形式都是经济过程的内部因素。科学技术的经济效益受到组织结构、动机、信息、投资、研究和发展等多种经济内部因素的制约。因此，发挥科学的经济效益需要改进经济活动过程，创造有利于科学技术发挥经济效益的内部氛围。而教育投资将会刺激科技进步，培养更多的合格工人，营造有利于发挥科学技术效益的环境，促进生产和经济发展；教育造就了更多的科学家、工程师和企业家，他们迅速地将知识转换为资本；教育造就具有较高科技水平的人口，加速信息的流动。在当代社会，这些都是经济进步的重要动力。在这一观点看来，经济、科技和教育是一体化的过程。教育因而成为经济发展的基本的主要的动力因素。

如前所述，经济发展大致包容四个方面的具体内涵。由于教育的对象是人，所以教育并不直接面向经济发展的所有方面，尤其无法直接面向经济发展中的具体的物的方面，而是直接面向经济发展中人的因素，通过促进人的发展对经济发展发挥作用。如果具体地分析，教育主要在以下几个层面对经济发展具有直接的和显著的作用。

第一，教育促进人力资本的优化。许多经济学家认为，恰恰是人力资本，而不是自然资本和物质设施，是决定国家和经济增长的主要因素："人力资源构成国家财富的基本因素，资本和自然资源只是被动的生产要素。人力是积累资本、利用自然资源、建构经济组织、促进国家发展的积极因素。很显然，一个国家倘不能发展人民的技能，让他们掌握知识，并在国民经济中有效地运用他们的技能和知识，那么，这个国家就不可能发展任何东西。"

发达国家的实践表明，相对于物质资源，人力资源是经济增长的主要动力。欠发达国家吸收了这样的观点，把人力资本投资视作经济和社会进步的主要措施。事实说明，欠发达国家各个教育层次的扩展，确实促进了经济的进步：造就了一支掌握了知识和技能的富有效率的劳动力队伍；为教师、学校工人、建筑工人、教科书和纸张工人、学校服装的制造工人提供了大量的就业机会；培养了一批受过教育的领导者，使政府、公共领域和私人领域等各方面的管理得以正常运转；传授技术和知识，形成现代化的态度。教育所培养出来的熟练的工人队伍，是经济进一步发展的宝贵的人力资源和基础。"教育包容了个体与社会的抱负，是发展人力资源、维持社会竞争、促进社会流动和创造美好环境的手段。教育的影响异常深刻和长久，昭示发展和正义。"

第二，教育对经济发展的促进作用典型地表现为提高劳动力的工作或生产效率。在变化的情境中，教育在个体、企业和社会层面都有助于提高生产率。教育经济学家亨利·莱文（Henry Levin）具体解释了其中的机制。他说，大约 40 年前，在人力资本理论的早期阶段，人们普遍确认教育对经济增长和生产率的提高具有重要作用，而学校和教室中发生的事情，与工厂生产率提高之间的确切关系没有被人们重视。一个公认的假设是，教育程度越高，人力资本的教育含量越大，对提高生产率的贡献也越大。统计研究表明，雇员教育程度与他们的收入高度相关。教育程度高，收入也会相应提高。这一事实足以令人们相信，教育程度对工厂生产率的提高具有重要作用。但是，教育的哪些方面对生产率的提高具有促进作用仍是未知的，而且只要雇主愿意为教育程度高的雇员提供较多的报酬，人们就不屑于追问教育的哪些方面对提高生产率具有促进作用。在竞争激烈的劳动力市场上，雇主总是会为那些富有生产效率的人提供高报酬，否则就会失去这些效率高的员工。正是基于这样的现象，人们认为，教育程度高，意味着生产率高。但是，如果进行具体的分析就可以发现，良好的教育意味着较多的知识和技能，并且可以用于生产和提高生产率。在这样的分析构架中可以清楚地看到，教育增加知识和技能，而知识和技能增加效率和收入。掌握技能较多的人可以更快地学会工作，更有效率地做好工作，在同样的时间里，他们可以更准确、更聪明和更多地完成工作任务。如果面临新的工作，他们的适应能力会更强。教育使他们适应更为复杂的环境。

第三，教育具有综合的和多方面的效益，这些效益将会促进经济发展。通过人的培养，教育一方面表现出直接的经济意义，另一方面还释放出综合的效应，间接地促进经济发展。例如，接受高等教育的人的婚姻更稳定，在生育行为上更重视人口质量，在日常生活中更重视健康。个人的教育程度对消费行为、资产管理和选择也具有积极影响。最近的研究表明，教育的综合效益对经济增长具有相当积极的影响。在教育程度较高的社会里，各个技能层次上的人的生产率都会更高。教育不但强化劳动力的生产率，而且强化物质资本的生产率。此外，教育还具有多种效益，这些效益超越了受教育者本人的意义。其一，代际价值。受教育程度较高的人的孩子将会获得较大的益处。其二，雇主收益。雇佣受教育程度较高的人，可能会获得较多的利润。其三，社会收益。教育发达，将减少失业和犯罪。其四，国家收益。一个国家的教育水平发达，国家将会相应地受益。在1929~1957年间，美国实际的人均收入增长中，21%归因于劳动力接受了更多的教育，36%归因于知识进步，而知识进步在很大程度上与教育的进步同步。现代化与经济进步的关键要素不是土地或其他物质资本，而是人力资本。其五，公平效益。在初等教育上的公共开支具有向穷人进行财产再分配的效果。这种情形在欠发达国家特别明显。在发达国家，在中等教育上的公共开支具有相同的性质。

三、教育：抑制经济发展的具体情形

值得注意的是，教育与经济的关系并不是教育永恒地和稳定地促进经济进步。在实际的社会生活和国家生活中，教育在经济发展中究竟发挥何种程度的促进作用，甚至能否发挥促进作用，需要进行具体的分析。

一些学者曾经总结教育投资的经济意义，可以为我们理解教育与经济发展的关系提供一种框架。（1）教育投资的社会回报率随着教育阶段的上升而下降，初等教育最高，其次是中等教育，高等教育最低。个人回报率是初等教育最高，高等教育次之，最次是中等教育。（2）各国教育投资的回报率是个人高于社会。基本原因是政府利用了公共财政资助教育。（3）一个国家的经济发展水平越低，教育投资的回报率越高。其中原因是这些国家的人力资本更为短缺。（4）低收入国家教育投资私人回报率和社会回报率的幅度高于发达国家。（5）高收入国家高等教育的回报率相当接近。（6）在中等教育中，学术性课程的回报率比职业性课程高。（7）1985年以来，国际教育投资回报率变化的总趋势是随着时间的推移而逐渐下降，下降幅度随着教育水平的提高而减小，只有高等教育的回报率随着时间的推移而有所提高。让都那（Jand Hyala）也认为，当教育需求高于教育供给时，教育的回报率较高，反之，当教育需求低于教育供给时，教育的回报率较低。

经济学家汤德拉·迈克尔（Todaro Michael）指出，教育在经济发展中的作用不仅受

到上述条件的限制，在一些过去认为教育发挥了重大作用的方面，教育的实际效应与人们的共识并不一致。

通常，教育的投资是克服贫困的长期战略。教育与贫困在宏观和微观层次上均有关。在宏观层次上，如果一个国家的文盲过多，或者大众受教育的程度较低，那么国家的发展必然会受影响，结果，低收入者将会占人口的很大比例。在微观层次上，文盲或受教育程度较低的人通常寻找的工作都是收入较低的种类，这对改变贫困状态显然不利。而且，教育程度与贫困是相互影响和制约的。提高教育程度将会改善贫困状况，而贫困状况的改善将会刺激教育的发展。人们在生活中可以找到许多这样的例证。但是，相反的情形同样存在。

汤德拉说，教育并非在所有情况下都能克服和减缓贫困。一个明显的事实是，正规教育制度的扩大并不等于知识的普及，学校证书的取得并不意味着建设性的工作能力的提高，接受教育并不意味着进入现代化的高收入的工作领域。因此，对教育在发展经济和改善贫困状况中的作用应进行具体分析。

在当代公共教育制度中，中等教育可以分为普通教育和职业教育，倘若仅重视普通教育而忽视职业教育，教育就很难在农村的发展过程中发挥积极的作用。普通教育的价值取向是升学和学术，与农村发展的直接需要相去甚远。

农村的经济发展包括丰富的内容。从经济的角度看，农村发展是指创造平等的就业机会、获得平等的可耕土地、实现公平的收入分布和改良农村社区的环境。与农村的发展内涵和要求相比，教育在农村的发展中没有发挥很大的作用。其一，教育的观念与农村发展要求相去甚远。许多年来，教育关注的是城市的发展和现代化步伐。教育的目标、内容、方式与农村的需求并不相符。其二，教育的结果与农村相关不大。许多来自农村的学校毕业生并不愿意回到农村，一些受过教育的农村人士倾向于从农村流向城市。研究表明，个人教育程度与其从农村流向城市的意向和行为呈现高度相关，教育程度越高，流向城市的可能性越大。

过度教育对就业产生了消极的影响。教育投资不足、规模不够，那么受过教育的人力需求就会高涨，教育成为促进受教育者就业的动力。但是，没有接受响应教育程度的人士在这种情况下并不能获得工作，形成人力资源闲置，经济发展因此受到影响。这是教育供给不足并导致经济发展受到消极影响的典型表现。与此相反，如果教育提供的人才多于实际需求，将会导致接受过教育的人士失业。后者就是过度教育对就业产生的消极影响。

教育与就业关系的总的情形是教育增加就业。因为教育本身是劳动密集型活动；教育提出了更多的服务和物资需求；教育养成受教育者能够促进生产和职业进步的能力与意识；教育传授就业的技能和技术。特别是当社会存在大量失业的时候，教育往往具有明显的在短期内减少失业的功能。但是，当过度教育产生时，教育对就业的反面效应就会出现。

莱文曾经分析过过度教育的负面效应，在他看来，过度教育的含义一是指受教育者的经济地位下降；二是指受教育者未能实现其对事业成就之期望；三是雇员拥有比其工作要求高的知识、技能和能力，从而英雄无用武之地。社会对于过度教育的关注是，教育程度高于工作要求的人士，对于工作更易产生不满，表现出不利于工作场所之行为的较差的表现。因此，过度教育可能降低工作积极性，导致生产成本增加和生产力下降，因而意味着教育与生产的关系不协调甚而相互否定。

过度教育直接产生教育过剩，并降低了教育的价值。例如，在其他因素不变的条件下，大学生的相对供应增加了，他们的工资就会下降。个人的教育投资策略和选择会相应地发生变化。过度教育的短期和直接效应是抑制就业，长期效应将是导致生产力水平下降。研究表明，在过度教育的情形下，虽然加入劳工市场的青年就业人士的教育水平上升，但生产力增长率反而有明显下降。工作场所生产力研究也发现，工人的表现与教育水平没有直接的正面关系。因此，过度教育不利于生产力的提高。

在高科技时代，政策性的过度教育现象特别容易产生。所谓政策性的过度教育，是指政府超越现实的需要，制定扩大教育规模和提高教育水平的政策，导致教育供给大于实际需求。高科技的进步呼吁教育的改革，并且在政府的教育决策领域得到广泛的响应。很多国家的决策者相信：20世纪90年代以后的职业增长规划会以高技术及技术性职业的扩展最为迅速。未来的工人将需要掌握传递信息的技能，现在许多被看作是高科技的技能，在将来都会成为最基本的技能。政府为此制定了相关的应对政策。在这种趋势之下，中小学大量购置电脑、增加相应的课程。这种信念的依据是：一，未来的职业变化主要表现在专业性与技术性的工作方面，从事这些工作需要相当系统的与电脑相关的尖端的专业训练；二，高科技会提高现行工作的技能要求，因为这些工作的从业人员将面临大量使用科技精密设备的机会。莱文研究发现，所有这些想法、政策、观点、宣传和教育实践都被证据否定。大部分的工作不会是高科技职业，应用于现在工作中的高科技没有要求劳动力作大幅度调整。情况恰恰相反，技能要求低的工作的扩展，将会远远超过高科技工作的增长，高科技行业及其产品的激增可能降低工作技能的要求，而不是使工作技能的要求提高。

在未来的十年中，高科技的职业的人数将会大大增加；但是，这些增加不会对整个就业结构产生大的影响，或者要求大量的从业人士掌握高科技。就业增长的趋势将会对中学水平和受过较少训练的人士更为有利。

科技应用于生产的一般过程是，将任务分解成简单的只需要少许操作就能完成的工作，成为重复性的和简单的生产活动，使非技术性的及低工资的工人能够胜任。这一过程首先由亚当·斯密发现："巴比治（Babbage）的原理对分工的演进十分重要：它所表达的不是分工的技术性方面，而是它的社会性方面。只要劳动过程可以被分割，它便会分成各个部分，一些部分比另一些部分简单，每个部分又比整体简单。用市场术语表示，其含意是：劳动能力分解成部分的价格，比起劳动能力的整体价格要便宜得多。巴比治原理最初运用于手工艺，后来运用于机械行业。科技的进展将使越来越多的工作实现机械化，并降低工作技能需求。这种分解不仅使雇主降低生产成本，而且有效地控制了生产过程。如果看不清这一点而盲目地制定扩展教育的政策，将可能产生政策性的过度教育现象。"

四、推行教育改革并建立适应经济发展的教育体制

教育一方面在经济发展的过程中具有重要的促进作用，另一方面，这种作用的发挥需要一定的条件。倘若忽视这些条件，教育将有可能压抑经济发展。

一些教育学者和经济学者就避免教育的负面效应，充分发挥教育促进经济发展的作用提出了一些教育改革的观点，具有重要的启发作用。其主要内容如下：

第一，改革教育观念、内容、设施和过程，为教育的经济功能的发挥创造条件。在教育的第一阶段和第二阶段的早期，学校应该教会学生基本的识字和运算技能，形成他们强烈的社会责任感，为他们学习其他知识奠定基础，这是教育减缓贫困的重要途径。如果可能，初等与中等教育的内容应该与学生处于其中的社区联系起来，与社区的经济和文化相关。

在贫困地区开展教育，并使教育发挥减缓贫困的作用，教育自身应该符合一些条件。例如，学校应该拥有充分的建筑和设备，教室里的设施应该齐全，课程纲要和教材的编写应该达到基本的质量标准，教师的素质应该是优秀的。

在中等教育阶段，教育应该在克服贫困的四种表现上发挥作用：改善与消弭相关的行为；改善生产效率；扩大就业空间；加强家庭计划，降低生育期，帮助妇女提高家庭的管理能力。

第二，帮助学生掌握成功的智慧。著名心理学家罗伯特·斯腾伯格（Robert Sternberg）揭示了人们事业成功的主要因素。他认为，对人们成功帮助最大的智慧成分是分析能力、创造能力和实践能力。分析思维对解决问题和判断问题非常重要；创造能力对人们提出好的问题并产生相应的见解非常重要；实践智慧对人们在日常生活中有效地利用资源十分重要。斯腾伯格认为，学校主要关注事实和操作，而对解决问题的能力和分析能力关心得并不够，对有效地运用知识的能力也关心得不够。因此，学校测验中反映的成绩实际上不能表征成功智慧所包容的能力。在生产过程中，三方面的能力可能转换成以下成分：独创性、合作性、在小组中工作的能力、伙伴学习、评价、推理、解决问题、决策、获取和利用知识、计划、学习和多元文化技能。学校应该培养学生的这些能力。只有这样的教育才是适应环境变化的教育。

第三，建立一种新教育制度。这种制度培养新型的和有知识的员工，他们适应知识的进步，能够利用新的资本因素，促进经济的进步。新的员工应该是：主动、具有独立思考、工作和创造的能力。要形成这样的能力，学校应注意培养学生的主动性，而不是像现在这样，以教师的活动为中心。新型员工的典型特征是：其一，具有合作能力；其二，具有对自己和他人的工作进行评价的能力；其三，具有推理的能力；其四，具有解决问题的能力、做决定的能力、获取和利用信息的能力与计划能力。

选自《教育研究》2009 年第 11 期

关联拓展阅读之二

论我国教育经济的发展现状、问题及对策

杨贺元

一、现状

1. 国外教育对经济贡献的研究

世界各国都很重视教育对经济贡献的研究。西方发达国家经济发展的历史有 400 多年，美国有 200 多年，日本是从 20 世纪 70 年代才开始腾飞，我国经过鸦片战争等很多沉痛教训以后，才开始向西方经济学习[1]。德国早已把"知识作为经济发展的秘密武器"。当前，世界各国在经济全球一体化发展大背景下，都很重视教育、科技与经济关系的研究。这正是教育经济学研究的范畴及主要内容。早在 20 世纪 50~60 年代，美国、苏联等许多著名教育经济学家都致力于此研究，其中美国的舒尔茨于 1927~1957 年在本国教育对经济贡献的研究中，曾指出了当时美国教育对国民经济增长贡献达到 33%[2]。教育经济学作为一门新兴经济科学的分支科学（介于教育学与经济学之间的交叉科学）传入我国的时间是 20 世纪 70 年代末 80 年代初，并相继在北京师范大学等部门率先开展了研究工作，为我国教育改革与国民经济政策制定及协调发展奠定了重要的理论依据。

到目前为止，世界许多教育经济学家的研究都表明：教育与经济之间关系十分重要且密切。主要是经济发展对教育发展起决定作用，相反，教育发展又对经济发展起强大促进作用，二者既相互促进又相互制约。实践证明，适宜的教育投入，其产品教育（成果）——劳动力的数量与质量（包括素质）的提高，对一个国家国民经济增长的贡献率很大。最近，据联合国教科文组织一份研究报告指出，不同文化程度的人提高劳动生产率的能力是：小学为 43%，中学 108%，大学 300%。这说明劳动力（指存在于一个健康人体中的体力和智力）的质量和素质（主要指劳动者的文化、技术和智力等水平），一般情况下是与劳动者受教育程度的提高呈正相关的[3]。教育不仅能生产和提高劳动能力，

把简单劳动变为复杂劳动，更是科学技术（知识形态的潜在生产力）转变为现实生产力的重要媒介，也是科学技术再生产的重要手段。先进的教育能够促进科技的发展，提高现实的生产力，这种生产力一旦投入生产建设实践，必将创造更多的价值和国民收入。现在，世界发达国家的教育发展，使科技进步对经济增长的贡献率已经达到 50%～70%的高水平，发展中国家也平均达到了 40% 的水平，而我国只有不到 30% 的水平[4]。

2. 国内教育经济近期发展成果

教育作为一种传递社会生活经验并培养人的社会活动，其历史源远流长。它的起源与人类同步，是人类起源的有机组成部分。人类起源时，教育也就在其中了[5]。在我国5 000 多年的历史发展进程中，教育不断地形成了规模、提高了质量，并通过人的物化劳动，促进了科学技术、经济及社会的进步与发展。其中，教育对经济的直接贡献，用寿光（中国蔬菜之乡）农民的话来说就是"我们每挣 10 块钱就有 7 块是菜钱，7 块菜钱有5 块是老师给的，这老师就是学校，就是教育"。朴实的话语证实了教育对经济的作用不可低估[6]。我国可以说是穷国办了大教育，目的就是促进经济的增长。据最新资料统计，我国全日制在校生约 2.3 亿人，占全球教育总人口的 20%，规模位居世界第一位，而年度公共教育经费投入为 170 亿美元，占世界各国教育经费总数 11 500 亿美元的 1.5%，可见，我国是以占世界 1.5% 的教育经费支撑占世界 20% 的教育人口[7]。而且教育质量是比较高的，我国除博士教育以外的基础教育、本科生教育，乃至硕士研究生教育在国际上都是高水平的。特别是我国教育事业的改革与发展，在世纪之交时基本实现了普及 9年义务教育及高等教育进入了国际公认的大众化阶段。这是我国教育有史以来的两个重大跨越式发展，是我国近些年来科学技术及国民经济得以快速发展的一个重要因素。更是功在当代、利在千秋，中华民族伟大复兴的里程碑。这一丰硕教育成果的取得，反映我国 13 亿人口的国民素质整体水平有了一个很大的提高，对进一步开发劳动力资源，提高劳动者生产效率，不断缩小收益差异，促进国民收入持续增长具有重要的意义。

我国不断加大教育投入，日益促进了教育事业的蓬勃发展。2006 年，国家财政性教育支出预计为 4 546 亿元，比 2005 年的 3 900 亿元增加 646 亿元。2005 年全国高等教育在学人数超过 2 300 万人，比上年增加 300 万人，毛入学率达到 21% 以上，比上年增长2%[8]。而韩国 1997 年达到 67.7%，美国 1998 年达到 77%[9]。2004 年，中央把农村义务教育作为整个教育工作的重中之重，财政投入达到 100 亿元人民币，比 2003 年增长了 72%[10]，各级各类民办教育学校（机构）发展到 7.85 万所，在校生达到 1 769.36 万人，比上年增加 352.96 万人，增长 24.92%。义务教育及程度进一步提高，小学学龄儿童入学率达到 98.95%，小学毕业生升学率达到 98.1%，初中毛入学率达到 94.1%，分别比上年提高 0.3、0.2 及 1.4 个百分点。中小学生辍学率分别为 2.49% 和 0.59%，现有在校生分别为 6 527.51 万人和 11 246.23 万人。高中教育规模达到在校生 3 607.63 万人，比上年增长 11.23%。初中毕业生升学率达到 62.9%，高中阶段毛入学率达到 47.55%，分别比上年提高 3.3 及近 3 个百分点。学前教育毛入园率达到 40.75%，在园人数增长到 2 089.40 万人，分别比上年提高 3.35 个百分点及 4.27%。特殊教育和扫盲教育分别进一步扩大及推进，终身教育体系与各类教育培训分别得以构建及发展[11]。这些成绩的取得，为教育自身及国民经济相互促进及发展都奠定了良好基础。

二、问题

1. 传统办学体制缺乏市场竞争力

与发达国家教育体制相比，我国传统办学模式根深蒂固，几乎全是国家供养。改革开放 30 多年来，绝大多数学校仍在拿着国家的皇粮办学校，缺乏人才培养竞争力。义务等教育暂且不说，仅从现代高等教育的建立和发展来看，主要是向西方学习的产物。大致是清末民初学习日本，五四之后学习美国，20 世纪 50 年代之后学习苏联的过程。自 1895 年创办北洋大学堂（天津大学前身）[12]开始发展至今，已进入了大众化发展阶段。与国外进入大众化发展阶段后同期相比，国外在这一阶段的私立高等教育往往快于公立高等教育的发展，尤其亚太地区的日本、韩国、印尼、菲律宾等国家，私立学校学生达到其该国大学生总数的 60%～70%，甚至在 80% 以上。发达国家，如美国、日本等无一例外地得益于私立高等学校的发展。我国目前共有普通、成人高等学校 2 236 所（普通高校为 1 731 所），其中民办普通成人高校只有 228 所（在校生 139.75 万人）。而前者（公办学校）仍沿用计划经济形势下形成的集中统一办学模式，这种办学模式即使是最好的，也缺乏了市场竞争机制及压力，不可避免地走向了退化和僵化，难以适应经济快速发展变化和培养高素质更多优秀拔尖人才的需求，后者（民办学校）虽然有办学活力与主动权，竞争意识强，但因刚刚起步，占的比例较小，再加受各种环境制约因素的影响，尚没有成为我国高等教育办学的主流，一时还难以与公立学校相竞争。我国国民接受高等教育的比率与发达国家相比比较低，早在 1999 年，每 10 万人为 530 人（包括成人教育），而美国 1994 年则达到 5 398 人，加拿大是 6 984 人。

在我国由计划体制向市场体制转型中，教育体制改革虽然受经济发展水平的制约，但也更大程度地落后于经济体制改革的步伐，造成技能型人才培养结构性短缺严重。在我国传统办学模式占主流的情况下，我们还要创建世界一流的大学，培养高质量的人才真是谈何容易！让我们再回过头来审视，真正世界一流大学的排行榜，排在前十几位的，竟全是美国的私立大学。就连欧洲能进这个档次的，也只剩下牛津和剑桥大学了，那还是靠吃几百年老本维持的地位。英国教育早已深刻认识到，如果不像美国那样引进市场竞争机制的话，连目前的水平也维持不了，这才有了布莱尔的教育改革[13]。这说明一流的大学，是在市场上竞争出来的，而我国公立大学及为数不多还不成熟的民办大学，与国外私立体制大学相比，缺少的恰恰就是办学市场竞争力。

2. 教育投入增长缓慢，发展不平衡

长期以来，我国经济增长总量不断得以提高，但教育投入增长始终缓慢。尽管党和国家十分重视教育事业，把教育作为科教兴国战略，提出了要逐步提高国家财政性教育经费支出占国民生产总值的比例及教育财政投入应该高于财政收入增长的指标，并在教育改革发展纲要中明确规定了到 20 世纪末实现 4%（只是发展中国家平均水平，而世界平均水平为 5%）的目标。实际上直到今天也从未实现这一目标，据查，1995、1996、1997、1998、1999、2000、2001、2002、2003、2004、2005 及 2006 年，这一指标分别是 2.41%、2.46%、2.50%、2.59%、2.79%、2.87%、3.19%、3.3%、3.41%、2.41%、2.1% 及 2.31%（预计）。而 1997 年世界平均水平为 4.8%，1998～2000 年亚洲的泰国、马来西亚则分别为 5.4% 及 6.2%，目前的欠发达国家，也达到了 4% 的水平[14]，可见，我国的教育投入仍然举步维艰。并且全国各地的财政性教育经费占 GDP 比例差额还很大，如 1998 年北京是 5.4%，山东是 1.87%，经济投入的不平衡也导致了教育发展的不平衡，也使地区之间国民经济收入的差距越来越大。

改革开放以来，我国教育改革取得了一定的成就。整体上基本普及了九年义务教育，高等教育也进入了大众化发展阶段。但我们的城乡、中东西部地区之间的教育还有很大差距，这种差距不仅没有缩小，而且还在拉大已成不争的事实。中西部地区还有 8% 的地区没有普及九年义务教育。我国现在小学的辍学率是 0.59%，中学的辍学率是 2.49%，个别地方仍然高于这个数据。仅中学辍学率 2.49% 来看，全国每年就得有约 200 万学生离开学校，而不能继续学习。学前教育毛入学率只有 40.75%，农村的孩子都难以得到平等的受教育机遇。我国的博士、硕士教育规模还在逐年扩大，特别是博士教育质量难以完全得到保证。就本科规模扩大来看，现有教育投入难以支撑，甚至将严重影响教育质量的提高。此外，我国还有约 4% 的青壮年文盲仍没有扫除，这些都使得我国的教育发展举步维艰。现在，人们对教育日益扩大的需求与教育事业的发展及质量提高的矛盾，特别是各地教育发展不平衡的矛盾，仍很突出，其关键问题在于教育投入的不足。

3. 教育结构与经济结构不相适应

我国自社会主义市场经济建设以来，现代的企业制度、劳动就业制度等多方面都发生了深刻变化。特别是各行业的结构变化更是十分突出。其中，经济结构的快速变化及发展，使我国现有教育结构发展的现状难以适应。从我国教育的纵向结构（教育的级别结构或程度结构）来看，由于人们受传统追求高学历节节攀升的影响，有些学校不顾社会经济发展及用人技术要求的实际，一心想办名校，不是靠自身办学实力去竞争，而靠千方百计向国家伸手要钱来办，结果使各校的学历文凭越办越毛（质量不高），在一定程度上导致了教育的浪费。我国目前尚未普及高中教育，而本、硕、博比例则达到 36：4.2：1，4 个硕士就培养 1 个博士，而且这一比例还大有发展势头。而美国等发达国家，本、硕、博的比例现在是 25：10：1，是 10 个硕士才培养 1 个博士。相比之下，美国大学教育已是通才教育，我们还只是专业教育阶段，而且其经济、科技实力及教育投入都比我们强得多。在这种情况下，我们的博士培养比重那样大，其竞争力与质量是可想而知的，有的教授已称博士难带。从我国物质生产部门技术装备水平来看，当前高级、尖端的自动化技术虽有较大提高，还是属于少量的，中间的、半自动化的、机械化、半机械化的技术仍是大量的，还存在着一定数量的手工工艺和手工技术。这种劳动技术结构要求，说明我国现行的教育比例、结构还是不很协调。从我国教育的横向结构（教育的类别或专业结构）来看，存在大量熟练技工短缺，而中等职业技术教育比例在某些地区还大有滑坡，高等职业技术教育规模很大（已占高等教育的半壁江山），且质量又亟待提高。这说明我国的教育结构还很难适应经济部门产业结构、就业结构等快速发展变化的需要。比如，当前我国找 100 个大学生容易，而找 100 个技工却很难，有的地方几十万元还聘不到 1 个炉前工[15]。农村劳动力转移、企业转岗职工再就业及第三产业服务人员的素质，特别是偏远山区及弱势群体的文化教育水平，亟待提高的问题十分突出。由此可见，我国教育结构与经济发展的结构变化不仅一时难以适应，而且也难以为其提供有效的服务。

4.师资队伍难以满足办学的需要

从数量看，仅义务教育阶段需求教师来说，其总量仍然不足。2004年，我国受人口变动影响，其义务教育阶段的学龄人口明显下降。全国普通中小学校分别比上年减少973所及3.17万所，学生总数分别减少163.31及443.51万人。腾出的大量中小学教师，都调整到其他学校，充实其学校的师资力量，还不足以达成加强其他学校师资力量的目标。从高等教育来看，近年的连续扩招也使教师队伍难以从数量和质量上得以保证。从结构看，许多地区，特别是经济不发达的边远山区，还没有完全实现初等教育、中等教育及高等教育对教师应必备学历要求的指标。许多院校各专业教师间的比例也不很协调，特别是有的中等教育专业教师结构还比较单一。如有的学校，职业技术教育教师构成比例小，而普通教师构成的比例大。这在我国职业技术教育规模发展到今天已表现突出，甚至造成人才培养的质量不能真实地达到学生毕业规格及就业目标的要求。从指标看，我国近年快速发展的高等教育自1999年扩招以后，高等学校办学条件全面紧缺，特别是高校教师队伍除整体素质不能完全适应、亟待提高外，教师数量也亟须增加。按照规定师生比1：16测算，2000年全国普通高等学校生师比为1：19，则专业教师缺口总量达到20万人，2003年在校生1 900万人，师生比超过1：20，则专业教师缺口相当大[16]。2004年在校生2 000万人，2005年在校生达到2 300万人，其专业教师缺口总量更大。此外，全国各级各类民办学校目前已发展到7万余所，在校生达到1 416万人[17]。在民办学校的师资队伍中，更是存在数量、结构及指标难以满足现代办学需要的问题。

三、对策

1.加快教育体制改革，强化人才培养竞争机制

国家应进一步创造环境及条件，像重视与支持企业改革那样，积极按照市场与教育运行规律，彻底改革国供皇粮办学校严重缺乏市场竞争机制的办学体制。一是在保证义务教育发展前提下，加大放开对其他教育办学自主、自由竞争的权力。依法规范及完善各级各类公办教育、民办教育的市场"公平"竞争平台，不断发挥市场功能作用，调节配置教育资源。为不断满足人们对教育的需求及经济建设对人才的需求服务，以此促进教育改革，加快适应及促进我国经济体制改革发展变化的需要。二是在一定时期逐渐放

开义务教育及幼儿教育的市场竞争权力。在这方面，印度为我们提供了可参考的宝贵经验。印度的私立学院数量很多，大大超过公立学院。早在 1964～1965 年的统计中，公立学院仅有 127 所，大学学院有 147 所，而私立学院则有 1 686 所。西方许多发达国家的私立学校也都占了大多数。这为今后我国学前及中小学教育引入多元化办学模式提供了良好的借鉴。三是必须尽快改革国家集中统一的单一主体办学模式，向社会力量参与办学的多元主体办学模式快速转变、发展及提高。这都是增强我国教育竞争，避免僵化、淘汰落后的重要手段，也是增强办学活力的长效机制。

2. 加大教育投入改革，提高办学资金使用效率

我国办学投入，除近年发展起来的民办教育等学校属于非国家投入资金外，绝大多数学校是靠政府投入资金办教育的。按市场运作公平与效率观点看，无论是民办学校还是公办学校，在为培养祖国现代化建设需要的人才培养目标上应该是一致的，都是为受教育者提供公平接受教育的机会。但目前实际上公办民办教育的起点、自主权及效率却不一样。民办教育学校有人、财、物办学自主权，虽属弱势群体，但办学的市场竞争活力却很强，具有远大的发展潜力。相反，公立学校缺少人、财、物办学自主权，虽属主流群体，但办学市场竞争活力不强，效率低下，资源浪费的现象更加日显突出。有的学校对学生、学生对自己都很不负责任，甚至有的学校不仅教师留不住，就连学生也纷纷情愿"花大价钱"离开本校，这种办学现象长期发展下去，后果真是不堪设想。当前我国教育改革落后于经济改革步伐，国家早已充分认识到了这一点，从办学体制及模式上做出了加快民办学校发展的若干规定，并出台了《民办教育促进法》，鼓励社会资金投入教育事业发展，并在我国相继出现及形成了民办公助、国有民营、教育储备金、拾遗补阙及扶贫教育等许多民办教育的新模式。同时，我国在改革开放以来，还出现了许多的合资、合作等新的办学模式，且在全国各地日益扩大，使我国政府单一办学格局突破了传统办学统得过死的僵局，初步形成了多元化投资办学的新格局。近年全国高校后勤社会化蓬勃发展，也为高校办学注入了新鲜活力。就吉林农业大学来看，不仅靠引进社会等资金新建3.7 万平方米的教学楼、3 万平方米的实验楼及 10 余栋标准的学生宿舍，还铺设了校园区路。这种做法有效地弥补了国拨教育经费的不足，为学校的规模发展及确保年招生近 5 000 名大学生的教育事业发展提供保证。为提高我国教育资金的使用效率，浙江省长兴县教育局从 2001 年开始率先在全国于中小学校实施了教育券制度。随后，我国部分县市，甚至省也相继推出了教育券制度。主要是在借鉴美国、哥伦比亚及智利等国家教育券制度的实践经验基础上，将教育经费按学生平均折算后发放给学生，让学生自主选择公立或私立学校学习，学校通过竞争学生手中的教育券，而获得政府教育经费的投入。与比传统政府直接向学校拨款的教育投入方式相比，这种间接财政拨款方式不仅给了学生、家长及学校自主、自由选择权，也把竞争机制引入了公立和私立的学校，并通过教育市场化改革，实现了教育资源优化配置，保证了人们平等地接受教育的权利和教育质量的提高。这种制度创新，是解决教育中长期存在的公平与效率矛盾的一剂良方。它作为教育投资的一个支点，更是国家以一定教育财政资金投入，吸纳民间资本投入教育，从而提高其教育投入使用效率的一个有效良方[18]。可见，加大教育投入改革，提高办学资金使用效率，一是要不断增加政府财政的教育投入力度；二是要广泛吸纳国内外社会及民间资本；三是要不断挖掘像教育券制度那样提高办学经费使用效益的新途径；四是把教育投入的重点放在整个教育薄弱环节上；五是引入市场竞争机制，应用产业成本核算等思维方式，不断探索教育效益及质量的提高。

3.适时调整教育结构，使其与经济结构相适应

教育经济学研究表明，教育结构与经济结构相互关联，是教育与经济关系的一个重要组成部分。经济结构制约着教育结构，教育结构必须与经济结构相适应，为经济结构服务。在经济结构不断变化发展的过程中，必须不断地调整完善教育结构，使教育结构与经济结构相协调，促使教育事业和国民经济的协调发展。我国改革开放后经济的发展，主要是"配置效率"的改善（得益于劳动力从农业向非农业部门的转移），提高了我国经济的生产率水平，但技术效率的改善并不明显（我国第二产业生产率只是美国的1/30、日本的1/18）。反映在教育上，就是培养的技术人才结构没有跟上经济结构快速调整和升级变化的需要。目前我国劳动力的构成中，低素质劳动力占绝大比重，并出现严重过剩；高素质劳动力，特别是熟练技工严重匮乏，供给短缺。劳动力供给存在着总量过剩和结构不合理的矛盾十分突出[19]。今后我国经济增长的速度将继续放慢，就业问题也将会越来越突出。2003年全国高校毕业212万人，初次就业率仅为50%，2004年毕业生280万人，到6月底平均签约率为60%[20]。这为教育改革更好地为经济建设服务进一步敲响了警钟。从我国三次产业结构发展现状看，第一产业农业的基础地位比较薄弱，发展落后；第二产业工业的比重过大，高速发展；第三产业服务业的发展相对滞后，其产业增

长速度之比为 1 : 2～2.5 : 3。这说明我国今后将在保证第二产业发展前提下，应大力发展第三产业，最终使一、二产业就业人口向第三产业大量转移。到 2020 年，三类产业人口比重预计分别达到 29.8%、24.7% 及 45.5%，分配结构基本实现 1 个城镇居民收入（人均 GDP 达到 3 400 美元）等于 1.5 个农村人口的收入（人均 GDP 为 2 372 美元）[21]。这种产业结构调整及升级为教育的发展提供了更加明确的改革方向。今后教育改革应随着经济的发展不断加大对专业设置、人才培养模式、课程体系、课程内容的调整力度，突出学生综合素质、技术及能力，特别是创新创业能力的培养，使学生毕业即能达到下得去、留得住、用得上及有所为。当前，要充分发挥政府、企业和教育部门的共同协调作用，并依靠市场运作机制，改革教育纵横结构功能，加强对下岗工人、农村劳动力转移和新增就业人员的职业技能培训力度，切实满足经济建设主战场对高级技工、技术熟练工人、高级物流人员等需求；同时，要向发达国家学习，积极发挥社会功能作用，大力兴建社区学院。美国的社区学院在校生约占全国大学生总数的 40%，我国首家社区职业学院——天津河北职业学院，2004 年于天津亮相，这为提高中国社区服务业的专业化和社会化水平，努力培养高素质的社区从业人员开了先河。长远看，教育改革要在重视农村、边远山区等落后地区薄弱群体的义务教育基础上，加快各级各类教育深层次的改革步伐，特别是学历教育向职业现代技术教育的转变，大力发展中、高等职业技术教育，努力提高教育质量，以不断满足人们终身教育、建立学习型社会及服务于我国经济结构迅猛发展变化培养人才的需求。

4.营造尊师重教环境，努力建设优质教师队伍

"小康大业，人才为本；人才培养，教育为本。"教师是塑造人类灵魂的工程师，在各级各类人才培养过程中起着至关重要的主导作用。教师队伍的数量、质量及结构决定着教育事业的发展与成败，进而影响着社会经济的繁荣与发展。在全社会营造良好的尊师重教环境，是落实科教兴国战略的关键，依法重教、治教，努力建设一支高素质、高水平的优质教师队伍，不仅是全社会的责任，也是教育内部及教师个人应尽的义务。适应新的经济形势发展需要，迎接 WTO 后教育在国际市场上竞争的挑战，就要结合我国目前教师队伍建设的实际，按照市场运作及产业效益观点，建设一支动态稳定、能进能出，永保师资队伍活力的教师队伍。首先，要巩固和提高教师持证上岗制度，不断完善教师资格证书制度。培训和储备一定量的能够满足现代教育教学需要的师资后备力量，

确保在教师数量上满足教育的需要。二是调整现有教师队伍的年龄、学历、专业、职称等结构，使其满足教育结构的纵向（层次）和横向（专业）结构随经济结构调整、升级的变化需要。当前，主要是调配教师满足职业教育，特别是高级技工及熟练技术工人培养需要。三是严格按照教师法的要求，对目前难以胜任教师职务的教师，坚决调出教师队伍，对队伍中现有的缺额要严格采用市场运作方式、程序及质量及时聘用具有教师资格并能胜任岗位要求的人员加以补充。建立教师人才交流市场，依靠这个市场不断巩固、提高教师质量，确保有进有出的动态稳定教师队伍的不断健康发展。四是要不断提高教师政治、社会地位，为其不断提高综合素质创造宽松环境。进一步加大投入，改善教师学习、工作及生活条件，使教师收入、居住及工作等条件逐步得以提高。加大培训、轮训力度，努力采取不同的途径提高教师队伍的自身素质及教育教学水平，使教师不断以科学发展观武装自己头脑，在掌握现代教育技术、教育教学方式及方法基础上，立足本岗，主动发挥育人作用。鼓励教师搞科研，不断提高教师首创精神及促进教育市场发展的竞争力。只有这样，才能建设一支高格调、高品位、高水平的具有现代市场竞争意识及能力的优质教师队伍，以此推动教育适应经济改革发展，并为促进经济建设提供强有力的服务。

参考文献：

［1］王晓 . 社会的源动力——经济［M］. 北京：中国人民大学出版社，2004.

［2］王善迈 . 教育经济学概论［M］. 北京：北京师范大学出版社，1989.

［3］江小娟，辈长洪 . 中国服务业发展报告［M］. 北京：社会科学文献出版社，2004.

［4］孙金龙同志在中国石化集团公司第一次青年岗位能手活动工作会议上的讲话 .

［5］韦毅 . 教育起源析论 . 2004-06-25.

［6］绿色的希望——来自中国蔬菜之乡的教育报告 .

［7］胡卫 . 中国民办教育事业发展及策略框架 .

［8］王珉 . 关于中国教育改革与发展有关问题的思考［J］. 社会科学战线，2006.

［9］张德信 . 中国公共行政案例教程（试用）［M］. 北京：国家行政学院出版社，2004.

［10］周济 . 教育部介绍 2005 年教育改革发展新举措 .

［11］王旭明，韩进．2004 年中国教育事业发展现状发布会．

［12］高奇．中国高等教育思想史［M］．北京：人民教育出版社，1992.

［13］薛涌．建设一流大学，不要取错经．

［14］人大校长纪宝成：教育经费未达国家要求．

［15］中国高等职业技术教育研究会秘书处．找大学生易，找高级工难——培养高技能人才已成燃眉之急．高职动态，2003.

［16］周绍森，朱文渊．对我国高等教育发展的理性思考［N］．中国教育报，2004-12-24.

［17］我国民办学校在校生达到 1 416 万．

［18］沈有禄．教育券制度评析［J］．教育与经济，2004（1）．

［19］林吉双．我国本轮经济增长存在的问题及对策［J］．改革，2005（2）．

［20］樊彩跃．结构导向，进中求稳［J］．宏观经济研究，2004（12）．

［21］李培林，朱庆芳．中国小康社会［M］．北京：社会科学文献出版社，2003.

选自《人教网》（2012 年 04 月 13 日）

关联拓展阅读之三

中国教育经济学学科发展的特点与机遇

崔玉平

自 1983 年中国教育经济学科建立算起，该学科至今已走过 30 多年的历程。伴随着中国经济改革的不断深入和教育事业的快速发展，中国教育经济学呈现出空前繁荣的景象，初步形成了具有中国特色的教育经济学学科体系和展现出独特的演进特点。当前中国经济社会再次处于改革、发展与重大转型时期，有许多重大教育经济问题需要学界及有识之士去探索解答，这恰是中国教育经济学学科发展的重要机遇期。因此，回顾中国教育经济学形成和发展的历程，总结这门学科研究所取得的主要成就和经验，分析学科研究现状及其存在的主要问题，揭示学科研究未来的发展趋势，是中国教育经济学进一步发展和完善所必须的。

一、时代诉求与多学科人才聚集促使中国教育经济学快速成长

中国教育经济学研究起源于 20 世纪二三十年代，而全面系统的研究则始于 1978 年中国共产党十一届三中全会做出把全党工作重点转移到社会主义现代化建设上来和实行改革开放的决策之后。

改革开放以前，中国不可能产生科学意义上的教育经济学，因为：（1）当时工业化水平低，还没有走完农业社会发展阶段，低水平生产力和非现代化的生产方式限制了社会及个体对提升劳动力质量的需求，看不到教育事业对经济发展的推动与拉动作用。（2）在计划经济时代，片面强调教育的政治功能，过于强调"教育为无产阶级政治服务"，忽视或蔑视教育的经济功能与经济价值，直接或间接地阻碍了教育经济学研究。（3）中国早期教育经济思想和理论在马克思主义思辨研究方法指导下，很难走上以实证和实验研究方法为基本特征的科学研究之路。只有在市场经济建设的大背景下，西方经

济学理论和方法的引入和应用，才可能使中国人认同并接受西方教育经济学理论。（4）科研领域中的"两个凡是"（凡是马、恩、列、毛等伟人的理论观点都是正确的，凡是西方资本主义的人文社科理论和方法都是错误的），使我们不敢引用和借鉴西方教育经济学成果；非实事求是的"御用文人"作风阻碍了中国教育经济学走上科学发展轨道。（5）"文革"使旧中国的教育科学研究成果被彻底否定，这导致民国时期古楳、邰爽秋、陈友松等中国教育经济学萌芽时期的代表性研究成果长时间没有得以研究、继承和应用，致使本土化的中国特色教育经济学研究进程出现中断。

1978年以后，改革开放驱动下的经济建设大趋势要求教育事业在人才培养和现代化建设中发挥决定性作用。为了积极应答时代诉求，多学科人才顺势而为，促使中国教育经济学诞生并快速成长起来。这期间学术研究性的社团组织的作用不可低估。

1983年12月，青海人民出版社出版了全国教育经济学研究会筹备组编写的《教育经济学概论》，一般可以认定此书的出版标志着我国教育经济学学科诞生。

1984年10月，中国教育经济学研究分会在安徽黄山正式成立，标志着教育经济学进入了独立发展阶段。

中国教育经济学研究会（以下简称学会）对教育经济学发展做出了重要贡献。

首先，从组织上聚集各方科研力量，保证了教育经济学能够按照国际、国家和区域的社会经济发展与教育事业发展的趋势，联合、联动开展学术研究和学科建设，在知识与方法的共享、观点与建议交流与碰撞过程中实现共振、共生、共赢，有利于培育中国特色的教育经济学派。通过学派建设促进学科发展是新时代的必然要求，而形成中国教育经济学流派争鸣，是实现教育经济学原创性发展的最有效途径，也是学术研究会发挥作用的努力方向。

其次，学会定期召开研讨与交流会议，为研究队伍的壮大提供了可能。教育经济学会自1984年成立以来，从事教育经济学教学与研究的人员越来越多，来源也多元化，不仅有教学、科研人员，还有从事财政、财务、计划和教育行政管理人员，学术年会的规模越来越大，由最初的几十人发展到现在的几百人。

再次，为学者传播独到的学术思想、彰显学术实力、打造学术声誉提供了舞台。每次年会都会安排交流和讨论当年代表性或创新性研究成果，使得成果的创造者有机会扩大知名度。

最后，为教育经济与管理专业发展和研究生培养创造了条件。1998 年，教育经济学与教育管理学合并成教育经济与管理专业后，本领域的研究生招生数量和毕业生数量迅速增加，使教育经济学研究队伍不断得到补充和扩大。学会定期举办研究生论坛，为教育经济学研究方向的硕士和博士研究生培养创造了条件。

二、理论来源上，经历了从学习引进、升华到自主创新的过程

十一届三中全会以后，我国政府工作重心转移到经济建设上来，经济建设所需要的人才奇缺，使执政者和有识之士认识到教育的经济意义。思想观念的转变和改革开放政策的实施，使之可以大量引进、翻译和引用西方教育经济学研究成果。20 世纪 80 年代属于中国教育经济学理论发展的学习引进与消化吸收阶段。

1981 年 8 月，由刚成立的全国教育经济学研究会筹备组在北京举办讲习班，由华东师大邱渊教授首次在我国系统地介绍了西方和苏联教育经济学的产生和发展。此后，国内陆续翻译了一批外国名作，主要是英美和苏联的著作。国外教育经济学研究成果在国内的传播，为我国教育经济学建立与发展奠定了理论与方法论基础，为教育经济学学科在我国的发展和兴盛，以及提升民众的教育投资意识、正确认识教育与经济的关系做出了重要贡献。

中国教育经济学来源于西方和苏联的教育经济学，这一与生俱来的"混血儿"属性，决定了在坚持马克思主义经济学理论指导下，大力运用西方教育经济学的理论和方法研究中国的教育经济问题是大势所趋。

西方教育经济学在教育的经济价值、教育资源优化配置、教育供求预测与规划、教师薪酬、教育筹资等领域的研究成果，反映了社会化教育产业和教育投入与产出的一般规律。引进西方的教育经济学为我所用，丰富和扩展了中国教育经济学的研究内容，使中国教育经济学的发展始终没有离开教育经济学的世界学术发展主流。

20 世纪 90 年代是中国教育经济学发展的升华阶段，属于用"外国的猫抓中国鼠"的阶段。许多学者运用国外的经济学理论与模型，研究中国的教育投入与产出问题，产生了大量研究成果。

21 世纪前 10 年，中国教育经济学已经开始进入自主创新阶段，属于打造"中国猫"、尝试用"中国猫抓中国鼠"阶段。

改革开放的成功以及经济与教育发展所创造的"中国奇迹"，使中国教育经济学具有了运用自己的实践经验检验已有理论、创造新理论的资本和发言权。

首先，用中国实践检验西方教育经济学已有理论，对那些被实践证明是科学的基本原理与方法，加以继承和发展；对被现实证伪的个别结论敢于抛弃；对无法或还没有被中国实践验证的观点与结论进行专项研究。

其次，根据中国国情和现实对西方教育经济学做出本土化的嫁接与改造。作为人口第一多的发展中大国的教育，与西方发达市场经济国家的教育存在巨大差距，有许多中国特有的教育经济问题是西方经济学无法或不能全部解释的，需要发挥中国学者的聪明智慧。

再次，升华新的概念和理论，揉入中国元素，构建具有中国特色的教育经济学新体系。中国 30 多年的经济与教育的对接和互动产生了丰富的教育产业运行的成功经验，反映出新的理论与规律，为教育经济学者提供了历史机遇和研究空间。研究者需要全力构建本土化的教育经济学理论与方法，才能提高中国教育经济学的学术地位、更好地解决中国教育变革中的现实问题。

如果能以一种历史的、演化经济学视角分析提炼出不同社会历史阶段教育经济发展或教育与经济关系的一般特点与规律，我们就可能更加确切地知道中国的教育究竟需要什么样的经济投入与产出绩效，什么样的资源配置方式和制度设计更符合未来教育发展需要。

三、研究视域与范围上，由宏观、中观扩展到微观和制度层面

伴随着我国经济体制改革的步伐，中国教育经济学的研究对象和研究范围也逐渐拓展。从学科诞生伊始，中国教育经济学就关注在经济体制改革背景下教育发展的宏观与中观问题，例如教育的生产性及其经济功能、教育发展与经济发展的关系、教育结构与经济结构的关系、不同类别教育投资效益等问题。进入 21 世纪以后，国家于 2001 年末加入了 WTO，并开始实施区域发展战略，教育与区域经济、教育与知识经济、教育服务国际贸易、教育在提升国家国际竞争力中的地位与作用等成为新兴的研究主题。近几年，随着教育资源市场化配置局面和学校间竞争格局的形成以及学生教育权益的伸张，"教育资源均衡配置的制度保障""学校经营"与"教育消费"成为了新生研究主题，使教育经济学研究进一步扩展到学校管理的经济学分析、施教行为与学习行为的经济学分析、教育市场与学校营销、教育消费经济学、教育制度变革的经济学分析、城乡及校际教育资

源公平配置等微观和制度层面。

四、研究主题上，从教育增长经济学转换到教育发展经济学

改革与发展是我国自1978年以来社会经济生活的两大主题，也是我国教育领域的两大主题，分别探讨两个主题及其相互关系就构成了中国教育经济学的中心议题。在20世纪八九十年代，中国还处于"穷国办大教育"阶段，教育投资不足、教育投资效益不高、教育结构不合理等问题是当时迫切需要解决的问题，当时的研究主题是如何通过改革教育投融资体制、改革办学体制、提升办学效益来实现教育增长，即"多出人才、快出人才、出好人才"，教育增长作为改革的目的放在教育改革的框架之中，改革是为了教育事业的外延式和内涵式增长，因为不改革，就无法培养出足够多的现代化建设人才，不改革就无法快速发展教育事业。当时研究教育的重点是规模、速度、投资、办学体制改革与教育结构等问题。

进入21世纪以来，随着广大人民群众收入水平的提高、生活条件的改善，对优质教育提出更多需求；国家和地区经济增长方式的转变、经济结构调整、产业结构升级对劳动力素质提出了新要求，改革开放、科技进步和创新驱动成为新型经济发展的动力源，国民经济转型升级要求教育事业必须随之发生变革，必须走上全面的、高质量的、公平的、有效益的教育事业发展之路。教育改革的目的不再是教育增长，而是转移到教育全面协调的科学发展上。在此背景下，教育经济学的研究主题转变为教育投入与产出的质量与结构、教育资源配置的公平与绩效、教育投资与创新型人才培养、教育体制改革的市场与非市场收益上。中国教育改革发展模式应该是结构主义和制度主义的，因此，教育投入与产出的结构优化与体制机制创新的经济学分析将成为学科研究的核心主题。

五、研究方法上，从哲学思辨、理论演绎扩展到实证检验

从中国教育经济学研究方法的演进来看，开始主要注重思辨研究和理论分析，运用逻辑推理得出结论，形成教育经济价值观。以后，随着科研人员学科背景的多元化以及西方教育经济学实证研究方法被广泛接受，2005年以后，科学实证研究方法大行其道，尤其是量化的实证分析方法得以广泛应用。据不完全估计，2005年以后，开展定量实证研究的学术论文占比大幅度上升，超过了开展定性理论分析论文的占比，达到58%以上。

开展经验实证研究需要构造模型和准备必要的数据，这是一切经验实证研究的必要

条件，而这两个条件常常相互促进或者相互制约。实际上，坚持科学研究范式的教育经济学研究的主要目标是构造模型并借助模型对数据进行处理与解释、探索与发现；或利用经验实证研究结果来验证理论假设。越是高水平的研究者，越应该在数据处理上表现出娴熟与高超的技巧，越是能够在纷繁复杂的大数据中探索发现内隐的学理、规矩与意蕴。

美国和英国学者在教育经济研究领域之所以能够处于世界领先地位，拥有相对完整的可用数据是重要原因之一。我国的经济数据和教育机构投入与产出数据的品质及公开发布情况欠佳，这可能也是妨碍我国教育经济学者广泛开展实证研究的重要原因之一。在数据资料的占有和运用上，我国学者早期主要集中于二手数据资料，如从各种统计年鉴和机构报告中获取数据，近10年开始大量运用问卷调查、深度访谈、田野观察、教学实验和元数据分析来开展实证研究，取得了可喜成绩。

六、中国教育经济学研究的主要贡献

自中国教育经济学作为独立学科诞生以来，许多新颖的切中时弊的真知灼见频繁产生，不少针对现实问题的研究成果影响着政府决策，多项关键性重大研究成果已变成国家的政策举措。如中国的教育投资需要多少才能与经济发展需要相适应，这一问题成了国家"六五"期间哲学和社会科学重点科研课题。厉以宁、陈良焜、孟明义、王善迈等教育经济学者承担了课题研究任务，他们基于41个代表性国家的20世纪六七十年代的数据，利用"教育经费对国民经济增长的计量模型"，对教育投资与人均国民收入或人均GDP之间的数量关系进行实证分析，估算了不同经济发展水平下相应教育投资比例水平以及教育投资水平对经济发展水平的弹性系数，提出了根据当时中国经济发展水平，财政性教育投入应该占国民生产总值4%的政策建议。这对此后30多年来国家教育财政政策和教育保障体系建设始终发挥重要推动作用。

七、中国教育经济学的发展机遇

在中国30多年来改革开放的时代背景下，教育事业与社会经济良性互动的实践历程，为中国教育经济学科建设与发展提供了学术土壤与实证材料。《国家中长期教育改革与发展规划纲要（2010～2020）》颁布实施以后，教育现代化进程加速推进，教育与区域经济的关系更加密切，近年来，我国为了抓住世界第三次工业革命所提供的发展机遇，避免陷入"中等收入陷阱"而加速转变经济增长方式，其中一项重要举措就是从投资驱动转向创新驱动和消费拉动，而各种创新，如知识创新、科技创新、管理创新、制度创新等，都是内生的，取决于能否培养出来足够数量的具有创新精神和创新能力的人才，这为运用经济学理论和方法研究教育体制机制创新、人才培养方式创新等问题，提供了广阔的科研空间。

（一）教育改革与发展，其利弊得失为学科提供了大量研究课题

教育经济研究的目的之一是促进教育改革与发展，以教育家的人文情怀，借用经济学的理论与方法分析教育发展的得失利弊，其中包含着丰富的值得探讨的课题。

例如，其一，教育发展也应注意教育供给与需求的均衡问题，防止长期失衡现象的发生；其二，教育的整体发展不仅仅是公共教育的问题，还应通盘考虑如何鼓励其他产权类型学校的发展；其三，在教育国际化的背景下，国际教育问题又构成了教育经济学的新课题；其四，教育发展与经济发展一样，需要对其未来发展规模与质量水平做出科学评价与预测，利用经济学，尤其是计量经济学的基本原理和研究方法，对一个国家或地区教育投入与产出状况做出评价，对各级各类教育发展的适度规模与空间组织结构演化做出预测等；其五，基于经济学视角，对各种教育政策与发展规划的利弊得失做出理性分析。

（二）多种理论基础的共同支撑，促进了学科体系的日趋成熟

教育经济学的理论基础应该得到拓展。在坚持人力资本理论和马克思的劳动价值论的同时，信号筛选假设理论、教育消费理论、社会关系资本理论、文化资本理论在教育研究中的运用，又构成了教育经济学学科发展的新生增长点，它是对传统人力资本观的补充发展，是教育综合发展的必然要求。从早期基于人力资本理论和马克思劳动价值论的教育经济问题研究到现在以多种理论基础共同支撑的教育经济问题研究，这无疑促进了教育经济学学科体系走向成熟，变得更加"羽翼丰满"。

教育经济学不能只是立足于人的"工具性"能力和教育的经济属性，它不仅研究作为生产主体的人如何积累与开发人力资本，还要关注作为消费主体的人如何有效形成消费价值观、消费理性知识、消费技能和科学消费意识。它不仅要研究教育的投资性收益，还要研究教育的消费性收益。教育经济学应该是一门研究人生存与发展的教育经济条件以及如何通过教育与培训途径，实现人生价值增值、社会福利增大的社会科学，而不是一种"见物不见人"的、局限于工具理性的学科。

（三）教育产业发展大势出现转变，为学科发展提供了科研增长点

当前，要实现教育事业自身"全面、高质量、协调、公平、有效益"发展，就需要教育经济运行过程做到如下转变：一是从总量增长到全面质量提升，推进中国教育经济发展的目标转换；二是从人力与物力要素到文化与生态要素，推进中国教育经济发展要素的转换；三是从投资到消费，从资本本位到人生本位，推进中国教育经济发展的动力转换；四是从公立为主到公私立并重，推进中国教育经济发展的道路转换；五是从效率优先兼顾公平到公平与效率并重，实现中国教育经济发展的导向转换；六是从产品市场开放到思想市场开放，推进中国教育经济发展的条件转换。实现这些转换，是中国特色教育经济学研究的新兴研究热点。我国有世界上最丰富的教育历史与实践经验积累，现在又恰逢经济社会转型升级、迎接第三次工业革命的新时期，教育与经济的互动关系更加密切，应该说具备了创建中国特色教育经济学派的外部条件。扎根于中国文化土壤之中，"中学为体，西学为用"，在研究本国教育经济问题的基础上，形成具有中国风格、中国气派和中国特色的中国教育经济学话语体系，这是教育经济学在21世纪能否真正成为一门独立、成熟学科的重要标志之一。

八、中国教育经济学的学科再建设

有多位学者提出了关于中国教育经济学学科建设方面的观点和建议，值得借鉴。

（一）学科性质定位

教育经济学归属的上位学科是经济学、教育学、公共管理学，还是独立交叉学科？对此，仁者见仁，智者见智。

迄今为止，教育经济学学科发展路径仍然分为三条路线：第一条是经济学范畴的教育经济学，重点探讨教育系统的发展对经济系统发展的影响、教育实现的经济条件（如教育财政、教育筹资、助学资助等）以及教育系统中的经济现象与经济规律；第二条是教育学范畴的教育经济学，主要运用西方经济学提供的方法，如生产函数与成本函数模型、计量与统计等数学方法、博弈论、新制度经济学理论等分析教育投入绩效、人才培养与学业成功的影响因素等问题，预测特定的教育模式与方法产生的成本与效益、解释特定教育现象存在与演变的经济动因、基于经济学视角确定应该选择什么样的教育教学方法与教育干预措施，这种研究路线为教育实践者提供了一个分析框架，使之理性评价采用不同教育方法与举措、追加不同类型投资所产生绩效或收益的规模与分布，理性运

用经济探究方法，就能使教育参与者解开教育学的"面纱"，抓住隐藏在教育现象背后的真正"推手"；第三条是公共管理学范畴的教育经济学，偏重于运用微观经济学和公共部门经济学的理论与方法，研究作为"（准）公共产品"的教育产出品的公平分配及其效应问题，研究教育行政、教育政策与教育管理行为的效率、效果与绩效问题。

基于学科发展路径和学科功能定位，可以认为教育经济学学科性质定位应该具有包容性，不必硬性归类或选边占位，多元服务目标、多学科交叉、多学缘构成的学科发展态势，有利于学科发展，也有利于学科研究队伍的发展壮大。

（二）学科研究边界的拓展

按照学科服务的教育类别来看，可以分为基础教育经济学、高等教育经济学、职业教育经济学、继续教育经济学、学前教育经济学、特殊教育经济学、民族教育经济学；按学科自身传播与生产的专题知识领域来看，可以分为教育经济学对象与方法、教育经济思想史、教育经济价值计量、教育效率评价、教育成本与效益分析、教育供求与规划、教育服务市场与营销、国外教育经济学说概述、教育经济现象的国别比较等；从学科研究的实践基础来看，可以有教育管理经济学、学术劳动经济学、学校人才经济学、教育制度经济学、学校营销学、教育预测与规划、教育资源利用绩效评价、教育财政与金融、教育保险、教师薪酬、学校资产管理等。

（三）学科逻辑起点的确定

奠定学科知识与理论逻辑体系的最原始概念或范畴是什么？是单一起点，还是双起点；是人力资本、教育服务，还是教育产出、教育需求、教育与经济关系、教育的经济功能？对此，莫衷一是。笔者认为双起点为宜，即把人力资本与教育服务作为该学科知识体系建设的逻辑基点。因为教育经济学是研究个人、家庭、教育机构和政府及其他社会组织对稀缺的教育资源做出选择和管理的科学。首先要研究教育的需求方与供给方是如何在实现人类文明传递和积累的教育过程中做出选择和决策的，其中，首要的第一位问题是生产什么的问题，然后，才能回答为什么生产、为谁生产以及如何生产等问题。概括起来看，各类教育活动的成果或教育供求的产品都是教育服务或人力资本，从各级各类教育产业组织的产出品（教育服务和人力资本）性质与功能论证出发，可以构建起教育经济学学科知识体系。

(四）学科知识体系的重构

如何构建更加科学合理的教育经济学科知识体系？应该有五大模块的内容。第一模块是关于各级各类教育机构生产什么、生产多少等问题的解答。论证学校教育产品是教育服务和人的才能，即人力资本。教育需求与供给的相互作用决定了教育及其数量与质量。第二模块是关于为什么生产教育的解释。通过阐述与论证教育与国民经济的关系、教育的经济价值、教育投资的净收益、教育对社会经济发展和科技进步的贡献以及教育带来的非货币化收益，回答国家、社会和个人为什么选择利用稀缺资源生产教育的问题。第三模块是关于如何有效率生产教育的知识。包括学校教育规划与经营、教育生产函数与成本函数、教育财政与筹融资、教师薪酬与学术劳动力市场、助学资助政策、教学活动经济分析等内容。第四模块是关于为谁生产教育问题的解答。内容包括稀缺教育资源及其收益在不同社会成员之间分配和消费，教育结构与经济结构的关系，学费与教育成本分担，教育资源配置的公平、比例结构与均衡，毕业生劳动力市场等问题。第五模块是关于谁做出教育投入与产出决策，以什么程序和规则做出决策等问题的解答。主要包括学校、政府和市场三者之间的互动关系、教育资源配置方式、教育组织绩效的度量与评价、教育产权制度分析等内容。

参考文献：

[1] 杨葆焜.教育经济学 [M].武汉：华中师范大学出版社，1989.

[2] 李桂荣.改革开放 30 年中国教育经济学之回顾与展望 [J].教育研究，2009，（6）.

[3] 王善迈.关于教育经济学对象与方法的思考 [J].北京师范大学学报（社会科学版），2006，（1）.

[4] 李文利.教育经济学的发展：关注人力资源的全面开发和能力构建 --- 中国教育与人力资源发展高级国际研讨会评述 [J].北京大学教育评论，2005，（1）.

[5] 陈平水，王雪娟.中国教育经济学教材内容体系现状研究 [J].教育研究，2006，（7）.

[6] 曾满超着，魏新译.西方教育经济学：过去、现在与未来 [J].教育研究，1997，（4）.

[7] 杜育红.中国教育经济学三十年回顾与展望 [J].清华大学教育研究，2008，（6）.

专题十二

教育法学概论

第一章 导 论

第一节 教育法的概念、特征和原则

一、教育法的概念

教育法属于法律的一个分支，具备法的一般特征。所谓法律，指的是由国家制定或认可的，体现统治阶级共同意志，并以国家强制力保证实施的行为规范总称。因此我们可以说教育法是由国家制定或认可的，体现统治阶级共同意志并由国家强制力保证实施的教育活动规范的总称。

教育法与其他法律的主要区别在于调整对象不同。比如，民法调整的主要是公民、法人以及公民与法人之间的财产关系和人身关系，行政法主要调整行政机关与行政相对方在行政活动中产生的各种关系，教育法主要调整国家、学校、教师、家庭、学生之间在教育活动中产生的各种关系。

教育法有广义和狭义之分。狭义的教育法一般仅指由国家最高权力机关制定的教育法律规范，在我国指的是由全国人民代表大会及其常务委员会制定的教育法律规范，如《中华人民共和国教育法》(以下简称《教育法》)、《中华人民共和国义务教育法》(以下简称《义务教育法》)、《中华人民共和国教师法》(以下简称《教师法》)等。广义的教育法是指拥有立法权的各级、各类国家机关制定的教育法律规范，如国务院制定的《教师资格条例》、教育部制定的《学生伤害事故处理办法》以及各省、自治区、直辖市人民代表大会及其常务委员会制定的"实施办法"等。

二、教育法的特征

（一）教育法是特殊的社会规范

教育法规范是以规范性文件形式出现的，具有程序性、正式性、合法性、合理性、可行性，是国家、国家机关、学校及其他教育机构、教育者、受教育者和社会在教育活动中必须遵守的行为规范，不仅指明了行为的方向，也指明了行为的条件和行为的后果，具有规范性、概括性和可预测性的特点。

（二）教育法规定了教育主体的权利和义务

教育权利和义务包括教育行政机关、学校、教师、学生、家长、其他社会组织在教育活动中的权利和义务。教育权利是教育法律法规赋予教育主体所享有的教育权益，它允许教育主体根据自己的意愿做出或不做出某种教育行为，教育义务是教育主体必须做出或不做出某种行为的规范要求。

（三）教育法由国家制定或认可

法是统治阶级共同意志的体现，教育法体现的是统治阶级在教育活动中的指导思想、方针、政策，以国家意志的形式表现出来，用以调整在全社会范围内个体教育利益和社会教育利益的矛盾，并以教育权利和教育义务的形式规范人们的教育活动，把教育主体的行为限制在国家意志范围内。

（四）教育法以国家强制力保障实施

教育法律规范与教育政策、职业道德规范的根本区别在于教育法律规范具有国家强制力，虽然任何一种社会规范都具有强制力，如道德规范的强制力来自社会舆论的评判，宗教规范的强制力来自人们的内在信仰，而教育法律规范的强制力来自国家强制的力量，通常以法律责任的形式出现。例如，我国《教师法》第三十五条规定："侮辱、殴打教师的，根据不同情况，分别给予行政处分或者行政处罚；造成损害的，责令赔偿损失；情节严重，构成犯罪的，依法追究刑事责任。"

（五）教育法律区别于教育政策、教育法规

有时我们通常笼统地把教育法律规范称为教育政策法规，其实教育政策和

教育法律有着本质的区别。教育政策一般是指国家有关部门在一定时期制定的教育活动文件，不具有法律规范性，仅具有指导性，教育政策必须上升为教育法律后才具有法律约束力；而教育法规一般仅指由国务院制定的教育规范性文件，属于广义的教育法律范畴。

三、教育法的基本原则

教育法的基本原则是指教育法所固有的，指导教育法制活动全过程、全局性、根本性的准则，它是有关教育立法、守法、执法、司法以及教育法制宣传、普及和研究的基本出发点和依据。

我国教育法的基本原则是我国宪法原则和法制建设原则在教育法制建设中的具体体现，也是我国基本教育方针的集中体现，它反映了我国社会主义教育的基本性质和教育基本制度的特点。

（一）教育必须坚持社会主义方向原则

我国《教育法》第三条规定："国家坚持以马克思列宁主义、毛泽东思想和建设有中国特色社会主义理论为指导，遵循宪法确定的基本原则，发展社会主义的教育事业。"这一规定指明了我国教育的指导思想、性质和基本原则依据。第五条规定："教育必须为社会主义现代化建设服务，必须与生产劳动相结合，培养德、智、体等方面全面发展的社会主义事业的建设者和接班人。"第六条规定："国家在受教育者中进行爱国主义、集体主义、社会主义的教育，进行理想、道德、纪律、法制、国防和民族团结教育。"上述两条规定指明了教育的社会主义培养方向。坚持教育的社会主义方向，还包含着继承和弘扬民族优秀的历史文化传统，吸收人类文明发展的一切优秀成果。《教育法》第七条规定："教育应当继承和弘扬中华民族优秀的历史文化传统，吸收人类文明发展的一切优秀成果。"该条的规定体现了我国教育法在坚持教育的社会主义方向的同时，也重视中华民族优秀的历史文化传统和人类文明发展的一切优秀成果。

（二）教育公共性原则

《教育法》第八条第一款规定："教育活动必须符合国家和社会公共利益。"这一规定确立了我国教育的公共性原则。同时《教育法》第二十五条第三款规定："任何组织和个人不得以营利为目的举办学校及其他教育机构。"这说明教育法要求任何组织和个人在中国境内举办学校及其他教育机构，都应以促进学生的身心发展和教育事业的发展为主要目的，坚持教育要符合社会公共利益。《教育法》第八条第二款规定："国家实行教育与宗教相分离。任何组织和个人不得利用宗教进行妨碍国家教育制度的活动。"这一规定要求教育要对国家、人民和社会公共利益负责，保证教育制度的正常运转，并明确指明了宗教不得干涉教育活动。《教育法》第十二条又规定："汉语言文字为学校及其他教育机构的基本教学语言文字。少数民族学生为主的学校及其他教育机构，可以使用本民族或者当地民族通用的语言文字进行教学。学校及其他教育机构进行教学，应当推广使用全国通用的普通话和规范字。"汉语言文字是我国普遍通用的语言文字，也是联合国工作语言文字之一。因此在教学语言文字上的法律规定也体现了我国教育的公共性原则。

（三）教育保障性原则

教育不直接创造物质财富，属于社会公益性事业。国家为了发展教育事业，促进物质文明和精神文明的发展，必须保障教育事业的发展。《教育法》第四条规定："教育是社会主义现代化建设的基础，国家保障教育事业的优先发展。全社会应当关心和支持教育事业的发展。全社会应当尊重教师。"该条明确说明了教育的保障性原则，不仅国家保障教育事业的发展，全社会都应关心和支持教育事业，尊重教师，全方位保障教育事业的发展。《教育法》第十八条规定："国家实行九年制义务教育。各级人民政府采取各种措施保障适龄儿童、少年入学。"《教育法》第三十三条规定："国家保护教师的合法权益，改善教师的工作条件和生活条件，提高教师的社会地位。"《教育法》第七章以专章的形式规定了教育投入和条件保障，明确阐明了教育的物质条件保障问题，是教育保障原则的具体落实。

（四）教育平等性原则

教育平等性原则不仅是教育法的基本原则，也是宪法原则的贯彻和落实。我国宪法第三十三条明确规定："中华人民共和国公民在法律面前一律平等。"我国《教育法》第九条规定："中华人民共和国公民有受教育的权利和义务。公民不分民族、种族、性别、职业、财产状况、宗教信仰等，依法享有平等的受教育的机会。"该条落实了宪法中公民受教育权的规定并予以明确说明。为了体现教育平等，《教育法》第十条又规定："国家根据各少数民族的特点和需要，帮助各少数民族地区发展教育事业。国家扶持边远贫困地区发展教育事业。国家扶持和发展残疾人教育事业。"第三十六条规定："受教育者在入学、升学、就业等方面依法享有平等权利。"第三十七条规定："国家、社会对符合入学条件、家庭经济困难的儿童、少年、青年，提供各种形式的资助。"上述规定体现和落实了教育平等性原则。

（五）终身教育原则

随着现代科技和生产的迅速发展，知识的爆炸性增长和不断更新，需要人们不断补充新的知识，由此提出了终身教育的理念。我国《教育法》适应了现代社会的发展，确立了终身教育的原则。《教育法》以法律的形式肯定了终身教育原则，第十一条规定："国家适应社会主义市场经济发展和社会进步的需要，推进教育改革，促进各级各类教育协调发展，建立和完善终身教育体系。"第十九条规定："国家鼓励发展多种形式的成人教育，使公民接受适当形式的政治、经济、文化、科学、技术、业务教育和终身教育。"第四十一条规定："国家鼓励学校及其他教育机构、社会组织采取措施，为公民接受终身教育创造条件。"上述规定都体现了终身教育的原则和理念。

第二节　我国教育法的表现形式

法的渊源即法的具体表现形式，即由拥有立法权的国家机关制定的规范性法律文件。教育法的渊源是指国家机关根据法定职权制定的关于教育方面的规范性法律文件，我国教育法的表现形式主要有宪法、教育法律、教育行政法规、地方性教育法规、教育规章规定等。

一、宪法

宪法是我国的根本大法，具有最高法律效力，任何法律、法规、规章都不得与宪法相抵触，它是所有法律、法规、规章制定的依据。

《中华人民共和国宪法》（以下简称《宪法》）第一条、第二条、第三条、第四条、第五条规定了社会主义原则、人民主权原则、民主集中制原则、民族平等原则、宪法至上原则，这些原则也是我国教育立法的基本原则。同时《宪法》第十九条、第二十四条、第四十六条、第四十七条、第四十九条、第一百零七条、第一百一十九条规定了教育活动的基本法律规范。例如，第十九条规定："国家发展社会主义教育事业，提高全国人民的科学文化水平。国家举办各类学校，普及初等义务教育，发展中等教育、职业教育和高等教育，并且发展学前教育。"第四十六条规定："中华人民共和国公民有受教育的权利和义务。国家培养青年、少年、儿童在品德、智力、体质等方面全面发展。"

二、教育法律

我国教育法律是指由全国人民代表大会或者全国人民代表大会常务委员会制定的教育法律规范性文件，教育法律不得与宪法相抵触。

1995年3月18日第八届全国人民代表大会通过的并于同年9月1日实施的《教育法》是我国教育的基本法。目前属于教育法律的有《义务教育法》、《教师法》、《中华人民共和国职业教育法》(以下简称《职业教育法》)、《中华人民共和国高等教育法》(以下简称《高等教育法》)、《中华人民共和国预防未成年人犯罪法》(以下简称《预防未成年人犯罪法》)、《中华人民共和国民办教育促进法》(以下简称《民办教育促进法》)、《中华人民共和国未成年人保护法》(以下简称《未成年人保护法》)等。

《教育法》简介如下,共计十章八十四条:

第一章总则部分共计十二条。第一条指明了《教育法》的立法宗旨和立法依据。"为了发展教育事业,提高全民族的素质,促进社会主义物质文明和精神文明建设"是该法的立法宗旨,"根据宪法,制定本法"是该法的立法依据。第五条确立了教育的培养目标为"培养德、智、体等方面全面发展的社会主义建设者和接班人"。确立了教育的社会主义方向原则、教育的保障性原则、教育的公共性原则、教育的平等性原则、终身教育的原则。第八条规定"国家实行与宗教相分离。任何组织和个人不得利用宗教活动进行妨碍国家教育制度的活动",强调了宗教不得干涉教育活动。同时,第一章还规定了国家、各级地方政府、各级人民政府教育行政部门在教育工作中的职责。

第二章规定了我国教育的基本制度。国家实行学前教育、初等教育、中等教育、高等教育的学校制度,实行九年制义务教育制度、职业教育和成人教育制度、国家教育考试制度、学业证书制度、学位制度、教育督导制度和学校及其他教育机构教育评估制度。在九年制义务教育制度中,第十八条又规定:"各级人民政府采取各种措施保障适龄儿童、少年入学。适龄儿童、少年的父母或者其他监护人以及有关社会组织和个人有义务使适龄儿童、少年接受并完成规定年限的义务教育。"

第三章规定了学校及其他教育机构设立的条件、程序、权利和义务,明确了学校及其他教育机构的管理体制、民事权利和民事责任。同时,在第二十五条明确规定"任何组织和个人不得以营利为目的举办学校及其他教育机构",强调了教育的非营利性。在第三十条规定"学校及其他教育机构应当按照国家有关规定，通过以教师为主体的教职工代表大会等组织形式，保障教职工参与民主管理和监督"，确立了学校及其他教育机构教职工代表大会的民主管理形式。第三十条还规定"学校的教学及其他行政管理，由校长负责"，明确了学校实行校长负责制的管理模式。

第四章是关于教师和其他教育工作者的规定，把"忠诚于人民的教育事业"作为对教师的最高目标要求，规定国家保护教师的合法权益，改善教师的工作条件和生活条件，提高教师的社会地位。国家实行教师资格、职务、聘任制度，学校及其他教育机构的管理人员实行教育职员制度。

第五章规定了受教育者的平等权。第三十六条规定"受教育者在入学、升学、就业等方面依法享有平等权利"，"保障女子在入学、升学、就业、授予学位、派出留学等方面享有同男子平等的权利"，规定了国家、社会、家庭、学校及其他教育机构有保证受教育者平等权的职责。在第四十一条提出了国家鼓励学校及其他教育机构、社会组织采取措施，为公民接受终身教育创造条件，同时也规定了受教育者的权利和义务。

第六章规定了国家机关、军队、企业事业组织、社会团体及其他社会组织和个人以及家庭应为学校、受教育者创造良好条件，提供便利。

第七章是落实教育保障性原则的具体规定，国家、各级人民政府保证教育经费的来源，鼓励社会组织和个人的捐资助学。

第八章规定了教育对外交流与合作的原则，并对中国境内公民出国留学、研究、进行学术交流或者任教，中国境外个人进入中国境内学校及其他教育机构学习、研究、进行学术交流或者任教做出了规定。

第九章规定了九种教育法律责任，分别是：不按照预算核拨、挪用、克扣教育经费责任；扰乱学校及其他教育机构教学秩序或者破坏校舍、场地及其他财产的责任；学校安全事故责任；违法向学校收取费用责任；违法办学、招生责任；学校及其他教育结构违法收费责任；考试作弊责任；违法发放证书责任；民事责任。

第十章规定了军事学校教育、境外的组织和个人在中国境内办学和合作办学的规定以及本法的施行日期。

三、教育行政法规

教育行政法规是指由国务院制定的教育规范性法律文件，通常称为条例、规定、办法或实施细则。教育行政法规不得与宪法、教育法律相抵触。我国教育法体系中，教育行政法规一般比较丰富，如《幼儿园管理条例》《学校体育工作条例》《学校卫生工作条例》《教师资格条例》《义务教育法实施细则》《高等教育管理职责暂行规定》等。

四、地方性教育法规

地方性教育法规是指各省、自治区、直辖市的人民代表大会或其常务委员会制定的在本地区生效的教育法律规范性文件，通常称为条例、规定、实施办法、补充规定等。地方性教育法规不得与宪法、教育法律、教育行政法规相抵触。地方性教育法规还包括民族自治地方的人民代表大会制定的教育自治条例和教育单行条例。由于地方性教育法规极为丰富，在此不一一列举。

五、教育规章

教育规章是指国务院各部委和各省、自治区、直辖市以及各省、自治区、直辖市人民政府所在地的市和经国务院批准的较大的市的人民政府，根据宪法、教育法律、教育行政法规制定的教育法律规范性文件。教育规章数量很多，涉及教育的各个方面，一般称为规定、办法、规范、规程、大纲、标准等。

依据发布的机关不同，教育规章又分为两类。一类是教育部或教育部会同其他部委制定的规章，如《学生伤害事故处理办法》《中小学幼儿园安全管理办法》等，在全国范围内有效。另一类是各省、自治区、直辖市以及各省、自治区、直辖市人民政府所在地的市和经国务院批准的较大的市的人民政府，根据宪法、教育法律、教育行政法规制定的教育规章，只在本行政区域内有效。

六、教育法的其他形式

行政法、民法、刑法中关于涉及教育活动中法律责任规定也属于教育法的渊源。比如，涉及教育违法的行政处罚问题，教育活动中民事侵权的法律责任承担适用民法的问题，教育领域中违法情节严重需要承担刑事责任需要通过刑法来调整，因此行政法、民法、刑法中关于教育法律责任的规定也是我国教育法的渊源。

另外，教育政策也是教育法的渊源。教育政策一般是指我国为了促进教育的发展而制定的具有指导性的教育文件。教育政策通过法定程序就成为国家法律。我国教育法在很大程度上都是在党的政策指导下制定的，很多内容都是党的教育政策的体现，因此教育政策也可视为教育法的渊源。目前指导教育工作的宏观指导性文件是中共中央、国务院印发的《教育规划纲要》。

2010 年 7 月 29 日，《中长期教育规划纲要》由中共中央、国务院正式发布。这是我国进入 21 世纪之后的第一个教育规划纲要，也是今后一个时期内指导全国教育改革和发展的纲领性文件，其主要内容简介如下：

《教育规划纲要》共计二十二章、七十项。序言部分强调百年大计，教育为本。党和国家历来高度重视教育，当今世界正处在大发展、大变革、大调整时期，面对前所未有的机遇和挑战，在党和国家工作全局中，必须始终坚持把教育摆在优先发展的位置，加快从教育大国向教育强国、从人力资源大国向人力资源强国迈进，为中华民族伟大复兴和人类文明进步做出更大贡献。第一部分总体策略包括指导思想和工作方针、战略目标和战略主题。第二部分发展任务包括学前教育、义务教育、高中阶段教育、职业教育、高等教育、继续教育、民族教育、特殊教育。第三部分体制改革包括人才培养体制改革、考试招生制度改革、建设现代学校制度、办学体制改革、管理体制改革、扩大教育开放。第四部分保障措施包括加强教师队伍建设、保障经费投入、加快教育信息化进程、推进依法治教、重大项目和改革试点、加强组织领导。"实施"部分指出《教育规划纲要》是 21 世纪我国第一个中长期教育规划纲要，涉及面广、时间跨度大、任务重、要求高，必须周密部署、精心组织、认真实施，确保各项任务落到实处；要明确目标任务，落实责任分工；要提出实施方案，制定配套政策；要鼓励探索创新，加强督促检查；要广泛宣传动员，营造良好环境。

《教育规划纲要》的工作方针是优先发展、育人为本、改革创新、促进公平、提高质量。把教育摆在优先发展的战略地位，把育人为本作为教育工作的根本要求，把改革创新作为教育发展的强大动力，把促进公平作为国家基本教育政策，把提高质量作为教育改革发展的核心任务。

《教育规划纲要》的战略目标是到 2020 年，基本实现教育现代化，基本形成学习型社会，进入人力资源强国行列。实现更高水平的普及教育，形成惠及全民的公平教育，提供更加丰富的优质教育，构建体系完备的终身教育，健全充满活力的教育体制。

《教育规划纲要》的战略主题是坚持以人为本、全面实施素质教育。坚持德育为先，立德树人，把社会主义核心价值体系融入国民教育全过程，加强中华民族优秀文化传统教育和革命传统教育；坚持能力为重，优化知识结构，丰富社会实践，强化能力培养；坚持全面发展，全面加强和改进德育、智育、体育、美育，加强劳动教育，培养学生热爱劳动、热爱劳动人民的情感，重视安全教育、生命教育、国防教育、可持续发展教育。

《教育规划纲要》第四章提示义务教育包括巩固提高九年义务教育水平、推进义务教育均衡发展、减轻中小学生课业负担三项内容。在巩固提高九年义务教育水平中指出义务教育是国家依法统一实施、所有适龄儿童少年必须接受的教育，具有强制性、免费性和普及性，是教育工作的重中之重，要巩固义务教育普及成果，提高义务教育质量，增强学生体质。推进义务教育均衡发展要努力切实缩小校际差距，着力解决择校问题，加快缩小城乡差距，努力缩小区域差距。减轻中小学生课业负担，要求各级政府要把减负作为教育工作的重要任务，统筹规划，整体推进，学校要把减负落实到教育教学各个环节，给学生留下了解社会、深入思考、动手实践、健身娱乐的时间，充分发挥家庭教育在儿童少年成长过程中的重要作用。

《教育规划纲要》在创新人才培养模式中指出要注重学思结合，倡导启发式、探究式、讨论式、参与式教学，帮助学生学会学习。激发学生的好奇心，培养学生的兴趣爱好，营造独立思考、自由探索、勇于创新的良好环境；注重知行统一，坚持教育教学与生产劳动、社会实践相结合；注重因材施教，关注学生不同特点和个性差异，发展每一个学生的优势潜能；推进分层教学、走班制、学分制、导师制等教学管理制度改革。

《教育规划纲要》在完善中小学学校管理制度中指出要完善普通中小学和中等职业学校校长负责制，完善校长任职条件和任用办法，实行校务会议等管理制度，建立健全教职工代表大会制度，不断完善科学民主决策机制。扩大中等职业学校专业设置自主权。建立中小学家长委员会。

《教育规划纲要》第十七章提出了加强教师队伍建设的措施。一是建设高素质教师队伍。教育大计，教师为本。有好的教师，才有好的教育。提高教师地位，维护教师权益，改善教师待遇，使教师成为受人尊重的职业。严格教师资质，提升教师素质，努力造就一支师德高尚、业务精湛、结构合理、充满活力的高素质专业化教师队伍。二是加强师德建设。加强教师职业理想和职业道德教育，增强广大教师教书育人的责任感和使命感。教师要关爱学生，严谨笃学，淡泊名利，自尊自律，以人格魅力和学识魅力教育感染学生，做学生健康成长的指导者和引路人。将师德表现作为教师考核、聘任（聘用）和评价的首要条件。三是提高教师业务水平。完善培养培训体系，做好培养培训规划，优化队伍结构，提高教师专业水平和教学能力。四是提高教师地位待遇。不断改善教师的工作、学习和生活条件，吸引优秀人才长期从教、终身从教。依法保证教师平均工资水平不低于或者高于国家公务员的平均工资水平，并逐步提高。落实教师绩效工资。对长期在农村基层和艰苦边远地区工作的教师，在工资、职务（职称）等方面实行倾斜政策，完善津贴补贴标准。五是健全教师管理制度。完善并严格实施教师准入制度，严把教师入口关。国家制订教师资格标准，提高教师任职学历标准和品行要求。建立教师资格证书定期登记制度。

《教育规划纲要》第二十章提出了推进依法治教的措施。一是完善教育法律法规。按照全面实施依法治国基本方略的要求，加快教育法制建设进程，完善中国特色社会主义教育法律法规。二是全面推进依法行政。各级政府要按照建设法治政府的要求，依法履行教育职责。探索教育行政执法体制机制改革，落实教育行政执法责任制，及时查处违反教育法律法规、侵害受教育者权益、扰乱教育秩序等行为，依法维护学校、学生、教师、校长和举办者的权益。完善教育信息公开制度，保障公众对教育的知情权、参与权和监督权。三是大力推进依法治校。学校要建立完善符合法律规定、体现自身特色的学校章程和制度，依法办学，从严治校，认真履行教育教学和管理职责。尊重教师权利，加强教师管理。保障学生的受教育权，对学生实施的奖励与处分要符合公平、公正原则。健全符合法治原则的教育救济制度。开展普法教育，促进师生员工提高法律素质和公民意识，自觉知法守法，遵守公共生活秩序，做遵纪守法的楷模。四是完善督导制度和监督问责机制。制定教育督导条例，进一步健全教育督导制度。探索建立相对独立的教育督导机构，独立行使督导职能。健全国家督学制度，建设专职督导队伍。坚持督政与督学并重、监督与指导并重。

《教育规划纲要》提出要切实维护教育系统的和谐稳定。加强和改进学校思想政治工作，加强校园文化建设，深入开展平安校园、文明校园、绿色校园、和谐校园创建活动。重视解决好师生员工的实际困难和问题。完善矛盾纠纷排查化解机制，完善学校突发事件应急管理机制，妥善处置各种事端。加强校园网络管理。建立健全安全保卫制度和工作机制，完善人防、物防和技防措施。加强师生安全教育和学校安全管理，提高预防灾害、应急避险和防范违法犯罪活动的能力。加强校园和周边环境治安综合治理，为师生创造安定有序、和谐融洽、充满活力的工作、学习、生活环境。

第三节　我国教育基本制度

所谓教育基本制度是指根据一个国家的政治、经济和社会发展情况，依据国家确立的教育宗旨和教育方针所进行的有组织的教育和开展教育活动的各类机构体系和运行规则。我国《教育法》第二章教育基本制度中规定了十种教育基本制度，分别是学校教育制度、义务教育制度、职业教育制度、成人教育制度、教育考试制度、学业证书制度、学位制度、扫除文盲教育制度、教育督导制度和教育评估制度。

一、学校教育制度

学校教育制度简称学制，是一个国家各级各类学校系统体系，它规定了各级各类学校的设置、性质和任务、培养目标、入学条件、修业年限、管理体制，以及学校之间的衔接关系。学校教育制度是一个国家教育基本制度的主体部分，规定最为严密，是实现国家教育目的的基本保证。

我国《教育法》第十七条规定："国家实行学前教育、初等教育、中等教育、高等教育的学校教育制度。"因此学校教育制度分为四个部分。

（一）学前教育

学前教育，主要指幼儿园教育，是学校教育的预备阶段，国家教育委员会1996年颁布了《幼儿园工作规程》，作为学前教育的法律性文件，对学前教育做出了明确规定。幼儿园是对三周岁以上学龄前幼儿实施保育和教育的机构，是基础教育的有机组成部分，是学校教育制度的基础阶段。幼儿园实行保育与教育相结合的原则，对幼儿实施体、智、德、美诸方面全面发展的教育，促进其身心和谐发展。幼儿园适龄幼儿为三周岁至六周岁（或七周岁）。幼儿园一般为三年制，也可以设一年制或两年制的幼儿园。

（二）初等教育

初等教育主要指小学教育，是我国学制系统中学校教育的第一个阶段。我国小学招收六至七周岁的适龄儿童入学，学制一般为五年或六年。主要对六至十二周岁的少年儿童进行德、智、体、美、劳诸方面的全面基础教育，使学生在德、智、体、美、劳诸方面得到全面发展。加强对儿童的公民意识教育，培养学生阅读、书写、表达、计算的基本知识、基本技能和良好的学习习惯，为学生进入中学学习打下良好的基础。

（三）中等教育

中等教育包括全日制普通中学、职业高中、中等专业学校和技工学校教育。其中普通中学又分为初级中学（初中）和高级中学（高中）两个阶段，主要任务是为以后的高等教育输送合格学生和培养劳动后备力量。职业高中、中等专业学校和技工学校的主要任务是在学生完成义务教育后，让学生再接受更高一级的教育，目的是为国家和社会提供合格的劳动者，为公民就业打好基础。

（四）高等教育

高等教育是学校教育的最高阶段，主要包括高等专科、高等本科和研究生教育。高等专科修业年限一般为二至三年，高等本科一般为四至五年，研究生教育是在本科教育的基础上对专业学习的进一步深入和拓展，包括硕士研究生和博士研究生教育两个层次，硕士研究生修业年限一般为二至三年，博士研究生修业年限一般为三至四年。

为了正确处理好学校教育问题，我国《教育法》第十七条规定："国家建立科学的学制系统。学制系统内的学校和其他教育机构的设置、教育形式、修业年限、招生对象、培养目标等，由国务院或者国务院授权教育行政部门规定。"其目的在于保证学校教育的规范实施，以保证教育目标的实现。

二、义务教育制度

保障儿童接受义务教育不仅是《联合国儿童权利公约》的基本要求，也是我国宪法规定的公民受教育权的贯彻和落实，因此国家应根据经济和社会发展情况对适龄儿童实施义务教育。义务教育是国家统一实施的所有适龄儿童、少年必须接受的教育，是国家必须予以保障的公益性事业。义务教育又是强制教育，所有适龄儿童、少年必须接受义务教育。为了保障义务教育的实施，我国专门制定了《义务教育法》，以保障义务教育的贯彻和落实。

《义务教育法》于 1986 年 4 月 12 日由第六届全国人民代表大会第四次会议通过，并于 1986 年 7 月 1 日起施行。第十届全国人民代表大会常务委员会第二十二次会议于 2006 年 6 月 29 日修订通过了新的《义务教育法》，自 2006 年 9 月 1 日起施行，该法共八章，六十三条。现在所说的《义务教育法》指的是 2006 年 6 月 29 日修订通过的《义务教育法》。

第一章总则部分明确了立法宗旨和立法依据，定义了义务教育，规定了义务教育的原则，明确了国家、国务院、县级以上地方人民政府、县级以上教育行政部门、人民政府教育督导机构在义务教育中的职责和义务教育的管理体制。第一条规定:"为了保障适龄儿童、少年接受义务教育的权利,保证义务教育的实施,提高全民族的素质,根据宪法和教育法制定本法。"该法立法宗旨是为了保障适龄儿童、少年接受义务教育的权利,保证义务教育的实施,提高全民族的素质,立法依据是宪法和教育法。第二条对义务教育做了说明:"国家实行九年制义务教育制度。义务教育是国家统一实施的所有适龄儿童、少年必须接受的教育,是国家必须予以保障的公益性事业。实施义务教育,不收学费、杂费。国家建立义务教育经费保障制度,保证义务教育制度的实施。"该法强调义务教育为九年制,义务教育属于公益性事业,义务教育不收学费、杂费,国家建立义务教育经费保障机制;规定了义务教育必须贯彻国家教育方针的原则、义务教育平等性原则、义务教育的保障原则。第七条规定了义务教育的管理体制为:"义务教育实行国务院领导,省、自治区、直辖市人民政府统筹规划实施,县级人民政府为主管理的体制。"同时在第九条规定了社会监督和行政领导责任,明确规定:"任何社会组织和个人有权对违反本法的行为向有关国家机关提出检举或者控告。发生违反本法的重大事件,妨碍义务教育实施,造成重大社会影响的,负有领导责任的人民政府或者人民政府教育行政部门负责人应当引咎辞职。"第十条规定了对义务教育实施工作做出突出贡献的社会组织和个人给予表彰、奖励。

第二章学生部分规定了义务教育的入学年龄,义务教育的入学方式,义务教育的督促保证责任。第十一条规定了年满六周岁的儿童为义务教育的入学年龄;条件不具备地区的儿童,可以推迟到七周岁;适龄儿童、少年因身体状况需要延缓入学或者休学的,其父母或者其他法定监护人应当提出申请,由当地乡镇人民政府或者县级人民政府教育行政部门批准。第十二条规定了义务教育的入学方式,适龄儿童、少年免试入学,在户籍所在地就近入学,在父母或者其他法定监护人工作或者居住地接受义务教育的,当地人民政府应当提供平等接受义务教育的条件,县级人民政府教育行政部门对本行政区域内的军人子女接受义务教育提供保障。第十三条规定了县级人民政府教育行政部门和乡镇人民政府应督促适龄儿童、少年入学,居民委员会和村民委员会有协助督促职责。第十四条特别说明禁止用人单位招用应当接受义务教育的适龄儿童、少年。经批准招收的适龄儿童、少年进行文艺、体育等专业训练的社会组织，应当保证所招收适龄儿童、少年接受义务教育，自行实施义务教育的，应当经县级人民政府教育行政部门批准。

第三章义务教育实施部分规定义务教育学校应根据适龄儿童、少年的数量和分布状况设置规划，学校建设应当符合国家规定的办学标准适应教育教学的需要，应当符合国家规定的选址要求和建设标准，确保学生和教职工安全。县级人民政府根据需要设置寄宿制学校，保障居住分散的适龄儿童、少年入学接受义务教育。国务院教育行政部门和各省、自治区、直辖市人民政府根据需要，在经济发达地区设置接收少数民族适龄儿童、少年的学校（班）。特殊人群的义务教育保障：县级以上地方人民政府根据需要设置相应的实施特殊教育的学校（班），对视力残疾、听力语言残疾和智力残疾的适龄儿童、少年实施义务教育，特殊教育学校（班）应当具备适应残疾儿童、少年学习、康复、生活特点的场所和设施。普通学校应当接收具有接受普通教育能力的残疾适龄儿童、少年随班就读，并为其学习、康复提供帮助。县级以上地方人民政府根据需要，为具有预防未成年人犯罪法规定的严重不良行为的适龄少年设置专门的学校实施义务教育，对未完成义务教育的未成年犯和被采取强制性教育措施的未成年人应当进行义务教育，所需经费由人民政府予以保障。促进学校均衡发展：不得将学校分为重点学校和非重点学校，学校不得分设重点班和非重点班，不得以任何名义改变或者变相改变公办学校的性质。维护学校的安全与秩序：各级人民政府及其有关部门依法维护学校周边秩序，保护学生、教师、学校的合法权益，为学校提供安全保障；学校应当建立、健全安全制度和应急机制，对学生进行安全教育，加强管理，及时消除隐患，预防发生事故；县级以上地方人民政府定期对学校校舍安全进行检查，对需要维修、改造的，及时予以维修、改造；学校不得聘用曾经因故意犯罪被依法剥夺政治权利或者其他不适合从事义务教育工作的人担任工作人员。义务教育学校管理：学校不得违反国家规定收取费用，不得以向学生推销或者变相推销商品、服务等方式谋取利益；学校实行校长负责制，校长应当符合国家规定的任职条件，校长由县级人民政府教育行政部门依法聘任；对违反学校管理制度的学生，学校应当予以批评教育，不得开除。

第四章教师部分规定了对教师的要求、教师资格制度、教师保障制度。教师享有法律规定的权利，履行法律规定的义务，应当为人师表，忠诚于人民的教育事业；教师在教育教学中应当平等对待学生，关注学生的个体差异，因材施教，促进学生的充分发展；教师应当尊重学生的人格，不得歧视学生，不得对学生实施体罚、变相体罚或者其他侮辱人格尊严的行为，不得侵犯学生的合法权益。在教师保障制度中明确规定各级人民政府保障教师工资、福利和社会保险待遇，改善教师工作和生活条件；完善农村教师工资经费保障机制；教师的平均工资水平应当不低于当地公务员的平均工资水平；特殊教育教师享有特殊岗位补助津贴；在民族地区和边远贫困地区工作的教师享有艰苦贫困地区补助津贴；县级以上人民政府应当加强教师培养工作。

第五章教育教学部分要求学校教育教学工作应当符合教育规律和学生身心发展特点，面向全体学生，教书育人，将德育、智育、体育、美育等有机统一在教育教学活动中，注重培养学生独立思考能力、创新能力和实践能力，促进学生全面发展；学校和教师按照确定的教育教学内容和课程设置开展教育教学活动，保证达到国家规定的基本质量要求，国家鼓励学校和教师采用启发式教育等教育教学方法，提高教育教学质量；学校应当把德育放在首位，寓德育于教育教学之中，开展与学生年龄相适应的社会实践活动，形成学校、家庭、社会相互配合的思想道德教育体系，促进学生养成良好的思想品德和行为习惯；学校应当保证学生的课外活动时间，组织开展文化娱乐等课外活动；社会公共文化体育设施应当为学校开展课外活动提供便利；教科书应根据国家教育方针和课程标准编写，内容力求精简，精选必备的基础知识、基本技能，经济实用，保证质量，国家机关工作人员和教科书审查人员，不得参与或者变相参与教科书的编写工作，未经审定的教科书，不得出版、选用。

第六章经费保障部分规定了义务教育经费实行保障制度，并逐步增长。各级人民政府对家庭经济困难的适龄儿童、少年免费提供教科书并补助寄宿生生活费。并规定了教育经费的监督和管理。

第七章法律责任部分主要规定了以下责任情形：分别是未履行教育经费保

障责任，违反学校建设安全标准责任，违反学校均衡发展责任，侵占、挪用教育经费责任，向学校收取费用、摊派费用责任，学校责任，国家机关工作人员和教科书审查人员责任，适龄儿童、少年父母或者其他法定监护人责任，胁迫或者诱骗应当接受义务教育的适龄儿童、少年失学、辍学责任，非法招用应当接受义务教育的适龄儿童、少年责任，出版未经依法审定的教科书责任。其中学校责任包括违法收费责任，向学生推销或变相推销商品、服务等方式谋取利益责任，拒绝接收具有接受普通教育能力的残疾适龄儿童、少年随班就读责任，分设重点班和非重点班责任，违反本法规定开除学生责任，选用未经审定的教科书责任。

第八章附则部分主要包括不收杂费的实施步骤，民办学校实施义务教育的规定，以及本法的施行日期。

三、职业教育制度

我国《教育法》第十九条第一款规定"国家实行职业教育制度和成人教育制度"，以法律形式确认了职业教育制度和成人教育制度。

我国《教育法》第十九条第二款规定："各级人民政府、有关行政部门以及企事业组织应当采取措施，发展并保障公民接受职业学校教育或者各种形式的职业培训。"为了保障职业教育的有效实施，我国还颁布了《职业教育法》，对职业教育作了详尽的规定。职业教育的目的是对受教育者进行思想政治教育和职业道德教育，传授职业知识，培养职业技能，进行职业指导，全面提高受教育者的素质。职业教育制度主要包括职业学校和职业培训两种体系，职业学校教育分为初等、中等、高等职业学校教育。初等、中等职业学校教育分别由初等、中等职业学校实施；高等职业学校教育根据需要和条件由高等职业学校实施，或者由普通高等学校实施。其他学校按照教育行政部门的统筹规划，可以实施不同层次的职业学校教育。职业培训包括从业前培训、转业培训、学徒培训、在岗培训、转岗培训及其他职业性培训，可以根据实际情况分为初级、中级、高级职业培训。职业培训分别由相应的职业培训机构、职业学校实施。其他学校或者教育机构可以根据办学能力，开展面向社会的、多种形式的职业培训。

四、成人教育制度

成人教育是为满足成人工作、学习和生活的需要而举办的各种教育。我国《教育法》第十九条第三款规定："国家鼓励多种形式的成人教育，使公民接受适当形式的政治、经济、文化、科学、技术、业务教育和终身教育。"成人教育制度是终身教育的重要保障，是公民受教育权利的进一步落实和保障。成人教育可以采取集中与分散教育相结合、正规与非正规教育相结合、学历与非学历教育相结合的形式，通过学校与广播、电视、函授教育相结合以及个人自学等方式和途径，形成多层次、多规格、多功能、多形式的成人教育格局。

五、教育考试制度

教育考试制度是国家基本教育制度的重要组成部分，是选拔人才和确认资格的一种最基本的形式。我国《教育法》第二十条明确规定："国家实行国家教育考试制度。国家教育考试由国务院教育行政部门确定种类，并由国家批准的实施教育考试的机构承办。"教育考试制度是国家教育的法定制度。首先，教育考试的种类由国务院教育行政部门确定，其他任何部门、单位无权确定教育考试的种类。其次，教育考试的实施由国家批准的机构承办，非经国家批准的机构不得承办教育考试。目前我国已有的教育考试包括普通高中毕业会考、普通中等专业学校招生考试、普通高校招生考试、高等教育自学考试、大学外语水平考试和研究生招生考试等。为了保证教育考试的权威性和严肃性，我国《教育法》第七十九条规定："在国家教育考试中作弊的，由教育行政部门宣布考试无效，对直接负责的主管人员和其他直接责任人员，依法给予行政处分。非法举办国家考试的，由教育行政部门宣布考试无效；有违法所得的，没收违法所得；对直接负责的主管人员和其他直接责任人员，依法给予行政处分。"

六、学业证书制度

学业证书是学生在学校或者其他教育机构完成学习情况的书面证明，是证明学生学历和学业水平，具有法律效力的证明文书。我国《教育法》第二十一条规定:"国家实行学业证书制度。经国家批准设立或者许可的学校及其他教育机构按照国家有关规定,颁发学历证书或者其他学业证书。"学业证书一般包括毕业证书、修业证书、肄业证书、结业证书和单科合格证书。学业证书不仅起到学习证明作用,还对入职、就业,甚至与工资、晋升有很大的关系,因此越来越引起人们的重视。为了保证学业证书的严肃性和权威性,我国《教育法》第八十条规定:"违反本法规定,颁发学位证书、学历证书或者其他学业证书的,由教育行政部门宣布证书无效,责令收回或者予以没收;有违法所得的,没收违法所得;情节严重的,取消其颁发证书的资格。"

七、学位制度

学位是标志被授予者的受教育程度和学术水平达到规定标准的学术称号。学位制度是世界上绝大多数国家在高等教育阶段普遍实行的一种教育制度和学术管理制度,它有利于促进科学技术和教育事业的发展,有利于专门人才的成长,并作为选拔和使用人才的依据。我国《教育法》第二十二条规定:"国家实行学位制度。学位授予单位依法对达到一定学术水平或者专业技术水平的人员授予相应的学位,颁发学位证书。"为了更好地规范学位制度,《中华人民共和国学位条例》(以下简称《学位条例》)于1981年开始施行,对学位制度作了详尽、明确的规定,其中第三条规定学位分为学士、硕士、博士三级。

八、扫除文盲教育制度

我国是一个发展中国家,人口众多,经济力量和教育基础还比较薄弱。尽管我国已经实施了九年制义务教育,但还存在着一定数量的文盲和半文盲,为了提高整个民族素质,必须实施扫除文盲教育制度,这也是落实宪法规定的基本要求。为此我国《教育法》第二十三条规定:"各级人民政府、基层群众性自治组织和企事业组织应当采取各种措施,开展扫除文盲的教育工作。"

九、教育督导制度

《教育法》第二十四条规定:"国家实行教育督导制度和学校及其他教育机

构教育评估制度。"所谓教育督导制度是指县级以上各级人民政府为保证国家
有关教育法律、法规、方针、政策的贯彻执行和教育目标的实现，对所管辖地
区的教育工作进行监督、检查、指导、评估的制度。教育督导是人民政府对教
育工作的行政监督行为，监督的对象是下级人民政府、教育行政部门和其他有
关职能部门以及学校及其他教育机构。教育督导的主要范围是普通中小学教育、
幼儿教育及其他有关工作，教育督导的主要形式是督学和督导。

为了保证教育督导制度的实施，国家教育委员会于 1991 年 4 月 26 日颁布
实施了《教育督导暂行规定》，对教育督导宗旨、目标和实施作了明确的规定。
《教育规划纲要》在第二十章推进依法治教中又进一步明确规定："完善督导制
度和监督问责机制。制定教育督导条例，进一步健全教育督导制度。探索建立
相对独立的教育督导机构，独立行使督导职能。健全国家督学制度，建设专职
督导队伍。坚持督政与督学并重、监督与指导并重。加强义务教育督导检查，
开展学前教育和高中阶段教育督导检查。强化对政府落实教育法律法规和政策
情况的督导检查。建立督导检查结果公告制度和限期整改制度。"《教育督导条
例》于 2012 年 8 月 29 日由国务院第 215 次常务会议通过，自 2012 年 10 月 1
日起施行。《教育督导条例》规定了教育督导的内容、原则、经费保障、督学的
条件、教育督导的实施和法律责任等，是我国第一个关于教育督导的行政法规，
有利于加强对教育工作的行政监督，以保证依法治教的实现。

十、教育评估制度

教育评估制度是指各级人民政府的教育行政部门或者经过教育行政部门认
可的社会组织，对学校及其他教育机构的办学水平、办学质量、办学条件等方
面进行的综合性或者单项的考核和评定的制度。通过教育评估，可以发挥政府、
教育行政部门和社会对学校及其他教育机构的监督作用，不断提高学校办学水
平和办学质量。教育评估的主要职能是根据一定的教育目标和标准通过系统地
收集学校及其他教育机构的各方面的信息，准确地了解学校教育教学活动的实
际情况，对学校及其他教育机构的办学水平和教育质量进行评价，为学校及其
他教育机构改进工作、实施教育改革和教育管理部门改善宏观管理提供可靠的

依据。教育评估主要有合格评估、办学水平评估、选优评估及学校内部评估等形式。

第四节　教育法律关系

一、教育法律关系的概念

法律关系是法律在调整人们行为过程中形成的权利和义务关系。教育法律关系是教育法律在调整人们在教育活动行为过程中形成的教育权利和义务关系。教育法律关系有如下特征：①教育法律关系是以教育法律为前提的社会关系，没有教育法律的规定，不可能存在教育法律关系；②教育法律关系是以教育法律上的权利和义务为内容的社会关系，是法律化的教育关系；③教育法律关系是以国家强制力作为保障的社会关系，当教育法律关系受到破坏时，国家就会以强制力予以矫正和恢复。

二、教育法律关系的构成要素

教育法律关系的要素包括教育法律关系的主体、教育法律关系的客体、教育法律关系的内容，三者缺一不可，任何一个要素的改变，都会导致教育法律关系发生变化。

（一）教育法律关系的主体

教育法律关系的主体是指教育法律关系的参加者，在教育法律关系中依法享有权利和承担义务的个人或组织。

我国教育法律关系的主体主要有：①学生，包括教育法所规定学校或者其他教育机构中的受教育者；②教师，包括我国《教师法》所规定的在各级各类学校或者其他教育机构中履行教育教学职责的专业人员；③学校或者其他教育机构，包括我国《教育法》《义务教育法》所规定的学校或者其他教育机构；④国家机关，包括我国教育法律法规所涉及的各级人民政府、教育行政部门和相关部门；⑤家庭，主要指未成年人的父母或者其他监护人；⑥社会组织和个人。

（二）教育法律关系的内容

教育法律关系的内容就是教育法律关系主体间所形成的权利和义务关系，教育权利和义务构成了教育法律关系的内容。

教育法律权利的特点表现为：①权利享有者依法有权做出一定行为的自由和意愿；②权利享有者有权要求他人做出或者不做出一定的行为；③权利享有者的权益受到侵害时，有权依法要求国家机关予以保护。

教育法律义务的特点表现为：①义务承担者必须按照权利人的要求做出一定行为；②义务承担者必须按照权利人的要求不得做出一定的行为；③当义务承担者不履行法定义务时，必须承担法律责任。

（三）教育法律关系的客体

教育法律关系的客体是教育法律关系主体间权利和义务指向的对象。教育法律关系的主要客体包括：①物，如校舍、财产、教育经费、教师工资等；②行为，主要是教育法律关系主体按照法律规定的作为和不作为；③智力成果，如专利权、著作权等。

三、教育法律关系的种类

由于教育法律关系涉及的主体较多，因此很难依据一定的标准对教育法律关系做出划分，但在教育法律关系中主要包括以学生为中心，分别与国家机关、学校、教师、家庭形成的教育法律关系，以及国家机关、学校、教师、家庭之间形成的教育法律关系。主要教育法律关系包括：①学生与家庭的教育法律关系，主要包括父母为子女接受义务教育提供条件保障，对未成年人的家庭教育和保护责任等；②学生与国家的教育法律关系，主要包括义务教育保障、升学制度、学历认定制度和受教育者义务等；③学生与教师教育法律关系，主要包括教师对学生教育、管理、评价、公平对待学生等；④学生与学校教育法律关系，主要包括学校教育教学、招生、考试、学籍、纪律处分、学历学位授予等；

⑤国家与教师教育法律关系，主要包括教师资格、教师权利和义务、教师权益保障等；⑥学校与教师教育法律关系，主要包括教师的聘任与管理、教师权利和职责、教师惩戒等；⑦学校与国家教育法律关系，主要包括学校的举办、学校组织与管理、国家对义务教育学校保障、国家对学校的管理与监督等。

第五节　教育法律责任

广义的教育法律责任与教育法律义务同义，即遵守教育法律的义务。狭义的教育法律责任是指教育法律关系主体违反教育法律的规定，实施了违反教育法律的行为，依照教育法律的规定所应承担的教育法律责任。通常所说的教育法律责任指的是狭义的教育法律责任。

一、教育法律责任的特征

（一）教育法律责任主体的特定性

教育法律责任的承担者必须是教育法律关系的主体一方，无论是组织和个人，都必须处于教育法律关系之中，其行为违反了教育法的义务或者侵犯了他方的教育权利。如果没有处在教育法律关系之中，即使存在法律责任，也不是教育法律责任。

（二）教育法律责任的法定性

教育法律关系一方需要承担教育法律责任，但也不是无限的法律责任，教育法律责任的类型必须由法律明确规定，追究教育法律责任不得超出教育法律规定的责任范围。

（三）教育法律责任的国家强制性

教育法律责任是一种国家强制的法律责任，通过设定教育法律责任的形式来惩戒教育违法者，对其做出否定性的评判和惩罚。

（四）教育法律责任追究的合法性

教育法律责任的承担者需要承担法律责任，但教育法律责任的追究必须符合法定的程序，坚持客观、公正、合法、教育的原则，追究教育法律责任时，必须做到主体、权限、程序合法。

二、教育法律责任的种类

根据教育违法主体的法律地位、违法行为的性质和危害行为的程度不同，教育法律责任可以分为行政法律责任、民事法律责任、刑事法律责任。

（一）行政责任

行政责任主要包括行政处罚和行政处分，依据我国《教育行政处罚暂行实施办法》的规定，教育行政处罚归纳起来有惩戒罚、行为罚和财产罚三类。行政处分包括警告、记过、记大过、降级降职、撤职、开除。

（二）民事责任

民事责任主要是教育法律关系主体违反教育法律，侵犯他方人身权和财产权而应承担的民事法律责任。

（三）刑事责任

刑事法律责任是指教育违法行为达到犯罪程度时，触犯刑律所应承担的法律责任。

三、教育行政责任

教育民事责任和教育刑事责任分别受民事法律和刑事法律的调整，在此不作详述。这里主要讨论与行政机关、学校、教师密切相关的教育行政责任。关于教育行政责任的规定分别在我国《教育法》《义务教育法》《教师法》《未成年人保护法》和《教师资格条例》中做出了规定。

（一）行政机关行政责任

1. 关于教育经费的行政责任

教育经费是实施教育活动的前提条件，是学校及其他教育机构进行正常教育教学活动的物质保障，因此我国教育法律对涉及教育经费问题规定了相应的行政责任。《教育法》第七十一条规定："违反国家有关规定，不按照预算核拨教育经费的，由同级人民政府限期核拨；情节严重的，对直接负责的主管人员和其他直接责任人员，依法给予行政处分。违反国家财政制度、财务制度，挪用、克扣教育经费的，由上级机关责令限期归还被挪用、克扣的经费，并对直接负责的主管人员和其他直接责任人员，依法给予行政处分；构成犯罪的，依法追究刑事责任。"《义务教育法》第五十一条规定："国务院有关部门和地方各级人民政府违反本法第六章的规定，未履行对义务教育经费保障职责的，由国务院或者上级地方人民政府责令限期改正；情节严重的，对直接负责的主管人员和其他直接责任人员依法给予行政处分。"

2. 关于乱摊派的行政责任

所谓乱摊派主要是行政机关违反国家法律和有关收费管理规定，向学校收取和摊派费用，这种行为影响了学校的教育教学活动，侵犯了学校的合法权益。为此我国《教育法》第七十四条规定："违反国家有关规定，向学校或者其他教育机构收取费用的，由政府责令退还所收费用；对直接负责的主管人员和其他直接责任人员，依法给予行政处分。"《义务教育法》第五十四条规定："有下列情形之一的，由上级人民政府或者上级人民政府教育行政部门、财政部门、价格行政部门和审计机关根据职责分工责令限期改正；情节严重的，对直接负责的主管人员和其他直接责任人员依法给予处分：（一）侵占、挪用义务教育经费的；（二）向学校非法收取或者摊派费用的。"

3. 关于义务教育管理的行政责任

义务教育是国家必须予以保障的公益性事业，国家必须通过各种方式保证义务教育制度的实施，为此我国《义务教育法》专门规定了履行义务教育管理的行政责任。其中第五十二条规定："县级以上地方人民政府有下列情形之一的，由上级人民政府责令限期改正；情节严重的，对直接负责的主管人员和其他直接责任人员依法给予行政处分：（一）未按照国家有关规定制订、调整学校的设置规划的；（二）学校建设不符合国家规定的办学标准、选址要求和建设标准的；（三）未定期对学校校舍安全进行检查，并及时维修、改造的；（四）

未依照本法规定均衡安排义务教育经费的。"第五十三条规定："县级以上人民政府或者其教育行政部门有下列情形之一的，由上级人民政府或者其教育行政部门责令限期改正、通报批评；情节严重的，对直接负责的主管人员和其他直接责任人员依法给予行政处分：（一）将学校分为重点学校和非重点学校的；（二）改变或者变相改变公办学校性质的。"

4. 侵犯教师合法权益的行政责任

教师是履行教育教学职责的专业人员，是学校开展教育教学活动的必备主体，因此必须保障教师的合法权益，不得侵犯教师的合法权益。我国《教师法》第三十八条规定："地方人民政府对违反本法规定，拖欠教师工资或者侵犯教师其他合法权益的，应当责令其限期改正。违反国家财政制度、财务制度，挪用国家财政用于教育的经费，严重妨碍教育教学工作，拖欠教师工资，损害教师合法权益的，由上级机关责令限期归还被挪用的经费，并对直接责任人员给予行政处分；情节严重，构成犯罪的，依法追究刑事责任。"

5. 不履行保护未成年人合法权益的行政责任

保护未成年人合法权益是一切国家机关、武装力量、政党、社会团体、企业事业组织、城乡基层群众性自治组织、未成年人的监护人和其他成年公民的共同职责。行政机关更有保护未成年人合法权益的职责，为此我国《未成年人保护法》第六十一条规定："国家机关及其工作人员不依法履行保护未成年人合法权益的责任，或者侵害未成年人合法权益，或者对提出申诉、控告、检举的人进行打击报复的，由其所在单位或者上级机关责令改正，对直接负责的主管人员和其他直接责任人员依法给予行政处分。"《预防未成年人犯罪法》第十八条规定："未成年人的父母或者其他监护人和学校发现有人教唆、胁迫、引诱未成年人违法犯罪的，应当向公安机关报告。公安机关接到报告后，应当及时依法查处，对未成年人人身安全受到威胁的，应当及时采取有效措施，保护其人身安全。"第五十一条规定："公安机关的工作人员违反本法第十八条的规定，接到报告后，不及时查处或者采取有效措施，严重不负责任的，予以行政处分；造成严重后果，构成犯罪的，依法追究刑事责任。"

（二）学校行政责任

1. 违规办学的行政责任

举办学校必须符合一定的条件，履行必要的手续，否则构成违法办学。我国《教育法》第七十五条规定："违反国家有关规定，举办学校或者其他教育机构的，由教育行政部门予以撤销；有违法所得的，没收违法所得；对直接负责的主管人员和其他直接责任人员，依法给予行政处分。"

2. 违规招生的行政责任

学校有招收学生的权利，但必须按照相关的规定来具体实施，超出规定的范围和违反程序招收学生就构成滥用职权的行为。我国《教育法》第七十六条规定："违反国家有关规定招收学员的，由教育行政部门责令退回招收的学员，退还所收费用；对直接负责的主管人员和其他直接责任人员，依法给予行政处分。"第七十七条规定："在招收学生工作中徇私舞弊的，由教育行政部门责令退回招收的人员；对直接负责的主管人员和其他直接责任人员，依法给予行政处分；构成犯罪的，依法追究刑事责任。"

3. 违规收费的行政责任

国家举办的学校，其办学经费由国家划拨，学校为了弥补办学经费的不足，可以向学生收取必要的费用，但收费的项目、标准应经过有关部门的审批、核准，并应该公示，其中义务教育不收取学费和杂费。学校自立项目收费、变相收费或超过标准收费都属于违规收费。《教育法》第七十八条规定："学校及其他教育机构违反国家有关规定向受教育者收取费用的，由教育行政部门责令退还所收费用；对直接负责的主管人员和其他直接责任人员，依法给予行政处分。"《义务教育法》第五十六条规定："学校违反国家规定收取费用的，由县级人民政府教育行政部门责令退还所收费用；对直接负责的主管人员和其他直接责任人员依法给予处分。学校以向学生推销或者变相推销商品、服务等方式谋取利益的，由县级人民政府教育行政部门给予通报批评；有违法所得的，没收违法所得；对直接负责的主管人员和其他直接责任人员依法给予处分。国家机关工作人员和教科书审查人员参与或者变相参与教科书编写的，由县级以上人民政府或者其教育行政部门根据职责权限责令限期改正，依法给予行政处分；

有违法所得的，没收违法所得。"

4. 违反义务教育规定的行政责任

义务教育是国家予以保障的教育，是公民受教育权的有效保障，学校必须遵守义务教育规定，违反义务教育规定，学校直接负责人应承担行政责任。我国《义务教育法》第五十七条规定："学校有下列情形之一的，由县级人民政府教育行政部门责令限期改正；情节严重的，对直接负责的主管人员和其他直接责任人员依法给予处分：（一）拒绝接收具有接受普通教育能力的残疾适龄儿童、少年随班就读的；（二）分设重点班和非重点班的；（三）违反本法规定开除学生的；（四）选用未经审定的教科书的。"

5. 侵犯未成年人合法权益的行政责任

保护未成年人的合法权益是全社会的责任，也是学校的法定职责，在教育教学活动中，学校应保护未成年人的合法权益，不得侵犯未成年人的合法权益。我国《未成年人保护法》第六十三条规定："学校、幼儿园、托儿所侵害未成年人合法权益的，由教育行政部门或者其他有关部门责令改正；情节严重的，对直接负责的主管人员和其他直接责任人员依法给予处分。"

6. 不履行学校安全管理的行政责任

学校安全是学校的首要任务，是进行正常教育教学活动的基本条件，学校必须保障学校安全管理，加强安全教育，以维护学校的正常教育教学秩序。我国《中小学幼儿园安全管理办法》第六十二条规定："学校不履行安全管理和安全教育职责，对重大安全隐患未及时采取措施的，有关主管部门应当责令其限期改正；拒不改正或者有下列情形之一的，教育行政部门应当对学校负责人和其他直接责任人员给予行政处分；构成犯罪的，依法追究刑事责任：（一）发生重大安全事故、造成学生和教职工伤亡的；（二）发生事故后未及时采取适当措施、造成严重后果的；（三）瞒报、谎报或者缓报重大事故的；（四）妨碍事故调查或者提供虚假情况的；（五）拒绝或者不配合有关部门依法实施安全监督管理职责的。"

（三）教师行政责任

关于教师的行政责任主要在我国的《教师法》和《教师资格条例》中予

以规定，其中《教师法》第三十七条规定："教师有下列情形之一的，由所在学校、其他教育机构或者教育行政部门给予行政处分或者解聘：（一）故意不完成教育教学任务给教育教学工作造成损失的；（二）体罚学生，经教育不改的；（三）品行不良、侮辱学生，影响恶劣的。"《教师资格条例》第十九条规定："有下列情形之一的，由县级以上人民政府教育行政部门撤销其教师资格：（一）弄虚作假、骗取教师资格的；（二）品行不良、侮辱学生，影响恶劣的。被撤销教师资格的，自撤销之日起 5 年内不得重新申请认定教师资格，其教师资格证书由县级以上人民政府教育行政部门收缴。"

第二章　学校依法治校

第一节　学校法律地位

一、学校概述

（一）学校的概念

一般意义上的学校是指按照社会需求，有目的、有计划、有组织地对儿童和青少年进行培养和教育的场所。这里的有目的主要表现为学校教育体现统治阶级的意志，为一定社会发展服务；有计划和有组织主要表现为学校的设置、教育形式、修业年限、招生对象、培养目标都由教育行政部门明确规定，学校必须按照上述规定实施教育。法律意义上的学校是指经教育行政主管机关审核批准或者登记注册，履行必要的备案手续，以实施学制系统内各阶段教育为主的教育机构。

在学制系统内不但包括幼儿园、小学、初级中学、高级中学、各类中等专业学校、职业学校、技工学校、普通高等学校以及具有学历教育的成人学校，还包括实施非学历教育的学校教育机构，如职业与技术培训学校、继续教育培训学校等。

我国《教育法》第二十五条规定："国家制订教育发展规划，并举办学校及其他教育机构。国家鼓励企业事业组织、社会团体、其他社会组织及公民个人依法举办学校及其他教育机构。"从该条的规定可以看出，在我国根据学校的办学主体不同，可以分为通常所说的公办学校和民办学校。公办学校是国家各级政府举办的学校，其办学的场地、设施、资金或大部分资金都由国家投入。民办学校主要是由社会力量投入举办的学校，国家予以鼓励和支持。为了鼓励和支持民办教育，我国专门制定了《民办教育促进法》，其中第三条规定："民办教育事业属于公益性事业，是社会主义教育事业的组成部分。国家对民办教育实行积极鼓励、大力支持、正确引导、依法管理的方针。各级人民政府应当将民办教育事业纳入国民经济和社会发展规划。"第五条规定："民办学校与公办学校具有同等的法律地位，国家保障民办学校的办学自主权。国家保障民办学校举办者、校长、教职工和受教育者的合法权益。"

(二) 学校法律地位

所谓学校法律地位是指学校作为法律主体的地位，是具有法律权利与义务的一个实体单位。我国《教育法》第三十一条规定："学校及其他教育机构具备法人条件的，自批准设立或者登记注册之日起取得法人资格。学校及其他教育机构在民事活动中依法享有民事权利，承担民事责任。"可见学校是具有法人资格的民事主体，具有完全的民事权利能力和民事行为能力，能独立享有民事权利和承担民事责任的法人组织。

按照法人活动的性质，法人单位组织可以分为企业法人、机关法人、事业单位法人和社会团体法人。企业法人是指从事生产、流通、科技等活动，以营利为目的的社会经济组织。机关法人是指行使国家行政权力，履行行政职能的国家机关组织。社会事业单位法人是从事非营利性的各种社会公益事业的法人组织，主要包括从事文化、教育、卫生、体育、新闻出版等公益性的单位组织。社会团体法人是由自然人或法人组成的，从事社会公益性事业、文学艺术活动、学术研究、宗教等活动的法人单位组织。通过上述法人分类可以看出，学校属于事业单位法人组织，从事不以营利为目的教育活动，学校设立的方式有批准设立和登记设立两种方式。

学校作为事业单位法人组织应具备以下四个方面的条件：

一是依法成立。对各级学校的设立，我国《教育法》《义务教育法》《高等教育法》《民办教育促进法》《职业教育法》都做出了相应的规定，对各级学校的举办者资格、举办条件和举办手续做了明确规定。非法设立的学校不具备法人资格，损害教育事业的发展，损害社会和受教育者的利益。

二是有必要的财产经费。作为法人组织必须有必要的财产和经费，这是法人进行民事活动的必要保证，学校作为事业单位法人也必须有必要的财产和经费、必要的教育条件和教育经费。教育经费是学校开展教育教学活动的必要保证，没有充足的教育经费，教育教学活动就无法有效开展，影响学校教育教学质量。长期以来，我国教育经费一直存在不足的情况，保证教育经费的投入将是我国一项长期而艰巨的任务。

三是有自己的名称、组织机构和场所。名称是法人区别于其他民事法律关系主体的标志，机构和场所是法人从事活动的前提条件。学校只有具备自己的名称、机构和场所才可以实施教育教学活动，以民事主体资格参加法律活动。

四是能独立承担民事责任。作为法人不仅享有民事权利，还要履行民事义务，在违法时必须承担民事责任。学校也必须履行教育义务，当出现教育违法时，必须承担教育法律责任和其他相应法律责任。

二、学校法人特点

（一）学校的公共性

我国虽然没有"公法人"的概念，但学校属于事业单位法人，属于社会公共组织，承担着社会公共服务的任务。世界上许多国家都明确规定学校属于公共机构。例如：德国规定，学校是公共机构，也是国家机构；日本规定，法律所承认的学校，具有公共性质。我国虽然没有规定学校属于公共机构，但从《教育法》的规定上看，学校属于公共性的组织。

第一，学校的法律地位由《教育法》确定，学校的设立、变更、终止必须履行特殊程序，由教育行政部门审批决定。

第二，教育为提高全民族素质、促进社会主义物质文明和精神文明建设服务。教育必须为社会主义现代化建设服务，必须与生产劳动相结合，培养德、智、体等方面全面发展的社会主义事业的建设者和接班人。教育活动必须符合国家和社会公共利益。

第三，学校进行教育活动，是国家教育权的一部分，而受教育权属于公民的基本权利，是国家必须予以保障的权利。

第四，通过《教育法》对学校权利的规定可以看出，它不仅是学校的权利，也是国家为了发展教育而交给学校的任务，学校必须正确行使，不能滥用权利或者放弃权利。

（二）学校的公益性

我国《教育法》第二十五条第三款规定："任何组织和个人不得以营利为目的举办学校及其他教育机构。"从该条规定就可以看出学校的公益性质。

第一，学校不得以营利为目的，学校属于公共型事业单位组织，学校的一切教育活动是为公共服务的。

第二，虽然学校为了保障教育教学活动的有效进行，向学生收取一定费用，但这不属于学校的营利，是学校进行教育活动最基本的、必要的补充，其目的在于维持学校的有序运行。

第三，国家为了保障学校开展正常的教育教学活动，经费大部分由国家投入，学校用地和教育教学设施由国家投入，以保证学校的公益性。

第四，虽然《民办教育促进法》规定出资人可以从办学结余中取得合理回报，但有别于企业的经营，是对学校出资人出资的合理补偿。

（三）学校的教育性

学校属于社会公益性组织，其任务是开展教育教学活动，有别于其他社会公益性组织。在学校中，形成了学校、教师、学生三方的教育管理关系。其中教师与学生是最重要的主体。

第一，教师是教育的主体，是学校教育教学活动的组织者和学生的管理者、指导者，教师必须具有一定的教育专业知识和技能，满足不同层次的教育需要。

第二，学生作为受教育者，是教育的主体，而不是被动的客体。必须尊重学生的主体地位，注意发挥学生学习的主动性、积极性、创造性和自主性。

第三，教师的主体性与学生的主体性体现在教师与学生的相互交往活动中，即教育教学活动中，教师的教育活动包含着学生的学习活动，学生的学习活动包含着教师的教育活动。

三、学校办学条件

我国《教育法》第二十六条规定："设立学校及其他教育机构，必须具备以下条件：一是，有组织机构和章程；二是，有合格的教师；三是，有符合规定标准的教学场所及设施、设备等；四是，有必备的办学资金和稳定的经费来源。"上述四个条件是学校办学的基本条件，四者缺一不可，缺少其中任何一个条件，都不构成一个完整意义的学校，属于违法办学。

（一）有组织机构和章程

学校作为事业单位法人组织，必须有自己的组织机构。所谓学校组织机构是学校为了保障教育教学的有效实施，按照一定的原则和管理目标要求，把人、财、物等组织起来形成的一个有机系统。这里的人包括教师、学生以及为教育教学管理和服务的人员，财是对学校教育教学经费的管理和使用，物包括所有的教育教学设施。只有把三者有机结合起来才可以保障教育教学工作的有效开展，实现教育教学的目标和要求。在学校组织机构中主要包括教学管理系统、教育管理系统、后勤保障服务系统等。其组织机构就是在校长负责制下的各部门设置及任务。

学校的章程是和学校的组织机构紧密联系在一起的制度规则保障。学校章程是学校按照教育法律法规的要求，对学校的办学宗旨、管理体制，各部门和各类人员的职责等各方面的管理制度的总称。学校章程是学校最基本的规范性文件，是制定其他管理制度的基础，它对学校的管理人员、教师、学生都有约束力，从而保障学校依法治校、教师依法执教，使教育教学活动有序运行。

（二）有合格的教师

教师是教育教学活动的主体，是学校进行教育教学活动的关键因素，学校必须有合格的教师。我国《教师法》第三条规定："教师是履行教育教学职责的专业人员，承担教书育人、培养社会主义事业的建设者和接班人、提高民族素质的使命。"教师必须符合一定条件，必须按照一定的程序和要求选拔和使用教师。为此我国专门制定的《教师资格条例》规定了各类教师的条件和要求以及选拔的程序和要求。目前我国在幼儿教育、初等教育、中等教育中采取了教师资格考试制度，按照国标、省（区、市）考、县聘、校用的方法确保满足学校对合格教师的需求。

（三）有符合规定标准的教学场所及设施、设备

学校拥有符合标准的教学场所及设施、设备，是学校进行教育教学活动、完成教育教学任务、实现教育教学目标的基本保障。如果学校没有符合标准的教学场所及设施、设备，则学校就是空中楼阁，失去了学校存在的必要条件。为此，教育部以及各省、自治区、直辖市分别制订了各级各类学校的办学标准，以保证学校办学有符合规定的教学场所及设施、设备。

（四）有必备的办学资金和稳定的经费来源

学校是具有公共性和公益性的社会组织，以培养人、进行教育教学活动为内容，其运行不具有营利性。学校开展正常的教育教学活动必须具有必要的活动经费，并保证有稳定的经费来源。为此，我国《教育法》第五十三条规定："国家建立以财政拨款为主、其他多渠道筹措教育经费为辅的体制，逐步增加对教育的投入，保证国家举办学校教育经费的稳定来源。企业事业组织、社会团体及其他社会组织和个人依法举办的学校及其他教育机构，办学经费由举办者负责筹措，各级人民政府给予适当支持。"为了保证义务教育的有效实施，保证教育经费的来源，我国《义务教育法》第四十二条规定："国家将义务教育全面纳入财政保障范围，义务教育经费由国务院和地方各级人民政府依照本法规定予以保障。国务院和地方各级人民政府将义务教育经费纳入财政预算，按照教职工编制标准、工资标准和学校建设标准、学生人均公用经费标准等，及时足额拨付义务教育经费，确保学校的正常运转和校舍安全，确保教职工工资按照规定发放。国务院和地方各级人民政府用于实施义务教育财政拨款的增长比例应当高于财政经常性收入的增长比例，保证按照在校学生人数平均的义务教育费用逐步增长，保证教职工工资和学生人均公用经费逐步增长。"《教育规划纲要》特别说明了国家对教育经费投入的保障规定。上述规定的目的在于保障学校的经费来源，保障学校教育教学活动的开展，实现学校的教育教学目标，以实现教育的宗旨和任务。

第二节　学校权利

学校作为事业单位法人、教育法律关系的主体，必须享有应有的权利，而这种权利是受到法律保障的，其他任何机关、社会团体、组织、个人都不得干涉。为此我国《教育法》第二十八条规定了学校的九项权利，包括：①按照章程自主管理；②组织实施教育教学活动；③招收学生或者其他受教育者；④对受教育者进行学籍管理，实施奖励或者处分；⑤对受教育者颁发相应的学业证书；⑥聘任教师及其他职工，实施奖励或者处分；⑦管理、使用本单位的设施和经费；⑧拒绝任何组织和个人对教育教学活动的非法干涉；⑨法律、法规规定的其他权利。

一、按照章程的自主管理权

学校按照章程的自主管理权指学校有权按照章程管理学校，其他机关、社会团体和个人不得干涉，但学校应接受必要的行政和社会监督，同时学校的各类人员应严格遵守学校章程和制度的规定，违反章程和制度的规定，应承担相应的责任。当遇到因学校章程的纠纷时，教育行政机关和司法部门应维护学校章程的权威性和学校的自主性。

如前所述，学校章程是学校按照教育法律法规的要求，对学校的办学宗旨、管理体制，各部门和各类人员的职责等方面的管理制度的总称，它体现了学校的办学宗旨、目标和任务。学校章程的具体化表现为学校的各种管理规章制度，包括教师管理制度、学生管理制度、教学管理制度、德育管理制度、财务管理制度以及学校的各种其他制度等，要求学校领导、教师、其他管理和服务人员、学生必须严格遵守。

学校章程在制定时必须注意以下几点：一是必须符合法律的规定。不仅要符合一般法律的规定，更要符合教育法律、法规的规定，如果学校章程内容出现违法的规定，很容易在执行中引发法律纠纷，贬损学校的办学水平。二是学校规章制度用语的规范性。在学校的章程和制度中，用语应规范、严谨、科学、庄重，不应出现模糊的用语而引起歧义，不应使用口语和生活化用语，应尽量使用书面语，以体现章程和制度的庄重和规范。三是在制定程序时应由校长负责该项工作，由各方面的代表参与起草和审核，必要时请有关的专家和学者参与讨论和审核。制度起草完毕后，应由教职工大会或教职工代表大会讨论通过，涉及教师和学生权益的，应充分听取教师、学生代表和家长代表的意见，经充分讨论、修改、通过后，报请教育行政主管部门备案审核。

二、组织实施教育教学活动权

学校之所以成为学校，最主要在于学校实施教育教学活动。组织实施教育教学活动权是学校的最基本权利。其含义有三：一是学校有权根据国家的教育方针和任务，确立自己的办学宗旨和目标任务，依据国家教育行政主管部门的有关专业标准和课程方案及大纲要求，自主决定和实施课程设置、教学计划、教学进度、教材选用和考核考试安排及方式等。学校有权开发自己的校本课程，编写校本教材，实施校本教学。二是除教育行政机关的必要指导和监督外，其他任何机关、社会团体和个人不得干涉学校教育教学活动。三是组织教育教学活动权是学校的基本权利，其他非学校机构法人均不具有教育教学活动的权利。

三、招收学生或者其他受教育者权

学校是对儿童和青少年进行培养和教育的服务场所，而培养和教育服务必须通过招收学生或受教育者来完成，因此招收学生或其他受教育者是学校的一项基本权利。学校行使招收学生或者其他受教育者权利时有如下含义：首先，这是学校的一项基本权利，学校有权根据自己的办学宗旨和任务、培养目标、办学条件，按照国家的招生规定确定招生的范围、数量和人员。其次，学校有权按照自己确定的招生办法发布招生章程和招生广告，但招生广告必须客观真实，不得发布虚假的招生章程和广告。再次，对于承担义务教育的学校，学校招生不得附加条件和收取费用，满足学生就近入学的需要。

四、对受教育者进行学籍管理，实施奖励或者处分权

学校有权按照法律、法规和教育行政部门的规章制定本学校的学籍管理办法，并根据学籍管理办法对学生进行奖励和处分。学籍管理的主要内容包括学生的入学与注册、思想政治要求、成绩管理与考核、转学与休学、升级与留级、复学与退学、毕业、考勤、奖励和处分等。奖励是对学生在德、智、体、美等方面的优秀表现给予的物质或精神的褒奖，如颁发奖学金、奖品、荣誉证书和授予称号等。处分是学校依据教育法律、法规、规章和学校管理制度，对违反学校规定的学生的一种惩戒和制裁，主要包括警告、严重警告、记过、留校察看、勒令退学和开除学籍六种形式。其中对义务教育阶段学生不适用勒令退学和开除学籍处分。

学校在行使该项权利时应注意以下几点：一是制定的学籍管理办法、奖励规定和处分规定应符合法律、法规和规章的要求，内容规定不得与法律、法规和规章相抵触，否则容易构成教育违法行为。二是学籍管理办法、奖励规定和处分规定的语言表述应严谨规范，不能出现歧义，对奖励和处分尽可能采用列举加概括的方式，列举应详尽，尽可能考虑到所有情形。三是必须明确规定对学生处分的程序，程序规定应充分考虑儿童、青少年的心理特点，必须明确规定对学生和学生监护人的告知程序。

五、对受教育者颁发相应学业证书权

学业证书是证明受教育者文化程度和学习经历的证书，是受教育者的学业资格证明，受国家法律保护，具有法律效力。对受教育者颁发相应的学业证书是学校的基本权利，同时也是学校的一项义务。学校在行使该项权利时应在以下三个方面加以注意：一是学校应严格学籍管理和学业考核，对学业期满、考核合格的学生才可以颁发学业证书，不得滥发学业证书，放松对学业证书的管理。二是颁发学业证书作为学校的一项义务，学校不得设定违反法律、法规和

规章的条件，拒绝为学生颁发学业证书。三是学校应加强对学生的录取、登记、注册管理，严格核查学生的学籍资格，避免出现媒体报道的冒名顶替上学案件的发生和代学、代考案件的发生。

六、聘任教师及其他职工，实施奖励或者处分权

学校有聘任教师及其他教职工的权利，这不仅是《教育法》的规定，也是《教师法》的规定。《教师法》第十七条规定："学校和其他教育机构应当逐步实行教师聘任制。教师的聘任应当遵循双方地位平等的原则，由学校和教师签订聘任合同，明确规定双方的权利、义务和责任。实施教师聘任制的步骤、办法由国务院教育行政部门规定。"按照上述规定，学校有权根据学校的办学条件和编制数量聘任和解聘教师。现阶段我国还没有普遍实行教师聘任制，但随着教师待遇的不断提高和教师师资不断扩充，教师聘任制必将普遍推行。教师聘任制可以参照《劳动合同法》的规定，明确聘任合同的签订、双方权利和义务、聘任合同的履行、聘任合同的解除以及法律责任等。

对教师的奖励和处分权不仅是学校的权利，同时也是学校的职责所在。为此我国《教师法》第三十三条规定："教师在教育教学、培养人才、科学研究、教学改革、学校建设、社会服务、勤工俭学等方面成绩优异的，由所在学校予以表彰、奖励。"《教师法》第三十七条规定："教师有下列情形之一的，由所在学校、其他教育行政机构或者教育行政部门给予行政处分或者解聘：（一）故意不完成教育教学任务给教育教学工作造成损失的；（二）体罚学生，经教育不改的；（三）品行不良、侮辱学生，影响恶劣的。"学校可以根据上述法律规定制定本学校的教师奖励和处分规定。但在实践中，由于我国《教师法》对教师处分规定得过于笼统，缺乏细化，一般学校执行的都是当地教育行政部门制定的违纪处分规定，但各地教育行政部门制定的教师处分规定的合法性又值得商榷，因此在今后的《教师法》修订中应加以明确。

七、管理、使用本单位设施和经费权

学校作为事业单位法人组织，对自己拥有的场地、设施、设备和其他财产

享有管理权和使用权，并在一定条件下对自己管理的财产享有处分权和收益权，因此学校管理和使用本单位的财产是学校的基本权利。学校在行使此项权利时应遵守国有资产管理和学校财务管理制度，资产的使用不得以谋利为目的，而应符合国家和社会公共利益。同时任何人不得非法侵占和破坏学校的财产，侵占破坏学校的场地、设施或者其他财产，应承担民事责任，构成犯罪的应承担刑事责任。

八、拒绝任何组织和个人对教育教学活动非法干涉权

拒绝任何组织和个人对教育教学活动的非法干涉权主要是指学校有权拒绝和抵制行政机关、企事业单位、社会团体和个人的任何非法干涉学校教育教学活动的行为，该项权利是学校自治权的基本要求。这里的非法干涉主要是指违反法律、法规和规章，影响、干扰和破坏学校正常教育教学活动的行为。对此我国《教育法》七十二条明确规定："结伙斗殴、寻衅滋事，扰乱学校及其他教育机构教育教学秩序或者破坏校舍、场地及其他财产的，由公安机关给予治安管理处罚；构成犯罪的，依法追究刑事责任。"

九、法律、法规规定的其他权利

本项权利是对学校权利的概括性规定，法律、法规规定的其他权利是指除上述八项权利外，现行法律、法规赋予学校作为一般法人单位还应享有的民事权利和其他权利，如学校的名誉权、荣誉权等。同时也包括了未来法律、法规为学校设定的权利。这有利于进一步完善学校作为法人单位的自主权。

第三节 学校义务

学校作为教育法律关系的参加者，在享有权利的同时，也必须承担一定的义务。我国《教育法》第二十九条规定了学校的义务，包括：①遵守法律、法规；②贯彻国家的教育方针，执行国家教育教学标准，保证教育教学质量；③维护受教育者、教师及其他职工的合法权益；④以适当方式为受教育者及其监护人了解受教育者的学业成绩及其他有关情况提供便利；⑤遵照国家有关规定收取费用并公开收费项目；⑥依法接受监督。同时《义务教育法》也对学校义务作了相应的规定。

一、遵守法律、法规

遵守法律、法规，这是对所有组织和个人的要求。我国宪法第五条明确规定："一切国家机关和武装力量、各政党和社会团体、各企事业组织都必须遵守宪法和法律。一切违反宪法和法律的行为，必须予以追究。任何组织和个人都不得有超越宪法和法律的特权。"遵守法律、法规是对学校的一般要求。

这里的法律是指由全国人大及其常务委员会制定的各种法律文件，属于狭义的法律。这里的法规包括行政法规和地方法规，全国人大授权国务院有立法权，国务院有权制定行政法规，行政法规与法律具有同等的效力。地方法规是由各省、自治区、直辖市和各省、自治区的人民政府所在地市的人民代表大会及其常务委员会所制定的规范性文件，地方法规仅在本地区有效，学校也必须遵守地方法规的要求。同时国务院各部委制定的涉及学校教育教学活动的部门规章和地方性规章，学校也必须遵守。学校作为从事教育教学活动的事业单位组织更要遵守教育法律、法规和规章，这是对学校依法治校的基本要求。

学校遵守法律、法规有三层含义：一是学校不仅要遵守教育法律、法规，还要遵守涉及教育法律关系主体的所有法律、法规，尤其是学校首先要遵守宪法的规定。二是学校所制定的一切章程、规章制度和管理规定都不得与宪法、法律、法规和规章相抵触。三是学校在进行教育教学活动中，必须遵守法律、法规和规章的规定，不得侵犯教师、学生及其学生监护人和其他利害关系人的合法权益。

二、贯彻国家教育方针，执行国家教育教学标准，保证教育教学质量

学校必须坚持社会主义办学方向，坚持以马克思列宁主义、毛泽东思想和中国特色社会主义理论为指导。学校教育必须与生产劳动相结合，培养德、智、体等方面全面发展的社会主义事业的建设者和接班人。学校应努力改善办学条件，加强育人软环境建设，按照国家制订的教育教学标准，不断提高教育教学质量，以提高全民族素质，促进社会主义物质文明和精神文明的建设。在实践中，要改变片面追求升学率，唯智育的不良倾向，注重学生德、智、体、美的全面发展。

三、维护受教育者、教师及其他职工的合法权益

学校作为事业单位法人组织，维护其员工的合法权益不受侵害是其基本的义务，又由于学校是作为从事教育教学的组织，维护受教育者合法权益也是其基本的义务。因此该项义务不仅是教育法的基本义务，也是其作为法人组织的基本义务。学校该项义务主要包括三个方面的内容：一是学校不得在制度规定和管理过程中侵犯学生和教职工的合法权益。二是学校要建立和健全各种安全管理规章制度，防止在校学生和教职工遭受人身损害。三是学校要维护学生和教职工的合法权益。当在校学生和教职工受到外来侵害后，学校应积极协助、帮助学生和教职工通过各种途径维护其合法权益。

四、为受教育者及其监护人了解受教育者的学业成绩及其他情况提供便利

受教育者及其监护人享有了解受教育者学业成绩和其他情况的知情权，是家庭教育与学校教育相结合的必要条件，学校应采取多种方式提供受教育者的学业成绩，所采取的方式应以照顾未成年人的身心特点，保护学生人格尊严为前提条件。

五、遵照国家有关规定收取费用并公开收费项目

我国的学校具有公益性，学校的经费来源主要靠国家财政拨款。为了弥补教育经费的不足，学校可以向学生收取一定的费用，但学校收取费用必须得到物价管理部门的批准，并公布收费项目和支出情况，向学生和家长公布，依法接受学生及其监护人的监督。学校不得巧立名目向学生收费，其中义务教育学校不得向学生收取学费和杂费。近些年，随着我国加大对教育的投入和对教育乱收费现象的整治，以及社会监督力度的加强，教育乱收费现象已从根本上得到了遏制，但学校变相收费的现象还在一定范围内存在，需要进一步整治和处理。

六、依法接受监督

监督是管理的重要环节，学校作为事业单位法人组织，具有公益性和公共性的特点，学校只有接受各方面的监督，才能有效保证学校权利的实现和义务的履行，保证学校的办学性质、办学宗旨和学校任务的实现。对学校的监督包括行政监督、法律监督、社会团体组织监督、舆论监督和个人监督，其中行政监督是最常见的监督。近年来，由于网络媒体传播技术的发展，舆论监督的力度越来越强，学校应充分重视舆论的监督。接受监督是学校的责任，学校应对各种监督提供方便，不得拒绝推诿，对于在监督中提出的问题，无论来自哪个方面，学校都应认真对待，检查反思自身的教育教学工作，以保证学校的健康发展。

第四节　学校管理体制

学校管理体制是指学校的组织结构组成形式，即学校以怎样的组织形式和如何将这种组织形式结合为一个有机的系统，以实现学校的办学宗旨和办学任务。我国《教育法》第三十条规定："学校及其他教育机构的举办者按照国家有关规定，确定其所举办的学校或者其他教育机构的管理体制。"从上述规定可以看出，我国学校的管理体制由举办者确定，不同的举办者确定的管理体制也可能是不同的。

一、校长负责制

我国《教育法》第三十条规定："学校的教学及其他行政管理，由校长负责。"《义务教育法》第二十六条规定："学校实行校长负责制。校长应符合国家规定的任职条件。校长由县级人民政府教育行政部门依法聘任。"可见在我国，对于国家举办的学校，以校长负责制为基本管理体制。所谓校长负责制是指在学校日常的教育教学管理和其他管理中，在民主讨论的基础上，由校长最终决策，并对学校工作全面负责。

校长负责制并不意味着校长可以独断专权、滥用职权，对学校管理事项应在充分民主讨论的基础上，达成一致意见，如果不能达成一致意见，校长拥有最后的决策权。同时为了实现学校的民主管理，发挥教职工的民主监督作用，我国《教育法》三十条还规定："学校及其他教育机构应当按照国家有关规定，通过以教师为主的教职工代表大会等组织形式，保障教职工参与民主管理和监督。"通过教职工代表大会，可以充分体现学校的民主管理和对学校工作的有效监督。教职工代表大会的主要职权包括听取校长工作报告、讨论和决定学校重大事项、审议通过学校管理规章制度、评议和监督学校领导干部等。

为了完善学校的科学民主决策机制，我国《教育规划纲要》在建设现代学校制度一章中明确指出："实行校务会议等管理制度，建立健全教职工代表大会制度，不断完善科学民主决策机制。"可见校务会议制度也是学校内部科学民主管理的一种有效方式。所谓校务会议制度是由校长主持的，有党、政、工、团、队各部门参加的，以讨论上级党政指示要求的贯彻事宜、讨论学校重大事项、修改或制定规章制度、讨论师生奖惩和教职工福利为内容的会议制度，以进一步实现决策的科学化、民主化，是民主集中制原则的体现和贯彻，是校长负责制的补充和完善。

二、党委领导下的校长负责制

目前在我国，普通中小学和中等专业学校实行校长负责制，而国家举办的高等院校则实行党委领导下的校长负责制。我国《高等教育法》第三十九条规定："国家举办的高等学校实行中国共产党高等学校基层委员会领导下的校长负责制。中国共产党高等学校基层委员会按照中国共产党章程和有关规定，统一领导学校工作，支持校长独立负责地行使职权。"第四十一条规定："高等学校的校长全面负责本学校的教学、科学研究和其他行政管理工作。"高等院校一般规模较大、机构众多，承担着很多科学研究工作，加上高级知识分子和青年学生的思想活跃，实行党委领导下的校长负责制有利于保证党和国家教育方针的贯彻执行，保证社会主义的办学性质，有利于实现学校的民主管理。

当然，党委领导是集体领导，在党委内部如何实现科学民主决策是一个值得思考的问题，而党委领导下的校长负责制，党委与校长的权力划分也是一个值得探讨的问题。如果二者协调不好，很容易形成有权无责、有责无权的局面，容易削弱学校的领导和管理。

三、学校理事会或董事会管理制

社会组织或者个人举办的学校采用理事会或董事会管理体制，也可以采用校长负责制，但民办学校的校长负责制不同于公办学校的校长负责制，其相对决策权限较小。按照我国《民办教育促进法》的规定，学校理事会或者董事会由举办者或者其代表、校长、教职工代表等人员组成。其中三分之一以上的理事或者董事应当具有五年以上教育教学经验。学校理事会或者董事会由五人以上组成，设理事长或者董事长一人。理事长、理事或者董事长、董事名单报审批机关备案。学校理事会或者董事会行使下列职权：（1）聘任和解聘校长；（2）修改学校章程和制定学校的规章制度；（3）制订发展规划，批准年度工作计划；（4）筹集办学经费，审核预算、决算；（5）决定教职工的编制定额和工资标准；（6）决定学校的分立、合并、终止；（7）决定其他重大事项。民办学校的校长负责学校的教育教学和行政管理工作，行使下列职权：（1）执行学校理事会、董事会或者其他形式决策机构的决定；（2）实施发展规划，拟订年度工作计划、财务预算和学校规章制度；（3）聘任和解聘学校工作人员，实施奖惩；（4）组织教育教学、科学研究活动，保证教育教学质量；（5）负责学校日常管理工作；（6）学校理事会、董事会或者其他形式决策机构的其他授权。同时民办学校应依法通过以教师为主体的教职工代表大会等形式，保障教职工参与民主管理和监督。

四、校长任职资格要求

无论是校长负责制还是党委领导下的校长负责制以及理事会、董事会下的校长负责制，在学校管理中，校长都起着关键的作用，因此校长必须满足一定的条件，符合教育法律规定的任职资格要求。对此我国《教育法》第三十条规定："学校及其他教育机构的校长或者主要行政负责人必须由具有中华人民共和国国籍、在中国境内定居并具备国家规定任职条件的公民担任，其任免按照国家有关规定办理。"可见校长的任职资格应满足三个条件：一是必须是我国公民，外国公民不得在我国境内担任校长；二是必须在我国境内居住，如果不在我国境内居住的我国公民也不得担任校长；三是必须符合国家规定的任职条件。关于校长的任职条件一般由教育行政部门制定，主要包括思想、学历、职称、教学经历等，在实践中一般还包括年龄要求。

在校长负责制下，校长权力一直是值得关注的问题，因为校长拥有决策权、管理权、人事权和财政权。与国外校长相比，我国校长拥有更大的权力，同时在实践中一般校长在一个学校中的任职时间较长，很容易产生权力滥用、任人唯亲和滋生腐败问题。如何完善校长负责制的学校管理体制，应该是国家和教育行政部门深入思考的一个问题。

第三章　教师权利和义务

第一节　教师的界定

《教师法》于 1993 年 10 月 31 日第八届全国人民代表大会常务委员会第四次会议通过，自 1994 年 1 月 1 日起施行。该法共九章四十三条。该法第一条明确阐明了立法的宗旨："为了保障教师的合法权益，建设具有良好思想品德修养和业务素质的教师队伍，促进社会主义教育事业的发展，制定本法。"该法的立法宗旨包括三个方面：一是为了保障教师的合法权益，二是建设具有良好思想品德修养和业务素质的教师队伍，三是促进社会主义教育事业的发展。该法是教师权益保障的大法，对教师所有法律问题的讨论都应围绕着《教师法》展开。

一、教师的概念

（一）教师的定义

对于教师的概念，在《教师法》颁布之前没有明确的界定，教师的称呼比较笼统。《教师法》第三条规定："教师是履行教育教学职责的专业人员，承担教书育人、培养社会主义事业建设者和接班人、提高民族素质的使命。教师应当忠诚于人民的教育事业。"结合第二条"本法适用于在各级各类学校和其他教育机构中专门从事教育教学工作的教师"的规定和附则部分用语的含义规定，法律意义上的教师是指在学前教育、普通初等教育、普通中等教育、职业教育、普通高等教育以及特殊教育、成人教育的学校、少年宫以及地方教研室、电化教育机构中履行教育教学职责的专业人员。

（二）教师概念的理解

对于教师的概念，应从以下三个方面加以理解。

第一，只有在《教师法》规定的各级各类学校和其他教育机构履行教育教学职责的专业人员才属于《教师法》规定的教师，一些在社会的、民办辅导学校、辅导机构中工作的履行教育教学职责的专业人员不属于《教师法》规定的教师，不受《教师法》保护。

第二，教师必须是在《教师法》规定的各级各类学校和其他教育机构履行教育教学职责的专业人员，在《教师法》规定的各级各类学校和其他教育机构履行其他职责的人员，如实验员、图书管理员不属于《教师法》规定的教师范畴。

第三，《教师法》规定的教师必须是履行教育教学职责的专业人员，要求有严格的准入条件。《教育规划纲要》指出要"完善并严格实施教师准入制度，严把教师入口关。国家制定教师资格标准，提高教师任职学历标准和品行要求，建立教师资格证书定期登记制度"。《教师法》第十条规定："国家实行教师资格制度。中国公民凡遵守宪法和法律，热爱教育事业，具有良好的思想品德，具备本法规定的学历或者经国家教师资格考试合格，有教育教学能力，经认定合格的，可以取得教师资格。"第十三条第三款规定："取得教师资格的人员首次任教时，应当有试用期。"第十四条规定："受到剥夺政治权利或者故意犯罪受到有期徒刑以上刑事处罚的，不能取得教师资格；已经取得教师资格的，丧失教师资格。"同时《教师资格条例》第十九条第二款规定："被撤销教师资格的，自撤销之日起 5 年内不得重新申请认定教师资格，其教师资格证书由县级以上人民政府教育行政部门收缴。"第二十条规定："参加教师资格考试有作弊行为的，其考试成绩作废，3 年内不得再次参加教师资格考试。"

二、教师的法律地位

教师的法律地位是指通过专门立法所确立的教师的职业地位，主要包括政治的、经济的、社会的地位。

（一）教师的政治地位

我国教师的政治地位规定主要体现在《教育法》《义务教育法》《教师法》中。我国《教育法》第三十二条规定："教师享有法律规定的权利，履行法律规定的义务，忠诚于人民的教育事业。"《义务教育法》第二十八条规定："教师享有法律规定的权利，履行法律规定的义务，应当为人师表，忠诚于人民的教育事业。"《教师法》第三条规定："教师是履行教育教学职责的专业人员，承担教书育人、培养社会主义事业建设者和接班人、提高民族素质的使命。教师应当忠诚于人民的教育事业。"上述规定从教师享有法律规定的权利，履行法律规定的义务，教书育人、为人师表说明了教师的政治地位，同时都强调了教师应当忠诚于人民的教育事业作为教师的最高准则，并指出了教师承担着教书育人、培养社会主义事业建设者和接班人、提高民族素质的使命。

（二）教师的经济地位

教师的经济地位是教师法律地位的基础和保证。我国《教育法》第三十三条规定："国家保护教师的合法权益，改善教师的工作条件和生活条件，提高教师的社会地位。"《义务教育法》第三十一条规定："各级人民政府保障教师工资福利和社会保险待遇，改善教师工作和生活条件，完善农村教师工资经费保障机制。教师的平均工资水平应当不低于当地公务员的平均工资水平。特殊教育教师享有特殊岗位补助津贴。在少数民族地区和边远贫困地区工作的教师享有艰苦贫困地区补助津贴。"《教师法》第二十五条规定："教师的平均工资水平应当不低于或者高于国家公务员的平均工资水平，并逐步提高。建立正常晋级增薪制度，具体办法由国务院规定。"第二十六条规定："中小学教师和职业学校教师享受教龄津贴和其他津贴，具体办法由国务院教育行政部门会同有关部门制定。"第二十七条规定："地方各级人民政府对教师以及具有中专以上学历的毕业生到少数民族地区和边远贫困地区从事教育教学工作的，应当予以补贴。"第二十八条规定："地方各级人民政府和国务院有关部门，对城市教师住房的建设、租赁、出售实行优先、优惠。县、乡两级人民政府应当为农村中小学教师解决住房提供方便。"第二十九条规定："教师的医疗同当地国家公务员享受同等的待遇。定期对教师进行身体健康检查，并因地制宜安排教师进行休养。医疗机构应当对当地教师的医疗提供方便。"第三十条规定:"教师退休或者退职后,享受国家规定的退休或者退职待遇。县级以上地方人民政府可以适当提高长期从事教育教学工作的中小学退休教师的退休金比例。"上述规定都是对教师经济地位的规定,体现了国家对教师工作的重视。

(三)教师的社会地位

关于教师的社会地位,《义务教育法》第二十八条和《教师法》第四条都规定了"全社会都应当尊重教师"。《教师法》第六条规定:"每年九月十日为教师节。"在我国以法律为某个职业设定节日的只有教师,同时通过对教师经济地位的规定也反映了教师的社会地位。

第二节 教师权利

教师的权利一般有两方面的含义。一是教师作为公民应享有的基本权利,主要是我国宪法所规定的如下权利:①平等权,包括法律面前人人平等、男女平等、禁止差别待遇等;②政治权利,包括选举权和被选举权,言论、出版、集会、结社、游行示威自由等;③宗教信仰自由权,包括有信仰和不信仰宗教的自由,有信仰这个教派也有信仰那个教派的自由,现在信仰宗教以后不信仰的自由等;④人身自由权,包括人身自由、人格、住宅不受侵犯以及通信自由和通信秘密受法律保护等;⑤社会经济权利,包括财产权、劳动权、休息权、物质帮助权、退休人员生活保障与社会保障权等;⑥文化教育权,主要是教育方面和文化方面的权利;⑦监督权,包括批评、建议权,控告、检举与申诉权。二是教师作为专业的教育教学人员,在教育教学中专有的权利。通常所说的教师权利,一般指的是教师在教育教学中的权利。

一、教育教学权

我国《教师法》第七条第一项规定教师享有进行教育教学活动、开展教育教学改革实验的权利。该权利有以下三个方面的含义：（1）教师教育教学活动不可剥夺。教师是履行教育教学的专业人员，有权按照学校的安排进行教育教学活动，非因法律的规定或教师客观的原因不能剥夺教师的教育教学权。（2）教师可以根据国家、学校的课程计划、教学大纲和教材，根据学校、教师和学生的特点自主组织教育教学活动。这一权限必须在国家、社会、学校许可的范围内，不得违反法律、法规、规章制度和教育基本规律。（3）教师有权根据学生的特点，依据教学大纲，为提高教学质量采取不同的教学形式和方法进行教学改革和实验。任何组织和个人不得剥夺教师的教育教学活动和教育教学改革实验的权利。

二、科学研究权

我国《教师法》第七条第二项规定教师享有从事科学研究、学术交流，参加专业学术团体，在学术活动中充分发表意见的权利。该权利包括以下三个方面的含义：（1）教师在完成本职工作的同时，有权进行任何专业的科学研究，有权将教育教学中的研究成果和经验撰写成学术论文发表、出版，著书立说；（2）在不影响教育教学工作的前提下，教师有权参加有关学术交流活动，参加有关学术团体并在团体中兼任职务；（3）教师有权在学术研究中和学术活动中发表个人的观点和意见，有学术争鸣的自由。上述教师科学研究权的行使不得违反法律的规定，不得损害国家、社会和他人利益，不得违反教育教学的基本规律。

三、指导评价学生权

我国《教师法》第七条第三项规定教师有指导学生的学习和发展、评定学生的品行和学业成绩的权利。该权利包括以下三个方面的含义：（1）教师在不违反法律、学生身心发展规律的前提下，有权根据学生的特点和个体差异，因材施教，采取各种教育教学方式指导学生的学习和发展。需要注意的是，教师行使该项权利时不得以指导学生学习和发展为借口，违反法律规定和学生身心发展规律，侵犯学生的身心健康。（2）教师有权严格要求学生，对学生的思想品德、学习和工作生活表现做出客观、公正的评价。教师所做的评价必须是客观的、公正的、实事求是的，不能有教师个人偏见与私心。（3）教师的指导评价是一项专业性很强的工作，任何人都不得非法干涉。需要指出的是，随着我国招生考试制度的改革，教师的评价作用将越来越大，必须保证教师的独立评价权。

四、获取报酬待遇权

我国《教师法》第七条第四项规定教师享有按时获取工资报酬，享受国家规定的福利待遇以及寒暑假期带薪休假的权利。该权利包括以下三个方面的含义：（1）教师的报酬必须按时发放，不得拖欠教师的工资报酬，不得克扣或变相克扣教师的工资。（2）教师有权要求足额支付工资报酬，包括基础工资、职务工资、课时津贴、奖金及其他津贴在内的所有工资收入。如果属于学校的原因未足额支付工资报酬，教师可以要求当地教育行政部门解决；如果是当地教育行政部门的原因，教师可以要求当地人民政府解决；如果是当地人民政府的原因，教师可以要求上一级人民政府解决。（3）教师有权享受国家规定的各种待遇，包括医疗、住房、退休方面的待遇和优惠政策以及寒暑假期的带薪休假。

五、参与教育民主管理权

我国《教师法》第七条第五项规定教师享有对学校教育教学、管理工作和教育行政部门的工作提出意见和建议，通过教职工代表大会或者其他形式，参与学校民主管理的权利。该权利包括以下三个方面的含义：（1）该权利不仅是《教师法》规定的教师权利，也是我国宪法规定权利的体现。我国宪法明确规定了公民对任何国家机关和国家工作人员，有提出批评和建议的权利。（2）教师应正确行使批评权、建议权，不得歪曲事实、进行人身攻击。（3）教师有权通过职工代表大会、工会或者其他形式参与学校管理，民主讨论决定学校重大事项，维护教师的合法权益。

六、进修培训权

我国《教师法》第七条第六项规定了教师有参加进修或者其他方式培训的权利。该权利有以下三个方面的含义：（1）教师有参加进修或者其他方式培训的权利，任何组织和个人不得干涉；（2）教师进修培训权的行使必须在完成本人教育教学工作的前提下，根据学校或者教育行政主管部门的安排，有计划、有组织地进行；（3）学校或者其他教育机构以及教育行政部门应采取各种措施，保证教师进修培训的权利，以提高教师的素质，促进教育事业的发展。

第三节　教师义务

同教师的权利一样，教师的义务也有两个方面的含义。一是教师作为公民应履行的宪法所规定的义务，包括：（1）维护国家统一和各民族团结；（2）遵守宪法和法律，保守国家秘密，爱护公共财产，遵守劳动纪律，遵守公共秩序，尊重社会公德；（3）维护祖国安全、荣誉和利益；（4）保卫祖国，抵抗侵略，依照法律服兵役和参加民兵组织；（5）依照法律纳税。二是教师作为教育教学专业人员，所应履行的《教师法》规定的义务。我国《教师法》第八条规定了教师有以下六项义务。

一、遵纪守法

我国《教师法》第八条第一项规定教师应遵守宪法、法律和职业道德，为人师表。该义务有以下三个方面的含义：（1）教师作为中华人民共和国公民，在日常工作、生活中应遵守宪法和法律；教师作为承担教育教学职责的专业人员，更应模范遵守宪法和法律，在教育教学领域起到表率示范作用。同时，在教育教学工作中，教师要主动培养学生的民主法制意识，教育学生遵纪守法。（2）教师必须遵守教师职业道德规范。我国 2008 年修订的《中小学教师职业道德规范》主要包括爱国守法、爱岗敬业、关爱学生、教书育人、为人师表、终身学习的内容。《中小学教师职业道德规范》规定的上述这六项内容不仅是教师职业道德规范，也是教师的法定义务，教师必须严格遵守。违反教师职业道德规范的行为，不仅仅是违反职业道德约束的行为，同样是违反《教师法》的违法行为。（3）教师承担着教书育人、培养社会主义事业建设者和接班人、提高民族素质的使命。教师必须成为学生的楷模，从情操、言行、衣着上严格要求自己，成为学生的师表。《教育规划纲要》也指出，教师要以人格魅力和学识魅力教育感染学生，做学生健康成长的指导者和引路人。

二、履行教育教学职责

《教师法》第八条第二项规定了教师应贯彻国家的教育方针，遵守规章制度，执行学校的教学计划，履行教师聘约，完成教育教学工作任务。该项义务包括以下三个方面的含义：（1）在教育教学工作中，教师要坚持教育教学为社会主义现代化建设服务，培养德、智、体等方面全面发展的社会主义事业的建设者和接班人。教师要坚持教育教学的社会主义方向，对学生进行社会主义教育，不能有违背社会主义方向和党的政策的任何言论和教育内容。教师要落实《教育规划纲要》的要求，全面加强和改进德育、智育、体育、美育，坚持文化知识学习与思想品德修养的统一、理论学习与社会实践的统一、全面发展与个性发展的统一。（2）教师除遵守法律、法规外，还必须遵守学校的规章制度，按照教学计划和教学大纲的要求进行教育教学活动，不得任意改变教学计划，不得无故缺勤、旷工，保证学校教育教学工作的有序进行。（3）教师应按照聘任合同的约定，履行本人的教育教学职责，完成聘任合同约定的工作任务。

三、对学生进行思想政治教育

《教师法》第八条第三项规定教师有对学生进行宪法所确定的基本原则的

教育和爱国主义、民族团结的教育，法制教育以及思想品德、文化、科学技术教育，组织、带领学生开展有益的社会活动的义务。该义务有以下四个方面的含义：（1）教师应根据自己的教育教学情况，自觉对学生进行思想教育和品德教育。（2）在对学生进行思想政治教育时，教师要自觉落实《教育规划纲要》的要求，坚持德育为先、立德树人，把社会主义核心价值观融入国民教育全过程。教师要加强马克思主义中国化最新成果教育，引导学生形成正确的世界观、人生观、价值观；加强理想信念教育和道德教育，坚定学生对中国共产党领导、社会主义制度的信念和信心；加强社会主义荣辱观教育，培养学生团结互助、诚实守信、遵纪守法、艰苦奋斗的良好品质；加强公民意识教育，树立社会主义民主法治、自由平等、公平正义理念，培养社会主义合格公民。（3）在对学生进行政治教育时，教师要突出爱国主义、民族团结教育、法制教育。（4）教师要有目的、有组织地带领学生参加有益的社会活动，培养学生的情感，体现教育与实践相结合的要求，陶冶学生的情操，扩展学生的视野。

四、爱护尊重学生

《教师法》第八条第四项规定教师有关心、爱护全体学生，尊重学生人格，促进学生在品德、智力、体质等方面全面发展的义务。该义务有以下三个方面的含义：（1）教师必须关心、爱护全体学生。首先，教师在教育教学中要对学生充满爱，把学生看作祖国的花朵和未来的希望，用母爱、父爱去关心学生，真正把自己的工作看成一项事业，全身心地投入到教育教学工作中，不辜负"园丁"的美誉。其次，教师应公平对待学生，不能歧视个别学生。（2）教师关心、爱护学生必须以尊重学生的人格尊严为前提，应该把学生看成发展、成长中的人，不应把学生当作不懂事的孩子。教师要摈弃传统教育中的陋习，不能以关心、爱护学生为借口，侵犯学生的人格尊严。（3）教师应促进学生德、智、体、美全面发展，不能只关注学生的学业成绩，忽视学生德育和体质的发展。

五、保护学生合法权益

《教师法》第八条第五项规定教师有制止危害学生的行为或者其他侵犯学

生合法权益的行为、有批评和抵制有害于学生健康成长现象的义务。该项义务有两个方面的含义：（1）教师履行该项义务的范围限于在学校教育教学工作中，对有害于学生的行为或者侵犯学生合法权益的行为有制止义务，超出该范围不属于教师的法定义务。（2）教师作为公民有批评和抵制有害于学生健康成长现象的社会义务。

六、提高自身素质

《教师法》第八条第六项规定了教师应不断提高思想政治觉悟和教育教学水平。该义务有以下三个方面的含义：（1）教育教学工作是一项专业工作，教师承担着教书育人、培养社会主义事业建设者和接班人、提高民族素质的光荣神圣使命，教师必须具有较高的思想政治觉悟水平和教育教学水平。这是教师素质的基本要求，是教师职责的基本保证。（2）教师必须树立主动学习的意识。随着社会的发展进步，知识更新速度不断加快，教师应不断学习、树立终身学习的意识，以适应现代教育教学发展的需要。（3）《教育规划纲要》第十七章明确指出建设高素质教师队伍，要加强师德建设，加强教师职业理想和职业道德教育，增强广大教师教书育人的责任感和使命感；要提高教师业务水平，完善培养培训体系，做好培养培训规划，优化队伍结构，提高教师专业水平和教学能力。上述规定是对教师提高自身素质的基本要求。

第四节　教师禁止性规定

　　按照法律规范确定的不同行为模式，法律规范可以分为授权性规范和义务性规范。授权性规范是指责任主体有做出或者不做出某种行为的权利和自由的、法律规范。义务性法律规范分为命令性法律规范和禁止性法律规范。命令性法律规范是规定主体必须做出某种行为的法律规范，即主体必须承担某种积极作为的义务，如果主体没有做出某种行为，就构成违法，需要承担法律责任。禁止性规范是规定主体不得做出某种行为的法律规范，即主体必须承担不作为的义务，如果主体做出某种行为，就构成违法，需要承担法律责任。

　　《教师法》第七条所规定的教师权利属于授权性法律规范，《教师法》第八条所规定的教师义务属于命令性法律规范。另外，在我国教育法律体系中，还有一类教师禁止性规范，规定了教师在教育教学中不得出现的行为，如果教师出现了该种行为，就构成教育违法，需要承担法律责任。

　　我国《义务教育法》第二十九条第二款规定："教师应当尊重学生的人格，不得歧视学生，不得对学生实施体罚、变相体罚或者其他侮辱人格尊严的行为，不得侵犯学生合法权益。"《未成年人保护法》第二十一条规定："学校、幼儿园、托儿所的教职员工应当尊重未成年人的人格尊严，不得对未成年人实施体罚、变相体罚或者其他侮辱人格尊严的行为。"第三十七条第二款规定："任何人不得在中小学校、幼儿园、托儿所的教室、寝室、活动室和其他未成年人集中活动的场所吸烟、饮酒。"第三十九条第一款规定："任何组织或者个人不得披露未成年人的个人隐私。"该条第二款规定："对未成年人的信件、日记、电子邮件，任何组织或者个人不得隐匿、毁弃。"《中小学幼儿园安全管理办法》第三十五条第二款规定："学校教师应当遵守职业道德规范和工作纪律，不得侮辱、殴打、体罚或者变相体罚学生。"上述规定属于教师禁止性法律规范的规定，归纳起来主要包括教师不得歧视学生，教师不得殴打、体罚或者变相体罚学生，教师不得侮辱学生人格尊严，教师不得披露学生隐私，教师不得侵犯学生的通信自由和通信秘密五个方面。

需要说明的是在大力倡导教师依法治教、依法从教的今天，教师禁止性的行为还在大量发生，应该引起国家、社会、教育主管部门、学校的高度关注，也必须引起我国广大教师的高度关注。在实践中，教师这种禁止性行为主要表现为以下几种。

一、殴打学生的行为

教师殴打学生的行为媒体报道的并不是很多。这主要是由于没有对学生造成严重后果，学生家长出于多方面的考虑不予追究，学校及教师避而不谈，因此无法为外界所知。事实上殴打学生的行为还在一定范围内存在，尤其在农村中小学中较为普遍。教师殴打学生的行为主要表现为踢、踹、抽打、拧、掐或借助教具击打、抽打学生，或者教师强迫学生自己殴打自己或指示班干部、学生殴打其他学生。教师的这种行为是严重的教育违法行为，必须承担法律责任，如果对学生造成轻伤以上的伤害，殴打学生的行为还触犯了刑法，教师需要承担刑事责任。

二、体罚或变相体罚学生的行为

教师体罚或变相体罚学生通常表现为让学生长时间站立，或在烈日下、风雪中站立，或者超过学生承受极限的罚抄作业，或者是长期的劳动卫生值日。我国《义务教育法》《未成年人保护法》《中小学教师职业道德规范》虽然规定禁止体罚或变相体罚学生，但缺乏对体罚或变相体罚的明确解释，同时学界对体罚和变相体罚的说法不一，由此造成了此种行为的普遍存在。但教师的该种行为违反了教育法律的规定，侵犯了学生的人身健康权。如果对学生造成了伤害，这同样也是触犯了刑法的规定。

需要说明的是，按照学界对体罚解释的本意，教师在日常教育教学中如因学生课上瞌睡而让其站立，或者违反纪律而罚学生站立，或者因学生作业错误而让其重写几遍，或者罚其做当天的劳动值日，虽然也表现为体罚的形式，但不属于《义务教育法》《未成年人保护法》《中小学教师职业道德规范》中规定的体罚或变相体罚，是教师正常教育管理约束学生的方式。

三、语言侮辱、歧视学生的行为

语言侮辱、歧视学生的行为，虽然有人称之为教师语言暴力或教师软暴力，但是这同样也是教师教育违法行为。教师语言侮辱学生一般以智力侮辱比较多，如"你就是猪脑子……""你真笨……""你满脑子的糨糊""你要会了就没有不会的了……""你脑子就是灌水"等，再有就是批评性和评价性的侮辱、歧视语言等。如果因为教师侮辱、歧视性的语言造成了学生自残、自杀行为，教师就触犯了刑法侮辱罪的规定。重庆市教师汪某侮辱学生"你连坐台资格都没有"导致学生自杀的事例就是很好的说明。教师语言侮辱、歧视学生的行为在中小学中大量存在。

我国《教师法》第三十七条明确规定："教师有下列情形之一的，由所在学校、其他教育机构或者教育行政部门给予行政处分或者解聘：（一）故意不完成教育教学任务给教育教学工作造成损失的；（二）体罚学生，经教育不改的；（三）品行不良、侮辱学生，影响恶劣的。教师有前款第（二）项、第（三）项所列情形之一，情节严重，构成犯罪的，依法追究刑事责任。"

第五节　教师权益保护

教师权益有两个方面的含义，一种是广义的教师权益，一种是狭义的教师权益。广义的教师权益是指教师作为普通公民所应享有的各种权益和作为专业工作者所应享有的权益，狭义的教师权益仅指教师作为专业工作者享有的权益。一般所讲的教师权益保护指的是狭义教师权益保护。

教师权益保护从主体上来说包括国家保护、社会保护、司法保护等，国家保护主要是国家通过法律、法规的规定来保护教师的合法权益，社会保护主要包括社会组织和个人都有保护教师权益的义务，司法保护主要是通过司法救济程序来保护教师的合法权益。根据我国《教师法》和其他法律的规定，我国教师权益保护主要包括以下几个方面的内容。

一、公正考核权

我国《教师法》第二十三条规定："考核应当客观、公正、准确，充分听取教师本人、其他教师以及学生的意见。"该条是教师考核权的权益保护，对教师的考核必须遵循客观、公正、准确的原则，应对教师全面考核，包括教师的德、能、勤、绩，不能仅依据某一方面作为教师考核的依据，不能依据学校领导个人的主观偏好。为了保证公正考核，应充分听取教师本人、其他教师以及学生的意见，使教师考核的结果客观、公正、准确。

二、教师待遇保障权

我国《教师法》第二十五条、第二十六条、第二十七条、第二十八条、第二十九条、第三十条、第三十一条、第三十八条对教师待遇保障权作了详细规定，主要包括：教师平均工资水平应当不低于或高于国家公务员的平均工资水平；中小学教师和职业学校教师享受教龄津贴和其他津贴，少数民族地区和边远贫困地区补贴；教师住房的优惠和方便；医疗休养待遇；退休待遇；侵犯教师保障待遇的法律责任，等等。

三、教师褒奖权

我国《教师法》第三十三条规定："教师在教育教学、培养人才、科学研究、教学改革、学校建设、社会服务、勤工俭学等方面成绩优异的，由所在学校予以表彰、奖励。国务院和地方各级人民政府及其有关部门对有突出贡献的教师，应当予以表彰、奖励。对有重大贡献的教师，依照国家有关规定授予荣誉称号。"该条规定了教师褒奖权，包括国务院和各级人民政府及其有关部门、学校对教师表彰、奖励等，通过设立各种褒奖制度来褒奖那些在教育教学、培养人才、科学研究、教学改革、学校建设、社会服务、勤工俭学等方面成绩优异的教师。

四、教师人身权保护

我国《教师法》第三十五条规定："侮辱、殴打教师的，根据不同情况，分别给予行政处分或者行政处罚；造成损害的，责令赔偿损失；情节严重，构成犯罪的，依法追究刑事责任。"第三十六条规定："对依法提出申诉、控告、检举的教师进行打击报复的，由其所在单位或者上级机关责令改正；情节严重的，可以根据具体情况给予行政处分。国家工作人员对教师打击报复构成犯罪的，依照刑法第一百四十六条的规定追究刑事责任。"上述规定体现了对教师特殊的人身权保护。

五、教师工伤保护

2010 年 12 月 20 日国务院颁布了修订后的《工伤保险条例》，并于 2011 年 1 月 1 日起施行。修订后的《工伤保险条例》将事业单位纳入《工伤保险条例》的适用范围中，事业单位职工有享受工伤保险待遇的权利，教师属于事业单位工作人员，因此教师也享受工伤保护。

《工伤保险条例》规定下列情形应当认定为工伤：（1）在工作时间和工作场所内，因工作原因受到事故伤害的；（2）工作时间前后在工作场所内，从事与工作有关的预备性或者收尾性工作受到事故伤害的；（3）在工作时间和工作场所内，因履行工作职责受到暴力等意外伤害的；（4）患职业病的；（5）因工外出期间，由于工作原因受到伤害或者发生事故下落不明的；（6）在上下班途中，受到非本人主要责任的交通事故或者城市轨道交通、客运轮渡、火车事故伤害的；（7）法律、行政法规规定应当认定为工伤的其他情形。

《工伤保险条例》规定职工有下列情形之一的，视同工伤：（1）在工作时间和工作岗位，突发疾病死亡或者在48小时之内经抢救无效死亡的；（2）在抢险救灾等维护国家利益、公共利益活动中受到伤害的；（3）职工原在军队服役，因战、因公负伤致残，已取得革命伤残军人证，到用人单位后旧伤复发的。职工有前款第（1）项、第（2）项情形的，按照本条例的有关规定享受工伤保险待遇；职工有前款第（3）项情形的，按照本条例的有关规定享受除一次性伤残补助金以外的工伤保险待遇。教师享受工伤保险待遇，有利于教师更好地开展教育教学工作，更好地保障教师的权益。

六、教师权益救济

我国《教师法》第三十九条规定："教师对学校或者其他教育机构侵犯其合法权益的，或者对学校或者其他教育机构做出的处理不服的，可以向教育行政部门提出申诉，教育行政部门应当在接到申诉的三十日内，做出处理。教师认为当地人民政府有关行政部门侵犯其根据本法规定享有的权利的，可以向同级人民政府或者上一级人民政府有关部门提出申诉，同级人民政府或者上一级人民政府有关部门应当做出处理。"该条规定了教师权益受到损害时的行政救济权，由于我国《教师法》在制定时没有全面考虑教师权益的救济问题，当教师权益受到侵害时还可以寻求司法保护救济。教师对教育行政部门的申诉处理决定不服，可以提起行政复议，对行政复议决定不服，可以向人民法院起诉，也可以不经行政复议，直接向人民法院起诉。关于教师权益救济问题，将在第五章教育法律救济中做详细论述，在此不进行详述。

第六节　教师依法从教

2004年3月，第十届全国人民代表大会第二次会议通过了宪法修正案，明确规定："中华人民共和国实行依法治国，建设社会主义法治国家。"2010年7月，《教育规划纲要》以专章的形式强调了推进依法治教。2014年10月，党的十八届四中全会又通过了《中共中央关于全面推进依法治国若干重大问题的决定》。随着我国一系列教育法律法规的颁布实施，依法治教也成为依法治国的必然要求。依法治教因对象的不同而有所差异，对于教师而言就是依法从教。

一、依法从教的内涵

依法从教是指教师在教育教学活动中，依据教育法律法规的规定，正确行使教师的权利，自觉履行教师的义务，根据学生的身心发展规律从事教育教学。使教育教学工作规范化、法制化，是依法治教的具体体现，也是教师工作的基本要求。教师依法从教有以下几个方面的含义。

第一，依法从教的主体是教师，包括在学校或者其他教育机构从事教育教学的活动专业人员，既包括从事教学工作的专业课教师，也包括从事教育管理工作的专业人员。

第二，依法从教的范围仅指在教育教学活动中，教育教学活动之外的教师活动不属于依法从教的调整范围，由教育法律之外的法律调整。

第三，依法从教的依据是教育法律法规，依据的是广义的教育法律法规，也包括教师职业道德规范和地方以及学校的教育教学管理的规章制度。

第四，依法从教有两个层面的要求：一是教师在教育教学活动中享有教育法律所规定的权利，自己的教育法律权益应得到保障；二是教师必须履行教育法律所规定的教师义务，同时还要遵循学生发展的身心规律开展教育教学活动。

第五，依法从教的目的是为了实现教育教学的规范化、法制化，最终实现依法治教，实现教育民主化与法律化。

二、依法从教的要求

（一）加强教育法律知识学习，提高教育法律意识

虽然目前我国公民的法律意识有了很大的提高，但还缺乏对法律的深刻认识。在教师领域，很多教师同样缺乏对教育法律的深刻认识，教育法律意识不高。为了提高教师的依法从教水平，必须提高教师的教育法律意识。通过加强对教师教育法律知识的学习，使教师能了解和熟悉教育法律的规定，加深对教育法律的深刻认识，懂得什么是教师的合法权益，哪些行为属于教育违法行为，为依法从教打下基础。

（二）树立教师权利和义务意识，依法履行教师职责

教师教育法律意识中最重要的是教师的权利和义务意识，教师只有深入理解了教师的权利和义务，才能在教育教学中合法行使自己的权利，维护自己的合法权益。同时在教育教学中约束自己的行为，爱护关心学生，真正做到为人师表，才能实现教师教育教学活动的规范化、法制化。树立教师权利和义务意识是教师依法从教的本质要求，只有这样才可以实现教师的依法从教。

（三）提高依法处理教育教学问题的能力和水平

培养和提高依法处理教育教学问题的能力和水平是对教师依法从教的较高层次要求，依法从教既是教师依法从事教育教学的过程，又是教师处理教育法律关系和解决教育法律纠纷的过程。教师通过记录、观察和分析教育教学中存在的法律问题，使教师加深对教育法律的深入理解和认识，并通过总结和反思，提高自己依法从教的能力和水平。

第四章　学生权利保护

第一节　学生法律地位

一、学生的概念

学生一般指在学校读书学习的人，受教育者一般是指在各级各类教育机构接受教育的人，我国教育法律法规中分别使用了学生和受教育者两个概念，这两个概念的含义大体相同。

法律意义上的学生一般是指在各级各类学校或者其他教育机构登记注册并有记录学业教育材料的受教育者。从法律意义上看，受教育者的范围要大于学生的范围。

二、学生的法律地位

学生的法律地位一般应从两个方面来理解，从而能更好地理解学生的权利，在教育活动中保护学生的合法权利。

（一）学生是国家的公民

我国《宪法》第三十三条规定："凡具有中华人民共和国国籍的人都是中华人民共和国公民。中华人民共和国公民在法律面前一律平等。任何公民享有宪法和法律规定的权利，同时必须履行宪法和法律规定的义务。"《民法通则》第九条规定："公民从出生时起到死亡时止，具有民事权利能力，依法享有民事权利，承担民事义务。"该法第十一条规定："十八周岁以上的公民是成年人，具有完全民事行为能力，可以独立进行民事活动，是完全民事行为能力人。十六周岁以上不满十八周岁的公民，以自己的劳动收入为主要生活来源的，视为完全民事行为能力人。"该法第十二条规定："十周岁以上的未成年人是限制民事行为能力的人，可以进行与他的年龄、智力相适应的民事活动；其他民事活动由他的法定代理人代理，或者征得他的法定代理人的同意。不满十周岁的未成年人是无民事行为能力人，由他的法定代理人代理民事活动。"《民法通则》规定了公民不同年龄阶段的行为能力。同时我国《刑法》第十七条规定："已满十六周岁的人犯罪，应当负刑事责任。已满十四周岁不满十六周岁的人，犯故意杀人、故意伤害致人重伤或者死亡、强奸、抢劫、贩卖毒品、放火、爆炸、投毒罪的，应当负刑事责任。已满十四周岁不满十八周岁的人犯罪，应当从轻或者减轻处罚。因不满十六周岁不予刑事处罚的，责令他的家长或者监护人加以管教；在必要的时候，也可以由政府收容教养。"这样《刑法》也根据公民的不同年龄阶段确立了公民的刑事责任能力。

（二）学生是教育法上的受教育者

我国《教育法》第九条规定："中华人民共和国公民有受教育的权利和义务。公民不分民族、种族、性别、职业、财产状况、宗教信仰等，依法享有平等的受教育机会。"《义务教育法》第四条规定："凡具有中华人民共和国国籍的适龄儿童、少年，不分性别、民族、种族、家庭财产状况、宗教信仰等，依法享有平等接受义务教育的权利，并履行接受义务教育的义务。"该法第二条规定："国家实行九年义务教育制度。义务教育是国家统一实施的所有适龄儿童、少年必须接受的教育，是国家必须予以保障的公益性事业。实施义务教育，不收学费、杂费。国家建立义务教育经费保障机制，保证义务教育制度实施。"

作为公民意义上的学生享有《宪法》所规定的权利和《民法通则》所规定的民事权益，在公民所有权利中，人身权是最基本的权利，也应该是教育法律必须保护的权利。我国《宪法》第三十七条规定："中华人民共和国公民人身自由不受侵犯。"该法第三十八条规定："中华人民共和国公民的人格尊严不受侵犯。禁止用任何方法对公民进行侮辱、诽谤和诬告陷害。"学生作为法律意义上的公民，在教育活动中，任何组织和个人也不得侵犯学生的人身权和人格尊严。学生作为教育法上的受教育者的核心权利是受教育权，主要包括教育平等权、义务教育保障权和特殊群体受教育权保护等内容。

第二节　学生人身权保护

我国《民法通则》明确规定公民的人身权受法律保护。学生的人身权保护有两方面的含义，一种是学生在社会生活和活动中人身权受法律的保护，另一种是学生在教育教学活动中人身权受法律保护。这里所说的学生人身权保护指的是后者，主要讨论在教育教学活动中学生人身权保护问题。

人身权是法律所赋予民事主体与其人身生命、身份延续不可分离而无直接财产内容的民事权利。公民的人身权可以分为两种，即人格权和身份权。人格权主要包括姓名权、名誉权、生命权、身体健康权、人身自由权和肖像权等，人身自由权还包括了通信自由和通信秘密权不受侵犯。身份权主要包括知识产权中人身权利、监护权和亲属身份权等。在教育法上讨论学生人身权保护问题，主要指的是学生人格权的教育法律保护问题。对于在教育活动中学生人身权的保护，在我国《义务教育法》《教师法》《未成年人保护法》《预防未成年人犯罪法》《中小学幼儿园管理办法》《中小学教师职业道德规范》中分别做了明确规定。

一、《义务教育法》的相关规定

《义务教育法》第二十九条第二款规定："教师应当尊重学生的人格，不得歧视学生，不得对学生实施体罚、变相体罚或者其他侮辱人格尊严的行为，不得侵犯学生合法权益。"该条强调了教师应尊重学生的人格权，不得以体罚、变相体罚侵犯学生的人身权，或者以其他形式侮辱、侵犯学生的人格尊严。

二、《教师法》的相关规定

我国《教师法》第八条第四项规定教师应关心、爱护全体学生，尊重学生的人格尊严。同时第三十七条规定："教师有下列情形之一的，由所在学校、其他教育机构或者教育行政部门给予行政处分或者解聘：（一）故意不完成教育教学任务给教育教学工作造成损失的；（二）体罚学生，经教育不改的；（三）品行不良、侮辱学生，影响恶劣的。教师有前款第（二）项、第（三）项所列情形之一，情节严重，构成犯罪的，依法追究刑事责任。"《教师法》以教师义务和法律责任的形式要求教师必须尊重学生的人格权，不得侵犯学生的人身权。

三、《未成年人保护法》的相关规定

对学生人身权保护规定最多的是我国的《未成年人保护法》，该法第二十一条规定："学校、幼儿园、托儿所的教职员工应当尊重未成年人的人格尊严，不得对未成年人实施体罚、变相体罚或者其他侮辱人格尊严的行为。"第二十二条规定："学校、幼儿园、托儿所应当建立安全制度，加强对未成年人的安全教育，采取措施保障未成年人的人身安全。学校、幼儿园、托儿所不得在危及未成年人人身安全、健康的校舍和其他设施、场所中进行教育教学活动。学校、幼儿园安排未成年人参加集会、文化娱乐、社会实践等集体活动，应当有利于未成年人的健康成长，防止发生人身安全事故。"第二十四条规定："学校对未成年学生在校内或者本校组织的校外活动中发生人身伤害事故的，应当及时救护，妥善处理，并及时向有关主管部门报告。"第三十九条规定："任何组织或者个人不得披露未成年人的个人隐私。对未成年人的信件、日记、电子邮件，任何组织或者个人不得隐匿、毁弃；除因追查犯罪的需要，由公安机关或者人民检察院依法进行检查，或者对无行为能力的未成年人的信件、日记、电子邮件由其父母或者其他监护人代为开拆、查阅外，任何组织或者个人不得开拆、查阅。"第四十条规定："学校、幼儿园、托儿所和公共场所发生突发事件时，应当优先救护未成年人。"第五十八条规定："对未成年人犯罪案件，新闻报道、影视节目、公开出版物、网络等不得披露该未成年人的姓名、住所、照片、图像以及可能推断出该未成年人的资料。"第六十三条第二款规定:"学校、幼儿园、托儿所教职员工对未成年人实施体罚、变相体罚或者其他侮辱人格行为的,由其所在单位或者上级机关责令改正;情节严重的,依法给予处分。"第六十九条规定:"侵犯未成年人隐私,构成违反治安管理行为的,由公安机关依法给予行政处罚。"该法从尊重未成年人人格尊严,不得体罚、变相体罚未成年人,不得侮辱未成年人,不得披露未成年人隐私,尊重未成年人通信自由和通信秘密,突发事件时应当优先救护未成年人,保护未成年人名誉以及法律责任等方面作了详细规定。

四、《预防未成年人犯罪法》的相关规定

该法第四十五条规定:"人民法院审判未成年人犯罪的刑事案件,应当由熟悉未成年人身心特点的审判员或者审判员和人民陪审员依法组成少年法庭进行。对于已满十四周岁不满十六周岁未成年人犯罪的案件,一律不公开审理。已满十六周岁不满十八周岁未成年人犯罪的案件,一般也不公开审理。对未成年人犯罪案件,新闻报道、影视节目、公开出版物不得披露该未成年人的姓名、住所、照片及可能推断出该未成年人的资料。"该规定从司法程序上注重了对未成年人隐私和名誉的保护。

2008年新版《中小学教师职业道德规范》第三项规定:"关心爱护全体学生,尊重学生人格,平等公正对待学生。对学生严慈相济,做学生良师益友。保护学生安全,关心学生健康,维护学生权益。不讽刺、挖苦、歧视学生,不体罚或变相体罚学生。"该规范从教师道德要求上提出了教师应尊重保护学生的人身权。虽然属于道德规范,但根据《教师法》第八条教师义务的规定,该规范要求也是教师的法定义务,因此属于法律规范要求,具有法律约束力。

《中小学幼儿园安全管理办法》第三十五条第二款规定:"学校教师应当遵守职业道德规范和工作纪律,不得侮辱、殴打、体罚或者变相体罚学生;发现学生行为具有危险性的,应当及时告诫、制止,并与学生监护人沟通。"该条从学校安全管理的角度出发,明确了教师不得侵犯学生的人身权。

第三节　学生受教育权保护

　　学生作为普通公民，在教育教学中，其人身权必须得到教育法律的保护，这是学生作为公民主体最基本的权利。同样，受教育权也是公民的一项宪法权利，更是在教育教学活动中的基本权利，也必须受到保护。学生受教育权的保护主要通过以下几个方面来贯彻和落实。

一、受教育权是公民的基本权利

　　我国《宪法》第四十六条第一款规定："中华人民共和国公民有受教育的权利和义务。"作为贯彻和落实宪法权利的教育法律必须保护学生的受教育权，保证学生受教育权的实现。我国《教育法》第九条第一款也规定："中华人民共和国公民有受教育的权利和义务。"在第二章教育基本制度中规定了国家实行学前教育、初等教育、中等教育、高等教育的学校教育制度，国家实行九年制义务教育制度，国家实行职业教育制度和成人教育制度，通过多种教育制度为公民接受教育提供条件。在第四十一条提出国家鼓励学校及其他教育机构、社会组织采取措施，为公民接受终身教育创造条件。在第七章教育投入与条件保障中提出了国家建立以财政拨款为主、其他多种渠道筹措教育经费为辅的体制，逐步增加对教育的投入，保证国家举办的学校教育经费的稳定来源；国家鼓励境内、境外社会组织和个人捐资助学；国家鼓励运用金融、信贷手段支持教育事业的发展。上述规定贯彻和落实了《宪法》中公民受教育权的规定。

二、受教育平等权

　　在受教育权中，受教育平等权是一项重要的内容。我国《教育法》第九条第二款规定："公民不分民族、种族、性别、职业、财产状况、宗教信仰等，依法享有平等的受教育机会。"在《教育法》第五章"受教育者"一章中规定了受教育者在入学、升学、就业等方面依法享有平等权利。在《义务教育法》中规定了凡具有中华人民共和国国籍的适龄儿童、少年，不分性别、民族、种族、家庭财产状况、宗教信仰等，依法享有平等接受义务教育的权利，并履行接受义务教育的义务；应当促进学校均衡发展，缩小学校之间办学条件的差距，义务教育学校不得分为重点学校和非重点学校，学校不得分设重点班和非重点班；教师在教育教学中应当平等对待学生、关注学生的个体差异、因材施教，促进学生的充分发展。

三、义务教育保障权

2006 年重新修订的《义务教育法》，其核心内容是为了保障适龄儿童、少年接受义务教育的权利，保证义务教育的实施，是国家必须予以保障的公益性事业。《义务教育法》明确规定："国家建立义务教育经费保障机制，保证义务教育制度实施；各级人民政府及其有关部门应当履行《义务教育法》规定的职责，保障适龄儿童、少年接受义务教育的权利；适龄儿童、少年的父母或者其他法定监护人应当保证其按时入学接受并完成义务教育；学校保证义务教育的质量；社会组织和个人应当为适龄儿童、少年接受义务教育创造良好的环境。"学生义务教育的保障权是国家、政府、家庭、学校和全社会的责任，《教育法》《义务教育法》从学生、学校、教师、教育教学、经费保障、法律责任等方面对保障学生接受义务教育作了明确具体的规定。

四、特殊群体的受教育权

学生受教育权保护还体现在对特殊学生群体受教育权的保护上，这样才体现了受教育权的平等性。

（一）女生

由于我国文化传统和经济原因以及其他因素的影响，男女不平等的现象在我国依然存在，尤其在边远贫困的农村地区更为明显，因此对女子受教育权的法律保护就更为重要。我国《教育法》第三十六条第二款规定："学校和有关行政部门应当按照国家有关规定，保障女子在入学、升学、就业、授予学位、派出留学等方面享有同男子平等的权利。"《妇女权益保护法》第十七条规定："学校应当根据女性青少年的特点，在教育、管理、设施等方面采取措施，保障女性青少年身心健康发展。"该法第十八条还规定："父母或者其他监护人必须履行保障适龄女性儿童接受义务教育的义务。"这些法律规定保证了女生的受教育权。

（二）经济困难学生

尽管法律规定了学生都有平等的受教育权，但现实中，由于多种原因，并不是每个学生都能平等地接受教育，其中一个重要的原因就是经济原因，有一部分学生因家庭经济困难不能入学、升学，或者辍学。为了保证家庭经济困难的学生能平等地接受教育，通过采取资助、帮助的形式来保证他们的受教育权，尤其保障学生接受义务教育的权利。我国《教育法》第三十七条规定："国家、社会对符合入学条件、家庭经济困难的儿童、少年、青年提供各种形式的资助。"该法第六十条规定："国家鼓励境内、境外社会组织和个人捐资助学。"为了保障学生接受义务教育的权利，我国《义务教育法》规定义务教育不收学费、杂费，各级人民政府对家庭经济困难的适龄儿童、少年免费提供教科书并补助生活费。

（三）残疾人

残疾人属于社会特殊群体，也是社会弱势群体，国家有责任和义务保障残疾学生的平等受教育权。我国《教育法》第三十八条规定："国家、社会、学校及其他教育机构应当根据残疾人身心特性和需要实施教育，并为其提供帮助和便利。"《义务教育法》第十九条规定："县级以上地方人民政府根据需要设置相应的实施特殊教育的学校（班），对视力残疾、听力语言残疾和智力残疾的适龄儿童、少年实施义务教育。特殊教育学校（班）应当具备适应残疾儿童、少年学习、康复、生活特点的场所和设施。普通学校应当接收具有接受普通教育能力的残疾适龄儿童、少年随班就读，并为其学习、康复提供帮助。"《残疾人保障法》第二十一条规定："国家保障残疾人享有平等接受教育的权利。各级人民政府应当将残疾人教育作为国家教育事业的组成部分，统一规划，加强领导，为残疾人接受教育创造条件。政府、社会、学校应当采取有效措施，解决残疾儿童、少年就学存在的实际困难，帮助其完成义务教育。各级人民政府对接受义务教育的残疾学生、贫困残疾人家庭的学生提供免费教科书，并给予寄宿生活费等费用补助；对接受义务教育以外其他教育的残疾学生、贫困残疾人家庭的学生按照国家有关规定给予资助。"可见保障残疾人的受教育权，尤其是接受义务教育的权利是国家、社会、政府和学校的法定责任和义务。

（四）违法犯罪的未成年人

对于违法犯罪的未成年人应当遵循教育与保护的原则，贯彻教育、感化的方针，必须保证其接受教育的权利。我国《教育法》第三十九条规定："国家、社会、家庭、学校及其他教育机构应当为有违法犯罪行为的未成年人接受教育创造条件。"保证违法犯罪的未成年人接受教育是国家、社会、家庭、学校及其他教育机构的法定责任。另外，我国《义务教育法》第二十一条规定："对未完成义务教育的未成年犯和被采取强制性教育措施的未成年人应当进行义务教育，所需经费由人民政府予以保障。"可见对于违法犯罪的未成年人不仅要为其接受教育创造条件，还要保障其必须接受义务教育。

第四节　未成年人保护法律制度

为了加强对未成年人的保护，我国于 1991 年颁布了《未成年人保护法》，该法于 1992 年 2 月 1 日起施行。为了更好地加强对未成年人的保护，2006 年 12 月 29 日第十届全国人民代表大会常务委员会通过了修订后的《未成年人保护法》，并于 2007 年 6 月 1 日起施行，该法共七章七十二条。修订后的《未成年人保护法》更加注重了对未成年人权益的保护，关注未成年人的身心健康和成长环境，明确了未成年人的家庭、学校、社会、司法保护的要求，构建了未成年人全方位保护的立体格局。

一、概述

（一）立法宗旨

《未成年人保护法》第一条规定："为了保护未成年人的身心健康，保障未成年人的合法权益，促进未成年人在品德、智力、体质等方面全面发展，培养有理想、有道德、有文化、有纪律的社会主义建设者和接班人，根据宪法，制定本法。"该条明确说明了《未成年人保护法》的立法宗旨，主要包括三个方面：第一，保护未成年人的身心健康；第二，保障未成年人的合法权益；第三，促进未成年人的全面发展，包括促进未成年人德、智、体全面发展，成为有理想、有道德、有文化、有纪律的社会主义事业的建设者和接班人。

（二）未成年人的权利

《未成年人保护法》第三条规定："未成年人享有生存权、发展权、受保护权、参与权等权利，国家根据未成年人身心发展特点给予特殊、优先保护，保障未成年人的合法权益不受侵犯。未成年人享有受教育权，国家、社会、学校和家庭尊重和保障未成年人的受教育权。未成年人不分性别、民族、种族、家庭财产状况、宗教信仰等，依法平等地享有权利。"生存权、发展权、受保护权、参与权、受教育权、平等权是公民的基本权利，当然也是未成年人的权利，但国家要根据未成年人身心特点给予特殊和优先保护，国家、社会、学校和家庭必须尊重和保障未成年人的权利。

（三）未成年人保护的原则

《未成年人保护法》第五条规定："保护未成年人的工作，应当遵循下列原则：（1）尊重未成年人的人格尊严；（2）适应未成年人身心发展的规律和特点；（3）教育与保护相结合。"该条提出了未成年人保护的三个原则。首先，必须尊重未成年人的人格尊严，不得体罚、变相体罚、侮辱、歧视学生，以对待成人的态度尊重未成年人的人格尊严。其次，必须适应未成年人的身心发展规律和特点，要求充分理解未成年人的身心发展特点，尤其是心理发展特点，采取适当的方式保护未成年人。再次，在未成年人保护工作中必须坚持教育与保护的原则，对未成年人的教育必须从保护未成年人的角度出发，以促进未成年人的健康成长和发展。

（四）保护未成年人是全社会的责任

《未成年人保护法》第六条规定："保护未成年人，是国家机关、武装力量、政党、社会团体、企业事业组织、城乡基层群众性自治组织、未成年人的监护人和其他成年公民的共同责任。"保护未成年人是所有组织和公民的责任，并特别强调了国家、国家机关、社会团体、学校和家庭的保护职责。同时在该法第六条第二款特别规定："对侵犯未成年人合法权益的行为，任何组织和个人都有权予以劝阻、制止或者向有关部门提出检举或者控告。"突出了保护未成年人是全社会责任的要求。

二、家庭保护

《未成年人保护法》在第二章以专章的形式规定了家庭对未成年人的保护职责，主要是未成年人父母或者其他监护人的职责，具体包括以下几个方面。

（一）为未成年人创造和谐的家庭环境

家庭是未成年人成长的重要环境，未成年人的大部分时间都在家庭中度过，父母的行为很大程度上影响孩子的行为，因此和谐的家庭环境对保护未成年人非常重要。对此我国《未成年人保护法》第十条、第十一条作了明确规定，要求未成年人父母或者其他监护人要以健康的思想、良好的品德和适当的方法，教育和影响未成年人，引导未成年人进行有益身心健康的活动。同时要关注未成年人的生理、心理状况和行为习惯，预防未成年人吸烟、酗酒、流浪、沉迷网络以及赌博、吸毒、卖淫等行为。

（二）履行对未成年人的监护与抚养职责

《未成年人保护法》第十条、第十二条、第十四条、第十六条对未成年人父母或者其他监护人的监护和抚育职责作了规定：父母或者其他监护人应当学习家庭教育知识，正确履行监护职责，抚养教育未成年人；做出与未成年人权益有关的决定时，应告知未成年人，并听取他们的意见；父母外出或者其他原因不能履行对未成年人监护职责的，应当委托有监护能力的其他成年人代为监护。

（三）尊重未成年人的受教育权

《未成年人保护法》第十三条规定："父母或者其他监护人应当尊重未成年人受教育的权利，必须使适龄未成年人依法入学接受并完成义务教育，不得使接受义务教育的未成年人辍学。"受教育权是公民的基本权利，接受义务教育是国家保障的公益性事业，未成年人父母或者其他监护人应当尊重未成年人的受教育权，保证未成年人完成义务教育。

（四）父母或者其他监护人禁止性规定

在未成年人家庭保护中，为了完善家庭保护职责，《未成年人保护法》还在第十条、第十六条对未成年人父母或者其他监护人作了禁止性的规定："禁止对未成年人实施家庭暴力，禁止虐待、遗弃未成年人，禁止溺婴和其他残害婴儿的行为，不得歧视女性未成年人或者有残疾的未成年人"；"父母或者其他监护人不得允许或者迫使未成年人结婚，不得为未成年人订立婚约。"《未成年人保护法》第三十九条还规定了未成年人父母不得侵犯未成年人的通信自由和通信秘密。

三、学校保护

对未成年人的学校保护主要规定在《未成年人保护法》第三章中，概括起来包括以下四个方面的内容。

（一）尊重未成年学生的受教育权

尊重未成年学生的受教育权不仅是国家和家庭的职责，更是学校的首要职责。《未成年人保护法》第十八条规定："学校应当尊重未成年学生受教育的权利，关心、爱护学生，对品行有缺点、学习有困难的学生，应当耐心教育、帮助，不得歧视，不得违反法律和国家规定开除未成年学生。"要求学校爱护、关心学生，主要体现在学校的全体教职工都要爱护、关心学生，真正做到以学生为本，一切为了学生的利益；对品行有缺点的学生不能放任自流，应采取各种措施，耐心帮助和教育，促进学生品行的转变；对学习有困难的学生不放弃，找出学生学习困难的原因，因材施教，促进他们学习进步。我国《义务教育法》第二十七条规定了学校不得开除学生，同样《未成年人保护法》也规定了学校不得开除未成年学生。

（二）促进学生身心健康发展

《未成年人保护法》第十九条、第二十条、第二十一条规定了学校应保护学生的身心健康。根据未成年学生的身心特点对他们进行社会生活指导、心理健康辅导和青春期教育；学校与未成年学生的父母或者其他监护人互相配合，保证未成年学生的睡眠、娱乐和体育锻炼时间，不得加重其学习负担；教职员工应当尊重未成年人的人格尊严，不得对未成年人实施体罚、变相体罚或者其他侮辱人格尊严的行为。同时该法第三十七条第二款规定："任何人不得在中小学校、幼儿园、托儿所的教室、寝室、活动室和其他未成年人集中活动的场所吸烟、饮酒。"

（三）保障未成年学生的人身安全

虽然学校不承担未成年人的监护职责，但必须保证未成年学生在教育教学活动中的人身安全。学校应建立安全制度，加强对未成年学生的安全教育，以保障他们的安全；学校不得在危及未成年人人身安全、健康的校舍和其他设施、场所中进行教育教学活动；参加集会、文化娱乐、社会实践等集体活动，应当有利于未成年人的健康成长，防止发生人身安全事故；制订应对各种灾害、传染性疾病、食物中毒、意外伤害等突发事件的预案，配备相应设施并进行必要的演练，增强未成年人的自我保护意识和能力。对未成年学生在校内或者本校组织的校外活动中发生人身伤害事故的，应当及时救护，妥善处理，并及时向有关主管部门报告。

（四）专门学校的未成年学生教育

对于无力管教或者管教无效有严重不良行为的未成年学生，可以按照有关规定将其送往专门学校继续接受教育。地方人民政府应当保障专门学校的办学条件，教育行政部门应当加强对专门学校的管理和指导。专门学校应当对在校就读的未成年学生进行思想教育、文化教育、纪律和法制教育、劳动技术教育和职业教育。专门学校的教职员工应当关心、爱护、尊重学生，不得歧视、厌弃。

四、社会保护

关于未成年人的社会保护是《未成年人保护法》论述最多的内容。可以将未成年人的社会保护归纳为以下五个方面。

（一）全社会都要树立尊重、保护、教育未成年人的良好风尚，只有全社会都来关心、爱护未成年人，才能更好地促进未成年人的成长。在这一方面，《未成年人保护法》第二十七条、第二十八条、第二十九条、第三十条作了明确规定，包括：国家鼓励社会团体、企业事业组织以及其他组织和个人，开展多种形式的有利于未成年人健康成长的社会活动；各级人民政府应当保障未成年人受教育的权利，并采取措施保障家庭经济困难的、残疾的和流动人口中的未成年人等接受义务教育，建立和改善适合未成年人文化生活需要的活动场所和设施，鼓励社会力量兴办适合未成年人的活动场所，并加强管理；爱国主义教育基地、图书馆、青少年宫、儿童活动中心应当对未成年人免费开放；博物馆、纪念馆、科技馆、展览馆、美术馆、文化馆以及影剧院、体育场馆、动物园、公园等场所，应当按照有关规定对未成年人免费或者优惠开放。

（二）全社会都应创设未成年人健康成长的文化环境

文化环境是未成年人成长的精神摇篮，只有在健康的文化环境下，未成年人的身心才能得到健康发展。为此，《未成年人保护法》在第三十一条、第三十二条、第三十三条、第三十四条对未成年人成长的文化环境提出了要求，主要包括：县级以上人民政府及其教育行政部门应当采取措施，鼓励和支持中小学校在节假日期间将文化体育设施对未成年人免费或者优惠开放；社区中的公益性互联网上网服务设施应当对未成年人免费或者优惠开放，为未成年人提供安全、健康的上网服务；国家鼓励新闻、出版、信息产业、广播、电影、电视、文艺等单位和作家、艺术家、科学家以及其他公民，创作或者提供有利于未成年人健康成长的作品；出版、制作和传播专门以未成年人为对象的内容健康的图书、报刊、音像制品、电子出版物以及网络信息等，国家给予扶持；国家鼓励科研机构和科技团体对未成年人开展科学知识普及活动；国家采取措施，预防未成年人沉迷网络，国家鼓励研究开发有利于未成年人健康成长的网络产品，推广用于阻止未成年人沉迷网络的新技术；禁止任何组织、个人制作或者向未成年人出售、出租或者以其他方式传播淫秽、暴力、凶杀、恐怖、赌博等毒害未成年人的图书、报刊、音像制品、电子出版物以及网络信息等。

（三）全社会都应保护未成年人的身体健康

这包括：生产未成年人用品的企业必须符合相应标准；中小学校园周边不得设置营业性歌舞娱乐场所；互联网上网服务，不得允许未成年人进入；不得向未成年人出售烟酒；不得招用童工；必须对未成年人提供特殊劳动保护。尤其在第三十七条第二款规定："任何人不得在中小学校、幼儿园、托儿所的教室、寝室、活动室和其他未成年人集中活动的场所吸烟、饮酒。"在现实中，学校教职员工在校园吸烟和饮酒现象还大量存在，因此《未成年人保护法》对此作了禁止性的规定，目的在于保护未成年人的身心健康。

（四）未成年人的隐私保护

隐私权属于公民的人身权的内容之一，法律保护公民的隐私权，同样，未成年人的隐私权更应得到保护。我国《未成年人保护法》第三十九条明确规定："任何组织或者个人不得披露未成年人的个人隐私。对未成年人的信件、日记、电子邮件，任何组织或者个人不得隐匿、毁弃；除因追查犯罪的需要，由公安机关或者人民检察院依法进行检查，或者对无行为能力的未成年人的信件、日记、电子邮件由其父母或者其他监护人代为开拆、查阅外，任何组织或者个人不得开拆、查阅。"不仅任何组织和个人对未成年人的信件、日记、电子邮件不得隐匿、毁弃、开拆、查阅，未成年人所在的学校、教师及父母都不得侵犯未成年人的隐私权。

（五）未成年人的安全保护、救助和卫生保健

这一部分主要包括公安机关应依法维护校园周边的治安和交通秩序，县级以上人民政府及民政部门应积极救助乞讨流浪的未成年人，卫生部门和学校应做好未成年人的卫生保健、预防接种、疾病和传染病防治工作等。

五、司法保护

（一）一般未成年人的司法保护

当未成年人权益受到侵害时，人民法院应及时审理，对需要法律援助和司法救助的未成年人，法律援助机构或者人民法院应当为未成年人提供法律援助和司法救助。人民法院在审理离婚、遗产继承、遗赠、监护案件时，应当依法维护未成年人的合法权益。

（二）违法犯罪未成年人的司法保护

对违法犯罪的未成年人，实行教育、感化、挽救的方针，坚持教育为主、惩罚为辅的原则，依法应当从轻、减轻或者免除处罚。司法机关在办理未成年人犯罪案件和涉及未成年人权益保护案件时，应当照顾未成年人身心发展特点，尊重他们的人格尊严，保障他们的合法权益，并根据需要设立专门机构或者指定专人办理。公安机关、人民检察院讯问未成年犯罪嫌疑人，询问未成年证人、被害人，在办理未成年人遭受性侵害的刑事案件时，应当保护未成年人的名誉。对羁押、服刑的未成年人，应当与成年人分别关押，没有完成义务教育的，应当对其进行义务教育。解除羁押、服刑期满的未成年人的复学、升学、就业不受歧视。对未成年人犯罪案件，新闻报道、影视节目、公开出版物、网络等不得披露该未成年人的姓名、住所、照片、图像以及可能推断出该未成年人的资料。

六、侵犯未成年人合法权益的法律责任

《未成年人保护法》第六章专门规定了侵犯未成年人合法权益的法律责任，主要包括行政责任、民事责任和刑事责任。责任主体包括八类，分别是国家机关及其工作人员，父母或者其他监护人，学校、幼儿园、托儿所以及上述单位的教职员工，企业、文化经营娱乐单位，未成年人救助机构、儿童福利机构及其工作人员，胁迫、诱骗利用未成年人乞讨或者组织未成年人进行有害其身心健康表演活动的单位和个人。《未成年人保护法》还针对不同责任主体规定了不同的责任形式。

第五节　预防未成年人犯罪的法律制度

我国《预防未成年人犯罪法》于 1999 年 6 月 28 日第九届全国人民代表大会常务委员会第十次会议通过，于 1999 年 11 月 1 日起施行，该法共八章五十七条。该法是为了有效预防未成年人犯罪，培养他们的良好品行而制定。

一、《预防未成年人犯罪法》的立法宗旨与原则

《预防未成年人犯罪法》在第一章总则部分规定了该法的立法宗旨和预防未成年人犯罪的基本原则。

《预防未成年人犯罪法》第一条明确规定了该法的立法宗旨，主要包括三个方面，即保障未成年人身心健康，培养未成年人良好品行，有效预防未成年人犯罪。这三个方面是相互联系、相互促进的，既是《预防未成年人犯罪法》的立法宗旨，也是该法的目的和指导思想。预防未成年人犯罪的原则概括起来包括以下五项原则：（1）教育和保护原则。这是由未成年人身心特点决定的，必须在预防未成年人犯罪中贯彻教育为主、惩罚为辅、重在保护的方针。（2）从小抓起的原则。这样可以增强未成年人从小明辨是非的能力，养成正确的世界观、人生观和良好的法律意识，以减少未成年人犯罪。（3）及时原则。对未成年人的不良行为应及时进行预防和矫治，消除其不良行为，使其健康成长。（4）综合治理原则。预防未成年人犯罪是一项社会工程，必须有社会各个部门、学校和家庭的参与，才能为未成年人创造良好的社会环境。（5）科学性原则。预防未成年人犯罪教育，必须结合他们的身心特点，重点加强青春期教育、心理矫治和预防犯罪的对策研究。

二、预防未成年人犯罪的教育

对未成年人进行思想教育的同时，还应当进行预防犯罪的教育，以便增强未成年人的法制观念，使他们懂得违法和犯罪行为对个人、家庭、社会造成的危害和法律责任，从小树立遵纪守法和防范违法犯罪的意识。为此，教育行政部门和学校应当将预防犯罪的教育作为法制教育的内容纳入学校教育教学计划之中，有针对性地进行预防犯罪教育。学校应当聘任从事法制教育的专职或者兼职教师，也可以聘请校外法制辅导员。未成年人组织、未成年人活动中心、司法行政部门、教育行政部门、城市居民委员会和农村村民委员会应当开展多种形式的预防未成年人犯罪的法制教育宣传活动。未成年人的父母或者其他监护人对未成年人的法制教育负有直接责任，应当结合学校计划对未成年人进行预防犯罪教育。职业教育培训机构和用人单位也应当将法律知识和预防犯罪教育纳入未成年职工的职业培训之中。

三、对未成年人不良行为的预防

《预防未成年人犯罪法》列举了未成年人的不良行为，主要包括以下行为：旷课、夜不归宿，携带管制刀具，打架斗殴、辱骂他人，强行向他人索要财物，偷窃、故意毁坏财物，参与赌博或者变相赌博，观看、收听色情、淫秽的音像制品、读物等，进入法律、法规规定未成年人不适宜进入的营业性歌舞厅等场所，其他严重违背社会公德的不良行为。

对于未成年人的不良行为可采取以下措施予以有效预防：首先，要求未成年人的父母或者其他监护人要履行监护职责，教育未成年人不得吸烟、酗酒，不得旷课、夜不归宿，制止未成年人组织或者参加实施不良行为的团伙，制止和检举所有教唆、胁迫、诱骗未成年人参加违法犯罪的活动，不得让未满十六周岁的孩子单独居住，不得放弃对孩子的教育或者迫使孩子离家出走。其次，学校要加强教育管理，保证未成年人良好的教育教学环境。再次，在社会管理上，公安机关要做好学校周边的治安防范工作，禁止文化出版物毒害未成年人，限制未成年人不宜进入的场所。

四、对未成年人严重不良行为的矫治

所谓严重不良行为是指严重危害社会，尚不够刑事处罚的违法行为，主要包括下列行为：（1）纠集他人结伙滋事，扰乱治安；（2）携带管制刀具，屡教不改；（3）多次拦截殴打他人或者强行索要他人财物；（4）传播淫秽的读物或者音像制品等；（5）进行淫乱或者色情、卖淫活动；（6）多次偷窃；（7）参与赌博，屡教不改；（8）吸食、注射毒品；（9）其他严重危害社会的行为。对未成年人严重不良行为的矫治主要包括监护人和学校的制止和严加管教、专门学校的矫治教育、公安机关的治安处罚和政府的收容教养。

五、未成年人犯罪的自我防范

预防未成年人犯罪教育关键在于未成年人的自我防范。未成年人要做到自我防范，首先要认真学习法律知识，遵守法律、法规及社会公共道德规范，树立自尊、自律、自强意识，增强辨别是非和自我保护的能力，自觉抵制各种不良行为及违法犯罪行为的引诱和侵害。其次要防范被虐待和遗弃行为，寻求社会救助，及时举报违法犯罪行为。再次社会要保障未成年人不受打击报复。

六、对未成年人重新犯罪的预防

对待未成年人犯罪追究刑事责任，必须坚持教育、感化、挽救的方针，坚持教育为主、惩罚为辅的原则。对于已满14周岁不满16周岁未成年人犯罪案件一律不得公开审理，已满16周岁不满18周岁未成年人犯罪案件，一般也不公开审理。保护犯罪未成年人的隐私权。保证犯罪未成年人应当分别关押、分别教育、分别管理，保证其完成义务教育的权利。同时要加强家庭、学校、社区组织对未羁押未成年犯罪人的教育、挽救工作。

第六节 联合国《儿童权利公约》简介

《儿童权利公约》第四十二条规定："缔约国承担以适当的积极手段，使成人和儿童都能普遍知晓本公约的原则和规定。"教育部 2012 年 11 月 22 日颁布的《全面推进依法治校实施纲要》明确指出："要适当加大对《儿童权利公约》《残疾人权利公约》等我国签署加入的重要国际公约的宣传教育，培养学生建立对多元文化、少数人群和弱势人群权利的尊重与平等意识。"作为从事教育工作的教师，更应了解《儿童权利公约》的相关内容。

一、《儿童权利公约》的形成历史

出于对儿童的特别照顾，国际联盟在 1924 年 9 月 26 日通过了《日内瓦儿童权利宣言》，这是第一份儿童权利宣言，但宣言规定得较为简单，仅仅规定了儿童的物质保障权。

联合国大会于 1948 年 12 月 10 日通过《世界人权宣言》，该文件由联合国大会通过，是非强制性的国际公约，但第一次系统地提出了基本人权的具体内容，为以后制定国际人权文件奠定了基础。

联合国大会于 1959 年 11 月 20 日通过了《儿童权利宣言》，它明确了各国儿童应当享有的各项基本权利。"宣言"的目的是希望儿童能够享有"宣言"中说明的各项权利和自由，享有幸福的童年，并号召所有父母和其他个人以及各类组织、各国政府按照"宣言"的准则逐步采取立法和其他措施，以儿童利益最大化为原则，保障儿童的权益。但由于"宣言"不具有法律约束力，因此其所起作用是有限的。

随着世界人权的发展，许多国家呼吁制定一项全面规定儿童权利、具有广泛适用意义并具有监督机制的国际法律文件，在这种背景下，1978 年第三十三届联合国大会通过决议，决定成立《儿童权利公约》起草工作组。自 1979 年至 1989 年用 10 年时间完成了起草工作，于 1989 年 11 月 20 日第四十四届联合国大会第 25 号决议协商一致通过，1990 年 9 月 2 日生效，并向各国开放供签署、批准和加入。迄今为止除美国和索马里外，已有 190 多个国家批准履行《儿童权利公约》。我国于 1990 年 8 月 29 日加入了该公约。《儿童权利公约》包括序言及三个部分共五十四条。其宗旨在于全面保护儿童的各项权益，促进儿童和谐发展其个性，以期儿童能有幸福的童年。公约将儿童定义为 18 岁以下的任何人，包括男孩和女孩，任何一个儿童都是独立的个人，也是家庭和社会的一分子，儿童享有一个人的全面权利，公约中的儿童与我国《未成年人保护法》中的未成年人含义相同。

二、《儿童权利公约》的原则

（一）平等原则

《儿童权利公约》要求所列的所有权利都适用于缔约国的全体儿童，不得有任何差别和歧视。为此，《儿童权利公约》第二条规定："缔约国应尊重本公约所载列的权利，并确保其管辖范围内每一儿童均享有此种权利，不因儿童或其父母或法定监护人的种族、肤色、性别、语言、宗教、政治或其他见解、民族、族裔或社会出身、财产、伤残、出生或其他身份而有任何差别。缔约国应采取一切适当措施确保儿童得到保护，不受基于儿童父母、法定监护人或家庭成员的身份、活动、所表达的观点或信仰而加诸的一切形式的歧视或惩罚。"对任何儿童，无论其家庭情况、性别、民族、语言和宗教信仰如何，都应平等对待。

（二）儿童幸福原则

儿童幸福原则是指针对有关儿童权利问题，应以儿童为本位，儿童权益应与成人的权益同等重要，国家应采取各种措施最大可能地保障儿童的利益，以实现儿童能有幸福童年之目的。《儿童权利公约》第三条规定："关于儿童的一切行动，不论是公私社会福利机构、法院、行政当局或立法机构执行，均应以儿童的最大利益为一种首要考虑。缔约国承担确保儿童享有其幸福所必需的保护和照料，考虑到其父母、法定监护人或任何对其负有法律责任的个人的权利和义务，并为此采取一切适当的立法和行政措施。"也就是说，无论对儿童采取何种措施，都应优先考虑儿童的最大利益，实现儿童的幸福。

（三）确保儿童基本人权原则

按照人权学说的观点，基本人权是人与生俱有的权利，包括人的生命权、生存权、自由权、平等权和发展权，为此，《儿童权利公约》第六条规定："缔约国确认每个儿童均有固有的生命权，缔约国应最大限度地确保儿童的存活与发展。"每一个儿童都享有生命权、生存和发展的权利。任何危害儿童身心健康的行为都是违犯《儿童权利公约》的，缔约国应当采取一切措施，包括立法、行政等手段促进儿童的健康成长。

（四）尊重儿童观点原则

《儿童权利公约》第十二条第一款规定："缔约国应确保有主见能力的儿童有权对影响到其本人的一切事项自由发表自己的意见，对儿童的意见应按照其年龄和成熟程度给予适当的看待。"也就是说，无论国家、家庭和社会，在涉及儿童事项时，应征求有自己理解能力儿童的意见，充分尊重儿童的意见。虽然儿童尚未成年，但他们已经具有了一定的思想和观点，应充分尊重他们的观点与想法，倾听他们的意见。

（五）残疾儿童特别照顾原则

特别照顾残疾儿童也是《儿童权利公约》的一项基本原则。《儿童权利公约》第二十三条规定："缔约国确认身心有残疾的儿童应能在确保其尊严、促进其自立、有利于其积极参与社会生活的条件下享有充实而适当的生活。缔约国确认残疾儿童有接受特别照顾的权利，应鼓励并确保在现有资源范围内，依据申请斟酌儿童的情况和儿童的父母或其他照料人的情况，对合格儿童及负责照料该儿童的人提供援助。鉴于残疾儿童的特殊需要，考虑到儿童的父母或其他照料人的经济情况，在可能时应免费提供按照本条第二款给予的援助，这些援助的目的应是确保残疾儿童能有效地获得和接受教育、培训、保健服务、康复服务，就业准备和娱乐机会，其方式应有助于该儿童尽可能充分地参与社会，实现个人发展，包括其文化和精神方面的发展。"也就是说，应给予残疾儿童比正常儿童更多的照顾和援助，使他们充实地生活，以实现儿童的个人发展。

三、《儿童权利公约》关于儿童权利的规定

《儿童权利公约》规定了儿童的很多权利，有的属于公民的民事权利范畴，有的属于公民基本权利范畴，概括起来可以归纳为以下 10 种权利。

（一）儿童生存发展权

《儿童权利公约》第六条规定："缔约国确认每个儿童均有固有的生命权。缔约国应最大限度地确保儿童的存活与发展。"该条规定不仅是原则，也是关于儿童最基本权利的规定，如果儿童的该项权利不能得到保证，儿童其他权利就无从谈起。

（二）儿童身份权

《儿童权利公约》第七条第一款规定："儿童出生后应立即登记，并有自出生起获得姓名的权利，有获得国籍的权利，以及尽可能知道谁是其父母并受其父母照料的权利。"第八条第一款规定："缔约国承担尊重儿童维护其身份包括法律所承认的国籍、姓名及家庭关系而不受非法干扰的权利。"上述规定明确规定了儿童的国籍权、姓名权和家庭关系权等身份权。

（三）儿童言论自由权

《儿童权利公约》第十三条规定："儿童应有自由发表言论的权利；此项权利应包括通过口头、书面或印刷、艺术形式或儿童所选择的任何其他媒介，寻求、接受和传递各种信息和思想的自由，而不论国界。此项权利的行使可受某些限制约束，但这些限制仅限于法律所规定并为以下目的所必需：（1）尊重他人的权利和名誉；（2）保护国家安全或公共秩序或公共卫生或道德。"言论自由是公民的基本权利，国家不得干涉，当然儿童也可以在法律规定的范围内以各种形式表达自己的言论。

（四）儿童思想、信仰和宗教自由权

《儿童权利公约》第十四条规定："缔约国应遵守儿童享有思想、信仰和宗教自由的权利。表明个人宗教或信仰的自由，仅受法律所规定并为保护公共安全、秩序、卫生或道德或他人之基本权利和自由所必需的这类限制约束。"上述

权利也是公民的基本权利，儿童也应享有该项权利。

（五）儿童结社、集会自由权

《儿童权利公约》第十五条规定："缔约国确认儿童享有结社自由及和平集会自由的权利。对此项权利的行使不得加以限制，除非符合法律所规定并在民主社会中为国家安全、公共秩序、保护公共卫生或道德或保护他人的权利和自由所必需。"该项权利也属于公民基本权利，除非有法律的规定，国家不得限制。

（六）儿童荣誉和名誉权

《儿童权利公约》第十六条规定："儿童的隐私、家庭、住宅或通信不受任意或非法干涉，其荣誉和名誉不受非法攻击。儿童有权享受法律保护，以免受这类干涉或攻击。"该条涉及的是儿童的名誉权和荣誉权问题，儿童作为民事主体，从出生之日起就享有民事权利，具有民事权利能力，儿童荣誉权和名誉权理应得到保护。

（七）儿童受教育权

《儿童权利公约》专门用了两条规定了儿童的受教育权问题，包括缔约国的保障措施和儿童教育的目的。在第二十八条规定："缔约国确认儿童有受教育的权利，为在机会均等的基础上逐步实现此项权利，缔约国尤应：（1）实现全面的免费义务小学教育；（2）鼓励发展不同形式的中学教育，包括普通和职业教育，使所有儿童均能享有和接受这种教育，并采取适当措施，诸如实行免费教育和对有需要的人提供津贴；（3）根据能力以一切适当方式使所有人均有受高等教育的机会；（4）使所有儿童均能得到教育和职业方面的资料和指导；（5）采取措施鼓励学生按时出勤和降低辍学率。缔约国应采取一切适当措施，确保学校执行纪律的方式符合儿童的人格尊严及本公约的规定。缔约国应促进和鼓励有关教育事项方面的国际合作，特别着眼于在全世界消灭愚昧与文盲，并便利获得科技知识和现代教学方法。在这方面，应特别考虑到发展中国家的需要。"第二十九条第一款规定："缔约国一致认为教育儿童的目的应是：（1）最充分地发展儿童的个性、才智和身心能力；（2）培养对人权和基本自由以及《联合国宪章》所载各项原则的尊重；（3）培养对儿童的父母、儿童自身的文化认同、语言和价值观、儿童所居住国家的民族价值观、其原籍国以及不同于其本国的文明的尊重；（4）培养儿童本着各国人民、族裔、民族和宗教群体以及原为土著居民的人之间的谅解、和平、宽容、男女平等和友好精神，在自由社会里过有责任感的生活；（5）培养对自然环境的尊重。"该条关于儿童教育目的的规定应对我国当前的教育价值取向有所启示。

（八）儿童保有本民族文化、宗教、语言权

《儿童权利公约》第三十条规定："在那些存在有族裔、宗教、语言方面属于少数人或原为土著居民的人的国家，不得剥夺属于这种少数人或原为土著居民的儿童与其群体的其他成员共同享有自己的文化、信奉自己的宗教并举行宗教仪式或使用自己的语言的权利。"该条规定了儿童传承本民族文化传统，使用本民族语言和宗教信仰的权利，国家不得剥夺和干涉。

（九）儿童文化娱乐权

《儿童权利公约》第三十一条规定："缔约国确认儿童有权享有休息和闲暇，从事与儿童年龄相宜的游戏和娱乐活动，以及自由参加文化生活和艺术活动。缔约国应尊重并促进儿童充分参加文化和艺术生活的权利，并应鼓励提供从事文化、艺术、娱乐和休闲活动的适当和均等的机会。"该条主要是儿童文化娱乐权的规定，儿童不仅应有幸福的童年，还应该有快乐的童年，国家、社会和家庭都应予以保证。

（十）儿童劳动保护权

《儿童权利公约》第三十二条规定："缔约国确认儿童有权受到保护，以免受经济剥削和从事任何可能妨碍或影响儿童教育或有害儿童健康或身体、心理、精神、道德或社会发展的工作。缔约国应采取立法、行政、社会和教育措施确保本条得到执行。为此目的，并鉴于其他国际文书的有关规定，缔约国尤应：（1）规定受雇的最低年龄；（2）规定有关工作时间和条件的适当规则；（3）规定适当的惩罚或其他制裁措施以确保本条得到有效执行。"该条是对儿童劳动保护权的规定，由于儿童身心尚未成熟，因此必须给予可以工作的儿童特别的劳动保护。在这一方面，我国《劳动法》对未成年工的劳动保护问题做了特别规定，体现了儿童的劳动保护权。

四、儿童权利保证

《儿童权利公约》第四条规定："缔约国应采取一切适当的立法、行政和其他以实现本公约所确认的权利。"该条所明确的是儿童权利保证问题，总的来说包括以下保证：（1）立法、行政保证（第四条）；（2）儿童父母保证（第十八条）；（3）收养制度保证（第二十一条）；（4）医疗保健服务保证（第二十四条）；（5）社会保障保证（第二十六条）；（6）经济生活保证（第二十七条）；（7）教育保证（第二十八条）；（8）司法保证（第三十七条）。

第五章 教育法律救济

第一节 教育法律救济概述

一、教育法律救济的基本含义

法律救济一般指公民、法人或其他组织认为自己的人身权、财产权或其他合法权益因国家机关的行政行为或其他单位和个人的行为而受到侵害，依照法律规定向有权受理的国家机关提出申诉并要求解决，予以补救，有关国家机关应当受理并做出处理的活动。

教育法律救济是指在教育教学或教育管理活动中，教育法律关系主体的一方认为另一方的行为侵犯了其合法权益，向有关国家机关申诉，要求获得恢复和补救的法律制度。教育法律救济不同于一般法律救济。首先，必须是教育法律关系主体在教育教学或教育管理活动中发生的认为合法权益受到侵犯，不是在上述活动中发生的，不属于教育法律救济。其次，必须是教育法律主体认为其合法权益受到侵犯，不是教育法律关系的主体，不属于教育法律救济。再次，教育法律救济不仅要适用教育法律的规定，还要适用其他有关法律救济的法律规定。

二、教育法律救济的作用

有损害就有救济，这是法治社会的一个基本要求。通过教育法律救济有利于维护正常的教育法律秩序。在实践中，教育法律救济的作用主要体现在以下几个方面。

（一）保护教育法律关系主体的合法权益

教育法律关系的主体有教育行政部门、学校、教师和学生，不同的主体间存在着诸多教育法律关系。教育法律关系不同于一般法律关系，在教育法律关系中，教育法律关系的主体间不仅存在法律关系，还包括了管理关系，使得教育法律关系主体地位间不平等，这样就很容易出现主体一方合法权益被另一方侵犯的现象。有了教育法律救济，就可以使教育法律关系主体的合法权益得到保障，当主体一方合法权益被另一方侵犯时，就可以采用不同的教育法律救济方式使合法权益得到维护和补救。

（二）促进学校依法治校

在教育法律关系中，侵权行为更多地发生在学校与教师、学生间。因教师教育行为属于职务行为，教师与学生之间的侵权行为仍属于学校与学生之间的侵权行为，又由于学校在与教师、学生的法律关系中处于强势管理的一方，在教育法律救济中，更多的是学校对教师、学生合法权益侵犯的案件。有了教育法律救济，就可以对学校的教育教学管理行为进行审查，可以规范学校的管理行为。学校的管理规章、制度必须合法、合理，不得违反法律、法规和规章的规定；学校在处理教师、学生问题的过程中，程序必须合法。这样可以保证学校的教育教学管理行为在法律的框架内行使，实现依法治校。

（三）促进教育行政机关依法行政

在教育法律救济中，教育行政机关存在着两种角色。一种是作为教育法律关系主体一方，其所做出的教育行政行为可能会侵犯学校、教师、学生的合法权益。另一种是教育行政机关作为教育行政管理的主体，也承担着教育法律救济的职能，主要表现为要受理来自教师、学生的申诉，并应对申诉做出处理。无论教育行政机关作为哪种角色，都涉及教育法律、法规和规章的适用问题。这就要求教育行政机关不仅要正确行使自己的职权，做到在教育行政中主体合法、权限合法和程序合法。同时教育行政机关通过对教育申诉的处理，也体现了其教育行政监督的职能。在对学校行为的审查过程中，体现着其教育行政执法的水平。通过教育法律救济可以使教育行政机关正确行使自己的职权，履行自己的职能，促进其依法行政水平的提高。

（四）推进教育法治建设

法治追求的是民主的制度化和法律化，其核心是依法治国，教育法治化的核心是依法治教。在法治中不仅要求实体法律的公平与正义，还要求程序的公平与正义。同样在教育法治中，程序的公平与正义也是教育法治的必然要求。当教育法律关系主体合法权益受到侵犯时，通过教育法律救济可以使其合法权益得以恢复和补救，以达到维护其教育合法权益的目的，体现了程序上对教育法律关系主体权益的保障和维护。这样有利于促进教育法治建设，最大限度地实现依法治教。

三、教育法律救济的基本原则

教育法律救济属于事后救济，尽管目前在我国教育法律中还未确认教育法律救济的原则，但从其他程序性法律上确定的原则看，我国教育法律救济有如下几项原则。

（一）可穷尽所有教育法律救济原则

教育法律关系主体在合法权益受到侵害时，不仅可以选取一种教育法律救济方式，而且可以在法律规定范围内运用所有教育法律救济方式以最大限度地维护自己的合法权益，这便是教育法律救济中的穷尽所有教育法律救济的原则。目前在我国教育法律救济中有多种方式，当事人可以自由选择，直至通过行政诉讼。比如：教师对学校侵犯其合法权益的行为，可以通过申诉解决；对申诉处理不服，可以提起行政复议；对行政复议不服，可以提起行政诉讼；对申诉不服也可以直接提起行政诉讼；还可以通过人事仲裁的方式解决，对人事仲裁不服，可以向人民法院起诉。

（二）合法、公正、及时原则

虽然我国尚未有系统完善的教育法律救济规定，但行政复议、人事仲裁、行政诉讼确立合法、公正、及时的基本原则也应是教育法律救济的原则，构成了教育法律救济的基本原则。所谓合法是在教育法律救济中，审查机关适用的依据必须合法，做到以事实为根据，以法律为准绳，同时要做到处理过程合法，不得违反法律规定的程序而进行审查。所谓公正是指教育法律救济在遵循合法的基础上还要做到公正处理，应根据案件的具体事实情况做出合理性的审查处理，不仅考虑案件的法律规定，还要考虑案件的具体事实。所谓及时是指教育法律救济应体现高效、便民的原则，对案件不能久拖不决，应在法律规定的时限内及时处理，以保护当事人的合法权益。

（三）专属负责原则

所谓专属负责原则是指教育法律救济诉求只能向法律规定的特定机关提起，而不能随便向任意机关提起，这是社会管理职权分配的基本要求，这样有利于保障教育法律救济的权威性和实效性。比如：申诉只能向所属地域的教育行政机关提出，而不能向其他机关提出；教育行政复议只能向做出教育具体行政行为的同级人民政府或其上级教育行政机关提出。

（四）程序正当原则

在一个法治社会中不仅强调实体的公平和正义，更强调程序的公平和正义，因为没有程序的公平正义，实体的公平正义就无从谈起。程序正当原则一是要求受理机关应及时受理教育法律救济的诉求，不得无故推延或者拖延，不得因形式问题拒绝受理教育法律救济请求。二是在审理过程中应当充分听取争议双方的主张和理由，不得阻碍当事人行使自己的申辩主张。三是处理程序合法，不得违反法律规定的程序审查处理教育法律救济。四是要遵守法定时限的规定，不得超越法定时限办理。

四、教育法律救济的途径

根据我国教育法律、行政法律以及劳动人事规章的规定，目前主要有如下四种教育法律救济方式：一是教育申诉制度，主要在我国《教育法》和《教师法》中做了规定，包括教师申诉和学生申诉两种形式。二是教育行政复议，主要在《行政复议法》中做了规定，包括学校、教师、学生提起的行政复议。三是教育人事仲裁，主要在《人事争议处理规定》和《劳动人事争议仲裁办案规则》中做了规定，适用教师与学校因聘用合同发生的争议。四是教育行政诉讼，主要在《行政诉讼法》中做了规定，包括学校、教师、学生提起的行政诉讼。当然法律救济中还有民事法律救济和刑事法律救济，但属于一般法律救济，本章不做讨论。

第二节 教育申诉制度

一、教育申诉制度的含义

所谓申诉是指公民对其所属单位的问题处理不服或者认为其所属单位侵犯了其合法权益，而向国家有关机关申述理由，请求重新处理的行为。教育申诉是指在教育教学或教育管理活动中，教师、学生认为学校侵犯了其合法权益或对学校的处理决定不服，而向学校所属教育行政机关提出申辩，请求教育行政机关做出处理的行为。首先，申诉是宪法赋予公民的一项基本权利，当然教育申诉也应是教师、学生的一项基本教育权利。其次，教育申诉一般由教育法律单独规定，而不需要其他法律加以规定。再次，教育申诉是一种教育行政救济方式，也必须遵守一定的原则、按照一定的程序来处理。

二、教师申诉制度

关于教师申诉的规定主要体现在我国的《教师法》中。我国《教师法》第三十九条规定："教师对学校或者其他教育机构侵犯其合法权益的，或者对学校或者其他教育机构做出的处理不服的，可以向教育行政部门提出申诉，教育行政部门应当在接到申诉的三十日内，做出处理。教师认为当地人民政府有关行政部门侵犯其根据本法规定享有的权利的，可以向同级人民政府或者上一级人民政府有关部门提出申诉，同级人民政府或者上一级人民政府有关部门应当做出处理。"

从上述规定可以看出教师申诉受理机关的确定应做两种情形的区分。一种是教师认为学校或者其他教育机构侵犯其合法权益，或者对学校或其他教育机构做出的处理决定不服的情形，申诉受理机关为教育行政机关。这里的教育行政机关应按照地域管辖的原则，由学校或者教育机构所属区域的教育行政机关管辖。另一种情形是教师认为当地人民政府有关行政部门侵犯其《教师法》规定的教师权利，申诉的受理机关应为同级人民政府或者有关行政部门的上级主管部门。《教师法》之所以做这样的规定，是因为在我国行政机关隶属关系中，存在着双重隶属关系问题。

教师申诉受理的范围也分为两大类，一类是教师认为其所属学校侵犯其合法权益或对所属学校的处理决定不服，另一类是认为有关行政部门侵犯其教师权利。但在实践中，教师申诉主要是第一种情形的申诉，教师只有对教育行政机关的申诉处理决定不服，才可以使用教育行政复议或教育行政诉讼救济方式。对于第二种情形，在实践中很少见，教师可以通过申诉进行救济，也可以直接使用教育行政复议或教育行政诉讼的法律救济方式。《教师法》第三十九条所说的教师合法权益主要指《教师法》规定的教师权利，如职务聘任、工作条件、教学科研、培训进修、考核奖励、工资福利待遇等。《教师法》第三十九条所说教师对处理决定不服，主要是指教师对所属学校或者其他教育机构根据法律、法规、规章对教师职称评定、奖励、处分的决定不服，关于人事任免的决定教师不得申诉。

教师申诉受理时限一般为三十日，这里的三十日是指受理机关自受理教师申诉之日到做出申诉处理决定的日期，期限最后一日如为法定节假日的，顺延至法定节假日后的第一个工作日。

三、学生申诉制度

我国《教育法》对学生申诉做出了规定。《教育法》第四十二条第五项规定了受教育者对学校给予的处分不服有权向有关部门申诉，对学校、教师侵犯其人身权、财产权等合法权益，提出申诉或依法提起诉讼。

《教育法》对学生申诉的受理机关没有做出明确具体的规定，只是笼统地以有关部门加以规定，不得不说这是《教育法》的立法缺陷。这样的规定容易造成部门之间相互推诿，不利于学生合法权益的保障和维护。按照申诉的本义，我们认为《教育法》第四十二条所称的有关部门应该是学校或者其他教育机构所属的当地教育行政部门，这应与教师申诉的受理机关相同。目前很多学校在学生违纪处理规定中也都规定了申诉程序，但学校规定的申诉程序不属于《教育法》的学生申诉救济方式，只是学校内部对学生违纪处理的程序问题。

学生申诉的范围主要包括对处分不服，或者认为学校、教师侵犯了其人身权、财产权的情形。比如：学生违反学校的管理规定，认为学校处理不公正或侵犯其合法权益；学校或教师违反规定收取费用，或者强迫学生购买无关用品；教师体罚或者变相体罚学生；教师侮辱学生的人格尊严，诽谤、歧视、恐吓、贬损学生的言行，宣扬学生隐私；学校或教师对学生的评价不公正等，学生都可以申诉。

《教育法》第四十二条在学生申诉规定中没有提出时限的要求，但根据教育法律救济及时的原则，受理机关也应尽快处理学生申诉，一般也应在三十日内做出申诉处理决定。

四、申诉的程序

无论是教师申诉还是学生申诉都应遵循一定的程序，包括提出申诉、申诉受理、申诉审理、申诉处理决定和申诉处理的送达等。

（一）提出申诉

申诉可以口头提出，也可以书面提出，但最好以书面形式提出。申诉书的主要内容包括以下四个方面：（1）申诉人基本情况，包括申诉人姓名、性别、民族、年龄、工作或学习单位、住址、联系方式等。如果申诉人为未成年学生，还应包括未成年学生法定代理人的基本情况。（2）被申诉人基本情况，包括单位名称、单位住所地、法定代表人姓名、职务、联系方式等。（3）申诉请求，主要写明是要求重新做出处理还是要求撤销原处理决定。（4）申诉事实与理由，主要包括被申诉人侵犯申诉人合法权益的事实和经过以及造成的结果和影响，被申诉人做出处理决定违反法律、法规、规章的依据以及认定事实的错误和处理程序存在的问题等。申诉书的最后应附证据清单并附证据原件或复印件，包括物证、书证、证人证言、视听资料、有关部门的鉴定结论等。

(二) 申诉处理

受理机关接到申诉人的申诉书后，应及时对申诉人资格进行审查，根据不同情况做出处理。对符合申诉条件的，应予以受理；对于不符合申诉条件的，应以书面形式做出不予受理的决定；对于申诉书形式存在问题或缺少证据材料的，告知申诉人补全后再行提交申诉。

(三) 申诉审理

受理机关审理教师或学生申诉应以事实为根据，以法律为准绳；对申诉涉及的事实进行全面审理，必要时受理机关应进行亲自调查；同时对申诉涉及的法律问题要进行认真搜集比较。对于事实清楚的，受理机关可以书面审理，对于事实不清的，受理机关应组织申诉人和被申诉人到指定地点进行答辩与质证。

(四) 申诉处理决定

受理机关经过审理，可根据审理的不同情况做出不同的处理决定。(1) 对于事实清楚，适用法律、法规、规章正确的，应做出维持原处理的决定。(2) 对于事实清楚，适用法律、法规、规章不当，应要求被申诉人重新做出处理的决定。(3) 对于事实不清，或违反法律、法规、规章规定的，应做出撤销原处理的决定。需要说明的是，在申诉处理决定书的最后，受理机关应告知申诉人如不服申诉处理的决定的其他法律救济方式，如提起行政复议或行政诉讼等；对于被申诉人侵犯申诉人合法权益造成损害结果的，申诉机关在撤销原处理决定时，可以责令被申诉人采取补救措施。同时受理机关在申诉审理中发现学校管理规章制度违法或不合理时，受理机关在做出申诉处理决定后，应向被申诉人发出建议函，责令被申诉人限期改正，这也是教育行政机关行使教育监督职责的体现。

(五) 申诉处理决定的送达

受理机关在做出申诉处理决定后，应将申诉处理决定书在申诉处理期限内送达申诉人和被申诉人。参照民事诉讼法的规定，法律文书的送达方式有直接送达、留置送达、委托送达、邮寄送达、转交送达、公告送达六种方式，其中直接送达为最基本的送达方式。申诉处理决定一般采用直接送达方式，当然也可以根据不同情况，采取其他送达方式。

第三节　教育行政复议制度

一、教育行政复议的含义

所谓教育行政复议是指教育行政管理的相对人认为教育行政机关的具体行政行为侵犯其合法权益或者对教育行政机关的具体行为不服或者教育行政机关不作为，而向该教育行政机关所属的同级人民政府或该教育行政机关的上一级教育行政机关提出复议申请，由受理机关对发生争议的具体行政行为进行复查并做出决定的活动。

教育行政复议作为一种独立的教育法律救济方式，主要受《行政复议法》的调整，与其他教育救济方式相比，有如下几个方面的特点：

（一）教育行政复议是一种行政审查行为

教育行政复议不同于教育申诉，教育申诉主要是相对人对学校或者其他教育机构侵犯其合法权益而向有关机关申诉，要求处理的活动。而教育行政复议主要是针对的教育行政机关的具体行政行为，要求有关机关进行审查处理的活动，被复议的主体只能是行政机关，不会是学校或者其他教育机构。复议机关主要对行政机关的行为进行审查，不涉及非行政机关的行为。而且教育行政复议只能针对具体教育行政行为提起复议，对抽象教育行政行为不能提起行政复议。

（二）教育行政复议不是终局决定

除法律有特别规定的以外，行政复议不是终局决定。按照我国现有法律规定，教育行政复议一般都为非终局决定，相对人对行政复议不服，可以在规定期限内向人民法院提起教育行政诉讼。

（三）教育行政复议不适用调解

由于行政复议属于行政审查行为，复议机关必须对有关机关的具体行政行为做出审查决定，不得适用调解。因为行政行为涉及国家权力的运用问题，只有合法与不合法、当与不当之别，不存在第三种情形，这样才可以维护国家权力的严肃性。

（四）教育行政复议以书面审查为原则

《行政复议法》第二十二条规定："行政复议原则上采取书面审查的办法，但是申请人提出要求或者行政复议机关负责法制工作的机构认为有必要时，可以向有关组织和人员调查情况，听取申请人、被申请人和第三人的意见。"也就是说，教育行政复议案件以书面审查为原则，确有必要时才会组织听证审查。

二、教育行政复议的范围

根据《行政复议法》的规定和我国相关教育法律的规定，教育行政复议主要包括以下情形。

（一）对教育行政处罚不服

对于教育行政机关做出的警告、罚款、撤销教师资格、吊销办学许可证、责令停止办学、没收违法所得等行政处罚行为不服，都可以提起行政复议。

（二）教育行政机关不作为

行政相对人申请教育行政机关保护其人身权、财产权、受教育权的，教育行政机关不履行法定职责的，行政相对人符合法定办学条件，教育行政机关拒绝颁发相应的办学许可证照的，都属于教育行政机关不作为，可以依法提起行政复议。

（三）教育行政机关违法行政行为

行政相对人认为教育行政机关违法收费、摊派费用或者其他违法要求其履行义务的，可以提起教育行政复议。

（四）不服教育行政机关申诉决定

对于教师和学生的申诉处理决定，由于其也是教育行政机关的具体行政行为，也应该可以提起教育行政复议。需要说明的是，对于教育行政机关的具体行政行为，只要符合《行政复议法》行政复议范围的事项，都可以提起教育行政复议。

三、教育行政复议的程序

（一）教育行政复议申请

复议申请人可以自知道具体行政行为之日起六十日内提出复议申请，复议可以书面申请，也可以口头申请，最好采用书面形式。在复议期间，复议申请人不得向人民法院提起行政诉讼，当事人已经向人民法院提起行政诉讼，人民法院已经受理的，当事人不得申请行政复议。行政复议申请书应载明以下内容：申请人自然情况，被申请人名称、住所地，法定代表人情况，复议申请要求，复议事实与理由，提交证据的附件。

（二）教育行政复议受理

按照《行政复议法》的规定，行政复议机关收到行政复议申请后，应当在五日内进行审查，对不符合本法规定的行政复议申请，决定不予受理，并书面告知申请人；对符合本法规定，但是不属于本机关受理的行政复议申请，应当告知申请人向有关行政复议机关提出。除前款规定外，行政复议申请自行政复议机关负责法制工作的机构收到之日起即为受理。同时《行政复议法》还规定行政复议期间具体行政行为不停止执行；但是，有下列情形之一的，可以停止执行：（1）被申请人认为需要停止执行的；（2）行政复议机关认为需要停止执行的；（3）申请人申请停止执行，行政复议机关认为其要求合理，决定停止执行的；（4）法律规定停止执行的。

（三）教育行政复议审理

根据《行政复议法》的规定，行政复议原则上采取书面审查的方式，但是申请人提出要求或者行政复议机关负责法制工作的机构认为有必要时，可以向有关组织和人员调查情况，听取申请人、被申请人和第三人的意见。行政复议机关负责法制工作的机构应当自行政复议申请受理之日起七日内，将行政复议申请书副本或者行政复议申请笔录复印件发送被申请人。被申请人应当自收到申请书副本或者申请笔录复印件之日起十日内，提出书面答复，并提交当初做出具体行政行为的证据、依据和其他有关材料。申请人、第三人可以查阅被申请人提出的书面答复、做出具体行政行为的证据、依据和其他有关材料，除涉及国家秘密、商业秘密或者个人隐私外，行政复议机关不得拒绝。在行政复议过程中，被申请人不得自行向申请人和其他有关组织或者个人收集证据。行政复议决定做出前，申请人要求撤回行政复议申请的，经说明理由，可以撤回；撤回行政复议申请的，行政复议终止。

（四）教育行政复议决定

行政复议机关应当自受理申请之日起六十日内做出行政复议决定，按照下列规定做出行政复议决定：（1）具体行政行为认定事实清楚，证据确凿，适用依据正确，程序合法，内容适当的，决定维持。（2）被申请人不履行法定职责的，决定其在一定期限内履行。（3）具体行政行为有下列情形之一的，决定撤销、变更或者确认该具体行政行为违法：①主要事实不清、证据不足的；②适用依据错误的；③违反法定程序的；④超越或者滥用职权的；⑤具体行政行为明显不当的。（4）被申请人不按照《行政复议法》第二十三条的规定提出书面答复、提交当初做出具体行政行为的证据、依据和其他有关材料的，视为该具体行政行为没有证据、依据，决定撤销该具体行政行为。行政复议机关责令被申请人重新做出具体行政行为的，被申请人不得以同一的事实和理由做出与原具体行政行为相同或者基本相同的具体行政行为。

（五）教育行政复议决定的效力

按照《行政复议法》的规定，行政复议机关应当自受理申请之日起六十日内做出行政复议决定；但是法律规定的行政复议期限少于六十日的除外。情况复杂，不能在规定期限内做出行政复议决定的，经行政复议机关的负责人批准，可以适当延长，并告知申请人和被申请人；但是延长期限最多不超过三十日。行政复议机关做出行政复议决定，应当制作行政复议决定书，并加盖印章。行政复议决定书一经送达，即发生法律效力。被申请人应当履行行政复议决定。被申请人不履行或者无正当理由拖延履行行政复议决定的，行政复议机关或者有关上级行政机关应当责令其限期履行。申请人逾期不起诉又不履行行政复议决定的，或者不履行最终裁决的行政复议决定的，按照下列规定分别处理：
（1）维持具体行政行为的行政复议决定，由做出具体行政行为的行政机关依法
强制执行，或者申请人民法院强制执行；（2）变更具体行政行为的行政复议决
定，由行政复议机关依法强制执行，或者申请人民法院强制执行。

第四节　教育行政诉讼制度

一、教育行政诉讼的含义

教育行政诉讼是指教育行政管理的相对人认为教育行政机关的具体行政行
为侵犯其合法权益或者对教育行政机关的具体行政行为不服或者教育行政机关
不作为，而向教育行政机关所在地法院提起诉讼的教育法律救济方式。

教育行政诉讼与教育行政复议虽然都属于教育法律救济制度，有很多相同
之处，但也有很大的区别，主要表现在以下几个方面。

（一）性质不同

教育行政复议属于行政审查活动，是行政行为，教育行政诉讼属于司法审
查活动，是司法行为。

（二）受理机关不同

教育行政复议的受理机关是行政机关，而教育行政诉讼的受理机关是人民
法院。

（三）审理方式不同

教育行政复议以书面审查为原则，以听证审查为例外，而教育行政诉讼必
须公开审理，严格按照行政诉讼法的程序规定进行审理。

（四）法律效力不同

教育行政复议采用一级复议制，复议决定不具有终局效力，申请人对复议

决定不服可以向人民法院提起行政诉讼。教育行政诉讼实行两审终审制，二审判决具有最终法律效力。

二、教育行政诉讼的范围

教育行政诉讼与教育行政复议的范围基本相同，当事人可以申请教育行政复议的案件，也可以不经过教育行政复议，直接向人民法院提起教育行政诉讼。

三、教育行政诉讼的程序

（一）教育行政诉讼起诉与受理

对于可以申请教育行政复议的案件，当事人应当在知道具体行政行为之日三个月内提起诉讼。对于不服行政复议的案件，当事人可以在收到复议决定书十五日内向人民法院提起诉讼。提起行政诉讼应当符合下列条件：原告是认为具体行政行为侵犯其合法权益的公民、法人或者其他组织，有明确的被告，有具体的诉讼请求和事实根据，属于人民法院受案范围和受诉人民法院管辖。行政起诉书应载明下列内容：原告自然情况，被告名称、住所地、法定代表人情况，诉讼请求，事实与理由，同时提交证据附件。

人民法院接到起诉状，经审查，应当在七日内立案或者做出不予受理的裁定。原告对裁定不服的，可以提起上诉。

（二）教育行政诉讼审理

人民法院应当在立案之日起五日内，将起诉状副本发送被告。被告应当在收到起诉状副本之日起十日内向人民法院提交做出具体行政行为的有关材料，并提出答辩状。人民法院应当在收到答辩状之日起五日内，将答辩状副本发送原告。被告不提出答辩状的，不影响人民法院审理。

诉讼期间，不停止具体行政行为的执行。但有下列情形之一的，停止具体行政行为的执行：被告认为需要停止执行的；原告申请停止执行，人民法院认为该具体行政行为的执行会造成难以弥补的损失，并且停止执行不损害社会公共利益，裁定停止执行的；法律、法规规定停止执行的。

人民法院公开审理行政案件，但涉及国家秘密、个人隐私和法律另有规定的除外。人民法院审理行政案件，由审判员组成合议庭，或者由审判员、人民陪审员组成合议庭。合议庭的成员，应当是三人以上的单数。

人民法院对行政案件宣告判决或者裁定前，原告申请撤诉的，或者被告改变其所做的具体行政行为，原告同意并申请撤诉的，是否准许，由人民法院裁定。

（三）教育行政诉讼判决

在行政诉讼中，人民法院经过审理，根据不同情况，分别做出以下判决：（1）具体行政行为证据确凿，适用法律、法规正确，符合法定程序的，判决维持。（2）具体行政行为有下列情形之一的，判决撤销或者部分撤销，并可以判决被告重新做出具体行政行为：主要证据不足的，适用法律、法规错误的，违反法定程序的，超越职权的，滥用职权的。（3）被告不履行或者拖延履行法定职责的，判决其在一定期限内履行。（4）行政处罚显失公正的，可以判决变更。

（四）教育行政诉讼判决的效力

人民法院应当自立案之日起三个月内做出第一审判决。有特殊情况需要延长的，由高级人民法院批准，高级人民法院审理第一审案件需要延长的，由最高人民法院批准。当事人不服人民法院第一审判决的，有权在判决书送达之日起十五日内向上一级人民法院提起上诉。当事人不服人民法院第一审裁定的，有权在裁定书送达之日起十日内向上一级人民法院提起上诉。逾期不提起上诉的，人民法院的第一审判决或者裁定发生法律效力。

人民法院对上诉案件，认为事实清楚的，可以实行书面审理。人民法院审理上诉案件，应当在收到上诉状之日起两个月内做出终审判决。有特殊情况需要延长的，由高级人民法院批准，高级人民法院审理上诉案件需要延长的，由最高人民法院批准。

当事人必须履行人民法院发生法律效力的判决、裁定。公民、法人或者其他组织拒绝履行判决、裁定的，行政机关可以向第一审人民法院申请强制执行，或者依法强制执行。

第五节 教育人事争议仲裁制度

2007 年 8 月 9 日中共中央组织部、人事部、总政治部联合发布了《人事争议处理规定》，于 2007 年 10 月 1 日起施行。2009 年 9 月 1 日人力资源和社会保障部发布了《劳动人事争议仲裁办案规则》，并于颁布之日起实施。上述规定正式确立了人事争议仲裁制度。

一、教育人事争议仲裁的含义

所谓人事争议仲裁是指根据当事人的申请，由仲裁机构对当事人之间的人事争议进行调解或裁决活动，是行政权力与司法权力相结合而采用的一种解决人事争议纠纷的方式。根据《人事争议处理规定》中总则部分的规定，教育人事争议仲裁是指学校或者其他教育机构与教师或其他工作人员因解除人事关系或履行聘用合同发生争议，而申请由仲裁机关进行仲裁的活动。教育人事争议仲裁是教师教育法律救济的一种方式。

二、教育人事争议仲裁的原则

（一）自愿原则

《人事争议处理规定》第三条规定："人事争议发生后，当事人可以协商解决；不愿协商或者协商不成的，可以向主管部门申请调解，其中军队聘用单位与文职人员的人事争议，可以向聘用单位的上一级单位申请调解；不愿调解或调解不成的，可以向人事争议仲裁委员会申请仲裁。当事人也可以直接向人事争议仲裁委员会申请仲裁。"教育人事争议仲裁不是一种强制解决教育人事争议的方式，人事争议发生后，当事人可以选择协商解决方式，可以选择申请调解解决，也可以选择仲裁解决，选择哪种解决方式由当事人自己决定。

（二）当事人地位平等原则

《人事争议处理规定》第四条规定："当事人在人事争议处理中的地位平等，适用法律、法规平等。"在教育人事争议仲裁中，一切当事人，无论是公民还是法人，无论是个人或单位，都不存在隶属关系，法律地位都是平等的，享有的权利和承担的义务都是平等的。保障当事人平等地行使权利也是仲裁庭的重要职责。

（三）注重调解原则

《人事争议处理规定》第五条规定："处理人事争议，应当注重调解，遵循合法、公正、及时的原则，以事实为依据，以法律为准绳。"第二十二条规定："仲裁庭处理人事争议应注重调解。自受理案件到做出裁决前，都要积极促使当事人双方自愿达成调解协议。当事人经调解自愿达成书面协议的，仲裁庭应当根据调解协议的内容制作仲裁调解书。协议内容不得违反法律法规，不得侵犯社会公共利益和他人的合法权益。"调解是人事争议仲裁必须坚持的原则，在人事争议仲裁审理过程中，必须注重调解，调解贯穿于仲裁的整个过程，从受理案件到做出仲裁裁决之前都应积极进行调解。

（四）以事实为根据，以法律为准绳原则

以事实为根据，以法律为准绳是一切法律活动必须坚持的原则，当然也是教育人事争议仲裁必须坚持的原则。以事实为根据就是要坚持实事求是，以证据证明的客观事实为依据，不能主观臆断，绝对不允许弄虚作假、掩盖或捏造事实。以法律为准绳就是要严格依照法律的规定进行仲裁审理，既要遵守实体法律的规定，又要遵守程序法律的规定，不得徇私枉法、营私舞弊。

（五）合法、及时、公正原则

合法、及时、公正是司法活动必须坚持的原则，体现了社会主义法治的基本要求，仲裁是一种准司法活动，当然也应遵守上述原则。

三、教育人事争议仲裁的范围

《人事争议处理规定》第二条规定了人事争议适用的范围，其中第五项规

定了事业单位与工作人员之间因解除人事关系、履行聘用合同发生的争议。《劳动人事争议仲裁办案规则》第二条规定了规则适用的争议，其中第三项规定了事业单位与工作人员之间因除名、辞退、辞职、离职等解除人事关系以及履行聘用合同发生的争议适用本规则。由于学校及其他教育机构属于事业单位组织，因此上述规定适用于教育人事争议。

结合《人事争议处理规定》和《劳动人事争议仲裁办案规则》的规定，我们可以看出教育人事争议仲裁的范围主要包括两种，一种是教育人事关系争议，另一种是聘用合同发生的争议。教育人事关系争议主要包括除名、辞退、辞职、离职等涉及解除人事关系的争议。聘用合同争议是指教师或其他工作人员与学校或其他教育机构因履行聘用合同发生的争议，主要包括在履行聘用合同中因工作时间、工作岗位、工资待遇、劳动保护和劳动条件、社会保险和福利待遇、工作纪律等发生的争议。需要说明的是学校及其他教育机构内部的关于教师及职工的奖励和处分、职称评审、人事任免等事项不在教育人事争议仲裁的受理范围之内。

四、教育人事争议仲裁的程序

《人事争议处理规定》和《劳动人事争议仲裁办案规则》都规定了人事争议仲裁的程序，二者在时限规定上有些不同之处。由于《劳动人事争议仲裁办案规则》属于一般程序规则，而《人事争议处理规定》属于特别规则，故在教育人事争议程序上应适用《人事争议处理规定》的程序规定。

（一）仲裁申请

《人事争议处理规定》规定当事人从知道或应当知道其权利受到侵害之日起六十日内，以书面形式向有管辖权的人事争议仲裁委员会申请仲裁。当事人因不可抗力或者有其他正当理由超过申请仲裁时效，经人事争议仲裁委员会调查确认的，人事争议仲裁委员会应当受理。教育人事争议仲裁的诉讼时效为六十日，适用诉讼时效中断的规定。

当事人向人事争议仲裁委员会申请仲裁，应当提交仲裁申请书，并按被申请人的人数递交副本。仲裁申请书应当载明下列事项：（1）申请人和被申请人姓名、性别、年龄、职业及职务、工作单位、住所和联系方式。申请人或被申请人是单位的，应写明单位的名称、住所、法定代表人或者主要负责人的姓名、职务和联系方式。（2）仲裁请求。（3）仲裁请求所依据的事实、理由，同时还要附证据和证据来源、证人姓名和住所清单。

（二）仲裁受理

对于教育人事争议，人事争议仲裁委员会在收到仲裁申请书之日起十个工作日内，认为不符合受理条件的，应当书面通知申请人不予受理，并说明理由；认为符合受理条件的，应当受理，将受理通知书送达申请人，将仲裁申请书副本送达被申请人。被申请人应当在收到仲裁申请书副本之日起十个工作日内提交答辩书。被申请人没有按时提交或者不提交答辩书的，不影响仲裁的进行。

（三）仲裁审理

教育人事争议仲裁应当公开开庭进行，涉及国家、军队秘密和个人隐私的除外。涉及商业秘密，当事人申请不公开开庭的，可以不公开开庭。当事人协议不开庭的，仲裁庭可以书面仲裁。人事争议仲裁委员会应当在开庭审理人事争议案件五个工作日前，将开庭时间、地点、仲裁庭组成人员等书面通知当事人。申请人经书面通知无正当理由不到庭，或者到庭后未经仲裁庭许可中途退庭的，视为撤回仲裁申请。被申请人经书面通知无正当理由不到庭，或者未经仲裁庭许可中途退庭的，可以缺席裁决。当事人有正当理由的，在开庭前可以申请延期开庭，是否延期由仲裁庭决定。

仲裁庭处理人事争议应注重调解。自受理案件到做出裁决前，都要积极促使当事人双方自愿达成调解协议。当事人经调解自愿达成书面协议的，仲裁庭应当根据调解协议的内容制作仲裁调解书。协议内容不得违反法律法规，不得侵犯社会公共利益和他人的合法权益。调解书由仲裁庭成员署名，加盖人事争议仲裁委员会印章。调解书送达后，即发生法律效力。当庭调解未达成协议或者仲裁调解书送达前当事人反悔的，仲裁庭应当及时进行仲裁裁决。

在仲裁审理过程中，当事人应当对自己的主张提供证据。仲裁庭认为有关证据由用人单位提供更方便的，应要求用人单位提供。用人单位做出解除人事关系和不同意工作人员要求辞职或终止聘任（用）合同引发的人事争议，由用人单位负责举证。仲裁庭认为需要调查取证的，可以自行取证。当事人的举证材料应在仲裁庭上出示，并进行质证。只有经过质证认定的事实和证据，才能作为仲裁裁决的依据。当事人在仲裁过程中有权进行辩论，辩论终结时，仲裁庭应当征询当事人的最后意见。

仲裁庭应当将开庭情况记入笔录。当事人和其他仲裁参与人认为对自己陈述的记录有遗漏或者差错的，有权申请补正。如果不予补正，应当记录该申请，并注明不予补正的原因。笔录由仲裁员、书记员、当事人和其他仲裁参与人署名或者盖章。仲裁裁决应当按照多数仲裁员的意见做出，少数仲裁员的不同意见应当记入笔录。仲裁庭对重大、疑难以及仲裁庭不能形成多数处理意见案件的处理，应当提交人事争议仲裁委员会讨论决定，人事争议仲裁委员会做出的决定，仲裁庭必须执行。仲裁庭应当在裁决做出后五个工作日内制作裁决书。裁决书由仲裁庭成员署名并加盖人事争议仲裁委员会印章。仲裁庭处理人事争议案件，一般应当在受理案件之日起九十日内结案。需要延期的，经人事争议仲裁委员会批准，可以适当延期，但是延长的期限不得超过三十日。

五、教育人事争议仲裁的效力

在教育人事争议仲裁中，经调解达成协议的，仲裁庭应当制作调解书，调解书送达后，即发生法律效力，一方当事人不履行的，另一方可以申请人民法院强制执行。调解书送达前当事人反悔的，仲裁庭应及时做出仲裁裁决。对于仲裁裁决，当事人不服的，可以自收到裁决书后十五日内向人民法院提起诉讼，逾期不起诉的，裁决书发生法律效力，一方当事人逾期不履行的，另一方当事人可以向人民法院申请强制执行。

关联拓展阅读之一

美国教育立法的几个特点

李红桃

美国从 1776 年建国开始，到现在也不过 200 多年的历史。在此期间美国赶上并超过了其他西方资本主义国家英国、法国、德国、日本等，成为西方头号经济强国。美国之所以能后来居上并持续领先，固然有许多政治的、经济的、地理的、文化的种种条件和原因，但不可否认教育为其发展起着十分重要的作用。美国教育发展迅速，取得了举世公认的成就，除了依靠其他的条件以外，还因为美国有保证教育事业发展的一系列有效措施，其中比较重要的是有一套较系统完整而行之有效的教育法。

美国是世界上最早制订和实施教育法的国家之一。美国教育立法很有特色、很典型，对其进行分析和研究无疑是很有意义的一件事情，对我国正在加紧进行的教育立法工作会有一定的参考价值和借鉴作用。

一、美国教育立法的民主性

教育民主化是美国教育发展史上的主线之一，教育立法自然也体现了美国教育向民主化迈进的趋势。美国教育史家弗里曼·巴茨把约从 1870 年到 1970 年称为民主教育的 100 年。特别是第二次世界大战以来，美国在教育民主化、教育机会均等方面走在了资本主义国家的前列，主要表现在改善黑人等少数民族、贫苦青少年及身心残缺者教育状况方面。

在黑人教育方面，1954 年美国联邦最高法院宣布布朗案裁决：所谓"隔离而平等"的原则是骗人的，是违背宪法的，隔离不可能平等，必须彻底废除。这个法案是美国黑人状况改善的一个转折点。1964 年美国国会又通过了《民权法案》，其中规定："不能因为种族、肤色和国籍拒绝在美国的任何以参加接受联邦经费赞助的计划和活动，不能否认他们享受这些计划和活动的利益的权利，不能在其中歧视他们。"[1]1965 年的《初等教育和中等教育法》，指定拨发巨款奖励黑人和白人的合校工作。1972 年更制定《初等学校补助法》，开支 24 200 万美元解决废除隔离和黑白合校的活动，凡自动而认真执行者领取大量补助。此外，在 1975 年的《国内税法则》中规定，在招生方面实行种族歧视的私立教育机构不能豁免教育税。1968 年的《双语教育法》、1972 年《印第安人教育法》均规定了印第安人的增长率机会均等问题。据统计，1976 年适龄黑人青年入高等学校者约占有 20%，而白人青年约占有 25%，适龄黑人青年完成中等教育者约占 72%，而白人青年约占 85%，从入学人数来看，两者的比例接近起来了。

在使贫苦青少年受到平等教育方面，美国也通过了不少法律。如大战临近结束的 1944 年通过《退伍军人重新适应法》，由联邦供给退役人员入学者以学费及生活费，到 1951 年止，共计补助就学者 800 万名，支出经费 140 亿美元。1958 年《国防教育法》对大学贫困学生给予贷款和奖学金。1964 年联邦政府还颁布了《经济机会法案》，其中心内容是解决教育机会不平等的问题。该法规定每年拨款 3 亿美元，充作贫寒学生的贷款和为在校学生安排部分实践就业机会。1972 年又颁布了《基本教育机会补助法》，对中等以上学校的贫苦学生给予补助，使其免于因经济困难而不得完成学业。许多大学也对贫困学生贷款和赊免学费。还有联邦政府以及随后的修正案都规定给予家境穷困的学生以补助。从 1967 年以来每年为此开支约 10 亿美元。贫苦学生特别集中的地区另给额外补助。如今，一般公立学校免收学费，免费供应教科书、学习用具和来往学校的交通车辆，还对贫苦学生免费供应午餐。

在身心有缺陷者的教育方面，近年来有调查表明，语言障碍、智力低下、情绪不稳定、生理不健全（包括聋、哑、盲）之类的学生（总称为残障儿童）约占全美学生人数的 1/10。他们生活困难，学习尤感困难，从来都是教育领域的弃儿。在 1965 年的《初等教育和中等教育法》中，曾为解决这项难题而列有"身心残缺青少年"的专节。1971 年，宾夕法尼亚州法院裁决，各学区对 4~21 岁的学习困难学生，必须尽到教育职责，政府对此要不惜付出任何代价。因为残疾儿童有与正常儿童同样享受免费教育的宪法赋予的权利。1975 年，国会通过《残疾儿童教育法》，规定对全国 800 万 3~21 岁的身心有缺陷者一律施行免费的优良教育。该法要求查明有缺陷者的人数，注明其住址，适合其需要的课程；凡能与一般学生共同学习者，就跟一般学生共同学习，否则在家庭、医院或其他场所接受教育；凡学区能负起这种责任者，由学区负责办理，否则各州必须负责其事。由于学区普遍缺乏条件，各州都在竭力解决这项艰巨任务。到1982年止已支出80亿美元，是联邦补助教育法案中拨款最多的。过去联邦不与学区发生关系，1975年的立法却使联邦与全国的16 000个学区直接发生了联系，人们称这个法律是美国教育史上的里程碑。

以上这些关于教育机会方面的种族平等、贫富平等、正常人与残疾人平等的教育立法在一定程度上反映了其民主化的趋势。美国教育立法之所以会呈现民主化的趋势，主要有两方面的原因：一方面，资本主义生产的发展，客观上要求扩大教育对象，全面普及教育；而且垄断资产阶级统治集团往往还利用教育上的形式平等来缓和阶级矛盾和社会冲突。另一方面，社会的进步、社会民主力量日益壮大，对教育民主化的要求也不断提高。广大劳动人民为争取受教育权平等进行了广泛的斗争。

二、判例法在教育立法中具有重要的地位

美国的法律属于英美法系，它是由许多形式不同、来源不一的法律集合而成。其中最主要的有制定法和判例法两种。判例法不是产生于议会的立法，而是产生于法官的判决，即法官从判决中推引出法律原则。判例法在美国法律体系中具有十分重要的作用，被人们称"活的宪法"。美国总统威尔逊曾指出："美国最高法院很像一个在持续开会中的制宪会议。"

美国自宪法颁行以来，就确立了司法审查制度，法院具有司法解释权。美国最高法院在行使司法审查权时，并不完全根据宪法及其修正案本身，它还取决于一定的政治理论和具体的国家政策。美国最高法院的司法审查的作用，有时甚至超过宪法及其修正案条文本身的作用。正是通过对宪法的新的解释使其不断被赋予新的意义，一部美国宪法通行了几百年仍在起作用。判例法制度的基本原则是：下级法院受他们的上级法院的判决以及以往判决（先例）的约束，这就是所谓的"遵循先例"原则，法官的判决本身不仅适用于已有的法律原则，而且也起着宣示法律原则、解释制定法的作用。

美国教育法许多很重要的原则是通过判例确定的，特别是联邦最高法院的判例。在教育领域中很难找出没有司法审查涉及的地方，如种族隔离、财政平等、教师资格证书、双语教学、残疾儿童的教育等，无不可以找到法院的影响。这些判例法对美国教育的发展产生过重要的影响和作用，如密歇根州最高法院1872年对卡拉马祖案的判决，认为

使用税收兴办学校合乎宪法,对公立中学的发展就起到了良好的推动作用。另一个著名案例就是达特茅斯判决案。1817 年,新罕布什尔州议会试图把该州历史最悠久的私立达特茅斯学院改建成为州立大学。达特茅斯学院的部分董事不服,诉讼到新罕布什尔州法院。这个法院判决认为,该学院属公共教育机构,因此州议会有权修改其特许状,如果校董会拒绝这样做,州政府就将强行接管该学院。校董们仍然对此持反对意见,不服判决,将此案上诉到美国联邦最高法院。达特茅斯学院的辩护人丹尼尔·韦伯斯特在诉讼中论证了州的立法机关无权修改或废除由英皇乔治三世为该学院颁发的特许状。他坚持认为特许状是一种契约合同,新罕布什尔州立法机关试图修改它是对契约承担的责任的单方面损害,是直接违背联邦宪法的。此外,韦伯斯特还论证了政府控制的问题。他认为如果学院受政府意见变化或政党兴衰的左右,那么学院将不能稳定地存在下去。1819 年,联邦最高法院以五票赞成、一票反对作出判决,认为达特茅斯作为私立学院不是公共教育机构,"它是私人的慈善团体",它虽然与公共福利有关,但政府无权加以控制。州政府欲取代学院信托者董事会所拥有的行政权,是权力的侵犯,违反美国宪法,因此新罕布什尔州法院判决无效。达特茅斯学院判决案的意义在于:第一,它确立了私立学院的法理基础,这无疑是对私立学院的极大鼓舞,促使"教派大学"林立。第二,明确划分了公私立学院的界限,导致了各类高校之间的竞争及高等教育事业的多元化发展。

再一个典型案例是 1954 年布朗诉托皮卡教育局案。此案的经过是这样的:一位名叫林达·布朗的 11 岁黑人女孩要求进入堪萨斯州托皮卡一所公立学校学习,遭到拒绝。美国全国有色人种协会代表这名女孩向联邦最高法院提出控告。1954 年 5 月 17 日,联邦最高法院做出裁决,认为公立学校种族隔离违宪,推翻了最高法院 1896 年普莱斯勒诉福古斯判决案中确立的臭名昭著的"隔离而平等"的原则,并且要求迅速结束这种局面。最高法院首席法官厄尔·沃伦宣读代表最高法院 9 名法官的一致意见,判决的最后部分说:"仅由于种族不同而使黑人儿童与其他年龄相若、学力相当的儿童隔离,会使他们对自己的社会地位产生一种低劣感,这种低劣感将在他们的心灵上造成永难消除的创伤。"因此,"本院断定在公共教育方面决不容许'平等但隔离'原则的存在。隔离的教育设施本身就是不平等的。因此本院认为原告控告的种族隔离,是剥夺了受宪法修正案所保障的法律的同等保护权。"[2] 这一判决是美国黑人状况改善的新的转折点,使美国教育在民主化的道路上迈进了一大步。

在 20 世纪 50 年代以前，教育方面的判例法较少。此后法院开始积极参与教育方面案件的审判，这方面的判例法大增。这也是与联邦开始更多地干预教育相吻合，或者说法院本身已成为联邦干预教育的一种手段或工具。但从当前总的发展趋势来看，在教育方面，制定法日益增多，判例法相对减少。许多判例法所体现的法律原则，多半通过立法变成了制定法。

美国很注重教育判例的编纂出版和研究。如《联邦最高法院判例汇编》，有关教育的判例一般收录在"学校与学区"项目内。州最高法院的判决也公开出版，如《XXX 州判例汇编》等。教育方面的判例也列有专项，法院在裁决案件时必须参照相应的判例，教育委员会和与教育有关的人员也必须参照判例决定政策和行为。美国研究教育判例法最早的著作之一是 1933 年爱德华兹的《法院与公立学校》，此外，罗伯特·R·汉弥尔顿等著的《法律与公共教育》也是研究教育判例的重要著作。

成文教育法有较严格的立法程序，具有一定的系统性和相对稳定性，判例法则具有较大的灵活性和适应性，对成文法起着补充的作用。因为成文教育法再怎么全面也不可能把所有的教育活动考虑进去，很多具体事情的处理，只有通过判例才能定夺。但判例法也有随意性和不稳定性等缺点，容易受法官的政治立场或教育观点的影响，容易受其他利益集团的立场的左右操纵。成文教育法与教育判例法相互关联、相互补充，共同构成美国教育立法的整体。

三、把教育法的执行作为教育法制化的关键一环

教育法规颁布以后，关键在于执行。如果不严格执行，不能做到"执法必严，违法必究"，则法律的权威性、严肃性就会丧失，就不能起到应有的规范作用，法律就会成为一纸废文。所以在教育法规中不但应规定允许做什么、禁止做什么，而且一般还应当明确相应的法律责任和法律监督，对违法行为采取必要的制裁措施。对合法行为受到侵害时采取相应的救济措施。

从美国教育立法的历史来看，美国是十分注重教育法的执行的。美国教育法的执行主要是通过行政部门和司法部门来完成。在行政执行过程中，国家行政机构（主要是教育行政部门）可以发布带强制性的行政命令，对违反者，行政机关可依法给予行政处分，如解雇、吊销教师证书、罚款以至监禁等。在这方面最突出的例子是闻名世界的小石城事件。1954 年 5 月，联邦法院做出裁决，认为"隔离而平等"的原则是违反宪法的，要

求消除学校中存在的种族隔离，但是历史上曾是奴隶最集中的几个州对这一判决却百般抵制或持消极态度。1954年，阿肯色州小石城9名黑人学生要求进入市白人中学，这是完全合法的。可是州长奥瓦尔·福布斯竟调动了州国民警卫队在学校设置警戒线，不准9名黑人学生入学，公然与联邦法院对抗。当时的美国总统一再下令要求必须执行联邦法令，福布斯不予理睬。为了保证法律的效力，使黑人与白人合校工作能够进行下去，总统调动了军队和飞机，护送这9名黑人学生入校。此行动联邦政府共花费了3 400多万美元。美国对这一事件的处理在一定程度上反映了美国教育法的执行情况，美国为维护法律尊严和保证法律实施而不惜代价的精神由此可见一斑。

为保证教育法规执行，联邦还往往制定一些实施细则规定惩罚措施。1917年《史密斯—休斯法案》第十六条规定：凡经查明分配给任何一州的拨款未按本法案规定的目的和条件使用时，联邦职业委员会可给予扣发。1972年联邦《教育修正法》规定：每个得到授权时对任何教育方案或活动提供经费援助的联邦部门和机构，有权发布普遍适用的规则、条例或命令，以实施与这种方案或活动有关的规定，这些规则、条例或命令应与授权援助经费的法令的目标一致，并取得总统的同意。这些规则、条例或命令的实施可以通过中止或拒绝补助那些不遵守的接受者，或者法律所授权的其他任何办法。该法还规定禁止性别歧视、对盲人的歧视等，如果违反了则可能中止经费援助，甚至要求赔偿经费、罚款监禁等。1955年《高等教育》中规定了"犯罪处罚"：有意贪污、挪用、盗窃或通过欺骗、假报表、伪造等手段获取本部分所提供或保险的任何经费、动产和不动产的任何人，将被处以不超过10 000美元的罚款或不超过5年的监禁或两者并罚；但是所获取的数额不超过200美元，则罚款不超过1 000美元，监禁不超过一年或者两者并罚。联邦还建立了各种顾问委员会，对教育法的执行情况进行检查和评价，并总结经验教训。

州对教育法的执行与联邦的执行基本相似。各州对违反教育法的人的行政制裁可分为如下几种：（1）对教师的行政制裁。有吊销教师证书、解雇、罚款、监禁等。伊利诺伊州《学校法典》授权州教育厅长可以因为教师的不道德或其他非专业行为停止教师资格。该法典规定：县督学或州公立教育督察长可以根据教师不道德、有害学生利益或健康、不胜任，非专业行为、失职或其他正当理由暂时吊销按本法颁发的证书不超过一年的时间。（2）对学生的纪律处分。州教育法一般也规定了对违反教育法的学生以纪律处分，对学生的纪律处分有开除、停学、强迫转学、让学生到自修室去留级等。（3）对家长的制裁。对违反教育法的家长或其他人员也要进行制裁。如伊利诺伊州《学校法典》规定，任何7~16岁的儿童的家长或监护人有责任让其在公立学校正常上学，如果儿童的家长没有遵守，则可能出席被审法庭的听证会并受到惩罚（罚教或监禁）。弗吉尼亚州规定，非法缺席的学生的家长或监护人可能会被处以不超过50美元的罚款或不超过30天的监禁。州法令一般还规定，拖欠学校税款的人，可以处以罚款并征收拖延期间的利息。

除了上面讲的行政执行外，美国教育立法的执行还有一种重要方式，即司法执行。司法执行教育法在社会生活中的实现来说是必不可少的。教育法的执行离不开法院，离开了法院，教育法的执行不可能是彻底的、有效的。

司法执行可分为两个方面：对法律进行解释和对违法者进行司法制裁。（1）司法解释由于许多法律的语言可以有不同的理解，因此在执行中可能会产生违背立法目的的现象。这样就要求确定一个权威机关负责解释法律，以保证法律的统一性，保证立法目的实现。在美国，"阐明法律的意义是法院的职权"。这是由判例法所确立的。法院在解释法律时主要对法律规定的内容做出必要的说明。联邦最高发言人具有解释宪法的最高权力。法院的司法审查权是在案件的审理过程中行使的，也只能通过具体案件解释宪法，并宣布某一法律是否违宪，这一判决就成为判例。从近年来法院的判例来看，被宣布违宪的有下列州法律或教育委员会规则：要求学生向国旗致敬，因此违背了他们的宗教信仰自由的规则（1943年"西弗吉尼亚州教育委员会苏巴尼特案"），要求学生每天读圣经的规则（1963年"阿宾顿镇学区诉谢普案"）；允许没有法定手续的惩罚性的停学或开除（1975年"戈斯诉洛珀兹案"），这种宣布联邦或州的法律是否违宪，就是同意执行还是拒绝执行，其本身就是一种执行。（2）司法制裁。司法制裁包括命令违法者纠正其违法行为，判决违法者赔偿损失费、罚款、执行令、禁止令、判刑等。

四、美国教育立法的阶级性

在阶级社会里，教育是有阶级性的，法律更具有鲜明的阶级性，是统治阶级意志的表现。美国教育立法是美国资产阶级意志在教育领域中的体现，其在本质上是为资产阶级利益服务的。美国经常标榜自己是一个"自由、民主、平等"的社会，高喊"法律面前人人平等"的口号，企图用法律上的所谓平等来掩盖其实质上的不平等。台湾著名教育史家雷国鼎先生说："虽然美国力言民主，但是美国的教育，其阶级性之大，一如英国然。"[3]列宁说过："阶级社会的实质（因而也是阶级教育的实质）是人人法律上完全平等，所有的公民都享有完全平等的权利和机会。等级学校要求学生必须属于一定的等级。阶级学校没有等级，只有公民。他对所有学生只有一个要求：要求他交缴学费。"[4]列宁的这段话揭示了，在资产阶级专政下，人民是得不到真正政治经济的民主平等的，因而受教育机会也是无法充分民主平等的，揭露了资产阶级教育（包括教育立法）的虚伪性。几个世纪以来，美国政治家、教育家高谈使人人受到其天赋才智所能接受的最高限度的教育，通过开发公民的智慧才能，显示民主政治和民主教育的无比威力，并以美国教育制度的单轨制作为胜过别国的根据。事实上，在贫富两极化的社会里，教育的阶级烙印比比皆是。虽然美国没有形成像欧洲那样的双轨教育制度，但是有开国元勋杰弗逊提出的关于双轨教育制度的设想却十分鲜明地反映了一直延续至今的美国分层化的教育结构。在最高层，存在着高度选择性的贵族传统，那里有训练未来领袖人物和社会精英的尖子大学；在底层是为所有人服务的民众教育，致力于社会进步和社会控制。这两种传统始终并存，尽管许多年来它们的汇合点有所上升，比如民众教育从初等教育普及到中等教育，现在则发展到中学后教育。美国的单轨教育制度被人比作梯子，虽则任何人可以达到顶端，事实上穷人却爬到半路而筋疲力竭，只好望天兴叹。

在美国，个人接受学校教育的年限与其父辈的经济地位是密切相关的。即使对儿童期智商相同的人来说，教育成就也严格地取决于社会背景。

参考文献：

[1]美国教育家百科全书（英文）.98.

[2]邓蜀生.美国与移民：历史、现实、未来.重庆：重庆出版社，1990：180.

[3]雷国鼎.美国教育制度.中国台湾：台湾中华书局印行，1970：15.

[4]列宁论教育.北京：人民教育出版社.1990.

选自《教育的传统与变革——纪念＜教育史研究＞创刊二十周年论文集》

关联拓展阅读之二

教育法治：教育事业科学发展的重要目标和基本保障
——对中国教育法制建设的思考与展望

孙霄兵　　黄兴胜

改革开放 30 年来，我国教育事业取得举世瞩目的成就，广大人民群众依据《中华人民共和国宪法》享有的受教育权得到保障，接受良好教育的机会不断扩大。教育法制建设在确认、保护和发展广大人民群众的受教育权，促进教育改革与发展方面发挥着十分重要的作用。进入新时期、新阶段，随着教育向深层次改革和国家法治进程的加快，这种作用将越发凸显。

一、改革开放 30 年来教育法制建设的基本历程和巨大成绩

教育法制建设是我国社会主义民主法制建设的重要内容。依法治教是落实依法治国基本方略的具体体现。30 年来，教育法制建设工作取得巨大成绩，依法治教、依法行政、依法治校已逐步成为各级政府及教育部门管理模式和各级各类学校治理的基本准则。30 年来教育法制建设进程大体上可以分为三个阶段：

第一阶段，自改革开放之初到 1992 年，可谓是教育法制建设的启动时期。改革开放之初，党和国家做出把工作中心转移到经济建设上来的重大决策。在教育领域进行拨乱反正，全面恢复教育基本制度。这个时期教育法制建设的最重要的成果是 1986 年 4 月六届全国人大四次会议审议通过的《中华人民共和国义务教育法》，将实行九年义务教育法定化，明确了国家、社会、学校和家庭依法保障适龄儿童、少年接受义务教育的权利。

第二阶段，自 1993 年《中国教育改革和发展纲要》有关依法治教方针的提出到 2002 年，可谓是教育法制建设的快速发展期。这个时期教育法制建设最重要的成果是通过了 6 部教育法律，特别是 1995 年八届全国人大三次会议审议通过的《教育法》，明确

了教育的地位、教育基本制度、有关各方权利与义务、教育投入等关系教育发展的基本问题，起到了教育基本法的作用。

第三阶段，自 2003 年以来，建设法治政府、实现教育法治目标下的教育法制建设取得新进展。进入新世纪、新阶段，党中央明确提出科学发展观的重大战略思想，并要求用其统领经济社会发展全局。我国教育经历世纪之交的跨越式发展后，进入了一个新的历史阶段。这个时期最重要的教育立法是 2006 年通过的新修订的《义务教育法》。新《义务教育法》以科学发展观为指导，坚持以人为本、保障权利的立法理念，在义务教育许多方面做出了重要的制度创新，取得了巨大成功。30 年来，教育法制建设取得了巨大成绩。主要体现在：

一是中国特色社会主义教育法律体系基本形成。教育立法是教育法制建设的基础性工作，也是社会主义民主法制建设的必然要求。改革开放以来，以推进教育改革与发展为核心，大力推进教育立法工作，使教育从无法可依，到教育基本的、重要的方面都做到了有法可依，基本形成了由教育法律、行政法规、部门规章和地方性教育法规、规章组成的中国特色社会主义教育法律法规体系，为教育事业的改革和发展，为学校和师生合法权益的保护，提供了坚实的法治基础。全国人大及其常委会制定了《义务教育法》（1986 年，2006 年修订）、《教师法》（1993 年）、《教育法》（1995 年）、《职业教育法》（1996 年）、《民办教育促进法》（2002 年）等 8 部专门的教育法律。国务院先后制定了十多项教育行政法规。教育部在法定权限内，制定了《小学管理规程》《中小学教师继续教育规定》《中小学校长培训规定》《教育督导暂行规定》《学生伤害事故处理办法》《中小学幼儿园安全管理办法》等部门规章。经过几次规章清理工作，现行有效的规章有 72 项。与此同时，各地在法制统一原则指导下，结合地方实际与需要，制定了符合地方教育规划与发展的地方性法规与规章。目前，省、自治区、直辖市和计划单列市共制定了 200 多部地方性法规和规章。

二是依法治教、依法行政成为政府管理教育的基本原则。教育部认真落实《国务院关于全面推进依法行政的决定》《全面推进依法行政实施纲要》等有关规定，全面推进依法治教、依法行政，充分运用法制手段推进教育事业改革与发展，努力实现教育法治。不断完善决策机制，推进民主、科学、依法决策机制的形成。大力加强教育申诉案件和行政复议案件的处理工作，注重依法保护学生、教师、学校以及民办学校举办者的合法权益，形成和谐的教育环境。

　　三是普法成效明显，依法治校成为学校治理的重要方式。从 1985 年开始，教育部先后制定、实施教育系统四个五年的普法规划工作，2006 年开始实施"五五"普法规划。2003 年，教育部发布了《关于加强依法治校工作的若干意见》（教政法〔2003〕3 号），对推进依法治校的重要意义、指导思想、工作目标、具体措施以及组织领导进行了具体规定。2004 年在全国开展了依法治校示范学校的推荐、评选工作，共在全国选出 158 所大中小学校，作为依法治校的示范校。

　　教育法制建设对教育改革与发展发挥了重大作用：从法律上明确了国家教育方针，保证了教育方针的执行力；从法律上明确了教育的地位和教育优先发展的战略地位，使教育优先发展成为重要的国家意志，有力地推动了教育事业的发展；将公民受教育权从宪法理念落实到法定权利，为培养全面发展的社会主义公民打下了法律基础；通过教育法制建设，形成了中国特色的教育体制、制度和规范，推动了教育的进一步改革与发展；形成了一系列教育基本法律规范，明确了教育基本法律关系和教育各主体的权利义务，完善了教育救济法律制度，为依法治教提供了法律基础。

二、教育改革与发展面临的新形势、新问题、新任务，需要大力加强教育法制建设，充分发挥法制在推进教育事业优先发展、科学发展中的作用

　　（一）教育法制建设还不能完全满足教育改革和发展的新要求。30 年来，教育法制建设虽然取得了巨大成绩，但是和教育改革与发展新的形势和任务的要求相比，还不能完全适应。主要差距在：目前的教育法律体系还是初步的、不健全的。一些重要的法律，比如《学校法》《考试法》《学前教育法》等还未出台；一些法律，比如《学位条例》《教师法》《教育法》《职业教育法》等制定时间较早，其中一些规定已不能适应新形势下保障公民受教育权的需要；现有的教育法律管理色彩比较浓，偏重于调整教育的外部关系，对受教育者的权利规定、特别是权利救济途径的规范还比较缺乏；政府职能转变还没有完全到位，依法行政还面临一些体制性障碍，有法不依、执法不严的现象在一些地区还不同程度地存在；一些教育行政部门工作人员包括个别领导干部依法行政的观念还不强、水平还不高等。这些问题在一定程度上影响了国家教育方针和教育法律法规的贯彻实施，影响了科教兴国战略和人才强国战略的实施。

　　（二）党和政府有关教育的一系列重大决策，急需上升到法律规定，成为国家意志。

近年来，党中央、国务院根据经济社会发展全局，按照科学发展观的要求，就教育工作，特别是推进教育公平和优先发展做出了一系列重大决策，推动教育事业快速发展。这些重大政策措施，经过实践检验是行之有效的。其中一些已经通过 2006 年新修订的《义务教育法》转变为法律规定，成为国家意志的体现，具有国家执行力。但是，还有相当一部分未上升到法律规定。比如国务院先后于 2002 年、2005 年两次就职业教育做出决定，出台了一些指导职业教育发展的重要措施，急需通过修订《职业教育法》予以体现。

（三）解决教育事业发展中面临的新问题，需要充分运用法制手段。新阶段教育的基本矛盾，仍然是现代化建设和人民群众对于良好教育的强烈需求和良好教育资源供给不足的矛盾。这一矛盾在不同教育层次、不同区域有不同的表现形式。随着教育事业快速发展和向深层次改革，学校办学体制、组织形态发生重大变化，教育领域利益关系深刻调整。随着教育事业改革与发展的深入和教育法律法规体系的逐步健全完善，教育行政部门与学校之间，举办者与学校、学校与教师、学生之间，已经依法形成了复杂的权利义务关系。所有这些新情况，对政府和学校的管理工作都提出新的挑战。教育行政管理、学校管理中出现的许多新情况、新问题，要求更多地运用法律手段予以调整、规范和解决。

（四）新时期实现教育事业优先发展、科学发展的新任务，需要健全的法制保障。当前教育事业发展进入了一个新的历史阶段，即从人力资源大国向人力资源强国转变。党的十七大把"现代国民教育体系更加完善，终身教育体系基本形成，全民受教育程度和创新人才培养水平明显提高"，作为 2020 年全面建设小康社会新的目标之一明确提出，显示了优先发展教育，建设人力资源强国的决心。实现教育改革发展的新目标、新任务，必须推进教育事业优先发展、科学发展。法制既是促进教育优先发展、科学发展的重要手段，又是对教育优先发展、科学发展的基本保障。

三、按照科学发展观的要求，进一步加强教育法制建设，完善有利于教育事业科学发展的教育法制

党的十七大指出，科学发展观是我国经济社会发展的重要指导方针，是发展中国特色社会主义必须坚持和贯彻的重大战略思想。学习实践科学发展观，就是用科学发展观武装头脑、指导实践、推动工作。改革开放 30 年来，教育事业的快速发展，一条重要经验就是制度创新。法制是最重要、最稳定、最有执行力的制度。完善的教育法制是推进教育事业科学发展有力的加速器和有效的保障。当前教育法制建设面临着良好的发展机遇。党的十七大将"依法治国基本方略深入落实，全社会法制观念进一步增强，法治政府建设取得新成效"作为全面建设小康社会的新目标。当前教育部门正在按照党中央的部署，集中精力起草《国家中长期教育改革和发展规划纲要》。在谋划教育发展目标时，应当把实现教育法治作为教育改革的重要目标；在推动教育改革与发展时，要更加注意运用法制手段。

（一）高度重视推进教育立法工作，进一步完善教育法律体系。未来教育立法工作要在以下两个方面进行重点突破：

一是在提高教育立法质量上要有新突破。要从以人为本的理念和全面落实科学发展观的高度出发，完善中国特色教育法律体系。在立法原则上，突出教育"以人为本，促进人的全面发展"的核心价值，更加突出教育公益性原则和公平原则，要把最大限度地保障和扩大公民的受教育权利作为根本的原则。在体制创新上，要以构建有利于教育优先发展、科学发展的体制为目标，整合学校教育、家庭教育和社会教育资源，建立一个开放的、多元的，有利于学校、社会和公众积极参与的新型教育体制，促进和保障公民学习权利的实现。在制度设计上，要以突出教育主体的地位、激发学校和其他教育机构的积极性为出发点，建立更为灵活的、更富有效率的教育法律制度。在具体的法律规范上，要突出法律的可执行力，切实提高教育法律对教育活动的规范、调整力度，要便于社会各界依法参与教育活动，对教育进行监督。

二是在重点领域的教育立法上要有新突破。重点加强《职业教育法》《教育法》《教师法》的修订工作，积极做好《终身学习法》《学校法》《学前教育法》等立法工作，把立法重点放在完善各级各类教育的经费保障体制和保障受教育者权利上，放在规范学校内部法律关系上。

（二）全面推进依法行政、依法治教。在现代社会，政府对于教育的职能主要是提供基本的教育公共服务和有效的行政管理。在依法治国方略下，政府履行上述职责的方式就是要做到依法行政。依法行政作为依法治国基本方略的重要组成部分，对于贯彻依法治国基本方略和建设社会主义政治文明具有重要意义。按照法治政府的目标和依法行政的要求，教育事业发展和管理要在以下方面取得新进展：

一是要完善教育财政性经费投入的法定机制，依法加大教育投入力度。全面落实《教育法》规定的"三个增长"的要求和《义务教育法》《职业教育法》《高等教育法》

《教师法》《民办教育促进法》等法律规定的投入职责，确保教育财政性经费投入尽早达到占 GDP 4% 的目标。这是保证教育优先发展、科学发展的基本前提。

二是要进一步完善科学民主决策机制，保证教育决策的合法、有效。决策科学是最大的科学。要建立健全教育决策的专家咨询论证、公众参与、合法性评估等制度，最大限度地降低因决策失误而增加的行政成本，最大限度地提高教育决策的社会公信力、执行力。

三是要加快转变政府职能，加强教育行政执法。按照法治政府、责任政府、有限政府、效能政府的要求，更多地运用法律、规划、信息、拨款、政策扶持等方式，实施教育管理。规范行业组织和社会中介组织的活动，提高整个社会教育信息的透明度，保障公民的知情权、参与权。加强教育行政执法机构和队伍建设，完善督导工作机制。加强对学校收费和招生活动的监督，及时查处和纠正办学活动中的违法违规行为；完善对民办学校、中外合作办学活动的指导和监督，保证国家教育方针的落实，依法维护受教育者、教师、校长和举办者的合法权益；保证教育法律法规规定的执法任务落到实处。

四是要依法处理教育争议案件。建立健全学生与学校争议解决机制和机构，规范学生申诉程序，同时依法督促和指导各级各类学校建立和完善学生申诉工作机构、工作机制，保证每一个学生申诉案件都能及时、依法得到处理。

（三）不断提高学校依法办学、科学管理的能力，使依法治校成为学校治理的基本模式。推进依法治校、依法办学，是实现教育现代化的重要条件。新时期的教育，应当是以管理规范化、民主化、法治化为特征的现代化教育。教育法律是教育发展规律的概括和集中体现。在逐步解决教育发展的外部环境后，依法理顺教育内部关系、加强学校科学管理、民主管理，以提升教育质量，已成为当务之急。未来学校法制建设的重点将是适应教育法律关系的新变化，以权利为本位，使依法治校成为学校治理的基本模式。

一是依法理顺学校管理体制。中小学要依法完善和落实校长负责制，进一步明确中小学校长的权利、义务和责任。民办学校要依法理顺理事会、董事会等决策机构与校长的职责权限，保障校长依法履行职权。按照办学以人为本、以教师为主体的要求，充分发挥教职工代表大会的作用，保障广大教师民主管理、民主监督的权利。

二是依法规范和行使学校的办学自主权。在重点环节要有相应的监督制约措施。比如，在招生方面，《义务教育法》规定，适龄儿童、少年免试入学，义务教育学校招生不能采取考试、测试方式选拔学生，不能将各种竞赛成绩作为招生的依据。在教学管理方面，《义务教育法》对实施素质教育和学校教学管理做出了具体规范，学校要严格执行国家课程方案，不得随意增加考试科目的课时，也不得随意减少非考试科目的教学时间，还要保证体育锻炼和社会实践的时间，要依法规范课程设置、教学计划、假期、考试等教学活动。在收费方面，《义务教育法》规定，实施义务教育不收学费、杂费。今后，义务教育学校不能收取开展教育教学活动所需的费用，至于一些代收或者服务性收费项目，必须严格按照国家有关规定执行。

三是依法保障广大学生、教师的合法权益。要依法完善学籍管理，义务教育阶段的学校不得开除学生；学校和教师要尊重、维护学生的合法权益，坚决制止侵犯学生合法权益，特别是损害学生身心健康的违法行为；不得歧视、体罚或者变相体罚学生；加强学校安全管理，依法妥善处理学生伤害事故。进一步完善教师资格制度、职务制度和聘任制度，要依据《教师法》等法律和国家有关规定，保障教师依法享有权利、依法履行义务，特别是教师的工资等福利待遇，应当依法予以保障，民办学校还要按照《劳动合同法》等规定完善教师聘用合同。

四是探索并完善社区、家长参与学校管理的新机制，不断提高学校管理的透明度。通过多种形式，扩大学校与社区、家长的联系，吸收社区、家长参与决策，增强学校管理的透明度。

（四）大力加强学生的法制教育，培养有现代法治意识、知法守法的社会主义公民。具备基本的法治观念和法律素质，是现代社会公民必备的基本素质。培养具有现代法治意识的一代新公民，是各级各类学校的一项重要任务，是建设社会主义和谐社会的基础，也是实施素质教育的重要要求。今后，要用更多的精力和时间，通过更多的方式广泛深入地开展青少年学生的法制教育工作。要按照中共中央、国务院批转的《中央宣传部、司法部关于在公民中开展法制宣传教育的第五个五年规划》要求，积极开展"法律进学校"活动。全面落实《中小学法制教育指导纲要》，使中小学法制教育有机渗透在学校教育的各门学科、各个环节、各个方面，同时，利用课内课外相结合等方式开展形式多样的专题教育和丰富多彩的课外活动，努力做到法制教育教材、课程、师资和经费的"四落实"，为培养有现代法治意识、知法守法的社会主义公民打下坚实基础。

选自《人民教育》2009 年第 5 期

关联拓展阅读之三

美国学前教育多元立法对我国的启示

于 杰

国内外众多学者通过对个体发育的各个时期进行研究，发现学前期是一个十分关键的阶段，这一阶段的教育成果甚至直接决定个体认知能力。美国历来十分重视通过立法解决学前教育面临的各种问题，以立法方式推动学前教育的发展。从 20 世纪 80 年代起陆续颁布多个有关学前教育的法律规范，将资金投入、政府责任强化等影响学前教育发展的诸多重要问题上升到法律的高度。

一、多元立法：美国学前教育的立法特色

美国学前教育的立法体系庞大、内容丰富，涵盖了《提前开始法》《家庭援助法》《儿童保育与发展固定拨款法》《早期学习机会法》《2000 年目标：美国教育法》《不让一个儿童落后法》《儿童保育法案》等十几个不同层次的法律规范，形成了学前教育的多元化立法格局，在这一格局的形成过程中，美国的学前教育立法模式给我们提供了丰富的经验。

注重调研，使立法活动有据可依。纵观美国的学前教育立法过程，可以总结出一个规律：首先是现实社会出现了一些问题，学者们根据自己掌握的理论知识对现实问题进行研究，然后政府在学者研究的基础上出台有针对性的法律规范，以期解决现实问题，这一点在《提前开始法》体现得最为明显。起初学者通过调查发现，家庭贫困的儿童在读、写等很多方面往往落后于中产阶级家庭的儿童，这是否意味着家庭背景直接影响儿童早期学习能力的高低？学者们持续深入的研究给出了肯定性答案，问题的关键在于人无法决定自己的出身，如何提高低收入家庭儿童的学习能力成为摆在美国政府面前的头等难题。

经过长期酝酿，1965年"提前开始"计划得以实施，该计划的主要内容是由政府拨款为低收入家庭且年龄在3~5岁的儿童提供无偿的配餐、教育等服务，以期最大限度地缩小家庭收入差异对儿童成长过程的不利影响。令人欣喜的是，该计划取得了预期效果，得到了社会的广泛认同。美国政府适时在1981年颁布了《提前开始法》，明确了该计划的具体拨款数额以及钱款的使用原则。此后1994年、1998年、2003年、2005年、2007年五次修改该法，提高财政投入力度是其最大的亮点：1981年联邦政府计划拨款10.7亿美元，1995~1998年每个财政年平均拨款35亿美元，1999~2005每个财政年逐年增至70亿美元，2008~2010年计划将每个财政年拨款数额从73.5亿美元增至80亿美元。

坚持教育公平，使公平原则在立法过程中得以贯彻始终。美国是移民国家，种族、贫富差距较大，为了消除其不利影响，立法过程中特别注意贯彻公平原则，除了前面提到的《提前开始法》，《2000年目标：美国教育法》中也有所体现。

为了保证所有的美国儿童都做好充足的学前准备，前总统布什积极呼吁相关立法的出台，《2000年目标：美国教育法》应运而生。这部颁布于1989年的法律规范确立了学前教育发展的目标：到2000年，所有美国儿童做好学前准备；科学配餐，确保学龄前儿童拥有健康的体魄；加强家庭教育，具体而言就是要求作为孩子第一任老师的家长在日常生活中多挤出时间来引导子女的学习，若家长能力有限，可以通过相关的培训适当提高。克林顿上台后不满足于现状，在原有目标基础上作了补充，并适时提交了《2000年目标：美国教育法》草案。1994年美国国会通过了这部草案，《2000年目标：美国教育法》开始发挥法律效力，这部法律体现了联邦政府对学前教育的进一步规范，对建立全国统一的规范标准起到了重要的促进作用。

注重立法实用性，强化教育立法的可操作性。美国学前教育能够克服重重阻碍，保持稳定发展，在很大程度上得益于其立法较强的操作性，这种操作性至少可以从两方面体现出来：一是目标明确，有的放矢；二是立法详尽全面。比如涉及财政拨款，立法时既指明拨款数额又限定资金用途，坚持专款专用，代表性法律规范是《不让一个儿童落后法》。

2001年，在时任总统小布什的推动下，美国教育界进行了一次轰轰烈烈的改革。这次改革最大的贡献在于旗帜鲜明地提出要让每个孩子都持续性地接受良好教育，并通过知识学习和积累掌握正确的学习方法。为实现这一目标，政府陆续颁布了若干具体措施，比如"阅读优先项目"，为了保证每个孩子到三年级时都能自己阅读文章，该项目提出设立一套综合的、州政府范围内的阅读计划并开展公平起点的家庭读写计划。颁布于 2002 年的《不让一个儿童落后法》是专门规范该计划的法律文件，主要内容集中于项目拨款和用途，比如要求当年 9 亿美元的拨款总额中必须有 7 500 万元用于"早期阅读项目"，2.6 亿元用于"家庭读写计划"，此外联邦政府在随后的五年里必须保证有相应的钱款用于该项目。

高度重视教育法制，联邦政府和州政府共同推进学前教育立法。众多政策及法律文件的出台足以表明联邦政府对学前教育的重视程度。在联邦政府的影响下，各州政府也认识到学前教育的意义和作用，为发展本州的学前教育事业贡献力量，其中成效最显著的当属俄克拉荷马州。

该州非常重视学前教育立法，1990 年、1998 年分别颁布了教育改革法案和其他几个重要法案。教育改革法案的立法宗旨是让生活在困难家庭的 4 岁儿童有机会到学区内的公立学校上学；由州长签署的其他重要法案的宗旨是对免费为 4 岁儿童提供学前教育的公立学校提供资金补助，激励学校推动和发展学前教育的积极性。凭借州政府多年的努力，90% 以上的 4 岁儿童接受了免费的学前教育。

自此可以看出，整个美国，从政府到民间，都对学前教育事业的发展给予了极高的重视和关注。各级政府纷纷制定相关的法律规范强化其职责和义务，为整个国家学前教育的健康发展保驾护航。

二、"制度瓶颈"：中国发展学前教育立法存在的问题

1978 年改革开放至今，35 个春夏秋冬见证了中国学前教育规模和教学质量取得巨大进步的同时，也暴露出诸多问题，主要表现在：

对学前教育的立法重视程度不够。在立法领域，人们还未把学前教育立法视为教育中的一个基本类型或基本方面，对教育类型的划分仍然停留在基础教育、初等教育、高等教育、职业教育等方面。还不能从终身教育、全面教育、素质教育等现代教育理念来把握和认识教育过程的性质和内容，缺乏从法律层面认识学前教育的重要性。因此，对学前教育的立法重视程度远远不够。

反映到理论研究层面，教育界关注学前教育的学者及其研究成果尚有一些，法学界的学者们似乎陷入沉默状态，对学前教育立法的研究少之又少，就连国外先进经验的引

入和介绍也是乏陈可数，所以学界对立法的推动作用很不明显。官方的忽视、学者的轻视势必导致学前教育立法步伐缓慢。

缺乏对学前教育立法的单独规定。中国目前的《教育法》并未明确把学前教育作为一个独立的教育类型对待，同时也缺乏专门的学前教育立法，没有独立的《学前教育法》，对学前教育的法律地位、法律性质、法律主体，特别是对学前教育的各种学校、幼儿园的办学主体资格、办学方式、办学要求及其相应的职权职责、权利义务内容缺乏规定，对学校与学生、家长的关系缺乏法律调整，有关责任的法律制度尚未确立等，这些在很大程度上对学前儿童权益的维护和学前教育领域的规范产生影响，不利于学前教育的良性发展。

对学前教育资源投入的法律保障制度还不完善。目前，学前教育从资源获取上来看，只能从有限的义务教育拨款中分得"一杯羹"，所以十几年来学前教育经费在总体教育经费中所占的比重始终停滞在 1.2%～1.3% 左右。中央政府尚且如此，各省市、县、镇等地方政府可想而知，极度匮乏的资金投入使得现阶段中国学前教育的整体发展状况堪忧：个别地区由于政府不作为，不论是教育质量还是教学规模都呈下滑趋势；另外受经济发展速度的影响，城市和乡村之间，东部地区和中、西部地区之间学前教育发展的程度差异很大，极大地影响了教育公平目标的实现，在此仅举农村学前教育一例便足以说明。据不完全统计，目前农村 70% 的适龄儿童没有机会去幼儿园学习，其中相当一部分是留守儿童，每天他们只能和家里的大人在一起，大人农忙时无暇顾及，孩子就只能自己玩耍，由于年龄小，自我保护意识弱，农村儿童被抢、意外受伤等事件不绝于耳，令人痛心。当今的改革既不是起点，更不是终点，经济体制改革的深入势在必行，学前教育在今后的发展过程中肯定要面临新的困境、难题，这样老问题、新问题交织在一起，共同成为学前教育事业向前发展的绊脚石。

这些现实情况说明，学前教育要想发展，首先就要在法律的制度层面上获得一席之地，获得与其他教育类型同等的法律地位，这样才能在国家的总体教育资源中受到应有的重视，得到应有的待遇。

三、突破学前教育法律地位"制度瓶颈"的基本路径

美国作为法治国家，长期以来十分重视学前教育的制度保障和法律推进，他们以其雄厚的经济基础作为学前教育发展的后盾和支持，使得学前教育法制化有着雄厚的物质

保障和经济保障，形成了"多元化"的学前教育立法体系。但在中国，这种情形并不适用。目前中国已形成以《教育法》为基本法律，《义务教育法》《高等教育法》《职业教育法》《民办教育促进法》《教师法》等法律配套的一元化教育法律体系，由于中国尚未把学前教育纳入到教育法制化轨道，借鉴美国的立法经验，我们可以考虑在现有的教育法律体系中，完善学前教育的相关立法，推动我国的学前教育发展。

重视学前教育立法，确立学前教育的法律地位。把学前教育作为独立的教育类型，完善现有的《教育法》，并研究制定《学前教育法》，确立学前教育的法律地位，为学前教育提供直接的法律保障和经济保障。以农民工子女学前教育为例，相关部门可以加大研究经费的投入力度，鼓励学者开展有针对性的专门研究，并借鉴其研究成果，制定相应政策，构建优先保障农村和弱势群体的教育公平制度；充分学习领会《国家中长期教育改革和发展规划纲要》（2010~2020）思想和内容，制定合理的国民学前教育基本法律法规和纲要，丰富和健全相关的管理机构，引入监督和问责机制。

加大学前教育的法律调控力度，依法治理学前教育。正视学前教育，重视学前教育，是搞好学前教育的第一步。除此之外，中央政府还应充分发挥宏观调控职能。近年来美国联邦政府接连加强对学前教育的监管、规划、协调所取得的成果，再一次证明了政府宏观调控在发展学前教育方面扮演着独一无二的作用。先从中央政府做起，充分发挥其调节、控制、监督等宏观调控职能，整合学前教育资源，完善学前教育体系乃至社会公共服务体系；各级政府应当设立专门机构，聘请专业人员切实履行职责。同时可以借鉴美国的做法，激发地方政府投入学前教育工作的积极性，只有中央和地方联起手来共同努力，宏观调控才能达到预期的效果。

加强学前教育的经济保障立法，确保学前教育事业的资金支持。美国有一项专业的研究调查显示，学前教育的投资回报率为1707%，也就是每1美元的投资，其回报可以达到17.07美元。在这其中，4.17美元属于个体成长回报，占比24.43%，剩余12.9美元则是社会公共事业所收到的回报，主要表现为纳税的增加、社保投资的降低等，占比75.57%，以上数据清楚地表明投资学前教育回报丰厚，值得提倡。实践也证明美国学前教育的繁荣与国民教育质量的提升都与各级政府对学前教育持续性的财政支持有着千丝万缕的关系。

鉴于美国的经验，中国中央政府首先应保障学前教育资金持续且最好是稳中带升的投入；其次地方各级财政需要切实保障学前教育专项经费；第三，要分别针对城市和农村，东部地区、中部地区、西部地区以及东北地区有所差异的投入形式。在城市中，应当结合政府、社会以及个人，建立多种体制并存的投入体系。而在农村，依旧保持政府拨款为主；最后用法律形式固定学前教育投入的模式，以消除政策的主观性，因为学前教育容不得三心二意。

提升学前教师师资队伍水平和工作待遇。学前教育拥有公益性质，因此师资队伍的培训和提升工作也具有公益性，对此，政府应当在这项任务中扮演重要的角色。受诸多因素的影响，中国目前幼儿师资队伍的建设遭遇到了众多难题，比如，从业人员工资薪金较低、社会福利不足等。幼儿园教师工作量普遍比较大，很多时候她既是老师要传授知识，又兼保姆之职需要照顾儿童的起居，可是这些并未换来丰厚的工资回报，这一方面在民办幼儿园体现得尤为明显。民办幼儿园的老师多为合同制，干一天就挣一天钱，一旦合同关系解除，她得不到任何社会保障；部分幼儿园置国家相关规定于不顾，想方设法降低成本，廉价雇佣一些未取得教师资格的人员，使得一些不具备专业素质甚至性格都有缺陷的人走上幼教岗位，接二连三地发生虐童事件，一再给我们敲响警钟。其实这些问题美国也曾遇到过，美国政府没有消极应对而是通过宏观调控，通过立法，明确规定幼师从业资格、培训发展及福利待遇等事项，多年的努力终于换来了美国幼儿师资队伍整体水平的提升。

美国学前教育的成功经验能够给予中国的启示是：学前教育虽说是教育体系的底层和基础，但教师的能力与素质要求并不会因此而降低，因为他们每天面对的是不具备行为能力的幼儿，所以应对其提出更高要求。中国政府应在学前教育基本法的基础上完善有关幼师资格取得、幼师评聘考核、幼师工资待遇以及培训深造等方面的立法。

强化教育主管部门的职责与分工。发展学前教育不仅仅是教育部门的任务，它涉及文化、财政、人事、劳动保障、社会福利、卫生等多个部门，尤其在当下体制改革的大背景下，幼儿园的设立体制和运行机制发生了很大变化，单靠独立部门无法解决学前教育面临的新问题，所以强化各相关部门的分工协作显得尤为重要。遗憾的是现实生活中存在诸如政府部门职责划分不清、不作为、相互推诿等很多不如意的地方，应该尽快用法律的形式将有关政府部门的职责范围界定清楚，督促其进行协作，最终形成各部门各尽其职、通力协作的良好局面。

学前教育立法的功劳建立于当代，其产生的巨大利益将影响到未来很长的时间。现阶段，中央及地方政府需要认真对待学前教育，大力搞好学前教育事业，以美国先进的立法经验作为借鉴，尽快制定出符合中国国情的学前教育法。

选自《人民论坛》2014 年第 2 期

附　丛书阅读导图

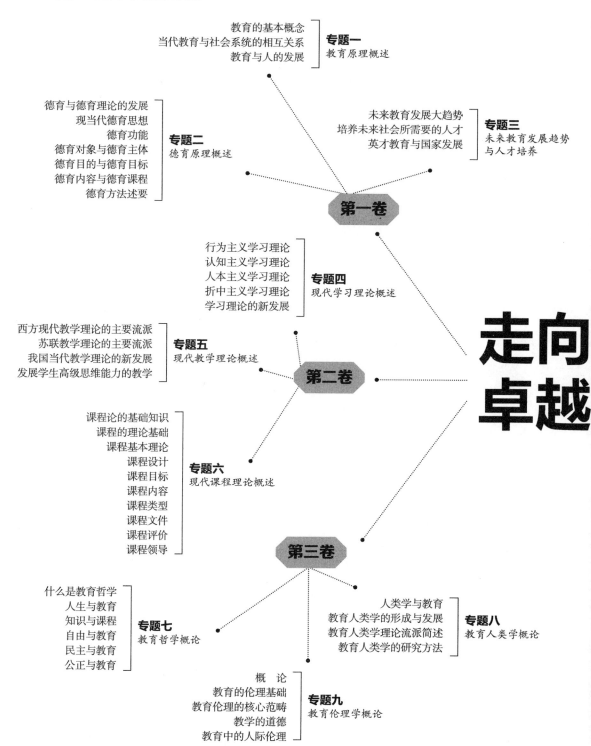

教育的基本概念
当代教育与社会系统的相互关系
教育与人的发展

专题一
教育原理概述

未来教育发展大趋势
培养未来社会所需要的人才
英才教育与国家发展

专题三
未来教育发展趋势
与人才培养

德育与德育理论的发展
现当代德育思想
德育功能
德育对象与德育主体
德育目的与德育目标
德育内容与德育课程
德育方法述要

专题二
德育原理概述

第一卷

行为主义学习理论
认知主义学习理论
人本主义学习理论
折中主义学习理论
学习理论的新发展

专题四
现代学习理论概述

西方现代教学理论的主要流派
苏联教学理论的主要流派
我国当代教学理论的新发展
发展学生高级思维能力的教学

专题五
现代教学理论概述

第二卷

课程论的基础知识
课程的理论基础
课程基本理论
课程设计
课程目标
课程内容
课程类型
课程文件
课程评价
课程领导

专题六
现代课程理论概述

走向
卓越

第三卷

什么是教育哲学
人生与教育
知识与课程
自由与教育
民主与教育
公正与教育

专题七
教育哲学概论

人类学与教育
教育人类学的形成与发展
教育人类学理论流派简述
教育人类学的研究方法

专题八
教育人类学概论

概　论
教育的伦理基础
教育伦理的核心范畴
教学的道德
教育中的人际伦理

专题九
教育伦理学概论

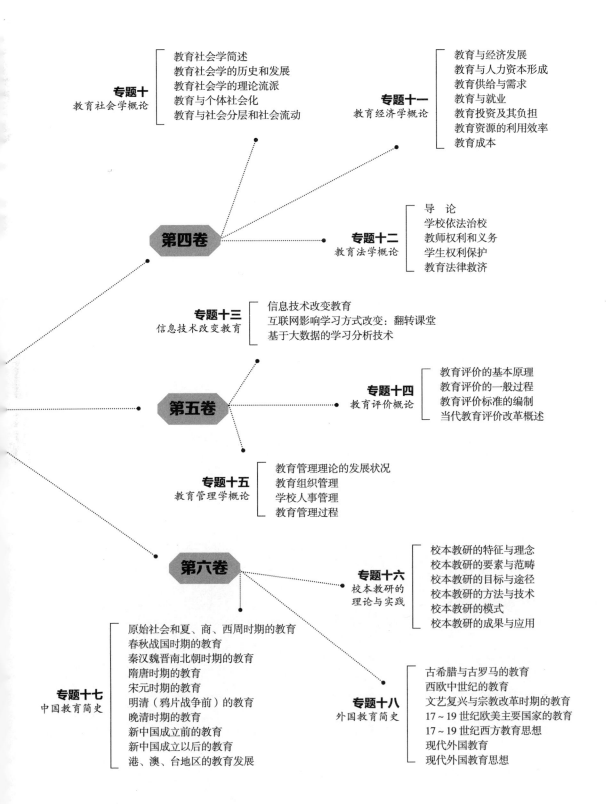

专题十
教育社会学概论
- 教育社会学简述
- 教育社会学的历史和发展
- 教育社会学的理论流派
- 教育与个体社会化
- 教育与社会分层和社会流动

专题十一
教育经济学概论
- 教育与经济发展
- 教育与人力资本形成
- 教育供给与需求
- 教育与就业
- 教育投资及其负担
- 教育资源的利用效率
- 教育成本

第四卷

专题十二
教育法学概论
- 导　论
- 学校依法治校
- 教师权利和义务
- 学生权利保护
- 教育法律救济

专题十三
信息技术改变教育
- 信息技术改变教育
- 互联网影响学习方式改变：翻转课堂
- 基于大数据的学习分析技术

第五卷

专题十四
教育评价概论
- 教育评价的基本原理
- 教育评价的一般过程
- 教育评价标准的编制
- 当代教育评价改革概述

专题十五
教育管理学概论
- 教育管理理论的发展状况
- 教育组织管理
- 学校人事管理
- 教育管理过程

第六卷

专题十六
校本教研的
理论与实践
- 校本教研的特征与理念
- 校本教研的要素与范畴
- 校本教研的目标与途径
- 校本教研的方法与技术
- 校本教研的模式
- 校本教研的成果与应用

专题十七
中国教育简史
- 原始社会和夏、商、西周时期的教育
- 春秋战国时期的教育
- 秦汉魏晋南北朝时期的教育
- 隋唐时期的教育
- 宋元时期的教育
- 明清（鸦片战争前）的教育
- 晚清时期的教育
- 新中国成立前的教育
- 新中国成立以后的教育
- 港、澳、台地区的教育发展

专题十八
外国教育简史
- 古希腊与古罗马的教育
- 西欧中世纪的教育
- 文艺复兴与宗教改革时期的教育
- 17~19世纪欧美主要国家的教育
- 17~19世纪西方教育思想
- 现代外国教育
- 现代外国教育思想